胡智锋

学术小品集

第三卷

胡智锋

著

作家出版社

自　序

一

　　一晃，本人从事影视教育、研究、创作已经35个年头了。其间，读书、写作、讲课、参加各种活动已是工作常态，大量的思考和表达是通过口头和笔头来进行的。其中，一些整体性的思考成果呈现在各种学术著作、长篇学术论文和专业教材中，这些是比较容易被大家找到作为交流文本的。但同时，还有大量散落在各种媒体平台和学术场合的一些即兴的、零散的表达，不易被查找。

　　不少朋友、学生和媒体同行常常会因为我的某一篇致辞发言、在某个场合的某个说法，来向我索要一些原始文字，而时间一久，这些表达常常连自己都找不到，甚至记不起来了。不少此类表达在特定的场合、特定的时刻，多多少少产生过一些影响，但是由于它的发布平台过于散落，搜寻起来是非常麻烦和困难的事情。因为这个原因，很多朋友和学生都建议我把这些内容及时集中整理出来。

　　这对于我个人当然是一种宝贵记忆，同时，或许它们从某个侧面可以见证中国影视教育、影视学术、影视艺术文化发展的某种脉络和轨迹。从这个意义上讲，这种集体性记忆，通过个人的文字表达呈现出来，或许具有别样的意义和价值。

二

　　此次，本人下决心把这些过往写过的和讲过的相对零散的文字，汇编起来。尽管文体各异，长短不一，规格多样，但是总感觉它们拥有某些共同的内涵与特征，思来想去，我感觉或许用"学术小品"来命名最为妥帖。所谓学术小品，一方面是因为这些表达整体上或许具有一定的学术性，但同时，又与那些自己已经正式出版过的长篇著作、论文、教材相比，具有鲜明的特质："小"和"品"。

所谓"小"是指在表达方式、表达视角上更加具象、感性，在表达形态上更加丰富、多元。这部学术小品集，在形式上包括了书序、书跋、随笔、书评、发言、对话、访谈、讲稿、个案、评论等样态；在内容上常常是对一个人、一件事、一部书、一部作品、一个案例、一个现象、一个问题等的微观思考与表达。

显然，这与大体量的学术论文、著作、教材体现出的体系的宏大、框架的宏观、表达的理性、行文的规范等是迥然有别的。

所谓"品"，则包括4个方面：史、诗、情、思。

一是"史"。作为人文学者，看人、看事、看作品常常不可避免地带有一些历史感。这部小品集中有大量的内容含有历史意识，将人、事、作品、现象放置到大历史的进程中进行体验和解读，力求以历史性的思维思考研究对象的历史品格。同时，这些时间跨度较长的文字本身或许也记录了一段历史。

二是"诗"。这部小品集中大量的表达带有一定的感性和灵活性，这是因为本人在从事文艺评论、影视教育时会自觉生成一些诗性思维。诗性思维常常体现为在价值选择中，注重主体的生命感受和理解，强调主体性、个人化、发散性。小品集所收录的文章，大到文章架构，小到细节、场景、修辞、意境，在写作时甚至尽可能地尝试表述体现一些韵律、节奏和意味。

三是"情"。本书追求情怀和情感，这里既有对党和国家、民族、文化、传统的"大情"，也有对师长、前辈、朋辈、学生辈以及对于影视从业者、研究者、教育者的情感化的理解。在行文中，常常会展现出对人、对事、对作品的感性的、带着生命体验的、有温度的情感表达。我想，做学术不仅仅是冷静和理性的，也应该体现出主体生命的关怀和温度，这种关怀和温度是感性的，它在寻找情感的共鸣和共情。

四是"思"。本书毕竟是"学术"小品，个中表达自然也会追求一定的思想性，也就是在灵动的表达中，尽可能渗透对某个人、事、现象、问题、作品独特的解读和独立的思考，并得出某种观点和见解。

三

用学术小品的方式，将散见在报刊、学术活动、各种媒体平台中的文字和表达串联、整合起来，来自几方面的动力。

从个人的角度讲，是敝帚自珍。本书所收录的文字中，虽然不乏对某些人、事、景观、现象有应景的观察，但更多的是有感而发。与体系规模化的著作、论文、教材相比，它们常常是容易被忽略的。从个人学术生涯来看，这些星星点点的文字，时间一久，真如石沉大海，但回头看来，它们似乎又非常珍贵。

从事业的角度讲，这些内容从某个视角与侧面也可以体现一些事业发展的印记，见证从20世纪80年代至今的影视创作、传播、接受、教育、研究、学科发展的轨迹，这对于影视学术史、实践史来说，或许也是有特色的留存。

这些文字不像鸿篇巨制那样有体系性，但这些点点滴滴的经验，无论是个体的记忆，还是集体的记忆，有不少是我们在建构大体系时容易忽略但不乏闪光点的人物、作品、现象、问题。在今天，对于打造中国特色的文艺评论话语、打造中国特色的影视教育和研究、打造中国特色的哲学社会科学体系而言，这些文字或许可以成为较为鲜活的经验、案例和素材。

四

当本人的这套学术小品即将推出之际，心中颇多感慨。从20世纪80年代到现在，本人有幸生逢我们的祖国从站起来、富起来到强起来的伟大历程，有幸生逢中国影视艺术文化事业、影视教育、影视学术研究不断从小到大、由弱到强的历史巨变，尤其是生逢新时代中国影视艺术生产传播、影视文化建设、影视教育与研究不断呈现出高度"本土化"的文化自觉与自信的历史时刻。

本人有幸在这个伟大时代，在这个伟大的历史进程中，与时俱进地参与、见证并做了一些小小的工作。这些工作本身或许微不足道，但能够为建构中国特色影视艺术文化体系、影视教育与影视学术体系添砖加瓦，实感幸运。

唯愿这些学术小品，能够留下点滴有价值的记忆、经验与材料。

胡智锋

2021 年 8 月

目　录

对话受访

名家访谈

媒体采写

对话受访

构建面向未来的戏剧与影视学科

一、中国戏剧与影视学科发展的新环境与新需求

《世界教育信息》：尊敬的胡教授，您好！很高兴您能接受我们的专访。在您看来，中国的戏剧与影视学科发展面临着什么样的新局面？

胡智锋：从新的环境来看，正如习近平总书记所说，当下和未来的中国与世界正面临着百年未有之大变局。以美国为代表建立的旧全球化秩序已经引发了世界各国的诟病，因为它是美国至上、美国中心的理念——这种理念发展到一定程度，已经成为妨碍世界发展的一个阻力。2012年，中国成为世界第二大经济体，之后迅速成为世界经济的"火车头"。这些年随着经济地位的提升，中国事实上已经开启了新的全球化征程，这种征程体现在"一带一路"倡议、金砖五国、人类命运共同体等重要的主张上。新全球化和旧全球化发生了激烈的冲突，这种冲突不仅体现在军事、经济和政治领域，也体现在文化、传播、影视等领域。如何应对这样的冲突、寻找最恰当和最理想的通途，是我们面向未来所处的新环境的第一个问题。当下，单边主义的思路实际上已经很难为继，但是新全球化的引领也是困难重重，毕竟世界已经走过了近百年的西方文明主导的过程。中国影视教育不得不考虑新的环境。

另外，融合发展也影响着时代。今天这个时代是高科技发展影响

世界的新时代。在我看来，这种融合至少有三个层面：一是技术融合，二是媒介融合，三是文化融合。技术融合是指传统技术和新兴技术的融合，包括原来处于不同领域的新技术也在融合，如广播电视和新媒体的融合、电影和新媒体的融合、三网融合、台网融合等。还有一些非常重要的技术，如5G、人工智能、云计算、大数据等新技术的融入，打破了传统的技术边界。原先由于技术原因分割出来的不同工种和门类也在新的环境中融合，这对影视教育的影响非常大。媒介融合是指不同的介质、不同的平台打破边界。原先的报纸是纸质媒体的重要组成部分，但是今天所有的报业都已经数字化，也都处于新的融合中，把音视频和纸质文字打通，变成了全媒介的平台。原来的广播和电视只做广播电视，而今也在向文字和新媒体领域拓展。新兴互联网媒体更是如此，它会吸纳各种传统媒介变成更新的介质，这种媒介融合形成了"你中有我、我中有你"的局面，这也是我们影视教育面临的新环境。文化融合是指多元文化的融合。过去，由于年龄、国家和地区、种族等原因，不同的文化难以融合。但是，今天我们看到四川的李子柒，竟然可以跨越数百个国家，跨越不同的语言、种族、文化，打造一个世界级的景观。这种融合使我们看到，影视教育以往面对的是传统的技术；而在今天，技术融合、媒介融合、文化融合给影视教育的专业设置、学科设置出了新的命题。

《世界教育信息》：新的情况对于戏剧与影视教育有哪些新需求？

胡智锋：从我们面临的情况来看，至少有三种需求是显性的：一是国家需求，二是行业需求，三是影视教育自身的需求。

从国家需求来讲，中国现在正在引领新一轮全球化，但是大家会发现我们非常被动。我们在很多方面跟西方的文化取向不同，这就形成了长期以来舆论格局上的"西强我弱"。妖魔化中国现状的现象依然没有改变，西方依然会觉得中国是一个与它们不同的"怪物"。我国有打破这种格局的迫切需求，我们需要改变这种局面。意识形态的博弈也是个问题。无论是政党制度，还是国家的政治制度，我们都是中国特色的一整套体系，这套体系和西方的意识形态完全不同。这种意识形态之争也将面临长期博弈。新冠肺炎疫情中国打了一场翻身仗，我们通过强有力的治理有效地遏制了疫情，让西方不得不信服中国共产党的执政能力，不得不面对中国特色社会主义制度的巨大力量。这些事实都是东西方意识形态争执和博弈当中很重要的问题。在文化价值方面，中国几千年积淀的文化价值体系和西方文化价值体系大不相同，中国是以集体主义为基础的话语体系，这和西方以个人主义为核心的价值体系形成了长期的对峙。因此，在舆论、意识形态和文化价值格局上，东西方的冲突将长期存在，而这也是国家层面打破已有的僵化格局的迫切需要，是提升国家话语权和文化软实力的国家需求。

从行业需求来看，戏剧行业在逐渐变成一种新的生活方式。随着城镇化的大规模拓展，城镇生活、小区生活逐渐成为主流，戏剧将成为一种日常化的生活方式，戏剧人才在未来也将会有大量的需求。以电影为例，目前中国的电影产业有三个重要特征：一是拥有最多的银幕数和观影人数，二是拥有超高的票房，三是创作能力日渐突出。中国的银幕数和观影人数位居全球第一，票房位居全球第二，生产电影数量位居全球第三——一年产出在800—1000部。这个"一、二、三"的体量使得我国的电影产业存在着很大的人才缺口和需求。再看电视行业，也面临着新技术的挑战和转型升级的需求，尽管大家都不看好电视，但未来的电视行业应该还有很好的前景。当然，电视需要经历一个艰难的转型升级的过程，在这一过程中，行业对于新型电视人才也有迫切的需求。

回过头再看教育本身的需求。以"双一流"和新文科为例，"双一流"是新时代教育的"指挥棒"，这是我国教育部主导的新的评价体系；而新文科有两个要点——强调中国价值、强调学科交叉融合。当今时代，新文科面临着一个迫切需要改变的问题：随着新技术的发展，专业学科面临调整，刚刚确定的国家第14个学科门类也明确将交叉学科变成一个独立的门类，在新文科也体现着同样的理念。未来的专业学科发展应该是融合的状态，特别是在影视专业、影视教育中，传统的工种（包括电视的采编播、电影的编导演摄美）未来都面临着重新调整。当然，如何进行调整是一个难题。因此，在这个新的教育发展背景下，我们的学科、专业都面临着全新的需求，这就要求我们创造新的模式。

二、中国戏剧与影视学科发展的新问题与新挑战

《世界教育信息》：您刚才谈到了时代给我们提出的新需求，要满足这些需求，我们面临什么样的挑战？

胡智锋：我们必须要看到，截至目前我国影视学术和学科对于行业和国家的各种新需求而言，无论是人才培养、学术研究、社会服务，还是文化传承创新，贡献度还是不足的。

除了贡献度以外，从师资来看，数量和质量上都还有待提升。现在我国开设戏剧与影视专业学科的约有1000所高等院校，但无论是应用型高校还是学术型高校师资都远远不足，我国顶尖影视教育学师资队伍还远远不够，这是我们的一个现状，需要慢慢改变。从人才培养的类型来看，除了传统的工种类型，我们特别需要国际型、复合型和各种新工种的精专型人才。国际型指的不仅是语言上的国际化，而且需要熟悉国际规则；复合型指的是一专多能；新工种的精专型是指在新兴工种中的某一方面有极强的优势。比如，最近北京电影学院未来影像高精尖创新中心正在开发一套预演系统，该预演系统的作用在于将电影电视创作的未来景观做一个预设，这种预设将大大降低成本，因此这一预演系统未来的工程师、设计师一定是热门的工种和专业。现在我们还没有针对这种人才类型成熟的培养经验。

在科研方面，电影电视的学术研究理论落后于实践，学术影响力薄弱且标志性重要成果还不足。

在社会服务方面，其实影视行业迫切需要学界为其提供到位的社会服务，但现在看来仍存在着不全面和不充分的问题。不全面体现在对于一些新工种，我们完全不懂，也无法提供相应的人才；不充分体

现于我们在提供服务的过程中，到一定程度就无法继续深入，面对行业深层次需要解决的问题，我们还很难完全提供咨询服务。

在文化传承创新方面，我们的问题在于：文化传播力从总体上说是否能够进行文化传承创新；影视和影视教育能对中国的影视文化，对整个国家文化竞争力、原创力、传播力、影响力、引领力的提升贡献多少力量。

三、中国戏剧与影视学科发展的思路与理念

《世界教育信息》：面对新问题，中国戏剧与影视学科未来要怎样发展和创新？

胡智锋： 第一是中国特色。中国特色涉及中国价值、中国理念和中国模式。首先是中国价值。无论是新文科，还是新技术，中国在影视教育、影视学科方面，要用中国价值统领一切，但现在我们的教科书以及话语体系、核心理念、深层次的价值之上仍以西方形式为主。比如在实践领域，电视上大批量的综艺节目都是西方节目模式，而电影最核心的还是好莱坞模式。渗透到每个学科上的问题，在价值层面都仍比较偏西方。因此，未来需要对中国影视文化的传统经验进一步梳理总结、凝练、提升，在融会贯通世界各国影视文化的基础上提炼出更具中国特色的价值。其次是中国理念。中国影视发展的土壤不同于西方，影视的价值功能和运营方式都体现出中国特色的理念，这些理念也需要不断梳理、总结和提升。最后是中国模式。中国不同区域、不同层级、不同类型的影视传媒、影视艺术运营模式都值得进一步梳理，整合起来就是对中国特色的凝练和升华。对于学科同样有这个问题，如果在戏剧与影视学科上能够提炼出中国特色，就能够在世界舞台上形成我们的价值和影响力。

第二是高质量。高质量指的是人才、学术成果、社会服务以及文化传承创新领域中，能否有更高水准、更高质量的成果和人才。如果学科的师资能够像文学那样形成更高端的人才聚集，如果能出

现像第四代、第五代导演那样的杰出人才，我们就完成了使命。无论是科学研究、社会服务还是文化传承创新，高质量的成果是我们未来必须追求的目标。

第三是传承与创新。传承与创新特别强调的是创新的模式，在我看来有三种类型的创新对戏剧与影视学科非常重要。一是自主创新，即根据各高校自身的特点，推出原创性的专业学科。在本次学科评估和新的学位点申报中，许多学位点、学科点结合自己的区域特点和学校特点，提炼出了一些独特的学科方向，这是特别值得推广和鼓励的。二是融合创新，即学科之间的交叉，比如把影视和心理学结合起来形成影视心理学，把影视和教育学结合起来形成影视教育学，不同门类学科的交叉形成全新的学科方向。三是延伸创新，即在已有基础上的进一步拓展，比如广播电视艺术学就是广播电视文艺编辑延伸到文艺编导、广播电视编导，再提升到广播电视艺术学的结果，从专业到学科的缓慢的延伸性创新。同理，传媒艺术学实际上是在广播电视艺术学和传播艺术的基础上融合拓展的一个新的方向领域，这都是我们学科未来发展所需要的新的可能性。我认为，学科的创新是一个没有止境的工作，学科的发展不仅是为自己，也是为整个影视教育和影视行业，甚至为国家的文化发展助力。

因此，戏剧与影视学科创新发展的活力和动力不仅影响到其自身的发展，也影响到相关联的多个层面的需求。面向未来，中国戏剧与影视学科充满了各种挑战和压力，但是总体而言，面临的机遇更多。因此，我们需要抓住机遇，协同努力，共同将中国的戏剧与影视学科推向一个新高度。

四、戏剧影视工作者应该始终保持炽热的温度、坚韧的锐度和从容的风度

《世界教育信息》：请您对从事戏剧和影视领域工作的学生提一些建议。

胡智锋：作为老师，我想送给学生们一个字——"度"，希望他们在未来的生活中，始终保持炽热的温度、坚韧的锐度和从容的风度。

第一，始终保持炽热的温度。习近平总书记指出，文艺工作者应当"高擎民族精神火炬，吹响时代前进号角，把艺术理想融入党和人民事业之中"。总书记所说的"火炬"与"号角"，没有炽热的温度是很难点燃与吹响的。我希望学生们始终保持炽热的温度，因为这温度来自我们代代相传的强大的红色基因。北京电影学院是中国共产党创办的高等电影院校，前辈们从延安一路走来埋下火种，在开国大典、朝鲜战场、原子弹爆炸、载人航天、2008年奥运会、国庆阅兵等国家重要历史时刻，代代相传，都留下了北影人奉献的身影。电影学院了不起的前辈，在长征与延安的革命洪流洗礼中磨砺出无比炽热的温度，创造出令人敬仰的红色传奇，这是我们无比珍贵的红色基因，期待学生们好好珍惜，一代代传承下去。

第二，始终保持坚韧的锐度。电影艺术的创作，离不开独特的观察力、想象力与思考力，而所有这些凝聚起来就是一种发现与表达的锐度。这种锐度，除了来自天赋才华，还要靠锲而不舍的努力、积累与探索才能获得。在《论语》中，孔子特别赞赏"岁寒，然后知松柏之后凋也"的精神境界。同理，在艺术道路上，要想达到高峰状态，没有坚韧的锐度，是不可能实现的。希望学生们像"岁寒松柏"一样，不论面临怎样的严寒环境，都能坚韧挺拔地生存，以赤子之心去学习新知，拥抱新知，打量生活，发现生活，以特别的锐度，去打造独到的艺术世界。

第三，始终保持从容的风度。记得俄罗斯电影大师罗斯托茨基1992年来中国访问时，我跟他做了几个小时的交流。谈到对中国电影的印象，他含蓄地说到，我们的电影给人感觉过于紧绷，似乎让人喘不过气来。这个点评给我留下了特别深刻的印象。为什么罗斯托茨基会这样评价我们的电影？说到底是批评我们的电影欠缺一种从容的风度。何谓从容？从容首先意味着自信——小到对自己艺术理想的坚定信念，大到对国家、民族文化的自觉与自信。有了这种自信，就不会心慌意乱；从容意味着淡定，面对娱乐圈的种种诱惑，不去昧着良知过度追名逐利；从容更意味着尊重与包容，面对不同文化、不同流派、不同理念与路径时都能"美人之美"。拥有这样的从容，才可能涵养出大格局、大情怀，才可能收获大创作、大成果。恰如唐代诗人王维诗句所言："行到水穷处，坐看云起时。"希望学生们不论在生活还是事业上，面对种种意想不到的困境之时，都能以"水穷看云"的从容风度，去打磨与创造他们美妙的作品与美好的人生。

【刊发信息】《构建面向未来的戏剧与影视学科》，《世界教育信息》，2021年第4期。

以中国智慧推动中国艺术教育发展

此前，《艺术教育》关于高端对高端的艺术对话，获得很好的社会反响。经历了2020年那段难忘的岁月，人们对于生活、社会和文化的认识都有了很多改变，艺术发展也理当开始自身新的探索。2021年，我们重新开启高端对高端的艺术对话，依然是采访重要的艺术院校掌门人和重量级艺术研究者，试图为人们打开对于中国艺术教育的新角度的认识，探寻具有代表性的中国艺术院校执掌者和艺术大家如何看待新形势下的艺术发展和他们对于中国艺术发展的独特角度认识，以及他们当下所思考的问题。本期访谈专家是北京电影学院党委副书记、副校长胡智锋教授。胡智锋教授曾在多所重要的中国艺术传媒院校任职，有丰富的高校任职经验，对艺术发展有自己独特的见解，尤其对于传媒艺术学的认知，更为人瞩目。

北京电影学院的特色

周星：您到北京电影学院任校长时间并不长，但是从阅历上看极其丰富，对于影视业和不同的院校之间有比较多的了解。将您的阅历角度定焦在目前任职的重要艺术院校，您如何看待北京电影学院的特色、传统？从您的角度来看，北京电影学院在艺术教育特别在电影教育上有什么样的特色？期望您从新校长的角度给我们做一个概括性的认知。

胡智锋：2020年北京电影学院建校已七十载，如果要凝练学院最突出的办学传统与特色，我认为一个重要的视角是要审视它的发展为党和国家建设、社会进步带来了什么，又为电影行业、艺术教育留下了什么。站在建校70年的历史节点上回溯北京电影学院的办学传统与突出特点，我想可以用四个"同"来概括。

第一，与党和国家同心同德。站在党和国家发展建设需要的高度来看，70年来，北京电影学院无论在电影教育还是电影创作等方面，都始终与党和国家的建设发展大业相伴相随。这一鲜明特色，体现在它从创始之初就蕴含着强大的红色基因。从北京电影学院创建的血脉根基来看，其创始人均来自中国共产党领导的左翼文艺优秀人才队伍。从20世纪二三十年代中国共产党早期领导的左翼文艺开始，到延安红色革命根据地，一直延伸到东北解放区等一路走来，新中国的电影教育和电影创作不断见证了党和国家从胜利走向新胜利的艰辛与光荣，这种强大红色基因的支撑，使北京电影学院自1950年建校以来逐渐形成深厚的红色传统，并坚持在党的领导下，听党话、跟党走，始终与党和国家同心同德。从开国大典到两弹一星，从改革开放到进入新时代，在党和国家的每一个重大历史时刻，电影人都始终走在最前列，他们用镜头语言真实记录，用精湛表演真情刻画，呼应党和国家的发展建设诉求，发出党和国家所需要的时代最强音。这种鲜明的气质与特色，是北京电影学院尤为珍贵的一个传统。

第二，与人民同振共鸣。北京电影学院从创始人陈波儿开始就明确提出"三人民"的艺术观，也就是向人民学习，为人民服务，做人民的艺术家。"三人民"的艺术观可以说在学院深入人心，它既是基于电影学院自身的历史传统，同时也在学院发展积累过程中不断沉淀和强化。从教学的专业训练，到一线的创作实践，北京电影学院始终是以"三人民"作为最重要的精神航标，这也成就了北京电影学院，培养出一代又一代的杰出中国电影艺术家。以表演为例，我们在表演训练中经常会有一个疑惑，到底是塑造最好的自己，还是塑造最好的角色？理论上不同的表演流派有不同的专业要求，但是无论哪种流派的演绎，始终需要坚持的一条就是以人民的审美需求为标杆，不要沉迷在个体封闭的小圈子里，要让自己的艺术才华更多地扎根土地，在广阔的生活中与人民同呼吸共命运。历史和实践不断印证，只有在向人民的学习中，在接地气的社会实践、艺术实践中，才能获得灵感和滋养，释放能量和才华。在这一点上，我们的电影人在未来应该有更强的自觉性。

第三，与时代同步同频。电影是技术与艺术融合发展的产物，北京电影学院始终聚焦时代前沿，并以科技、艺术与文化的创新与融合，不断引领时代新潮流。某种程度上，学院以与时俱进的审美风尚引领了时代的思想潮流、艺术潮流和文化潮流，许多杰出校友和他们经典的艺术创作不仅是在打造专业标杆，更是成为引领时代风尚的重要文化符号和象征。如以谢飞、郑洞天等为代表的中国"第四代导演"，将温暖的理想主义诗意与深切的现实主义关怀紧密结合，成为新时期纪实美学的引领者；以张艺谋、陈凯歌等校友为代表的中国"第五代导演"，将对民族文化历史的强烈的忧患、反思与国际化艺术表达紧密结合，成为中国新浪潮电影美学的开创者。而后渐次崛起的一代代从学校走出的优秀校友，更是与时俱进，掀起一次又一次的凸显时代风采的艺术文化思潮。在对专业的极致追求、对潮流的把握判断上，北京电影学院同样走在时代的前沿。俗话说术业有专攻，精益求精的工匠精神是北京电影学院师生很好的精神传统，它跨越时代，又引领时代，使学院始终在专业和技术领域，保持领先地位，走在时代最前列。

第四，与国际同道同轨。北京电影学院建校以来，始终与世界电影教育保持着良好的对话与交流。在新中国成立之初，我国的电影各项事业向苏联和东欧国家学习，坚持"请进来"和"走出去"双向并重，吸收了大量的电影创作经验和教育经验。初创时期的北京电影学院，通过对话交流的渠道保持了中国电影与国外的国际合作。改革开放以来，我们开始更大规模地向欧美国家学习，在不断深化与发达国家的电影文化交流中，中国电影逐渐在国际舞台上获得了地位，赢得了尊敬。无论是中国第四代导演还是第五代导演，都在国际电影舞台上为国家赢得了荣誉。北京电影学院以电影为中国文化国际传播的重要载体，为中国在国际上塑造国家形象、提升国家影响力做出了重要贡献。我们的国际大学生电影展已经做了19届，成为全世界青年电影人的年度盛事，在当今国际电影平台中独树一帜、影响巨大。此外，在中国电影理论的国际化进程中，北京电影学院也一直在借鉴中不断创新。我们从苏联学习蒙太奇理论，从欧美国家学习纪实美学等大量国际先进电影学术理论和观点，同时，也在学习的过程中逐渐锤炼出具有中国民族化特色的理论学术建构，这也是中国电影国际化的一些非常重要的显现。

我想，这就是我来到北京电影学院之后，纵观院校70年来的历史发展和办学特色，梳理出来的一种整体印象，或者说是判断。

周星：胡智锋校长四个"同"的概括，非常精辟，也许只有经历过诸多不同院校，考察过不同院校的办学方针和取得不同的成绩，才能定焦于目前的北京电影学院得出这样的认知。北京电影学院作为曾经中国唯一的专业性电影学院，为中国的电影创作培育了许多人才，目前还是中国最重要的引领性的电影院校，其所承袭的优秀传统和坚持对于艺术精致性追求，对于中国的电影教育包括电影的创作都功不可没。胡智锋校长强调的：北京电影学院无论在电影教育还是电影创作等方面，都始终与党和国家的建设发展大业相伴相随，这一鲜明特色，体现在它从创始之初就蕴含着强大的红色基因等阐释，对于我们认识北京电影学院的经久不衰具有独特的意义。

中国三所艺术传媒院校的比较

周星：胡校长的跨校经历较丰富也很特别。既有中国传媒大学的工作经历又曾在北京师范大学任院长，现在又到北京电影学院担任副书记、副校长，应该说各种类型的传媒、影视和综合类院校都留下了您的足迹。站在这三者之间，您又如何来看待中国的艺术教育，由它们来折射中国的艺术教育各自的特色，共同构成了一种什么样的中国艺术教育文化的差异性？

胡智锋：相比较而言，这三所学校在定位与发展上是既有其共性，也有其独特性。三所学校的共性，毋庸置疑都是坚持中国特色社会主义办学、培养戏剧影视和传媒类优秀人才的高等学府。要说各自的不同特点，也是非常显著的。

中国传媒大学更加注重社会性和政治性，这可能是它最突出的特点。中国传媒大学主要面向传媒的人才培养，而传媒本身则是具有信息传播、社会动员等意识形态需求的。这种敏锐度和敏感度，决定了其对于社会性和政治性的格外倚重。所以，中国传媒大学的学生在戏剧与影视专业的学习中，就会对社会发展动态、前沿潮流信息等保持敏感和关注，往往显示出较高的政治敏感度和判断力，这在三所院校的比较当中比较突出。从影视作品类型上看，中国传媒大学特别适合产出一些极具意识形态色彩的历史和文化类影视作品，如一些专题片和纪录片产生了较大的社会影响力，也能够在不同的历史时期产生话题性。这种政治敏感度，也一定程度上造就了它在发展建设中敢为天下先的判断和实践。如在新的学科建构上，中国传媒大学可以从无到有地开辟新径，首创播音主持艺术学、广播电视编导、广播电视艺术学、数字媒体艺术学等。即便没有传统学科的传承和依傍，中国传媒大学也能够敏感地把握和判断国家需要、社会需要，先一步设立相应学科和专业，这可以说是中国传媒大学社会性和政治性的突出显现。

北京师范大学强调人文性和综合性。北京师范大学艺术与传媒学院成立的时间相对较晚，但艺术教育传统由来已久，有着深厚的历史和文化积淀，其鲜明特点就是人文性和综合性。在中国所有的戏剧与影视学科当中，北京师范大学的戏剧学影视与教育充分体现了百年老校丰厚的人文传统传承，尤其是民族文化的积淀和重视。以黄会林为代表的北京师范大学艺术教育家们，在影视教育上的整体思路都是强调对于文化的自觉，特别是民族文化的自觉。北京师范大学的艺术教育目的是培养"育人之人"，所以对学生的人文教育格外关注。如北京大学生电影节等的创办，都体现出美育的人文性与综合性特点。在这种社会实践、学生活动当中，北京师范大学把提升学生的人文追求作为重要的教育使命。北京师范大学从文化传承和立德树人的高度，让自己的影视教育凸显出鲜明的人文教育、文化普及、文化传承等功能。同时，作为综合性大学，在学科建构上也体现出注重综合性的特点。在专和综、窄和宽的选择上，更加注重融合与综合。比如北京师范大学戏剧与影视学在学科初创之时就取名为"影视学"，与心理学、教育学等自身老牌优势专业结合起来发展出——如视听认知心理、艺术治疗等一些综合交叉的新领域，而这也正体现出北京师范大学独特的人文性与综合性特点。

北京电影学院凸显专业性和国际性。在这三所高校当中，毫无疑问，北京电影学院的专业性和国际性特点更加突出。作为一所规模和体量并不庞大的专业院校，北京电影学院有着自己精益求精的专业标杆，文、导、表、摄、录、美等专业，都更加追求极致的工匠精神。北京电影学院的师生可以为了任何一个镜头、一个画面、一段台词而皓首穷经、专注钻研，直至呈现最佳的艺术状态。所以有人说北京电影学院的"戏疯子"特别多，我想这是一种对学院在专业上的充分肯定和褒奖，因为大家真正服气的是电影学院培养出了中国电影领域最专业的人才。这种追求专业上的极致在学院有太多的经典案例，形成了很好的教学氛围，也成为中国影视教育院校中最具影响力的专业标杆。北京电影学院的国际性也是非常突出的，学院师生在教学和实践过程中始终保持与国际同步同轨，他们习惯于在学习和创作中追寻国际最前沿的潮流和风尚，对标国际一流的技术、理念和人才。同时，作为国内唯一、亚洲第一、世界前三的电影院校，北京电影学院也是吸纳世界各国留学生最多的影视院校之一，在世界电影教育领域拥有广泛的认知和影响，享有盛誉。

从1988年参加工作到2016年，我在中国传媒大学教学有28年半之久，后来又在北京师范大学艺术与传媒学院任职工作了3年半的时间，如今在北京电影学院工作也有半年多的时间了。从我的个人职业履历来讲，先后在中国影视教育领域最具影响力的三所高校里工作多年，是非常宝贵的经验财富。真诚地希望我们中国的影视院校都能够找准自身发展定位，同时也能在互相更广泛合作与交流的基础上形成发展合力，为中国影视、中国文化走向世界培养更多优秀的人才。

周星：以我对您的认识，您有相当大的一个特点为人共知，是善于概括，对于差异性、共同性都有自己理性的概括能力。当我询问对于三所您任职高校的经验的时候，多少有点强人所难，因为都是中国顶尖的艺术院校。而您都置身其中却又要抽身而出。如何来概括的确是一个难题，但是您能站在宏观的角度，对中国传媒大学、北京师范大学、北京电影学院冷静抓取特色分别作出有概括力的一种解说，可见您宏观的透视力，抓住了不同性质院校的重要特点。透视中国最重要的传媒和艺术院校的各自特色，也许可以为其他的院校提供更为客观的参考。

关于"传媒艺术学"的认识

周星：胡校长一直在倡导传媒艺术，关于传媒艺术的观念、实施的路径和它的特点如何理解？传媒艺术在中国的艺术教育之中，显示出怎样的独特之处？将来又有什么样的发展前景？

胡智锋："传媒艺术学"这个学科概念，我酝酿了10年，也经过了10年的沉淀，可谓"十年磨一剑"。2010年我首次提出"传媒艺术"，动机来自我关注到的一个现实问题：广播电视艺术在发展中遇到了瓶颈。这个问题通过追溯来看会更清晰一些。

20世纪80年代我在中国传媒大学文艺系任教，当时的专业叫作"文艺编辑"，在实践中的主要任务好似"裱糊匠"，把现成的东西裁剪组合，形成适合广播电视播出的内容形式。如在电影素材基础上，添加导语、片头、片尾、解读性文字，形成了电影录音剪辑等广播电视作品。随着80年代大型综艺晚会，如春节联欢晚会的兴起，许多创作性、组织性的工作越来越多，推动着"编辑"向"导演"方向的升级和调适。编、创、导的实践需求，让我们逐渐形成了"编导"的专业概念，于是就有了90年代初中期从"文艺编辑"到"文艺编导"的专业名称调整。

此后，文艺编导专业在90年代后期调整为更具有媒介辨识度的广播电视编导专业。因为与电影、戏剧导演不同，广播电视编导更具有广播电视的专业特色。这个概念又持续了几年，之后从学科发展提升的角度又升格为广播电视艺术学。与传统的戏剧艺术、电影艺术一样，广播电视借助新的媒介继续创造新的艺术性活动，然而这种艺术活动所具有的独特艺术规律，需要在学科上予以反映，也因此就有了广播电视艺术学学科的发展需求。

进入21世纪以来，随着互联网等新媒介的发展，我们发现以介质为标志的艺术创造，其边界已经开始变得模糊。2010年前后，互联网已经发展出很多平台，广播电视也逐渐地与互联网结合在一起，或者与其他的艺术样式结合在一起。这样一来，有很多艺术样态就很难区分和甄别。比如广播诗会把诗和广播结合在一起，还有电视音乐、电视戏曲，以及网络电视、网络电影等，它们已然不完全属于广播电视本身的艺术，但当时也并没有新的理论概念予以准确表达。我们越来越深刻地感受到以广播电视介质来做这种艺术形态的描述，已经有了很大的局限，很多艺术实践是多种艺术形态和艺术平台的组合。再如纪录片在电视台和网络同时播映，它是叫电视纪录片还是叫网络纪录片？我们该怎样界定？在这些艺术品类前面加上"广播电视"这种介质的概括表述已经难以得到完整、准确的表达和呈现。

基于这些现实的困顿，2010年前后我就在思考，感觉以传统介质作为当下艺术的表达，已经是一个非常局限的做法，而且这些艺术样态在未来的发展、归类、界定也会出现争议和问题。因此，需要对这一类的艺术做一个比较系统的梳理。沿着这个思路继续回溯追索，我发现不仅广播电视如此，电影也是一样。我们似乎觉得电影在影院放映才是"正宗"的电影，当电影在电视上播放变成"电视电影"时，大家就觉得奇怪，当电影又出现在互联网上变为"网络大电影"时，又会出现一片争议。你会发现艺术品类在不同介质中的变迁，总是引起大家的争议，还总是争不明、说不清。如果从电影再往前追溯，最早出现这种争议的则是摄影术出现的时候。摄影术发明以前，写实的绘画艺术是为了追求最真实的表征，能够把人像和景观画出来、留下来。然而摄影术的出现，瞬间就捕捉到无比真实的景观，大家就议论是否还需要绘画？绘画还有意义吗？从摄影术发明以来，延伸到电影、广播、电视，直至现在的互联网等各种技术样式，人们逐渐发现这些艺术样态与传统的音乐、舞蹈、美术、书法、建筑、戏剧等是如此的不同，但这些不同要怎样表达？我作为一名艺术教育工作者来说，必须要弄清楚这个事情。

经过系统的梳理、研究和总结，我发现所有这一切争论的源头，都来自人类依托高科技而产生出来的艺术新样态，同时这些艺术新样态都有着强烈的媒介性功能，而且都有广泛的大众参与。因此，我把同时具备科技性、媒介性和大众参与性这"三性"特征的艺术样态和族群叫作"传媒艺术"，以此来区别于传统艺术，以及离它最近的广播电视艺术。如此一来，我们就会发现"传媒艺术"的概念更为宽广，也更能够解读整个这类艺术样态的艺术特征。这也恰恰是之前在艺术理论和艺术教育上都没能获得清晰界定和表述的部分，更是我们面临着学术突破和专业学科突破的非常重要的领域。从那时开始，我就在中国传媒大学建立了传媒艺术与文化研究中心，专门组织团队来研究"传媒艺术学"，2011年开始招收专门的传媒艺术与文化专业硕士和博士，到现在为止已经培养了10多届百余名学生。2020年，我主编的《传媒艺术导论》《传媒艺术经典导读》两部书终于出版，这是我们重要的阶段性成果，也是多年期待的成果。当然，面对人类广泛而深刻的科技革命、媒介革命和艺术教育革命，我们无论是在学术建设、理论建设还是学科专业的建设上，未来针对传媒艺术学的探索还有太多的工作要做。目前也只是在高端的科学研究领域进行，学科建设领域也只是做了一点微薄工作，我在中国传媒大学、北京师范大学和北京电影学院都先后建立了跟传媒艺术相关的硕士和博士专业点，当然这还远远不够，仍需要不断地努力和沉淀，做出更扎实的成绩。从个人来讲，我愿意在现在的研究基础上继续深入探索下去，希望得到大家继续的支持，期待能够把这个事情不断引向深入，为整个传媒艺术学术、学科、专业的建设做出应有的贡献，也为整个艺术教育事业、为中国特色文化艺术的整体发展繁荣做出自己的贡献。

周星：之所以询问这一问题，是因为您一直在孜孜不倦地倡导传媒艺术学，不仅在各种场合倡导，还一直在推广传媒艺术学价值意义。您已经在传媒艺术学的整体的建构、理论的阐释还有实践实施上都做了许多工作，所讲授的课程和出版的专著论文等围绕传媒艺术学做出了许多令人瞩目的成绩，同时培养的传媒艺术学的人才也在业界形成影响力，他们也一起为传媒艺术学观念的倡导和推广进行不懈的努力。

对于新文科视域下的艺术认识

周星：胡校长，中国的新文科建设已经逐步展开，您也发表过不少的文章阐释自己的见地。站在新文科建设的基点上，您如何来看待新文科建设对于中国艺术教育可能引发的变化和所起的重要作用？在新文科建设的视野下您有什么样的见地和观念？同时，北京电影学院在新文科建设中将要有一些什么样的举措和发展？

胡智锋：新文科建设是目前中国高等教育所面临的一个共同的新背景，它对于中国高等教育，尤其是艺术教育一定会产生深刻的影响。在我的理解当中，新文科有三个最突出的特点，分别是中国特色、融合发展和创新实践。

第一，中国特色。当前中国高等艺术教育领域的诸多观点、理论和理念，相当多都是从国外学习借鉴的舶来品。自新文化运动以来，我们大规模地向国外学习，从西方引进了大量新的艺术和文化及其教育理念和思潮。因此，初期的影视教育从专业设计、学科设计到教材、课程等具体的方法手段几乎都是国外的模式。一方面必须承认，西方舶来的艺术教育观念和体系，某种程度上支撑了我国的艺术教育建设和普及；但另一方面，随着本土艺术实践的发展和积累，伴随中国经济社会的发展，我们自己的民族艺术也在不断强化，民族艺术文化成果和人才培养均取得了一定成果。从主体性文化建设等更长远的目标来看，我们自己的民族艺术教育体系建设应该得到格外的强化。特别是在新全球化的当今世界，我们需要构建起具有中国特色，同时具有全球影响力的文化体系。在中国文化主体和体系稳步建构的过程中，艺术教育工作一定是不可或缺的，甚至是关键性的。以电影为例，如果我们不努力打造具有中国民族气质的电影，不充分通过电影来体现中国精神、中国情感和中国价值，我们就很难被世界广泛理解、认知和接受。

未来的艺术教育对于中国特色文化体系、价值体系的建构，对于中国特色艺术的生产与传播，对于中国艺术所支撑的中华文化魅力的释放等，将具有不可替代的巨大作用。我们要在艺术教育中努力探索中国精神、中国价值，不断展示中国风范、中国气度，力争推出中国模式、中国方案，真正以中国智慧推动中国艺术教育发展。我们要对绵延几千年的中华优秀传统文化、百余年的中国革命文化，以及新中国70年以来的社会主义文化等，这些丰厚的文化积累做好梳理总结，加以提炼概括，形成中国特色的艺术教育体系，以此才能够支撑起大国崛起的精神文化需求。

第二，融合发展。在我看来，融合发展有三个层面的含义：一是技术融合。随着技术的快速进步，5G、大数据、人工智能、云计算等新技术不断影响着人们的日常生活方式和思维方式。技术的不断迭代与升级，使得教育理念和教育方法都在发生着剧变，特别是艺术教育这种以人的情感和想象力的培育、表达为特点的教育更是如此。新技术的崛起很快会打破旧的教育模式、理念和经验，因此也就需要以一种技术融合的视角展开探索，将新技术主动而广泛地应用在艺术教育当中，实现艺术教育在技术逻辑上的更新迭代。二是媒介融合。当前我们正在不断打破媒介之间的边界，传统媒介如报纸、广播、电视等介质正在与以互联网为代表的新媒体互相融合。未来可能只有一个终端的概念。如何在媒介融合中展开艺术教育，这也是我们面临的全新课题。三是文化融合。一个很现实的例子，当下流行的网络短视频平台，能够把分属于不同民族、不同宗教、不同国家和地区、不同肤色、不同年龄、不同职业甚至不同层级的用户都打破边界融合在一起，大家都在同一个平台终端共同进行着文化消费。以往由于多元混杂现实所形成的不同文化差异被磨平甚至消解，这种文化融合的变化正在推动着艺术教育理念和方式的不断革新。技术、媒介和文化的融合对于艺术教育而言既是机遇也是挑战。虽然没有现成的经验可循，也许会在找到合适方案前经历很多的试错，但这也因此给了我们探索新篇的可能。

第三，创新实践。创新发展是时代的主题，以科技创新为龙头，催生了从物质到思想的诸多层面的创新实践，具体到艺术教育就意味着其诸多理念、方法和手段的创新。北京电影学院在创新的路上始终没有停歇，面对新文科建设的新背景，在创新实践上将突出体现几个特点：一是原始创新，指的是从无到有的始创实践，以及敢为天下先的创新精神。在20世纪50年代初期，北京电影学院首创了文、导、表、摄、录、美等一些国内电影专业，初步建构起中国电影教育的专业体系。经过多年积累之后，80年代中期又引入了管理，世纪之交又加入了动画，20世纪以来又展开了视听传媒、数字媒体等新的专业领域。在这个过程中，充分体现了学院为原始专业创新做出了不可磨灭的贡献。二是融合创新。融合创新在于打破专业和学科的界限，旨在跨学科专业的融合中进行创新，如影视教育就是把影视和教育结合起来创新等。当前，要把立德树人理念和人文素养提升目标，更加纵深地融入影视教育当中。北京电影学院学生的专业性很强，但旨在提升人文素养的教育还不够充分，北京电影学院刚刚成立了人文学部，就是为了在电影学院的教育体系中更加注重人文教育，旨在为学生打开一个更为广阔的视野和思路，让他们以电影为专业核心，同时又能拓展到更为多元的人文领域，拥有更宽广的人文关怀。下一步我们也在考虑新的专业和学科的结构调整和建设，根据形势的变化可能会设计出新的专业以适应新的需求。三是延伸创新，指的是在已有基础上的拓展创新。如中国传媒大学在专业设计与创新中，从广播编导、广播电视编导到广播电视艺术学，再延伸到传媒艺术学，这就是在顺应实践和理论的发展变化中、在已有专业基础之上的延伸创新。延伸创新的关键，是要不断与时俱进地适应和调整。在新文科建设的背景下，需要我们认真分析和总结变与不变，以传承坚守初心，以创新回应变革。

周星：新文科作为国家倡导，的确是当下我们必须要高度重视的，对于人文社会科学之文科发展是非常重要的背景，如何看待新文科的观念，如何针对新文科的发展目标来进行我们的学科专业等的发展目标调整和整合改造，对许多院校来说都是一个新的难题。我认为尊重既有文科的传统，守正创新是不可偏离的基点，但创新不可忽视。同时，新文科建设要求跨学科之间的融合，面对智能时代、互联网时代的境况进行我们自身的学科改造。新文科建设对艺术学科来说也是一个新的机遇，我们要投身到新文科建设之中，让艺术学科在保持自己审美这一最重要的特色的同时，扩大我们的视野，增厚文化素养，强化艺术文化观念，让艺术学科发挥更大的提升人的素养作用，实现以美化人、以德树人的根本任务。

【刊发信息】周星、胡智锋：《以中国智慧推动中国艺术教育发展——周星、胡智锋关于艺术教育的高端对话》，《艺术教育》，2021年第1期。

研究生培养的四个关键问题
——北京电影学院博士生导师访谈录

一、价值观

刘俊： 胡智锋老师您好。很荣幸能够以研究生培养为话题采访您。在您多年指导硕士、博士研究生过程中，您认为哪些问题是最为重要和关键的？

胡智锋： 很高兴接受访谈。在我指导研究生的理念中，"价值观""方法论""思维训练""评判标准"这四个问题是我最看重的。

刘俊： 您的第一个关键词是"价值观"，谈及价值观，您看重锻造学生怎样的价值状态？

胡智锋： 传统上，我们认为研究生培养要更多强调对学生的研究、学科、专业素养的培养。但"人才"，"人"在先，要培养德才兼备的人才，就要把对学生品德的培养提升到极高的位置。所谓立德树人。有"人"才能有"才"。我始终坚持对研究生的品德培育，特别是结合专业和学术，对价值观进行培育，这是一个大问题，是基本性问题。价值观培育至少涉及下面几个层面。

第一是个人层面。

注重进行学生人生观的培育，核心是让学生懂得做一个什么样的人。我想至少要做一个正直、阳光、积极、健康的人，不能私心杂念过重，不能过于自我，不能对社会负面情绪过大。如果出现过多负面的东西，需要导师进行匡正。

第二是团队层面。

这是强调学生除了个人有良好品德之外，还要有团队意识、合作意识、集体主义意识，学会与人相处，有大局观、整体观。研究生未来都会走向社会，在社会上就不免与人合作，如果在学习阶段，不培养良好的团队意识，导致未来不善于与人合作就一定会出问题。特别是做影视业的人，无论是做影视教育还是影视实践，都要和人打交道，而且常常是大团队的合作。为了培养团队合作能力，我长期使用一个办法，就是从2001年开始带领研究生做影视研究的年度综述，开始是带五六个研究生一起，后来发展到每年有二十多位硕博研究生共同合作。在开展各类科研项目的研究时，我也是带领学生们通力合作。在这个过程中，大家结成了良好的朋友，逐渐形成一种师门的风气。

第三是家国层面。

作为中国人一定要有民族自信、文化自信，这一点我得益于我的导师们。在我读硕士的时候，我的导师孙昌熙先生经常拿我们的太导师闻一多先生为例教育我们：在任何情况下，要保持中国人的风骨。闻一多先生虽早年曾留洋，但其一生始终一身长衫，一生充满着国家和民族的自豪感、自尊心，一生都在做顶天立地的中国人。

我的另一位研究生导师孟广来先生，虽然有深厚的西学根基，但他一直提醒我们一定要寻找中华文化的根脉。孟广来先生指导我们的时候，正是西方学说大规模进入中国的时候，作为青年学生难免"追逐时尚"，比较迷醉于西方学说，也会用当时开始流行的西方信息论、结构主义、现代主义等思想观点来解读我们的领域，难免有食洋不化的问题。我在读硕士时做的是中国话剧研究，开始也难免以西方为中心，对西方著作痴迷。当我们过度以西方为中心时，先生就会非常生气，提醒我们一定要实事求是，一定要从我们自己的研究对象出发，作出符合国情和实际的判断，而不是简单地拿西方学说来"套用"。

我的博士生导师黄会林先生更是鲜明地举起中国影视民族化的旗帜。这些对我有很深的影响，我提出中国影视本土化的主张，深受黄先生的影响。我也将这些家国观渗透到我对研究生的培养之中：做一个好人、对社会有用的人、堂堂正正的中国人，以个人的学术和艺术创造，将我们的文化弘扬光大。

对价值观的培育，往往是我的开学第一课。我强调做人、做事、做学问，都要渗透着这些价值观。这也是作为一个教育者、学者、导师，必须要给学生灌注的。特别是由于影视学术所对应的影视领域，是国家意识形态极其重要的构成部分。同时影视业对于社会直接而巨大的影响力，也对影视学术研究提出了特殊且严格的要求。我一向倡导影视和传媒研究需要注意如下三大价值的担当：（1）服务国家战略，影视与传媒学术要有大国文化的价值担当；（2）对接传媒行业，影视与传媒学术要有理性思考的价值担当；（3）回归学术本体，影视与传媒学术要有双主体建构的价值担当。我们的影视与传媒学术应该有这样的使命感，如此才能无愧于国家、行业、学术的发展，建构有高度、有广度、有深度的影视与传媒学术。这些思考我都会体现在研究生的培养之中。当然，在探索、树立价值观的过程中，还要找到恰当的方法培育和践行这些价值观，比如共同开展课题、开设各类研讨、进行集体攻关等。

二、方法论

刘俊： 您的第二个关键词是"方法论"，在指导学生时，您希望学生找到怎样的研究问题的恰当方法？

胡智锋： 说到方法，不可避免地要涉及科学和人文这两种方法的纠结。不论是定性还是定量，它们都只是方法，我们不能把方法作为膜拜的终端。方法只是手段，是为了解决问题而施行的，不能把方法作为目标，更不能因方法而形成一些小圈子甚至最终内卷化。

定量是非常好的科学方法，但是也不能绝对化，不少人将其固化、机械化，将简单问题复杂化，过度量化的结果是将学术僵化。

定性同样是重要的研究方法，但定性研究不等于随心所欲地主观化，缺乏严谨的推论，这不能叫质化研究。同时定性研究也不能走向另一个极端，就是过度讲求"无一字无来历"，每句话都要理论依据，而且都是西方的"来历"。这样的研究貌似引经据典，但缺乏研究主体真正的思想灌注。没有思想的理论堆砌，也是意义不大的。

总之，量化的方法走向极端，容易走向简单问题复杂化的机械堆砌。而质化的方法走向极端，要么容易导致研究过度主观随意，要么容易导致缺少主体发现和灵魂浸染的文献堆砌。数据堆砌和文献堆砌都是极端化的，都会走向片面。

我向来对研究生强调应该把量化和质化的方法有机结合。在这个过程中，有两种训练非常重要：感性训练和理性训练。无论是在中国传媒大学，在北京师范大学，还是在北京电影学院，我都践行这样的训练学生的方法。

感性训练主要强调多听和多看，对艺术作品要有感性感知、鉴赏的积累。例如做影视研究，大量看片是基本功，没有感性素材积累很难有深入研究。除了影视观片，还要有大量对如音乐会、美展、各类艺术活动的观摩，这些都是艺术训练的重要内容。一个好的研究生，如果能看上几十部经典舞台剧、数百部经典影片、数百部经典电视艺术作品（包括电视剧、电视综艺、纪录片等），那么这种感性的积累，会最终潜移默化地"内化"为人的艺术感受。

理性训练同样强调多听和多看。"多听"是听大师讲座和课程，所以我们要给研究生开设高端讲座，我曾在中国传媒大学长期开设广播电视艺术学前沿讲座、传媒艺术学前沿讲座，邀请的都是中外该领域最顶尖的专家。"多看"是强调阅读，阅读大量理论著作、经典著作。"经典阅读"是不可或缺的，所以我很强调安排学生阅读经典文献，在最近我们出版的《传媒艺术经典导读》（北京师范大学出版社2020年版）一书中，每位作者将对自己影响最大的著作进行解读，也是我们多年来强调经典阅读的一个成果。同时我本人长期给研究生讲授朱光潜先生的《悲剧心理学》，这是每年每一届研究生的必修课，后来形成了某种品牌，就是要给学生传递和锻造一种阅读经典的传统和习惯。我想之所以我们的学生毕业率高、成才率高，这与我们上述两种训练是分不开的。

此外，我在研究生的培养过程中，还特别提醒学生要处理好"学"与"术"的关系。我们通常会把"学"和"术"混在一起，笼统地进行表达。但仔细探究还是可以发现二者微妙的不同："学"更多指的是学识、学理和学术体系，是一种"道"；而"术"更多指的是一种手段、方法和技巧，是一种"器"。关于"学"与"术"的关系，我们至少可以分为如下四种类型："有学无术""有术无学""不学无术""有学有术"。我鼓励和培养学生能够"有学有术"，努力践行"学"与"术"俱佳的目标。它需要研究者有极高的学问、学养、学识，有丰沛的学术素养和积累沉淀；同时，又审时度势，深刻观察影视与社会变迁，能够完满地通过恰当的方式和路径，将"学"体现出来，产生积极的学术价值与意义，有效地将自己的学术思想传播与释放，产生足够的正向的学术功能与价值。

三、思维训练

刘俊： 您的第三个关键词是"思维训练"，这意味着您在研究生的培养中为学生设立了什么样的思维锻造目标并使用怎样的方法？

胡智锋： 在指导研究生的过程中，我想价值观是前提，方法论是拓展，这些都是基础性的，最终要落在比较"实"的东西上，这应该就是思维。在我看来，本科生更多是学习别人的东西，是对专业领域已有的内容进行学习。硕士生是在导师的指导下，应该对自己的领域有一点心得。而在博士阶段，学生就要在某个领域有比较系统的探究，甚至能够初步成一家之说，成为该领域有一定创造性的"入门级专家"。硕士阶段不能只是把其他人的东西进行汇总，否则你就是本科生的水平；而博士阶段则不能只是零碎的想法，否则你就是硕士生的水平。那么如何能够达到硕士生或者博士生水准的理想状态？关键在于思维的提升。

从训练思维的角度讲，我强调"意""言""书"的三位一体，也就是想法（所谓"意"）、说法（所谓"言"）、写法（所谓"书"）的有机结合。这三者往往是递进关系，一般是先有想法，后有说法，最后形成写法。不少学生会呈现出这三者之间的"不对称状态"：有时自己想得很好、很兴奋，但说出来不着四六，与自己的想法相差很大，想法无法被充分呈现；也有的同学想的和说的不错，但一旦写下来，又觉得与自己说的感觉相差如此之大，毫无色彩。这是怎么回事呢？大概就是思维状态和能力还没有真正达到较高的水准，还需要不断做思维打磨。

打磨思维的方式，除了刚刚说的感性训练、理性训练，还需要加上一点，就是不断聚焦关键问题。而一旦确定问题，我又强调三个层次的追问：是什么、为什么、怎么样。我一贯用这种方式来让学生自己追问。思维方式和水准如何，需要看是否能把这三个层次的递进说到位，能否在一个聚焦的问题上展开，然后延伸到其他问题。如果意、言、书基本吻合了，同时是什么、为什么、怎么样基本形成了一个闭环，那就是基本接近成功的状态。

我有一个习惯，几乎每个月都组织研究生坐下来，交流一下你读了什么书，有什么心得，我来观察研究生到底在说什么；同时我每隔一段时间也会让学生将感受写下来。我们需要通过阶段性的内部研讨、专题研读、讲座交流、课程作业等方式，逼着大家想、说、写，逼着大家思考"是什么、为什么、怎么样"，逼着大家不断提高发现问题、解决问题的思维能力。经过学生自己说、相互说，以及师生研讨说，再配合相当体量的写作训练，逐步锻炼学生能够习惯性地想到位、说到位、写到位，争取培养学生想到就能说到、说到就能写到。在这个过程中，开放式教学、研讨式教学、课题式教学是我培养研究生时重点使用的方式，例如我常常会设定一些开放型课题，与学生做互动性研讨练习。在这个过程中，力求有生动的影视案例、共同的理论框架、差异性的理论阐释、交互的教学方式，这也会让课程比较丰富和鲜活。

四、评判标准

刘俊：您的第四个关键词是"评判标准"，这个标准又指涉哪些问题？

胡智锋：研究生的毕业最终落到毕业论文、毕业设计、毕业作品中，其中比较常规的成果是毕业学位论文。而学位论文的形成过程，是所有学术型研究生最艰难和最核心的工作。之所以大量研究生读不出来，在于学位论文写作上没有到位。没有一篇学位论文是能够轻松完成的。我个人认为，评判论文是否合格有四个维度的标准：现实、历史、理论、实践。

第一，现实维度。

"现实"的核心是发现问题、抓住问题，而且发现和抓住的是真问题而不是伪命题，这是所有研究的起点和关键。我指导的一些比较优秀的博士论文，我想可能首先在于抓取问题到位。

像杨乘虎的博士论文《中国电视节目创新问题研究》，锁定在电视节目创新问题，这是因为我们的电视节目特别是综艺节目创新在一段时间内确实出了问题：外来模式太多，本土节目创新在不断减弱，大家都把精力花在海外购买中，而不做本土创新。那么为什么不做创新呢？是观念上、利益上，还是其他哪些因素导致大家不愿意创新？杨乘虎做了比较系统的八论，这在中国电视节目发展方向上是一种深入的探究。因此我强调论文所面对的"问题"应该是现实存在的、具有普遍性意义的，而且这个问题不解决对某个领域和行业会产生很大影响。

如果说《中国电视节目创新问题研究》是基于实践的问题，刘俊的博士论文《传媒艺术刍论》的由来，是基于学科的问题和学术的问题。传统艺术理论对新兴艺术形态缺乏解读力，而新兴的艺术形态在发展中又缺乏学理和学科的支撑，这需要拓展新的研究和学科视野，找到新生艺术形态的理论武器和学科武器，这就有了"传媒艺术"的研究发现，有了"传媒艺术学"的学科归纳。对传媒艺术进行刍论有助于让一个大的传媒艺术家族有了理论武器，对这个学科的发展也产生了支撑性作用。这篇博士论文所面对的"问题"真实存在，而且中外普遍存在，同时这个问题的解决对艺术体系是重大突破和发现。因此我强调好的问题意识、问题发现，会带来论文的创新和价值。

第二，历史维度。

其核心是寻找问题的"精准"方位。问题的发现，不仅是在问题本身来打转，还需要找到历史的脉络和依托，没有历史脉络很难达到论文的"纵深度"。我们需要指导学生沿着一个问题，追溯问题的来龙去脉，将其放到历史长河中，发现问题的准确定位，使问题更加有精准度和深刻性。张国涛的博士论文《论电视剧的连续性》对电视剧连续性进行的历史脉络梳理，赵曦的博士论文《纪录片边界问题研究》对纪录片真实性进行的历史脉络梳理，都让我们看到论文中有了历史感，就不会是"评论"，而是走向"理论"。

第三，理论维度。

研究的新领域、形成的新观点、使用的新方法、采用的新材料，都会通向理论发现。做出了什么样的理论贡献，这是我带研究生特别是指导博士论文时特别强调的。比如杨乘虎的创新性理论、张国涛的连续性理论、赵曦的真实性理论、孔令顺的文化性理论、顾亚奇的公共性理论、涂艳的戏剧性理论、翟杉的仪式性理论、冷淞的规制性理论、张炜的价值性理论、刘俊的传媒艺术理论等，都提出了较为独立的核心观点及其理论。

第四，实践维度。

这强调论文还要有对现实的指导性、引领性。如张国涛的电视剧评价机制、杨乘虎的电视节目创新等主题的论文，都对现实领域有较强的针对性。

我常常说好的影视与传媒论文需要四"有"："有种"，指的是成果与研究者有胆识、有使命感、有责任感，有敢于为天地立心、为生灵立命的情怀。这种成果立足于现实问题，有突出的问题意识，能够提出真问题；同时有境界和情怀，立意高。"有货"，指的是成果有见地、有思想、有创新、有独到的发现，这有赖于作者、研究者独立的、深度的、高屋建瓴的把握与表达能力。"有料"，指的是成果有材料、有故事、有丰富的内涵。这里包括新材料的发现，乃至历史与现实真相的揭秘，也包括表象背后的故事的挖掘等等。"有趣"，指的是成果中展现的表达得生动、逻辑的清晰和书写的酣畅与趣味。这"四有"贯穿着对实际领域有指导意义的强调。

我从1999年开始带硕士生，2004年开始带博士生，指导的专业从广播电视艺术学到传媒艺术学，也在境内外都有博士生指导的经历，切实感受到我们的培养既要有传承，也要有相当大的开放度，包括生源也需要有多种来源，而不能狭窄。我们要在培养方式和理念上不断完善，让人才脱颖而出。

五、北京电影学院的研究生教育

刘俊：您对北京电影学院的研究生教育有什么样的感受和期待？

胡智锋：北京电影学院的研究生教育，历史比较悠久，20世纪80年代开始就有硕士生招生，2004年之后也开始了博士生的培养。对于北京电影学院的研究生教育，我想用三对平衡来表达我的想法。

第一，"渊"与"博"的平衡。北京电影学院的研究生教育一方面历史悠久，成绩突出，可圈可点；另一方面我们的学科厚度和宽度还有待拓宽和加厚。我们的优势在于"专"，精于电影艺术创作生产。而研究生培养在注重"专"的同时，还需要注重"渊博"：渊是深度、博是宽度。我们需要加大研究生综合视野的拓展和某一个方面深度的加深，未来我们将通过课程设置、培养模式等的改革来做提升。

第二，"中"与"外"的平衡。电影艺术本身是舶来品，我们在"向外看"的同时，还要"向内看"，注重本土化、民族化的经验，提升本土理论创新水准。

第三，"自由"与"规范"的平衡。一方面导师和学生需要有相对的自由度，无论是艺术创作还是学术探讨都是如此；但另一方面也要加强规范，如研究生的流程管理，从选才到毕业，都要严谨细腻，防止出现问题。

面对未来的挑战，我们要提升学科地位和价值，为党和国家培养更多优质人才，推出更多优质成果，这需要导师和学生都要不断提升水平，需要导师之间、学生之间、师生之间，不断互相学习、共同提升，才能把研究生培养质量不断提升到新的高度，完成党和国家的嘱托，回应社会的期待。

采访时间：2021年2月

【刊发信息】胡智锋、刘俊：《研究生培养的四个关键问题——博士生导师胡智锋教授访谈录》，载《师说——北京电影学院博士生导师访谈录》，2021年。

坚定文化自信推动电影大国迈向电影强国

记者： 党的十九届五中全会高度重视文化建设，明确提出要"建成文化强国"，您如何理解文化强国的内涵？建设文化强国，需在哪些方面发力？

胡智锋： 文化强国，我想首先体现在认识层面，就是我们思想认知要明确，要更加清晰认识到文化对于我们国家和民族，未来可持续性发展巨大的支撑力量。过去我们在相当长一段时间里，是强调经济建设为中心，经过改革开放40年的艰苦奋斗，现在我们已经成为世界第二大经济体。党的十八大以来，特别是这次十九届五中全会，党和国家更是把文化强国提到一个前所未有的高度。我想这是我们党在思想认知上更加自觉、更加自信的表现，也是我们着眼于未来，对于我们国家和民族，未来可持续性发展的具有战略性的决策。

从经济中心到文化强国理念的提出，看起来好像只是字眼上的一个变化，但是这里面内涵非常丰富。为什么要提文化强国？把它放在国家战略的高度去考虑，是因为中国要走一条跟西方国家不一样的和平崛起的道路。

推动文化强国的建设，我认为可以从三个层面发力。第一，在舆论格局层面。我们要改变西强我弱的舆论格局，重点打造中国特色的舆论格局。这就要求中国的媒体强大起来，既包括公共媒体，也包括社交媒体，中国要培育更多的能够走向世界的媒体，让这些媒体的声音能够影响西方，影响世界。

第二，我们需要在意识形态层面增强东西方的对话，比如说政党之间的对话，社会之间的对话，不同的群体之间的对话，民间的对话，要多层次地展开对话，让东西方意识形态的对峙能够不断削弱减弱。

第三，我们要让中国文化价值的传播走向世界，特别是要通过那些生动形象的艺术作品，比如说电影、电视剧、电视纪录片、综艺，以及我们的音乐等，用这些生动形象的文化艺术产品来走向世界，让世界在接触东方的中国的艺术作品和产品中，潜移默化地受到影响。

记者：您认为高校在建设文化强国中应该有什么样的作为？

胡智锋：像北京电影学院这样的学校，它有非常明确的使命，就是为中国培育最高端的电影人才。电影作为扮演龙头地位的一个文化产品，应该说无论是它的产品形态，还是它的产业规模，都是影响力最大的，传播力最强的。所以说如果我们要实现文化强国的目标，电影将扮演非常重要的角色。北京电影学院作为国内培养高端电影人才专门的高等院校，我们感觉自己身上的责任非常之大。

我们要扮演好这个角色，要为党和国家效力，可能就要解决几个问题。第一，我们要输出最有竞争力和影响力的人才，也就是电影专门人才。电影的发展日新月异，对于人才的需求也更加多样化，比如跟国际打交道的国际型人才，比如说一专多能的复合型人才，还有一些在某个领域特别尖端的技术人才，这些都是我们需要去瞄准、去培养的。所以这些是我们的一个重要任务，培养好优秀人才来支撑电影事业和产业。

第二，除了出人才，我们要出思想。我们要为文化强国，提供前沿的艺术理论和学术观点，也就是在学术上，把中国特色的文化理论学说研究好、传播好。

第三，我们要推动电影产业自身的发展，让我们从电影大国走向电影强国。当前，中国无愧为电影大国，一是我们的银幕数量最多，有8万多块，中国的影厅数量堪为世界之最；二是我们的票房是全球第二，去年达到了600多亿，今年因为疫情半年多没有开场，但现在已经到了300亿票房了；三是我们的创作是全球第三，指中国自己的电影生产创作能力，一年我们能拍一千部左右的电影。这样的成绩，使得我们整个电影产业的体量和规模，综合看在全球是名列前茅。但是我们跟好莱坞相比差距还比较大，所以我们还需要继续努力。目前我们是电影大国，但不等于是强国。我们的原创力、基础设施的竞争力、人才的竞争力、艺术创作的引领力，还有中国电影在世界上的覆盖力和深层次的影响力，现在都需要提升，这是一个复杂的工程。

第四，要营造电影文化，北京电影学院还有一个重要使命，就是我们要为整个社会营造良好的电影文化。比如说通过各种影视评论、影视学术交流、办各种电影节、大型的展览来引导社会话题，开展群众性的、大众的电影活动。让更多的年轻人在对电影的追逐中，在对明星的追逐中，在对艺术的追逐中，去辨识，增加大众的审美力、判断力和家国情怀、道德情操，为整个社会营造一个优雅的、良性的、有民族自信心和自尊心的，同时是健康和繁荣的电影文化环境，这都是北京电影学院为文化强国建设应当去承担的责任和义务。

【刊发信息】人民论坛网，2020年12月7日。

体验·见证·建构：对话胡智锋教授

一、童年的艺术体验，早期的观影经验

刘俊：胡老师您好。很荣幸能够就您个人的成长和学术经历进行访谈，"新历史主义"常说历史书写最关键的部位是个人史，个人史才是最真实、最鲜活、最有意蕴和意义的历史记载，从这个角度说我们对这次访谈充满期待。您是中国传媒领域的第一位教育部"长江学者"特聘教授，是当代中国戏剧与影视艺术学领域的代表性学者，又执掌着中国艺术与传媒教育和科研的重任，我们常说"不通一艺莫谈艺"，我们对您童年时期的艺术体验很好奇。

胡智锋：追溯起来，我最早作为观众的记忆，是从小沐浴在革命样板戏中。我们成长在"文革"时代，关于"文革"的记忆自然是最重要的记忆。我从八岁就被选调到"小红班"（毛泽东思想宣传队，类似于文工团），"小红班"集中了小学二年级到五年级里，品学兼优、有一定表演天分的小孩，每个年级只有十一二个人，其中三分之一是前台演员，三分之二是乐团队员。我有幸被选中作为前台演员，很快成为班长，四年级之后成为队长和团长，破格加入了红卫兵，成为红代会的副主席。

那时，四个年级混搭在一起，是半军事化训练的生活与学习方式：每天早晨五点之前起床，到河边集体练功，吊嗓子、唱念做打都练习，至于压腿、下腰、空翻等高难度的训练，所导致的那种钻心的

疼痛，更是家常便饭，那是强忍着眼泪往下练。冬练三九夏练三伏，异常艰苦。

上午是学习时间，学习内容大致是儒法斗争史，数学、语文也有，比同龄人多学习的是毛泽东思想。到小学四年级的时候，"毛选"我已经通读一遍了，重要篇章也已熟练地大段背诵。因为当团长、队长，不仅要管自己，还要管大家。

下午是训练时间，排练各种各样的内容。当时我们排练、表演的最多的就是各种各样的样板戏，我演的最多的是《智取威虎山》，演的场次最多的是第七场"发动群众"，扮演主角李勇奇，这个戏得演了几百场。晚上就是演出，演出地点除了院校、机关、剧场和礼堂等正规演出场所，还奔赴工厂、农村、兵营；有时候要带上四五十人，走一天一夜，到几百里以外的部队慰问演出。外出演出有时没有老师带队，就是我做领队，几十个人，十几个铁皮箱，所有的乐器、道具、服装箱的钥匙捆在我一个人腰里，演出单都是我一个人说了算，和部队首长对接也是我的事儿。

舞台事故是难以避免的。比如演出中大灯突然掉下来，或者突然停电；比如集体食物中毒，闹肚子；还有节目之间的衔接，道具和服装丢失等各种情况，层出不穷。有一次到工厂演出，中间午休，我不小心让挂在墙上的坠琴砸了脚趾，当时严重淤血，送到医院，为保证大脑不受影响，没有打麻药，医生直接用钳子将指甲拔掉。有时到部队演出，送我们到部队的军车临时奔赴救灾一线，没办法送我们回去，我们只好在野山中，大家集体喊着口号唱着歌，举着马灯，自己给自己壮胆，在野山的狼嚎中，勇敢走出大山！

除了样板戏，我们还有大量的艺术品种，比如表演唱、群舞、对口词、相声、快板书等。而最紧张的就是大型活动的临时献词。我是男一号，有时下午四点钟接到任务，老师一边开始撰写献词，一边调集着上百人的群诵队伍，我们两个主角便开始化妆。刚刚刻好蜡版、带着墨香的献词印出来后，有两位更小的助手，在我们一边化妆，他们一边在耳边替我们朗读。然后我用最短的时间简单吃一口饭，甚至都来不及跟对手完整地合一遍，就上台了。面对不同的场子，尤其是上万人的体育场和上千人的大礼堂，紧张也是难免的。记得我第一次上台，穿着当时很时尚的一种吊带裤，但是由于腰带没扎好，当着成千上万的观众，我的裤子在舞台中央掉了下来，大家哄堂大笑，成为当时好长一段时间的笑话。

除此之外，还有大量的劳动。因为那个时代学工、学农、学军是必需的。我们"小红班"包了一块地，在离城区几十里的半山上，从开春的松土、播种，到春夏的浇灌，小小的肩膀挑着几十斤的水，多少个来回挑到山上；再到最后的麦收，我们这些小孩全部都要自己做。同时，校园里还饲养着动物，小到兔子，中到猪羊，大到牛和骆驼，我们要为它们起早贪黑地去打草，为牲口准备过冬的食物。

与紧张的训练、演出这种皮肉之苦、表层之苦相比，更重要的是深层次的精神压力。特别是我作为队长和团长，不仅要管好自己，承担男一号的各种各样的任务，同时还要管理大家。班里出任何情况，老师打板子总是毫不留情地先打到我这里。同学们有打架、斗殴，有互相打小报告，还有各种恶作剧，老师总是毫不客气地关我的禁闭，我还要替大家写检查。那时候写的最多的就是检讨，字数最多的时候写到几千字，所以对于反对经验主义、本本主义、主观主义等，我总是倒背如流，因为写检讨时要反复使用。

"小红班"的生活对我一生的影响是深刻的。一是锻炼了担当、承受能力，能够忍受委屈。不管有多大的压力，都为自己所在的单位和事业去担当责任，凡事不推诿，不仅为自己担当，也经常代人受过。所以再受多大的委屈，好像也无所谓了，这是锤炼了一种承受力。二是培育了大局意识。凡事能够顾全大局，不计较个人得失。三是锤炼了工作能力。一个10岁的孩子，就能带着五六十人的演出队伍，翻山越岭进行演出，这里面有多少细节、环节需要沟通、安排啊！那个时候，连老师都管我叫"老胡同志"，当然这也是戏称了！

从专业层面来看，这或许是我对艺术、对戏剧最早的体验，也是深度的体验。不仅是锻炼了舞台表演的基本功，而且对于综合性艺术的各个方面的元素的理解，包括表演与观众的关系，舞台各个工种环节的关系等等，有了切身的体验和感受。以至于到了后来，一些重要的献词和快板书、对口词等，我几乎自己也能编创了。

刘俊：虽然山大岁月的现代戏剧专业的学习，使您青年时期就在戏剧研究领域崭露头角，但在最近长达30年的时间里您大部分是在做影视研究，由此您的研究经历也涵盖了"戏剧与影视学"这个一级学科的"一体两维"。这种研究转向是否部分源自您的一些艺术经验和体验，而您最早的影视体验又是怎样的？

胡智锋：关于电影，最早有朦胧的记忆，就是四五岁时看的露天电影。童年记忆当中，最深刻的当然还是样板戏电影，以及当时的一些社会主义国家的电影，还记得当时民间流行一些社会主义国家电影特点的顺口溜："越南电影，飞机大炮；朝鲜电影，哭哭笑笑；罗马尼亚电影，搂搂抱抱；阿尔巴尼亚电影，莫名其妙；中国电影，新闻简报。"

而真正对电影有深刻的认知体会，还是20世纪七八十年代从少年到完成学业的全过程，正好经历了中国20世纪50年代新一轮的文化热时期。那是我们这一代人共同繁荣、热闹的时代，也是对后世有重要巨大影响的时代。那时候，既有大量20世纪五六十年代被打为毒草、封资修电影的复映，也有新的伤痕电影、改革电影的隆重登场。尽管没有个人特别的电影参与体验，但那个时期通过观影，对大量的电影音乐、台词耳熟能详、倒背如流，在各种本子上粘贴的电影明星的照片、图片也是那个时期大家分享的重要信物。作为一个观众，我对电影的朴素的感受，就是电影赋予我们对现实的关注和认知，电影给予我们历史的感悟和认知，它给我们提供了梦幻般的偶像，它表达和宣泄了我们的情感，它也培育了我们的家国情怀。

而对电视的认知，是来自我很小的时候，我最早看电视是六七岁的样子，在母亲单位的黑白电视机上第一次看到了中国和外国的篮球比赛转播。那个时期的篮球明星，是穆铁柱。所以最早的电视记忆是体育比赛。再后来看到的就是像《长征组歌》《黄河大合唱》等时令性的表演，那是20世纪70年代后期。再就是读高中时，偷偷跑回家偷看电视直播——《审判"四人帮"》。

再往后，家里有了自己的电视，印象最深的就是邻居过年都扎在我们家，一起看春晚。此后就是《动物世界》、日本动画片（像《铁臂阿童木》）、港台电视剧（像《霍元甲》）、日本电视剧（像《血疑》《排球女将》），直至后来的《红楼梦》和《河殇》，中间还有《话说长江》《话说运河》等。所以电视在我的印记里，就是我们生活的折射，它比电影更亲近人们当下的生活诉求和情感诉求，它有极大的参与性，而且有很强的分享性，那时大量的电视内容都会引发热议，引发大家的参与和分享。这大概是我作为一个观众与影视的结缘。

二、山大的求学生涯，中传的研究转向

刘俊：您在16岁的时候、1981年便考入当时声名赫赫的山东大学中文系开始本科学习，本科毕业后继续在1985年开始了现代戏剧专业的硕士阶段学习。那时的山大中文系大师云集，也培养出了如今奉献国家、贡献社会的许多杰出人才、知名人士。在那个极具文化召唤力、人本吸引力、思想冲击力的20世纪80年代，您的大学求学经历是怎样的，对您的日后教学和研究有什么样的影响？

胡智锋：我出生于山东，是孔孟故乡，是孔孟影响最大的区域，因此我骨子里传统文化基因强大。生长在山东，我们的人生观、道德观、家庭观、家国观、民族观，浸润了儒家文化的深刻影响。比如山东文化所秉持的忠诚、仁厚、情义、礼让等观念，深层次影响到我的各种人生和事业选择。所以在价值选择上，对中国传统文化的天然的接近感，这是我日后做影视与传媒"本土化"研究选择的深层次的基因。

我在山东大学中文系学习了7年，从我的老师们、前辈们那里学到了太多东西。我的研究生导师孙昌熙先生，他是闻一多先生的弟子与助手，每学期他都会讲闻先生的故事，让我们谨记我们是闻一多先生的再传弟子，任何时候都不能背叛国家和民族。从闻先生到孙先生是情怀的传承，对国家和民族炽热的情感，是先生教给我们的最重要的信念。

我的另一位研究生导师孟广来先生，教给我最重要的"知识"就是科学和严谨。在孟先生的指导下，我挨批最多，当时年轻不知深浅，经常"冒泡"，每当我发表一顿宏论，先生就会笑眯眯问我："这段话是从哪里来的？这段话是谁说的？这个说法科学吗？"所以在先生那里，几乎是严格的"无一字无来历"。我记得我的作业，有一次被先生用红笔大段划掉，他认为没有来由的表述是不允许的。所有的论断必须找到依据，不能乱讲，所有的推论需要严谨的逻辑，不能天马行空。科学的依据、严谨的逻辑是孟先生给我的最大的教育。

在山大时期，萧涤非先生的唐宋文学，殷孟伦、殷焕先先生的语言学研究，关德栋先生的民俗学研究等，都让我获益匪浅。我还曾经专门在高兰教授生病时陪伴过他，我推着高兰教授的轮椅到阳台上，他看到窗外的风景，感慨道："春天来了，我生命中的第76个春天来了。"周来祥教授的美学研究、辩证思维，袁世硕教授的明清文学、聊斋研究，牟世金教授的古代文论、文心雕龙，曾繁仁教授的西方美学研究等，都为我打开了一扇窗户。而当时刚刚调入山大，对我影响很大的孔范今老师，那时候刚刚40出头，正是思维活跃的阶段。我们朝夕相处，每周都切磋学术，是他最早把我带入文化研究的领域。从孔老师那里，在朴素的文化感知中，我开始区分政治判断、社会判断、艺术与文化判断的差异性。

我从1985年攻读硕士研究生时正式开始研究中国话剧、现代戏剧史，那时候差不多每个月都要从山东大学所在的济南到北京往返至少一到两次，来看最新的话剧，特别是实验戏剧。

我有幸参与了1985年10月在中央戏剧学院举办的首届中国话剧文学研究会的成立大会，以及长达一周的会议，与王瑶、夏衍、曹禺、吴祖光等大师级人物近距离交流切磋。记得当时夏衍夏公就问我，说你们年轻人怎么看陈凯歌？当时陈凯歌的《黄土地》正轰动一时，人们惊呼这是中国电影的一次革命，至少是语言和形式的革命，我当然毫不隐讳自己和大家一样的观点，表达了对陈凯歌无比的倾慕。

夏公没有正面回应，只是含蓄地问我知不知道他是学什么的，我说我知道他在日本留过学，他说是的，他是学电的。他问我知不知道他回国之后做了什么？我说这就不太清楚了。他说回国在上海滩做了颇有影响的艺术剧社，因为他是学电的，所以他把声光电知识用到了舞台装置设计中，舞台设置最多达七层之多，当时上海最时尚的大世界等，都跑来跟他求教和学习。

他又问怎么看高行健——夏公对我的回答未置可否，他只是说，你们现在从文学史、戏剧史、电影史上看到的夏衍，是一个严肃的素朴的现实主义作家；谁还会想起夏衍曾经在中国话剧舞台搞过七层舞台，搞过那样的花哨形式的戏剧实验？可见没有脱离内容的形式，留下来的永远是内容大于形式，为形式而形式是没有生命力的。

夏公说这番话的时候，我脸上一阵红一阵白，感觉有些发烫，真的很汗颜。夏公的这番话，给我一生的深刻启示有两点：一是，必须要有历史意识，不了解历史就不能轻易下结论，尤其绝不轻言第一，绝不轻言革命。二是，绝不只看表面的形式，形式任何时候都是服务于内容的。当我们看到陈凯歌等人在当时被称为革命的场景时，我们万万没想到在半个世纪之前，夏公他们在年轻的时候，早就把这些形式都玩儿过了。这是一个特别深刻的教育，形式绝不可以独立地存在，形式要服务于内容，任何时候都是内容决定形式。

夏公当时还给我们讲了一个事情，就是刚刚结束的"金鸡奖"的评奖，他说大家都被一部叫《乡音》的电影感动了，于是投票选《乡音》为当年度"金鸡奖"最佳故事片。没想到的是，作为评委会主任的夏公，却坚决反对大家的意见，他说，《乡音》里的女主角从头到尾都在讲"我随你"，毫无疑问这是一种"三从四德"的封建的思想和行为；而从五四新文化运动以来，都快70年了，我们一直高举反封建的旗帜，怎么70年后又回去了呢，这不值得提倡。当然夏公非常谦逊地说，尽管我是评委会主任，我跟大家一样，也只是一票，既然大家大多数人赞同，我少数服从多数，但我还要说我不同意给这个影片最佳，因为在今天，我们不能再回到70年前的状态；五四提出来的反封建，今天依然是一个严峻的问题。夏公的这番话，掷地有声，既鲜明地表达了一个五四的文化战士，一生不变的坚定的反封建的文化立场，又展现出心胸开阔宽广尊重艺术民主的博大胸怀。这给我留下的记忆和教育也是深刻的。

刘俊：您1988年从山东大学现代戏剧专业研究生毕业，入职中国传媒大学（那时是北京广播学院，2004年更为现名），从那时算起，您在中国传媒大学工作了将近30个年头，您最早到中国传媒大学工作时的场景是怎样的？您传统艺术专业和广院的传媒艺术教学科研之辨，在您日后的教学和科研中又投下了怎样的影响？

胡智锋：带着刚才说的那样一些印记，1988年来到北京广播学院任教，坊间简称这座学校为"广院"。在这个以广播电视为主要关注对象的高校，自然而然有它特别的一些气质与特点。

我一开始被分配到文艺系。那时有的老师已经把该开的课程都开出来了，领导让我来，主要是看重我是现代戏剧专业的研究生，让我开设《戏剧基础》这门课。看着以往老教师的《戏剧基础》课的内容，基本是讲戏剧发展史，没有创作。而我当时感觉，学生们学习戏剧，只是背一些书本上的知识和概念，似乎是很难有深刻的体验的。于是就萌生了一个念头，将戏剧表演带入我的理论性的课上。

为此我选择了老舍、曹禺先生的经典剧本的片段，把学生分成若干组，从台词训练，到表演设计，一步步展开。尽管学生不是表演专业的，但是在这个训练过程中，学生能够一遍又一遍地体味戏剧的深意。这让很多学生找到了打开戏剧的钥匙。我的戏剧课让很多学生既找到了对戏剧的感觉，又培养了他们的沟通交流、团结协作的精神。

几十年后，大家聚在一起，依然对当年我带着他们在小树林里排练的场景，念念不忘。像《艺术人生》的首任制片人、创办人王峥，就是从一个普通的中学生，在我的课上找到了一种对艺术深层气质的感悟；后来她曾经说，《艺术人生》的气质就是我的班主任胡智锋老师的气质。尽管有点夸张，但这种影响可见一斑。

但是我也清醒地看到，在广播学院做戏剧是没有出路的，因为它没有戏剧的氛围和土壤，也不可能成为学校重点打造的领域。于是我就从戏剧开始向着这个学校比较主流的广播电视方面延伸，寻找结合点。这就有了电视剧方面的探索。由于当时电视剧的研究，还比较薄弱，创作也不强，所以我就开始了开设电视剧领域课程的工作。追溯起来，在1987年文化热的热潮中，我写下了当时轰动一时的电视剧《秋白之死》的最早一篇评论，还受到了当时《秋白之死》大型研讨会主办方的邀请。

到北京之后，对我影响最大的是田本相老师，作为学术的引路人，他是我留在北京的关键人物，给我很多帮助和提携。田老师会毫不客气地对我进行批评，比如他看到我的论文，就会说你的问题是理论要提升，这对我是一个警醒。因为我的硕士论文很早就发表在《文史哲》上了，我是我们这届同学里最早在《文史哲》上发表论文的。我自认为我在中国话剧创新方面提出了重要观点，但是在田老师那里却得了一个理论需加强的结论，从此以后一边教书一边恶补中外各种理论著作。在20世纪80年代末90年代初，我下了一番理论功夫。特别是1991年接了撰写《中国应用电视学·电视美学》的任务，我花了一年多时间遍读各种中外影视理论的著述，写下了十几万字的读书卡片，并在1992年，将被称为国内第一个电视美学框架的《中国应用电视学·电视美学》写成并推出。

来广院任教以后，我就开始了电视剧创作、研究和教学一同推进的工作。我记得当时一个《秋白之死》单本剧就给学生连续开了9周的课程，围绕这个剧的背景、人物、叙事、表演等各个方面展开解读与分析，并组织大家进行了开放式的讨论与争辩。记得当时89级文编本科班上了我这一门课，全班同学各自写下了极具才情的特色评论，我都一一给他们做了点评。很多学生至今还保存着我当时给他们作业所做的批注。同时我也参与了五六十集的电视剧的写作。尽管由于种种原因，多数没有呈现在电视荧屏，但这种创作感受和体验，还是强化了自己对电视剧的理解。

后来我有幸参加了多届的北京市"春燕杯"大学生电视剧的评奖，参加了国际戏剧小剧场的展演，还有《电影艺术》等举办的各种看片会等等。在20世纪90年代初期，我在这些戏剧、电影、电视剧的活动中，也积累了关于影视剧的一些新的感受和理解。

针对广播学院比较突出专业性的特点，来自综合性大学的我想到了可否做相对综合性的教学和研究。于是在我初步的戏剧、电视和电影的经验基础上，我开设了一门《影视剧文化》的专题课，将电影电视和戏剧打通，综合性地观察和探究。此课的开设，在校内外产生了一定的影响，当时的很多学生开展校园互动，那个时期我被广院的十几个学生社团邀请担任顾问，包括青果文学社和话剧社等等。他们在与校外学生的联谊中，经常把我"卖"出去，作为讲座嘉宾，所以有一段时期我在北京的很多个高校都频繁地开设一些特别的讲座。也在校内指导学生的实践，如带领学生话剧社排演了京城第一部英语话剧《雷雨》，并在第38届亚广联大会上隆重推出，获得各国嘉宾的热烈欢迎。1994年，我还在广院成立了青年电视学会，与徐舫州老师共同做会长，一批青年教师和研究生都参与其间，包括刘春、王峥、许文广、张绍刚等，罗振宇被聘为学会秘书。

三、与电影大师对话，与品牌栏目同行

刘俊：经历了20世纪80年代末，初到中国传媒大学任教的调适之后，20世纪90年代，您的电影、电视理论和实践之路又有哪些经历？特别是您在这个阶段，一方面，曾与那个时代的影视大师有很多对话，在精神高度有愉悦的经历；另一方面，在实务方面，您是著名的电视策划人，您的教材《电视节目策划学》自出版的十数年来是畅销书也是长销书，非常想知道当时您参与的中国电视实务是一个什么样的状态，以能够将散落的实践经验抽离出规律化的论说。

胡智锋：在20世纪80年代末90年代初，电影是更加显性地影响着社会，出现了所谓"五代同堂"的局面，当时有不少关于"第五代"导演的讨论、关于谢晋模式的讨论等，在专业领域和社会上都产生了较大影响。

而与电影的接触，其间也以另外一种形式呈现。除了与中国影协、电影学院等各种活动的互动、交流。印象很深的是，我参加俄罗

斯电影大师、电影家协会主席罗斯托茨基"中国行"的接待工作。这位导演过《这里的黎明静悄悄》的享誉世界的大导演，在来中国的几次活动中，我都有幸与他做了长时间的交流。罗斯托茨基是早年的苏联儿童明星，又是"二战"期间的卫国英雄，曾经与爱森斯坦、库里肖夫等大师共事多年。他独特而丰富的人生与艺术阅历，和提炼出来的独特的电影观、艺术观给我留下了深刻的印记。

记得他在跟我对话中，对中国文化表示出了特别独特的推崇，他说他看了兵马俑，感觉非常震撼，他认为中国文化了不起，因为中国人可以塑造成千上万个带着不同表情和内涵的兵马俑。他说自己能力有限，只在《这里的黎明静悄悄》中塑造了五个女战士的形象。他说中国文化讲"三人行，必有我师焉"，你们可以在狭窄的路上同时走那么多的人和车而不发生事故。他这是在表达对中国文化博大、包容、和而不同的赞美。

谈到当时的中国电影，他说印象最深的是谢晋和姜文，他认为谢晋是中华民族伟大的导演，因为他的电影充分表达了民族的经历、痛苦和他们的希望。而姜文是一个世界级的好演员，他的自信和松弛，放在好莱坞也毫不逊色。说到中国电视，罗斯托茨基说中国电视不要学苏联。苏联电视有一档著名的言论节目，节目中主持人总是不停地在控诉，他控诉列宁、斯大林，控诉苏联的一切；这个节目成功地唤起了人们对苏联的仇恨，但最终真正苏联解体的时候，人们发现，人们的绝望原来是由他和节目导引出来的，于是，愤怒的人们开枪把节目的主持人打死。而中国电视似乎是相反的，你们的电视荧屏上有着漂亮的景观、房子、汽车和人，一切都很美好，但我不知道是不是所有的中国人都能过上这样的生活和日子。

罗斯托茨基从来不会直接表达他的结论，但他的一席话让我明白了深刻的道理。电视不可以一味抨击现实，展示黑暗和丑恶，这样只会让人绝望，它需要给人带来希望和光明。但电视也不能一味只是展示光鲜的一面，只呈现现实的乌托邦，粉饰现实甚至遮掩现实的丑陋。这都不是好的做法。而是同时展示现实的希望和不足，以建设性的姿态来展现现实。

这个时期我也做了大量的访谈，以访谈的形式接触中国戏剧影视的一流的大家。有些形成文字，有些没有来得及。如我曾经就戏剧创作问题请教曹禺先生，我记得当时追问曹禺先生一个问题：为什么你总是似乎在为周朴园遮掩一些什么，尤其是周朴园在面对侍萍的时候显得那样的犹豫甚至动情。曹禺先生思虑半天，给我一句话："人的初恋是很难忘怀的。"当我追问《雷雨》到底要表达什么的时候，曹禺先生没有正面回答，曹禺先生只是说没有演出来的序幕和尾声更能表达我的意思。这启发我回望序幕和尾声，那种充满了宿命感的宗教般的气息和氛围，回味在现实生活中无法操控的命运感。

　　对吴贻弓先生的采访，给我特别大的启发是政治思维和艺术思维的差异，以及如何做好这种平衡。吴先生曾经说他的一部电影，写西路军的，最后一场是嘉峪关西路军惨败的地方留下来让人极其震撼的动人场景。红军在被俘之时，还留下了用镰刀斧头在城墙上刻下了红军的各种口号标记，表达了他们对苏维埃的向往和理想。影片结尾处是夕阳西下、残阳如血的震撼人心的景观，伴随着交响乐，是令人揪心的苍凉与悲怆！审片时，所有人都被这个场景震撼，流下热泪，但审查官还是说不妥，认为夕阳西下意味着失败，他们不能接受这样的收尾。一定要改成主人公这样说道："太阳下山了，明天还会升起来。"这样一改，当然就符合了政治正确的诉求，但是那种残阳如血的悲壮感，就淡了很多。这自然是艺术家思维和政治家思维的差异。艺术家思维要的是情感的感动，政治家思维要的是政治的正确，如何在二者之间取得平衡，的确也是一个难题。

　　与谢晋导演有过多次的会面，尽管时间经常是匆匆而过，但却给我留下了特别深刻的印记。印象中真正谈艺术的时候并不多，经常要谈谈做饭做菜，他经常会说："我的狮子头，国宴水平！"

　　谢导给我留下最深刻的印象，是他的名言"要想当个好导演，必先当个好厨子"。貌似导演和厨师是不相干的工种，但仔细想想都有共同的元素，都要对不同的元素进行调配，只不过厨师调配的是不同的食材，而导演调配的是影视创作中的各种元素，将剧作、演员以及摄录美、服化道有机配置到一起。这些反而对我做学生工作产生了意外独特的效应。记得20世纪90年代初期，我担任负责学生工作的系主任，对他们的假期生活的安排，其中有一条就是回家跟父母学做一个菜，能够成功地做一次厨师，理由就是谢导的这句话。同学们果然深以为然。一个假期过后，许多家长纷纷打电话、写信向我表达感谢，说他们的孩子从来不下厨房，现在能够主动帮厨。说到这里，还是要感谢谢晋导演。

1993年我参加了连续一个多月的国际小剧场戏剧展演，一大批戏剧家粉墨登台。记得当时年事已高的老一代艺术家李默然，和较为年轻的中青年艺术家奚美娟，他们的表演受到广泛关注。但在最后评奖时，大家发生了争议，有人倾向于给德高望重的李默然，有人倾向于给清新自然的中青年演员奚美娟。把最佳表演奖给谁？有人说李默然的表演经典、厚重，但还是当年的那个味道，并没有体现新的时代风尚。也有人说奚美娟的表演更接地气，更获得观众的喜爱，但似乎跟李默然相比厚重感又偏弱。由此引发的旧与新、经典与流行、北与南等多种不同的视角的争议。但也在这个过程中，引发了我对戏剧领域的深层次的理论性问题的深思。

说到参与20世纪90年代的中国电视实务发展，也很有意思。20世纪90年代初，中央电视台新任台长杨伟光先生，就任台长之后推出了央视改革的一系列大动作。本人获邀参与了《东方时空》《焦点访谈》《新闻调查》《实话实说》等节目的策划、研讨、宣传推广等工作。在对这些全新充满了创新气质的中国电视品牌节目的打造过程中，我有幸在一线为中国电视出谋划策，做出自己的贡献。

从20世纪90年代中期以后主要的经历是电视本身，相对而言，电影和戏剧的活动就开始淡化。不过也有一些电影的活动，如1997年，我有幸参与了在广东召开的规模空前的"金鸡百花"电影节，并在佛山种下了88号明星树，前后分别是姜文和宁静，一大批老中青各代艺术家齐聚一堂，盛况空前。本次电影节给我的印象是电影与城市的结合，佛山特意开辟了一个明星园，让嘉宾在其中种下明星树，我抽到88号。这次活动让我思考电影与城市、观众、市场的关系，这是一种城市的经营和文化融合。

1994年我带学生做了《十二演播室》特别节目，1996年带学生做了倪萍主持的《倪萍访谈录·话说艺德》《倪萍访谈录·再说艺德》的节目。1994—1997年，通过央视平台，参与了一个年轻的小栏目《荧屏歌声》的创办，一直作为艺术策划和艺术指导，梳理了数以千计的中外影视音乐，这个节目对后来的电视文艺也有较大影响。

这一时期我进行的电视策划活动，包括大型活动如春晚，以及各种开创性的新节目、纪录片等，有很多；光是电视专栏也有一两百档，也借助《现代传播》的平台组织专家进行前沿研究。

在实践的同时，我广泛接触电视界的精英人物，获得中国电视发展的一些深层次规律。对我影响比较大的一个是杨伟光先生，作为央视老台长，一方面他邀请我为央视很多大型节目做策划，另一方面他也抓中国特色的电视理论的建设。由他牵头的中国特色社会主义电视理论研究，以课题组的形式在央视成立，我和当时的章壮沂、赵群、臧树清、黄望南、王录、王甫等多任央视副总编辑、总编室主任、研究室主任等，一起梳理中国电视的发展历史，进行中国电视基本功能、特质、道路、角色的研究。经过长达四年的工作，最后成书，以《中国电视论纲》为书名，这个名字是我提议的，里面理论部分是我撰稿。参与撰写的还有欧阳宏生（统筹）、王锋、张君昌、时统宇、尹鸿、郭镇之、童宁等。

四、海外学术反思，本土理念形成

刘俊：面朝中国、面朝本土而又中西兼听、内外吐纳，是中国学者应有的、重要的精神选择。在学术思想上，您一直是"本土化"的倡导者和坚守者，多年来在影视本土化、传媒本土化的学用和学理道路上，发出过很多重要的声音。那么，您的"本土化"思想的由来，除了基于上面的一些经历外，还有什么其他的动因和脉络？

胡智锋：1997、1998年是我思想发生震动的几年。1997年我第一次去了台湾，看到了一种文明和秩序的景观，也了解到中国电视的起步是在国共博弈中开始的。1998年在美国三个月的访学，我在美国从东到西走了个遍，主要在昆尼比亚大学，也在哥伦比亚、南加大等学校走访，美国式的研究框架的思维是市场化的模式，在媒介研究方面，思维是简单的government和market的视角，美国式的媒介研究、新闻传播研究的解释框架，很多时候没有办法对应中国问题。因此虽然出境收获很大，但也更多是感觉到，或者说一个清醒的认知浮在脑海，这就是中国传媒发展很难用西方式的理论框架直接做解读。比如美国全球媒介的课程里，都是政府和市场的二维视角，但显然解决中国问题是不到位的。

在美国昆尼比亚大学，我第一次在西方用英文做演讲，我的题目就是基于《荧屏歌声》的录像带，题目是《红色：从中国电影看中国文化》，这个演讲长达三个小时，参与听讲的将近二百人，这也是该校少有的一个大型国外学者讲座。这次演讲给我一个启示，就是美国非常希望了解中国，而且是通过形象的方式来了解中国。20世纪50年代的《红孩子》，60年代的《红色娘子军》，70年代的《红灯记》，80年代的《红高粱》，90年代的《红色恋人》，我从这些影视作品讲来，让听众从中看出中国发展变迁的进程。从此也找到了一种进行跨文化交流的方式。

在这一段时间前后，我也接触到中国电视发展历程中的一些重要人物。例如当时的中央电视台总编辑、副台长洪民生先生，与他交流很多，在交流中了解了中国电视早年初创时的很多故事和情形。与当时的中央电视台文艺中心主任邹友开先生的接触、合作很多，在交流中我深切感受到中国电视文艺表面热闹背后的理性的缺失与需求。与原中央电视台副台长陈汉元先生的接触，了解到中国电视早期并不为百姓所知，当年他大学毕业分配到电视台时，他把电视台误以为是发电厂。与新中国第一位男电视播音员赵忠祥先生接触，了解到早期中国电视的工作状态，从他那里听说了他的爷爷误把电视台当作保密单位的令人啼笑皆非的故事。

到2000年左右，受北京大学戴锦华教授之邀，参加了她组织的一个国际论坛，论坛上提出了中国学术本土化的概念。这给我一个刺激，我一直在想这个问题，但没有找到一个准确的表达。那个会实际是在讲"后学"(后现代、后殖民研究等)的本土化处理，尽管一些内容记不清了，但本土化的概念给我一个很深的印记。我就找到了一个恰当的话语表达。在当年中国电影和电视都在说"狼来了"，对此要有回应，《文艺研究》《当代电影》分别向我发出了稿约，我就此提出了中国影视"本土化"的概念。

本土化的核心理念是，在全球化背景下，中国影视应该根据自己的国情，走适合中国国情的道路，而不能简单模仿外国道路。在传播学领域，引进的潮流那时到达一个高潮，言必称美国，那个时期包括此后若干年间，很多青年教师和博士在表达时，都要问这是用哪个理论。他们所说的理论就是西方的传播学理论，这个现象一直延续至今。在社会科学领域，虽然欧美学术理论的丰富度、多元性是我们不及的，他们的角度、思路和观点，我们引进和借鉴是非常必要的，但我们需清醒地看到，那是基于西方的国情和土壤锻造出来的话语体系，是否能够解读中国、适应中国，显然不那么简单。

当然在大潮流下，强调走本土化道路的人，还是有相当大的学术压力的。大家认为基于中国实践的思考、中国学人的思考，严格说还不能说是理论，或者是达到理论水准。尽管被人说成是土鳖，但我认为坚定地走本土化的道路是不能动摇的，只是这需要我们一步一步扎实地去建构和夯实。

戏剧与影视作为一种方式，一种人类情感与思想的表达方式，其艺术的表达，在某种意义上是具有普遍性特质的。但戏剧与影视在具体的题材、情感、故事、内容、情调等内容性、功能性的存在上，又是有鲜明民族差异的。比如中国的戏剧影视格外看重教育性的、教化性的功能，我从小搞宣传，懂得戏剧是教育人的，这是深入骨髓的理念。后来在与国外的交流中，发现戏剧与影视是表达独特的民族历史、生活、现实、故事、情感的载体，在艺术表达的方式上也就因此不同。我们喜欢的节奏、色调、语态、审美选择等，都和欧美不同，不可能是完全一致和共通性的。在个人经历中，包括和大家大师的接触中，逐渐感觉中国应该走本土化的道路。这是从个人朴素的经历中感受到的。

我认为，中国影视本土化研究要有几个构成：第一，在宏观层面，回应中国影视发展的道路、方向、目标、战略等重大问题；第二，在中观层面，对中国影视类型、生产、传播、功能、价值、角色等特征规律进行揭示和概括；第三，在微观层面，对具体的中国影视作品、产品、内容、形式等方面的特色规律进行探讨。每一个部分都涉及影视生产、艺术、文化、学科、教育等不同的内容。

五、聚焦学术研究，亲历学科成长

刘俊：您同时在电视美学、影视文化学、电视传播艺术学、传媒艺术学等四个领域是开拓者或者创始人；从学术成果看，在中国影视研究领域，您是高产且有高影响力的学者，发表学术论文近500篇，仅《新华文摘》转载的文章就有十数篇，著作达数十本，这让同行学者和后辈学人都敬仰不已。宏阔、前瞻的理念，以及准确、适合的方法，往往是学术研究的核心和关键，因此很希望了解您的学术研究历程和心得。

胡智锋：从整体上说，从20世纪90年代开始，我在学术研究层面，从以往散乱而广泛的戏剧与影视的关注，逐渐聚焦到电视艺术理论的学术研究领域，这又体现在电视美学、电视节目策划学、电视传播艺术学等的研究，近年又开始了传媒艺术学的推进。如第一个电视美学框架的创立；如将电视节目策划由一个实践上具体的工种，整理出一个具有学理性的体系；再如在节目策划学基础上，进一步凝练和抽象，形成电视传播艺术学，其中一些说法和观点在业界和学界都产生了较大影响。这其中大量成果先后获得了教育部、北京市等政府奖，也得到了业界、学界的广泛认可。

说到经验，自认为在"需求"中做出"选择"是我学术研究的主要动力与路径。白居易讲"文章合为时而著"，我所有的论著都不是为写而写、为学术而学术，而多数是在某种需求下的主动的选择。

一方面是现实与实践的需求。中国电视长期作为成长中的领域，与其他的传媒和艺术样式相比，它的历史相对较短，在实践中产生的问题却层出不穷。正是这些问题的存在，倒逼了我的学术研究的跟进。

从宏观的层面来看，在全球视野中，中国电视该走怎样的道路、该举什么旗、打什么牌、朝哪个方向去努力，这在现实实践中，无论是管理者还是从业者，对此都有若干困惑需要回应。同时，中国电视的历史发展，是沿着怎样的一种轨迹去行进的，在这样的历史发展轨迹中，哪些是值得肯定的，哪些是留下教训的，该如何评价，如何把握并表达，也迫切需要回应。这就有了如我的"本土化"的观点，"三品"（中国电视宣传品、作品、产品三阶段的划分）的历史发展的概括，这些文章是回应了业界提出的这些问题。

从中观的层面来看，中国电视在生产、传播、营销中，应当秉持怎样的规律，把握怎样的尺度，这也是困惑业界和学界的一些难题，我因此提出来不少关于主体、机制、产业、类型、模式、品牌、各种观念等的论述。

从微观的层面来看，还需要回答在电视实践中，我们如何具体地操作和实施。面对发展中出现的很多具体问题，应该用怎样的方法、方式、手段、路径去实施，我提出了电视节目制作的"八化"，电视栏目策划的"八个环节""五时"，以及电视定位、风格、样式、编排等观点。

另一方面是学术与学科的需求。电视理论与其他学术理论一样，有其自身的内在规律性，我们需要的是符合电视领域的发展规律，并有一定抽象概括度的特定范畴和理论。理论思考和建设是我在学术研究中付出心血最多的部分，先是提出一些概念，后来形成一些范畴，并逐渐理论化、体系化。这个学术建构的过程，可以归结为如下的流程和程序：新观点的形成→新方法的形成→新范畴的形成→新领域的形成。

一是电视美学。这个建构过程大概是："新观点"是提出了多重假定的真实、生活真实感等迥异于传统表达的观点；"新方法"是运用了中介性的辩证思维，二者取之中，如从连接"真实"与"非真实"的方式思考电视美学；"新范畴"是后来较为系统地建构起电视美学的内涵、外延、构成、特征等研究体系；"新领域"是最终形成

"电视美学"。

电视美学解读和面对的是电视这样一个独特的传媒与艺术样式，当时的思考是，与传统的传媒和艺术相比，电视的独特性何在？其独特的美学规律何在？如果电视美学仅仅是一般美学或者文艺美学的翻版，就无法呈现出电视的独特性。电视美学的阐释需要从电视自身规律入手，进行全新的解释和解读，这个独特性在于：与传统艺术不同，电视美学源自媒介和艺术的结合。

二是影视文化学。影视文化学的出现，使我们从之前用单一的艺术体系来解释影视，拓展到从艺术体系、传媒体系、消费娱乐体系等多体系来解释影视，并以影视文化来统合、建构多维度下的影视文化新内涵。

如果只从艺术领域去探讨影视，难以全面和深入呈现影视丰富和复杂的景观。影视与我们的社会生活的脉搏如此一致，如何呈现影视文化和社会现实之间的互动，仅仅从艺术层面思考是不够的，因此需要拓展到大众传媒系统和休闲娱乐系统，这种拓展使得影视领域的研究更加立体和全面。

三是电视传播艺术学。如果说我的"电视美学"就是基于20世纪90年代之前，是基于书面的理论和批评的影响；那么此后，我更多基于中国电视实践，在大量参与电视节目、栏目、频道中，逐渐累积经验，并进行系统化的提炼和概括。"电视节目策划""电视传播艺术学"大概就是我这方面比较突出的案例。

电视节目策划原本在中国电视生产中是边缘化的外围角色，是一种帮忙，没有确定的身份和稳定的、特别的必要性。应当说是在电视栏目的大规模推进中，策划才逐渐显示出独特的价值和相对稳定的角色。在这个进程中，结合我的电视策划实际，我慢慢形成了节目、栏目、频道策划等不同方式的梳理。以节目策划为名，我写了大量带有阶段性整理的文章，如电视栏目策划的八个环节等基于中国电视实操经验，又有系统性、完整性的提炼概括。初步形成了中观层面的理念，我将其称为"观念"。

之后，我又将具体的实践领域和相应的观念，提升为一个具有高度抽象度的学术领域，形成电视传播艺术学。因为在策划中，一些策划想出来的方法和手段貌似有时是灵光一闪，但其实这里面应该有其规律性，仅仅从策划的具体环节来分析它显然是不够的，需要从更高的理论的认知，以把握和揭示电视传播的艺术究竟是什么。

四是传媒艺术学。从广播电视艺术延伸拓展到传媒艺术，是艺术学的增容拓展，也是抽象度的不断提升。如今，在媒介融合时代，广播电视已经不仅是广电本身的事，而是与新媒体、融媒体嫁接的广播电视，仅从孤立的介质视角来解读已经不足了。

这需要我们的理论，能够囊括新媒体时代、新的艺术形态的复杂性的现实，以更具概括力和指向力的"传媒艺术"的概念来阐释，并对传媒艺术的内涵、外延、特征等进行深入探究，从而初步构建起一个新的学科领域。

我不敢说自己的东西有多好，我只是想秉持一种态度和一些思想。

第一是态度。在研究中，我会尽最大可能地认真应对，不做应景之作，也不为一些现实利益所左右，尽可能作为一个学者做独立之观察，发独立之声音。不敢说无一字无来历，但笔下问心无愧，以认真负责的态度写每一篇文章。

第二是方法。一是理论与实践的结合。努力做到进行理论建构时不脱离实践，基于生动的实践案例进行理论概括。

二是历史和逻辑的结合。对于研究对象的判断，尽量将其放置到历史的长河中进行判断和验证，以看取它的价值。同时，敢于做逻辑的判断和假设，用逻辑的概括和提炼，去对混杂的历史做尽可能简约和浓缩的概括。如"三品""五种新观念"的概括。

三是多学科、多维度的结合。在研究中，媒介和艺术这两个体系，我是经常有意识地搭配在一起，所以我的不少成果被新闻传播学界认可。这在于我的研究切入的可能是电视艺术，但概括的是整个电视媒体的发展规律，因此媒介和艺术的研究是打通的。对媒介和传播研究来说，我有鲜明的艺术学特点；对艺术学研究来说，我带有媒介研究和新闻传播学特点。此外，我大概比较多地善于从多种维度和视角看取影视，如"五种视角"的提法，来形成研究结论，从而使研究更有广谱性。

刘俊：学术研究也为您在学科建设中的贡献打下了基础。我们知道，如今不仅我们耳熟能详、常常挂于唇齿之间，而且早已成为热门专业和学科的"广播电视艺术学"，在20世纪90年代末之前还是尚不成学科的。您是广播电视艺术学创立的重要推动学者，也是先后是中国传媒大学、北京师范大学在教育部学科评估和"双一流"建设中"戏剧与影视学"的学科带头人。学科推进，因为涉及更为多元的领域、复杂的状况、广谱的层面，所以能够有所成，难度极高。希望您能谈一下您在学科推进中的故事和感触。

胡智锋：在学科的构建方面的贡献，这要得益于20世纪90年代，高等教育呈现的大发展景观。特别是从1993年开始，直到1996、1997年，我参与了本科目录的修改和编写；参与了北京广播学院从文艺编辑到文艺编导的专业论证，之后电视学院成立，我是电视学院创建时的领导班子成员之一。1997年参与了北京广播学院独立论证设立"广播电视艺术学"专业的过程，广播电视艺术学是基于戏剧影视文学、文艺编导、电视编辑等专业的学科，后来它呈现在国家的学科目录中。

再后来，我作为主答辩人，为北京广播学院于2001年拿下了广播电视艺术学唯一一个国家重点学科博士点。当时广院校长是刘继南教授，鉴于那次是中华人民共和国成立以来第一次国家重点学科评审，刘校长清醒地知道，老牌艺术和综合性大学，都派出了老学者、老校长、老院长作为主答辩人。在这种情况下，尚没有培养出一届博士生的广播电视艺术学，通过的希望是非常渺茫的，因为当时艺术类学科总共只给了三个入选指标。刘校长在分析了众多对手之后，果断地将主答辩人由原计划的老先生换成了只有三十多岁的我，压力可想而知。

其间，我带着一两个助手，经常废寝忘食，没日没夜地整理材料、修改文案。光模拟答辩，大大小小就进行了不下七八次。有一次，刘校长竟然把数十位教授请来，一起模拟申报答辩，大家七嘴八舌，提出若干意见。临上场前，刘校长盯着我打量半天，对我说：

"把你那件红色西服穿上。"最终，经过艰苦努力，我们拿下了新中国成立以来，艺术学科门类的第一个广播电视艺术学国家重点学科，战胜了众多有着深厚历史积淀的传统老牌学科。

事后刘校长对我说，之所以果断地让我代表广播电视艺术学去申报答辩，是因为这个学科要比历史、比传承，与传统学科相比完全不是对手，没有资本可言。但如果换一种思维，打年轻牌，强调这门新兴学科的时代性、现实性和前沿性需求，或许有出奇制胜的可能。而选择我代表这个学科，本身从外到内都与这个学科的年轻特质更加吻合。身着红色的西服，意味着活力，意味着年轻，也意味着未来。

2005年，我又一次做主答辩人，参加了首次全国艺术学一级学科博士点授予权申请的答辩。两次答辩的经历，使我从更多维的角度来判断和表达我们的戏剧影视学科，这必须考虑到政治、经济、社会、文化、国际等诸多因素，也倒逼我们对学科做多维的思考。

2016年春夏之交，我以中国传媒大学戏剧与影视学科第一带头人的身份，参与了该学科的全国第四轮学科评估申报工作。在前后近两个月的时间里，带领团队的几位主要成员，对中传的戏剧与影视学发展脉络与成果，做了较为全面的重新梳理，并对若干论证和论断的形成，提供了关键性的意见。

戏剧性的是，2016年的下半年，母校北京师范大学校方又一次向我发出了热情的邀请，希望我能回来主持北师大的戏剧与影视学科，以及艺术与传媒学院的工作。此前，北师大校方多次向我发出了邀请，由于种种原因，始终未能成行。考虑到自己已是年过半百之身，再不应诺，回报母校培养的时间和机会可能越来越少了。而对于工作了近30年的中国传媒大学来说，我以自己最好的年华和最大的投入，都奉献给了她，而且也刚刚为第四轮评估做了力所能及的贡献。想来应当是问心无愧了，所以就接受了北师大的邀约，回到了培养自己的北师大艺术与传媒学院。刚刚报到不久，"双一流"建设的号令就已打响，我又开启了为北师大戏剧与影视学科进行谋篇布局的征程。

在中传尽管有压力，但毕竟身后有数百位该学科的教师，这是一个庞大的队伍支撑。某种意义上，可以称之为"举校之力"来打造这一学科。而回到师大，面对的却是一支不满20人，且平均年龄过大，人才队伍体量严重不足的局面，落差不可谓不大。但好在有恩师，也是师大戏剧与影视学科创始元老黄会林先生，与绍武先生等老一辈的强力支持。还有来自学校和各个院系、支撑部门的关爱与关照，尤其是有学院该学科的老师们的热情参与和支持。尽管困难重重，但还是在王宜文等老师的协助下，经过一遍遍地打磨与调整，完成了北师大戏剧与影视学科"双一流"建设方案等的制订工作。

2017年9月，北师大与中传的戏剧与影视学双双入选国家"双一流"建设的一流学科；同时，2017年12月，第四轮全国学科评估结果正式推出，北师大与中传的戏剧与影视学科又双双入选"A+"序列，作为参与者、见证者，我内心充满了感慨，也充满了欣慰。

六、锻造两个平台，致力一个目标

刘俊： 在繁荣中国特色影视教育与学术研究的工作上，您多年来躬身于两个平台的建设：中国高校影视学会、中国传媒大学学报《现代传播》；其中学会建设更多是繁荣与推进中国影视教育，而学报建设更多是繁荣与推进中国传媒学术。在这两个角度，您独特的经历和体会是怎样的？

胡智锋： 从20世纪80年代以来的30多年，也是中国影视教育由弱到强、由小及大，由筚路蓝缕到繁荣壮阔的一个过程，而在这一进程中，有两个平台所做的贡献是不容忽略的，一个是作为中国影视学术目前唯一的国家学会——中国高校影视学会；另一个是权威学术期刊——中国传媒大学学报《现代传播》。本人有幸较长时间参与了这两个平台的打造与建设工作。

第一，是"学会"——中国高校影视学会的经历。

我是20世纪80年代末作为会员参与了学会的活动，自20世纪90年代初期我就协助北京电影学院老院长、中国高校影视学会首任会长沈嵩生教授（1983—1998年任会长）、第二任会长张凤铸教授

（1998—2008年任会长）进行工作，后来学会更名为"中国高校电影电视学会"。

我1995年担任学会副秘书长，1999年接替张凤铸先生担任学会秘书长，2001年担任副会长兼秘书长，2008年担任学会的第三任会长兼秘书长，2014年至今担任会长。

在这个过程中，学会在规划学术活动，特别是与各高校影视教育教学点的协调联络，以及影视国际交流方面，开展了大量具体的工作。目前已经成功举办了十七届年会，设置了学会奖、学院奖、学人奖，对于团结中国影视学界同行，繁荣中国影视发展做出了贡献。

在这个过程中，我也深切感受到，我们的影视教育缺少自己的东西，我们大量引用好莱坞、欧洲的案例和学术理论，亟待发出一些独特的声音，致力于慢慢累积中国影视自身的经验和思考。

总体上说，中国高校影视学会的发展，经历了如下几个阶段。

第一阶段完成了中国高校影视教育师资培训，有启蒙意义。在当时只有北京电影学院和北京广播学院有相对完整的影视师资体系，其他高校的影视师资还处于一定的空白阶段，因此学会在20世纪80年代提出了"让电影进入大学课堂"的口号。

具体举措是，在全国高校中招收有热情、有意愿的老师，进行影视培训，从1983年到1991年先后为中国高校培养了上千名影视领域的老师，这些老师恰如星火燎原，回到他们的学校就开起了电影课，从电影的ABC入手，对学生进行启蒙教育。在20世纪八九十年代，为中国大学播撒了影视的种子，也培养了一批卓有成就的影视从业者、管理者、学者和教育者。

第二阶段是合作与互动，与业界、政府、社会、国际合作和互动。20世纪90年代，学会培训影视师资告一段落，业已完成其启蒙性的使命，学会开启了一个新的探索阶段，这个阶段直到20世纪初。

这十年间，本人从副秘书长到秘书长，协助前后两任会长，参与了90年代以来的全部活动。1995年举办中国电影100周年大型纪念活动，为了做好这个活动，我们东奔西走，寻求国家广电总局、央视、电影资料馆、教育部等各方面的支持。那几年间，我们还以学会的名义到中国台湾以及香港地区进行考察，寻求合作；以学会的名义与国际影视联盟CLEC进行谈判。此外也与商业机构、出版社等社会方面进行合作，过程中也有一些失败的教训。目的都是把学会中国影视教育的职能进行推广，在更广阔的合作中得到拓展。当时我们在开会时，最先是常在沈嵩生会长的家里，后来张凤铸教授在北京广播学院申请了一间七八平方米的小平房，我们在那里策划了很多的事情。

第三个阶段，是影响力全面拓展阶段，从世纪之交至今。在世纪之交，学会副会长孟建教授提议，学会已经运行很多年，我们很多会长和理事都是知名学者，我们应该发出独特的声音，不再借助其他的方式实现自我，而应该独立设置自己的活动，来发出自己有影响力的声音。于是有了我们的高层论坛的设计，当时强调的是小规模、高端、有影响力。学会2001年推出了中国影视高层论坛，后来设置了学会奖、学院奖、学人奖，这都是学会为发出独特声音的追求来进行设计的。

这一阶段，还有一个比较大的突破是活动方式，由原来的不固定的、几年一次的年会，后来变为固定的两年一次。从2006年起，年会实行竞标制，在活动方式上就更稳定了，从2017年开始了每年都有年会的节奏。在这个阶段，特别是2012年以来，我们的二级专业委员会的建设慢慢开启了新的征程，在学会的专业化、精准化有了更深的拓展，目前我们已经有了13个专业委员会。我们举办的活动也有越来越大的影响，学会的个人会员已经有1500多人，参加的院校超过200家。近年来，年会的参会规模不断创新高，连续几年达到五六百人的规模，成为学界备受关注的盛会，为繁荣中国影视教育做出了独特而重要的贡献。尤其值得一提的是，很多优秀的中国影视学者，是从学会的平台上崭露头角，为学界所知。

学会还设置一些创研中心，我们也支持了一些创作活动，如大学生微电影大赛等，带动了成千上万学生的参与热情。各个层面的学生在学会搭建的舞台上，获得了展示的机会，成为中国影视舞台上的年轻新锐和骨干。

第二，是"学报"——《现代传播（中国传媒大学学报）》的经历。

中国传媒大学学报《现代传播》创建于1979年9月，是伴随着改革开放而推出的学术期刊。但在发展过程中，也是多有坎坷，在我接手前后，陷入了一个相当困难的境地。学报从创办到20世纪90年代，其发展起起伏伏，主编和编辑部人员更换比较频繁，从办刊理念，到刊物内容，甚至形式都不断调整。那时，一是因其自身的学术特质还没有完整的成熟显现；二是因其办刊的理念和方式也在调整中，处于不稳定不确定状态。所以相当长一段时间，没有人愿意到编辑部工作。那时学报处于一种极端困难中：经费短缺、人员不足、影响力有限，甚至存在各种争议。

我在1997年岁末受命接手《现代传播》，从那时起主持这个刊物有20个年头。从我接手之时的欠债和人手不足、面临印厂的状告官司等困难，到后来成长为国家社科基金资助期刊、教育部"名刊工程"入选期刊、CSSCI来源期刊、中文核心期刊、RCCSE权威核心A+级期刊（新闻传播类第一名），成为传媒学术领域标杆性的学术期刊。这其间的甘苦，我和编辑部的同仁们感受最深。当然，刊物的成长不是单一方面的因素，离不开社会各界尤其是中传校方的强力支持。但是能够形成稳定、持续的影响力，练好内功，当然是至关重要的要因。

许多人问起《现代传播》成功的秘诀，我的回答就是一条：精准定位。在我接手之前，《现代传播》有过多样的选择。起初更多着力于对校内教学的服务；后来相当长一段时间在努力做成社会文化类期刊，有时偏向于学术性探究，甚至哲学性探究，有时又偏向于实务性探究。

我刚刚接手的时候，在当时就办刊方向和思路，无论是内部还是外部，都不断有各种压力。各种诉求都会反弹到我这里。有人不满我们的学报太多给校外的作者以版面；有人说我们面对的对象是广播电视业界实践，应该有更强的实践对接；也有人提出既然是学术刊物，就应该全盘西化，做成西方化、美国化的学术期刊，只唯学术，不搞实务性内容。因此，到底如何精准定位，是我接手后面临的最大难题。

经过一段时间的思索与考察，我给《现代传播》找到了两个较为妥帖和恰当的参照系，一个参照系是大学的人文社科学报，另一个参照系是传媒业界主办的期刊。因为《现代传播》同时兼具这两个功能：学报和传媒期刊。

如何将这两个功能找到最好的结合点，经过认真分析和对照，我给它的定位是：在大学人文社科学报的参照系中，凸显它的传媒特质；在传媒业界主办的期刊中，凸显它的学术（学院派）特质。而将这两者结合起来，就是"传媒学术"。

我们希望《现代传播》做中国最有影响力的传媒学术期刊。以此，在大学人文社科学报序列中，打独特的传媒牌；在传媒业界主办的期刊，打鲜明的学术（学院派）牌。

这个定位确定后，我们的栏目就做了重新调整，而且也落实到每一个责任编辑，经过几年的沉淀和积累，每一位专门的责编也对所负责的栏目和所指向的领域，拥有了更具专业性的积累和话语权。从而自然而然形成了每个专栏的权威性，进而整个刊物的权威性也就大大提升了。

从我接手时期到处恳求专家赐稿，到后面的"洛阳纸贵"，《现代传播》坚持这个定位至今20多年，保持了稳定的学术特质和样貌。在这个过程中，着实栽培了一大批在传媒学术领域产生重要影响的学者，这一点可以说是整个传媒学术界公认的。

《现代传播》从内容到形式，从理论到实践，我都不赞成一般性的抄袭国外现成模板，而强调从中国传媒实践和中国传媒教育实践当中，特别是影视的实践和教育基础上，凝练出中国本土化的理论和学术观点。《现代传播》的成功，反过来对我国影视本土化理念有了更深的推进和巩固。

不管是学会还是学报，这两个平台的建设发展，客观上的确为国家的影视教育的繁荣发展，尤其是戏剧与影视学科的繁荣发展，还是做出了独特重要的贡献。

七、结缘师大，薪火相传

刘俊：您现在担任北京师范大学艺术与传媒学院院长，您和北师大及师大影视学科的情缘是怎样的？

胡智锋：提到我与北师大戏剧影视学科的渊源，真是说来话长。早在20世纪80年代中期我就知道了北国剧社的大名，看过他们的莎剧演出，也看了田汉剧作的表演。1985年首届中国话剧文学研究会上，见到了北国剧社的创办人黄会林先生，并在长达一周的时间内，多次交流切磋。知道黄先生一方面在开展北国剧社工作，一方面在做夏衍研究，同时也投入到一些影视创作之中。后来，我们在中国话剧文学研究会的平台上，多次相遇。

1988年我到北京任教后，一直保持着跟先生的联系。1992年黄先生受命重组艺术系，就曾专门打电话希望我能够调过来，加盟一起推进。由于我当时在北京广播学院，刚刚提拔不久，诸事缠身，一直没能过来。不过从1993年大学生电影节创办开始，我多次到北师大担任评委。之后的"春燕杯"等活动，我也跟黄先生一起参与推进。其间也与北师大影视系的年轻老师，如尹鸿、周星、张同道等都成了朋友。

1995年底，黄先生又打电话说有一个历史性的机遇，问我要不要去实现，这就是北师大成功地拿下了中国高校第一个电影学博士点，黄先生非常想让我去实现中国高校第一个电影学博士的殊荣。我心存感激，但广院诸事缠身，没有时间复习准备，错失了良机。

1997年学生罗振宇研究生毕业，很希望留京，我就把他推荐到了黄会林先生那里。记得先生当时恳切地说："你啥时候过来呢？"我对先生说："振宇先去，我后来。"1998年在美国，总算有一点点小小的空闲，考虑未来的事业发展，萌生了在职攻读博士的想法，后来跟黄老师沟通之后，从美国回来后就投入到备考中。1999年，荣幸地成为黄门弟子，在三年的学习过程中，一方面作为学生，另一方面也作为青年学者参与了北师大影视专业的很多工作。

1999—2002年在北京师范大学师从黄会林教授读博期间，黄先生对我的影响很大：一是坚定的文化自信，二是胸怀全局的大格局，三是阶段性实施的方法论。

具体说来，一是对自己国家和民族、所从事的学术工作要有高度自信。一旦确定目标，就坚定不移向前推进，这才有可能形成原创的理论和学说。黄先生自己就是中国民族影视学派的创建人，走中国影视民族化道路是黄先生的鲜明主张，显示出对中华博大精深之文化的精神自信和底气。这个对我后来的本土化思考启示很大。

二是着眼全局、着眼大局，学术、学科、学术方向的选择善于谋大局。比如我的博士论文"电视传播艺术学"的写作之初，我在"电视节目策划论"和"电视传播艺术学"之间犹豫，如果当时我基于自己丰富的、数百个案例，博士论文可以比较容易地写出中国电视节目策划论。但黄先生坚持说立意要高远，不能只满足于眼前。要做更高的理论建构，一定是更困难的，也是要坚持的，所以电视传播艺术学的博士论文是受黄先生的影响。

三是阶段性实施的方法。我受山东大学的教育影响很深，当时山大文学院的传统是不要轻易出书，正所谓"文章千古事"，所以我1998年才出版第一本书。之后黄先生催促着我，说你有那么多成果，我说不成熟，黄先生说我们的成果不可能有满意的那一天，要有阶段性成果发表的意识。后来我将阶段性成果出版了《中国电视观念论》，方法论上受黄先生影响。

在我从北师大博士毕业之后很多年，北师大校领导始终没有忘记我这个老学生，经常提出让我调回北师大工作的邀请和设想，但由于种种原因未能实现。不过在这期间，不论是学术上还是学科建设上，我与北师大的沟通合作始终没有间断。作为弟子，参与了黄先生很多重要的课题研究、学术论坛和著作写作。应当说始终是作为本学科的一员，没有间断地参与着师大的影视学科建设。

或许是这种历史性的渊源，或者是深层次与师大在理念思路和气质上的相投，使得自己不论身份如何，事实上始终一直行进在本学科建设的进程中。2016年12月，终于有机会正式调回母校，开始了以北师大正式一员的身份，参与我们的戏剧影视学科建设，深感责任重大，使命光荣。我深感背负的是一个百年老校的百年艺术教育传统，这种深厚的人文性、综合性，传承到戏剧影视学科上，自然也有它抹不去的基因与痕迹。

而这也是京师影视学派独具的魅力所在。巧合的是，刚刚在北师大艺术与传媒学院岗位上任职不到半年，国家"双一流"建设就吹响了号角，北师大戏剧影视学科光荣地列入了"双一流"建设名录。随后在第四轮教育部学科评估（戏剧与影视学）中，北师大荣列A+。我想这不仅是历史的巧合，或许是一种义不容辞的历史使命与责任，需要我辈秉承师大百年艺术教育传统，在新时代以鲜明的京师风范，将戏剧影视学科建设成体现鲜明京师风范、中国特色、世界一流的学科，进而为世界、为国家、为社会、为行业的发展做出自己独特的贡献。作为本学科的一员，虽然才学有限，但愿努力为之付出。

【刊发信息】胡智锋：《本土化：中国影视的文化自觉》，北京师范大学出版社，2020年版。

综艺报采访胡智锋老师

1. 今年6月，您履新北京电影学院党委副书记、副校长，任职后您开展了哪些工作？如何看待您的新工作？

胡智锋：来到北京电影学院之后，我对学校各方面情况和工作进行了一段时间的了解和观察，梳理了学校建校70年来的发展特色和优良传统，我把它概括为四个"同"与五个"风"，四个"同"就是：与党和国家同心同德，与人民同振共鸣，与时代同步同频，与国际同道同轨。五个"风"则是：红色风韵、专业风范、时代风采、国家风度、国际风尚。围绕这些优良传统和特色，对人才培养、科学研究、社会服务等展开多方面的探索与创新。

2. 在北京电影学院2020届毕业典礼发言中，您送给毕业生三个"度"字，希望他们在未来的生活中，始终保持炽热的温度、坚韧的锐度和从容的风度。这是否也是您对2020年中国影视行业的寄语？

胡智锋：这三个"度"是我对于即将走向社会的毕业生同学真心的祝福与期待。当我们在2020年岁末来回望这一年，对于影视行业来说，我想可以用三个"不"来表达我们整体的心态和状态。

一是不容易。相比以往针对如何发展的探讨，今年影视行业谈得更多的是如何生存。国家层面也先后制定了一系列针对影视行业的利好扶持政策，从减免税收到支持有序复工复产，以缓解影视行业疫情以来面临的压力。不容易，是现实，也是自叹。

二是不掉队。毋庸置疑，疫情防控是今年我们举国上下同心协力应对的一件大事。从疫情初期的身心焦虑，到常态化的意志坚定，再到后疫情的聚力奋进，一直以来影视业始终积极配合、助力服务国家疫情防控大局。不掉队，是态度，也是自勉。

三是不怕难。当前，影视行业在逐步有序复工复产，取得了阶段性的成效。今年国庆档国内电影票房达到39亿，同比恢复了近九成，非常亮眼。面对疫情防控常态化的后疫情时期，我们的影视人要有坚定意志和斗志。不怕难，是干劲，也是自信。

3. 受新冠肺炎疫情影响，今年的影视行业受到较大冲击，作为业界资深专家，疫情期间以及疫情防控常态化后，您与业内人士进行了哪些交流和探索，提出了哪些意见和建议？

胡智锋：疫情期间我应邀参与了一些线上学术会议和交流活动，探讨了关于"疫情时期的艺术""疫情下的主流媒体内容生产""疫情期间的学界与业界"等一些大家普遍关注的问题，回应了大家面对生存和发展的一些疑虑困顿。在疫情面前，要有最终战胜疫情的信心，也要有与防疫常态化相伴随的恒心，更要有对影视艺术矢志不渝的初心。

4. 您长期从事影视美学、影视文化、传媒艺术、电视传播艺术、公共文化服务等领域的研究，在您看来中国的影视行业目前处于怎样的阶段？

胡智锋：从体量和规模上来看，中国已经进入影视大国行列。然而，从质量和评价上来看，我们离影视强国仍然有相当远的距离。当前，影视行业面临着新全球化、国家需求和融合发展的新环境，可谓新机遇与新挑战始终同行并存。当然，我们仍然可以通过提升人才培养等切实举措，以融合发展、创新实践为重要抓手，不断增强中国影视行业的活力和可持续性，为未来中国影视行业的健康、高质量发展打下坚实基础。

5. 此次疫情对中国影视行业有着怎样的影响？

胡智锋： 首先是冲击和困顿。这场突如其来的疫情是无法预料的，面对突发公共卫生事件，大家首要的任务和目的一定是确保生命安全和健康。因此，影视行业也一定是服务国家防疫大局，积极响应疫情防控号召，这既是国家的防疫号令，也是影视人的责任担当。

其次是优化和沉淀。网上有部分媒体报道了疫情期间我国影视行业经营出现了不太乐观的数据状况，称有千余家影视企业退出。一方面我们为此唏嘘，另一方面我们也期待基于已有现实的基础上，能够让影视行业未来趋向更加高效率、高性价、高质量的良性发展。同时，我们的影视人也应该利用好疫情所强加给我们的"沉淀期"，停工不停功，用不断的积累和学习，去消解无谓焦虑，为后疫情时代的绽放提供实力资本。

最后是激发和创造。当疫情对人类社会产生巨大冲击和影响时，另一方面也必然会因此激发我们影视创作者的创作动力、热情和灵感。这不仅是艺术与时代之关系，也是艺术与生活之辩证，更是艺术与生命之碰撞。

6. 随着疫情防控常态化，中国影视业已逐步复苏，对于现阶段的中国影视从业者，您有哪些建议？

胡智锋： 针对疫情期间影视行业的发展瓶颈，以及影视从业者的焦虑，我今年也提出了一个重点、两点期待和三点建议。一个重点——先保生存，两点期待——稳步推进复工复产和影视文化再放异彩，三点建议——总结经验、认真学习和储备剧本。同时，疫情暴露出当前影视产业链太窄、太短、太脆弱的问题，也是值得全行业反思与调整。我也建议除了影视制作主业，在创新和融合的理念下，我们的影视从业者可以向旅游、观光、文化、教育和其他服务业适当拓展，这也能让影视产业保持长久稳定繁荣的发展态势。

7. 今年您参与了哪些节目、影视作品的策划、创作？请介绍其中几个重点项目。

胡智锋： 整体来说，今年我参与的影视创作策划和研讨，一方面是基于抗疫现实的纪录类作品，如抗疫主题纪录片《第一线》《生命至上》，客观而全面地记录了武汉各界和全国援鄂医护人员携手抗击新冠肺炎的感人故事。摄制团队深入一线，进入方舱医院，用镜头记录下一个个真实的故事，展示了残酷疫情中的人间真情。纪录片播出后也收到了大家热烈的反响。

另一方面，我更多参与了一些主旋律题材影视作品的研讨，看到了在具有历史纪念意义的年份里，影视创作者和我们的观众心意相连，展现出家国融一的精神氛围。如书写红色革命文化、体现军民一心的电影《半条棉被》，创造"国庆片"新类型、展示家国同庆的电影《我和我的家乡》等，都让我们在全民抗疫期间得到了来自影视作品的精神动力和意志鼓舞。

8. 今年您参与了哪些国家级奖项的评选工作（如中国新闻奖、金鸡奖、金鹰奖等）？

胡智锋： 今年参与了第35届大众电影百花奖、第33届中国电影金鸡奖、第30届中国电视金鹰奖等奖项的评选、研讨等工作。从我今年参与的影视节展等活动中，真切感受到来自中国影视人空前的团结，坚毅的使命感，以及对未来的美好期许和向往，这些都让我深受感动。

9. 在参与作品策划、评选的过程中，您觉得今年的作品在哪些方面有所提升？哪些方面还存在不足？

胡智锋： 在今年我看到的影视作品中，令人欣慰的是有一部分作品在创作主题上紧贴现实生活，充分观照家国情怀、社会情感和大众情绪，无论是新闻、综艺、纪录片、电影等，在全民抗疫的大环境之中这一点尤为突出和亮眼。当然，我们也注意到，中国影视、媒体面向世界讲述中国故事的能力和水平仍然还有继续提升的空间，包括中国抗疫故事、中国扶贫故事等等都离我们的期待还有一定差距。为什么中国抗击疫情的成功经验没有在世界更广范围内得到应有的认可和认同？为什么我们在疫情中所展现出的无私奉献、责任担当、人道主义等精神价值没有被西方民众更深入的接受？这些问题背后反映出来的都是我们影视人和传媒人在提升文化软实力上的短板问题，任重道远。

10. 今年您发表了哪些著作、学术论文、影视评论？获得了哪些奖项和荣誉？

胡智锋： 今年我和我的团队有一些重要的学术成果产出。我主编的《传媒艺术导论》《传媒艺术经典导读》这两本书今年正式出版，这是我多年期待的学术成果。书中所探讨和研究的"传媒艺术"这个概念，是我酝酿了十年，也沉淀了十年的思考。这个概念是基于我对困惑影视业界和学界多年问题的观察与思考，它解释了近现代以来我们对多品类新兴艺术发展的系统命名、本质特征把握等问题，以媒介性、科技性和大众参与性为特性，将传统艺术与传媒艺术做了很清晰的区分。《电视节目策划学（第三版）》《网络视频节目策划》等教材都在今年陆续付梓出版。在新的媒介环境下，我们将视听节目策划的研究视野从电视延伸到了网络，基于新的环境、理念和案例等，对影视节目策划进行了重新系统性的梳理与思考。另外，我的专著《立论中国影视》刚刚获得了教育部第八届高等学校科学研究优秀成果奖一等奖。在此，我也想借《综艺报》向多年来关心、支持我的朋友们、同仁们表示衷心的感谢，希望我的这些工作能够为我们影视行业更加健康、更具活力的发展贡献自己的绵薄之力。

中国的影视教育，我关注未来

2020年新冠疫情的暴发，使得各行各业不可避免地受到了冲击，后疫情时代的社会结构发生了重组。疫情对于影视媒体行业产生的影响，是否会使媒体样态发生转变？这种转变又会给影视教育带来怎样的挑战？这是目前学术界与业界都在讨论的话题。胡智锋作为中国高等影视教育界极具影响力与话语权的著名学者，他的思考和预判，将会对影视教育界以及业界产生"灯塔"效应。我们的谈话就从这里开始。

记者： 今年新冠疫情暴发后对各个行业都产生了影响。您可不可以前瞻性地预判一下，它会对中国未来的媒体行业产生什么重要影响？会不会使我们整个媒体样态产生变化？

胡智锋： 这个新冠疫情确实是突如其来，它改变了传统的影视传媒的生存方式和消费方式，其中最具代表性的是电影。电影是一个需要通过线下影院的票房来获取收益的产业，与之相关联的影视机构，包括各种制作公司，都需要通过影院去收获票房，再分账获取利益。

因为疫情，全世界的电影院都出现了危机，上半年影院被迫关闭，整个产业链几乎面临毁灭的风险。中国在疫情期间，有6000多家影视公司宣布破产，这是一个非常令人忧心的状况，这对影视传媒全行业是一个巨大的挑战。

怎么来应对这样一个情形？我们看到随着疫情的延伸，其实人们也在进行相应的调整，对影视的消费方式已经发生改变。比如说网络就成为更受热捧的平台，原来走进影院观看电影，现在通过网络看电影。

记者：我之前有读到一篇文章，是您在接受媒体采访时谈到的短视频对青少年产生了两方面影响：一方面是情感的影响，一方面是美学审美的影响。在目前的影视教学当中，老师已经开始带着同学们去创作短视频。您对于短视频的教学，能不能给我们一些建议？

胡智锋：你这个问题非常有意思，短视频确实是现在时尚的新的样态，它的影响力也是几何级的在增长。现在仅是抖音一家，它的日活用户就超过了6个亿，所以这是一个非常庞大的、令人关注的数字。

短视频也深刻地影响着我们传统的影视教育模式，例如原来我们按照电影或者长片去布局，用这样的方式去进行教学或拍摄。但在短视频里的情感状态，不需要长时间去酝酿才暴发，而是在瞬间就暴发。因为短视频的时长限制，你不可能有很长时间的铺垫，所以它整个的创作，包括叙事也好、人们对它的观赏也好，更多的是通过这种暴发式的去表达、去接受，因此情感模式和审美方式确实都在发生变化。压缩到短时间内，对于创作是一个新的挑战。

大家也许认为只是一个篇幅压缩，但并非那么简单，整个的创作、叙事、表达、观赏，整个的思维状态都发生着变化。所以我们未来的影视教育要应对这样的变化，要通过对短视频的研究和创作去进行影视教育，因为未来我们可能需要大量的短视频去支撑，不能说短视频只是个易碎品或者碎片化，它慢慢地也会向着高水准迈进，这是规律。

记者：我这里有一本您主编的书，这本书到现在为止都是我们学校正在使用的教材，同学们反响也非常好。在最新版本中讲到创新节目，如果您再继续进行研究，将来会不会把刚才所谈到的短视频的内容，加入新的著作当中去？

胡智锋：会的，因为一方面《电视节目策划学》这本书出了十几年，已经是第三版了。书影响力不小，印了几十万册；另一方面我也与时俱进，也在调整，正在跟复旦大学出版社合作。我主编的新书，关于网络视频节目策划的书已经写完了，估计在今年年底或者明年年初就会面世。短视频教学研究已经进入我们的视野。

记者：太好了，现在做短视频的人很多，但是真正对它进行梳理、凝练、总结，然后形成理论，可以进行示范性教学的特别少。老师们在一线教学的时候，或是在给学生们讲课的时候，也会感到找不到一个有力的理论来进行支撑。所以老师们是特别希望这样一本教材早点面世。

胡智锋：是的。

记者：您在本届论坛最关注的研究方向是什么？

胡智锋：我最关注的就是影视教育的未来，影视教育将走向何处。我的演讲主题是关于面向未来的戏剧影视学科发展创新的一个思考，这个学科面向新的时代、新的环境，将面临怎样的新机遇和新挑战？有怎样新的思路和新的理念？这个可能是我重点要表达的。

记者：现在包括川影在内的很多艺术类大学，都在进行创新型人才培养方案的探索和改革，您可否在创新人才培养方面给我们一些宝贵的建议？

胡智锋：创新人才，一方面需要发现，另一方面需要去培育。因为创新有很多种，有原创性的，有很多学生就是具有非常强的想象力，非常富有原创性；还有的学生喜欢去钻研传统，这个也很宝贵，其实我们叫温故而知新，传承中也能创新。所以我觉得原创性创新和传承性创新都很重要。

老师的任务就是去发现学生的这样一种潜质，给他提供平台、创作环境，把他天才的想象力和创造力挖掘出来。比如搭建实习平台、创作平台、学术平台，让学生的思想观点通过创作能够表达出来，让他创新的潜质得到释放，这可能是我们培养创新型人才的关键。选才、育才、搭建平台、创造机会、营造环境，这是影视教育培育创新人才的重要渠道。

记者：北京电影学院在新文科建设方面，目前有哪些先进的经验吗？请跟我们分享一下。

胡智锋：我们也在慢慢地摸索中，最先要改革的是我们的人文教育。我们需要给学生提供最好、最高级的人文综合素养教育。所以我们成立了人文学部，希望通过这个改革，将厚重的人文素养，用最好的教师、最好的讲座去教育学生。

记者：本届年会为什么选择川影？因为我知道竞争的院校还是蛮多的。

胡智锋：第一，是地域的考虑，因为成都作为中国电影学术早期比较重要的一个阵地，中国高校影视学会在过去的37年里还没在成都办过年会，成都是影视教育比较发达的区域，包括川影在内的传媒影视高校众多，学会需要对全国影视教育有区域性的平衡考量；第二，川影在影视教育当中，是一所非常有特色、有成果、有创新的学校，它的人才培养模式理念在中国，特别是民办高校当中非常有特色；第三，川影做了大量的准备工作，具有非常好的承办大型活动的经验和条件。所以综合考虑，我们确定了川影。

记者：现在的电视慢慢地走向了没落，新媒体崛起，您预判未来中国影视的发展前景会是怎样的？

胡智锋：影视的发展是有规律性的，这里存在几个因素。第一是科技因素，第二是社会因素，第三是产业因素，当然还包括政治和文化性的因素，它是个综合的结果。

首先，影视是我们人类在20世纪创造的最伟大的一种媒体和艺术样态，然后经过百年的沉淀和积累走向成熟，面临互联网的崛起，同时也面临很多挑战和压力。但是我相信影视的这种以影像视听为核心载体所创造的内容，不管未来有什么变化，它的基础技能形态内容不会变，核心的视听没有变，叙事没有变，情感的想象力没有变。

当然，未来影视在技术上、在组织形态上、在生产和传播模式上，都会发生很大的变化，但是核心的视听产品的性质和形态不会变，人们依然对此有很广阔的精神和心理的需求，所以它的前景依然是一片光明。

记者手记

　　在采访胡智锋教授过程中，他面对所有的问题，都耐心倾听，思路清晰地娓娓道来，听他讲话很容易被吸引进去，从而忘记了时间。直到采访全部结束，我们才得知他的行程很赶，其实早有老朋友等候多时。在起身跟大家告别后，他便匆匆离去。

本次采访最大的收获是听到了一位充满智慧的研究学者，对于未来影视教育及影视行业前瞻性的预判。他对于中国影视教育的全情投入以及对影视行业发展前景的信心，鼓舞着每一个人。在本届年会闭幕式上，他充分肯定了教育界的新生力量所带来的锐气与勇气，注重对教育界年轻人的扶持与培养，为中国的影视教育未来的发展储备新的力量。

很明显，正如他所说，他更关注中国影视教育的未来！

【刊发信息】《人物专访丨胡智锋：中国的影视教育，我关注未来》，四川电影电视学院微信公众号，2020年11月10日。

电影人才如何培养

北京电影学院被誉为"中国电影人才的摇篮",在建校70年的办学历程中,为中国电影事业培育了数万名优秀的电影人才。优秀电影人应该具备哪些素养?如何提高电影人才综合素质?近日,新华社《新华视谈》栏目对北京电影学院党委副书记、副校长胡智锋进行深入访谈,共同探讨电影人才的培养战略。

主持人: 胡校长您好。

胡智锋: 您好。

主持人: 北京电影学院是"中国电影人才的摇篮",那我们就先聊聊电影,再聊人才。在您的心里面好的电影是一个什么样的标准呢?是票房高,还是口碑好,或者是获奖多?

胡智锋: 这是一个非常有意思的问题,关于什么是好电影,不同的视角可以有不同的回答。假如你是一个电影企业,或许他说高票房、高效益,这就是好电影,因为他能挣钱。那从百姓的角度说,好看、有趣的电影就是好电影,所以综合起来看,还是大家习惯于说的"三性",所谓"思想性""艺术性""观赏性"三性统一。好电影就是有比较好的思想性、比较好的艺术性和比较好的观赏性。或者还有一个说法叫"三精",就是"思想精神、艺术精湛、制作精良",大概是作为好电影的标准。当然从艺术家的角度也会有各种各样的回答,这个就五花八门了。那从整体上讲我们一般会说"三精"或者"三性",这是我们评价好电影大家比较一致的一个标准。

主持人： 您也谈了您对电影的一些理解，那作为电影学院的校长，您觉得应该培养什么样的电影人才符合您对于电影理论的认知？

胡智锋： 过去我们的电影人才培养是根据电影事业的需要有计划地去安排的。1950年，北京电影学院那个时候叫中央电影局、电影表演艺术研究所，后来很快就变成北京电影学院，一直到今天。在改革开放之前我们的电影是计划经济的一部分，它是事业，而不是一个产业，这种情况下，电影事业依靠全国东西南北中分布着的16家电影制片厂，每个制片厂都有不同的任务。在这种情况下，电影事业的各个工种，比如电影编剧、导演、摄影、美工、录音等，也是我们讲的文、导、表、摄、录、美，这些专业的人才都是各个电影制片厂需要的，缺哪些人才就有针对性地做培训。那么在这种计划经济情况下，电影人才培养相对比较简单。

主持人： 就是一种简单的技术性的培训。

胡智锋： 某种程度上可以这样讲。它是满足我们庞大的电影事业的一个支撑，就是公众的一个训练、培养。那么改革开放之后，电影慢慢地向市场化方面迈进，那么电影的生产、传播越来越市场化、国际化，在这种情况下出现了一个新的职业需求，比如说专门的制片管理就应运而生，去负责一个电影的成本核算，并且把经费做细做精。

另外包括公关、宣传、发行等，都是要做大量的幕后运作，逐渐变成了一个非常复杂的系统，而这块是原来的电影学院人才培养里没有的。比如，你到一个机场你要做一张海报，人家能让你白做吗？你到影院、剧院、剧场门口挂一个影片宣传，那他让你随便挂吗？当然，这都是要花钱，那些都叫宣发，包括你上媒体、上版面都是要付费，这相当于广告宣传。这些工作怎么去协调运作，就需要大量的新类型的人才，专门负责宣传、企划、公关、媒体等，包括电影本身的预算、经费，甚至各种工种的调配，这就是产业的环节越来越丰富，而这些产业所需要的工种，是原有的电影学院人才培养体系里没有的。再往后比如数字媒体也起来了，现在的影像不仅在影院放映，还有网络大电影、网络视频等，这也需要大量的高精尖人才，我们又有了视听传媒、数字媒体这样新的学院的建立，我们的人才培养是与时俱进的。

我们不断适应着电影事业和产业发展，不断地调整着我们人才培养的规划，培养能够适应电影事业产业发展需要的各种类型人才。

主持人：您刚才说的是把电影作为一个产业来培养人才。那电影还是一种艺术形态，那从艺术的角度上您是如何培养电影人才，如何提高他们的文化修养？

胡智锋：大家发现那些具有高文化价值的作品，往往是具有非常高的人文综合素养的电影艺术家创作出来的，那么反推我们电影学院的人才培养，我们需要在人才的综合素养上下功夫。除了技术本身的，比如说各个专业工种的本领的培育之外，还需要加强他的人文素养的培育，综合人文素养的培育，学校要给予学生一个底座，在人文素养的提供上要给他们更好的视野，这是我们的一个想法。

主持人：我们一直在说中国电影任重道远，那您觉得这个"任"它应该在谁的肩膀上呢？是应该在我们类似于北京电影学院这样的专业院校身上吗？其实因为现在有很多跨界的电影人，也做出了很多很好的电影，在这方面您有什么可以给我们分享的？

胡智锋：我要特别讲的是，北京电影学院尽管是国家到目前为止唯一国家公办的电影专门的高等院校，但实际上它并不是一个封闭的学校，它历来是跟世界各国的电影院校紧密相关，它一直是在追踪世界的前沿。另一方面，电影学院的办学也越来越多元化，内容来源和教育形式越来越丰富。比如说我们的研究生教育，研究生的来源可能一多半是来自非电影学院的学生，大家的专业五花八门，学什么的都有。有学采矿的、有学化工的、有学陶瓷的、有学计算机的，也有学法律的等等。其实这些来自不同学科背景的年轻人，他们有一个共同点，就是热爱电影，为了他们的电影梦来到电影学院。尽管他们的原始学科背景可能是非电影，但是我们发现这些年成才率比较高的就在他们这个群体中。

比如说文牧野，他原来可能是学其他专业的，到电影学院读了研究生就出来了，他能拍出《我不是药神》这样的片子，质量还是一流。文牧野不是我们电影本科专业，所以其实北京电影学院的"任"我觉得它实际上是担负着中国电影的大任。

主持人： 在这一点上您有没有一些思考，是不是我们的电影人，在北京电影学院学习的电影人，也应该在学习电影之前学习一些其他的专业，就比如说我们主持人，比如说先学法律，再去当主持人的话他做法制类节目可能就会游刃有余？

胡智锋： 我觉得这个也要分析。电影，我觉得它不仅是个技术活儿，也不仅是个艺术活儿，电影的成功首先在于电影是对于人类生活的揭示、呈现和想象。所以它最需要的是人自身的阅历和生活的体验，没有很丰富的人生阅历和生活体验，我们要想做出好的电影是非常困难的。从这个意义上讲，对我们的电影人更有挑战的还不是来自他本身的专业背景，这只是一个方面。更多的我觉得问题在于他作为人的成熟度，实际上电影人的成熟度首先是作为人的成熟度，你是不是对社会、对生活、对于人类、对我们的这个世界有独特的观察力、有丰富的想象力、有深刻的思考力。

这需要什么？需要深厚的生活积累、生活体验感受和天才的想象力、发现力、观察力和思考力，而这些跟专业有关又没有关，其实我觉得更多的是人生的阅历。之所以我们说78班也就是第五代电影人，张艺谋、陈凯歌他们能够快速地成为社会的栋梁，成为中国电影走向世界的领航者，那是得益于他们进校的时候已经有了深厚的生活体验。比如陈凯歌在云南边陲当知青，差不多10年的生活积累；张艺谋在西安、在陕北，有从农民到工人10多年的生活体验，来的时候都接近30岁了，他就跟18岁的时候不一样。

十八九岁的同学从高中课堂里出来，马上去当导演，怎么导得了？你都不知道社会是什么、生活是什么，你对社会和人生和人性都还没有基本的判断，你怎么样来把握一个高难度的电影故事，可能我觉得复杂的问题在这儿。

【刊发信息】《新华社〈新华视谈〉栏目对话北影校长胡智锋：电影人才如何培养》，新华社《新华视谈》栏目，2020年12月7日。

致求职焦虑下的中国传媒学子

之媒&1号：

您认为疫情是否会影响传媒整体人才需求？是否会造成失业潮？

胡智锋：

这个问题我觉得提得很尖锐，确实是一个很有挑战性的问题。在我个人看来，这个问题实际上是说疫情会不会影响传媒行业整体的人才需求？我觉得疫情可能不一定直接影响传媒人才需求，但可能会有间接的影响。

通常来看，大的疫情出现，一定会影响整个社会经济运行发展的正常状态，使经济出现局部的衰退，社会发展的整体状态可能出现一部分停滞，整个国家的财政和整个经济发展的动力、活力出现不充分状态。这种情况下，经济发展会对整个就业市场带来影响，造成人才需求整体相对不充分，没有能力再去设置更多的岗位来吸纳更多的人才。

疫情导致的经济社会发展整体情况如果出现衰退，出现不景气状态，一定也会波及传媒这个领域的人才需求。

如果按照这种逻辑，就可能得出这样一个推论：疫情导致经济社会发展相对疲软，甚至出现一部分衰退，导致整个就业市场不景气。传媒作为经济社会发展的一个重要领域，人才需求也会因此受到影响。是不是会出现失业潮？按照这样的逻辑也应当是有这种可能性的。

但是，我认为"失业潮"的说法有点言重了。我认为这只是一个笼统的推论，并不肯定就一定影响到传媒人才需求。因为在历史上，作为文化产业的龙头组成部分，传媒经常会出现"逆行"发展的状态。也就是说，在经济社会发展出现大规模衰退和疲软状态的时候，包括传媒在内的文化创意产业反而是逆风飞扬，出现一个"逆行"的发展高潮。比如：美国1929年—1933年的经济大萧条时期反而造就了好莱坞的辉煌。1997年的亚洲金融风暴反而导致了日韩，特别是韩流的崛起，包括韩国影视剧的崛起等。

这些案例说明，传媒发展有时跟经济社会发展的大潮流可能是"逆向"的。整体经济环境、经济状态不景气，但局部的传媒影视行业反而可以逆风飞扬。这种情况在历史上是经常出现的。所以，我们不能简单地说疫情必然导致经济社会发展出现疲软甚至衰退状态，因此就一定会导致传媒的不景气，未必。

因此，由疫情推断得出"失业潮"，我觉得恐怕不见得，不应当得出这样一个绝对的推论。我认为，疫情有可能使传媒人才需求的形态、结构或者类型发生变化。过去可能更多的是带有公务员性质的，或者是按照常规事业单位的类型去选择人才。未来，疫情可能会给传媒发展带来新的人才类型需求，我认为未来传媒发展对于公共型、专业型和交叉型等人才类型应当有着更强烈、更迫切的需求。

公共型：就是维护媒体公共平台、提供多样化的公共服务的一种人才类型。大量的互联网媒体，以及主流媒体互联网化之后，需要更多的平台维护类型的人才，同时大量地推进媒体社交化、公益性的人才也是日趋重要，这类人才我们称之为公共型。以往，我们更多的是从编、导、演、摄、录、美，或者说采、编、播等这样一些传统视角划分人才类型。而现在，能够做这种技术和艺术相结合、媒体与社会发展相结合的着力于平台服务的公共型人才，可能是一个更迫切、更大量的需求。

专业型：不仅仅是指传媒本身的专业，更多的是指特殊类型专业。这次疫情暴发后我们明显感觉到，受过卫生健康、科技等专业教育的传媒人才是特别稀缺的。这就导致很多报道中提供的内容在专业性上很难满足社会对这个领域的专业需求。所以，我觉得未来可能对这类专业型人才会有更大的需求。

交叉型：也就是一专多能，拥有复合型能力的人才，在市场上有着更强烈的需求。

疫情未必直接导致传媒人才需求的变化，因为传媒的发展经常和经济社会的发展呈现"逆行"状态，未必直接受到突出的影响。所以，"失业潮"恐怕要谨慎推论。另外，我们要看到由于疫情的影响，新的传媒人才类型的需求会更加凸显，这是我的一个判断。

之媒&1号：

您认为疫情是否会对人才流动方向带来变化？会从哪些领域流出，哪些领域流入？

胡智锋：

疫情对传媒人才流动方向的影响，不能做简单的、一概而论的推论。但是，大的媒体格局是清楚的。经过此次疫情，我们看到自媒体有了更加强大的影响力，媒体格局有了明显的变化：第一是传统到现代的转化；第二是单向到互动的转化；第三是固化到移动的转化；第四是宣教到服务的转化。

第一，传统到现代的转化。传媒整体上有特别迫切的、强烈的从传统媒体到现代新兴媒体的转化需求。过去，我们按部就班的、按照领导的意思去进行信息的发布以及内容的生产、传播，是一种四平八稳的状态。现在，这种传统媒体的生存状态需要调整，需要有更强烈的现代媒体观念。不仅仅考虑内容生产方的需求，更要敏感地把握社会发展的状态，及时满足社会需求。这一点可能是从传统媒体到现代媒体的一个特别突出的功能转化。

第二，单向到互动的转化。过去，传媒基本上不大在乎社会反响和反应，更习惯于按照自己的节奏组织内容生产和传播。现在，就必须更要在乎、考虑舆情，在乎、考虑民意，在乎、考虑社会关切，需要在跟观众、跟社会的对话和互动的状态中，进行有互动的内容组织、生产和传播，而不再是简单地从传播者的角度、从媒体的角度进行布局。

第三，固化到移动的转化。过去，传统主流媒体更多是一个比较固化的状态，固定地按照自己的节奏进行生产和传播。比如：报纸，按照自己的版面去做设计；广播，按照自己的频率去安排节目；电视，按照自己的频道时间去进行编排。现在，还这样做就不能适应今天移动主导的媒体状态，所以，从固化到移动也是必然的一个转化。

第四，宣教到服务的转化。传统媒体过去更多的是以宣传教化为主，宣传教化是必需的，但未来可能要更加强调服务功能，为社会、为老百姓的需求提供信息服务，这种意识和状态是需要的。

所以，我觉得是媒体格局结构性的变化倒过来影响对于人才类型的需求。如果媒体按照这样的状态发展，那么，人才的需求、人才的类型要求就会自然地发生位移。

一些经营不善的，观念保守滞后的，不能与时俱进的传统主流媒体可能会慢慢被淘汰。恕我直言，这次疫情报道中，一些地方媒体是非常保守和落后的，缺乏一个媒体足够的担当和智慧。未来，我觉得，那些观念落后的，经营不善的媒体大概会流出很多人才；而那些更加有担当、有引领、有情怀、有趣味，而且观念上能够体现出现代感、互动感、移动感和服务性的媒体，将会流入更多的优质人才，这是一定的。

之媒&1号：

尤其对于校招，疫情是否会影响到本届应届毕业生的就业？

胡智锋：

我觉得，是不是校招倒不见得是关键，今年的应届毕业生就业是一个整体性问题。目前，已经进入毕业季，涉及毕业演出、毕业设计等活动，有校招背景的学生可能需要联合作业，联合拍摄制作、舞台设计、影视影像制作、美术设计等，都会涉及这样的问题。

一些传统的学科，在图书馆或家里或许就可以完成相关要求，除了交流有困难外，影响应该不会太大。而那些术科的传媒类学生就会受到比较大的影响，主要体现在以下几个方面：

第一是学习的不充分。毕业设计需要合作伙伴进行面对面地切磋，但疫情导致这些没有办法进行，或者只能在网上草草地，简单化地进行，不能进行深入的、充分的切磋交流。比如：要拍一部毕业短片，或者做一个舞台剧等，没有充分的磨合，没有多专业的配合，就很难充分地体现出创意和才华。所以，疫情之下，毕业生的学习状态和毕业设计可能会不充分。

第二是状态的不确定。主观上，学生本身的职业选择不确定。我到底要做什么选择？学生会不停地犹豫，到底是去主流媒体，还是进演艺机构，还是做一个创业者？客观上，社会需求具有不确定性。如果没有疫情，会有大量的影视剧开始拍摄，学生就会有大量的就业机会，可以去剧组，去影视公司。而现在，这些公司可能都在减员，或者没有办法确定什么时候开张。

第三是未来的不可测。传媒行业的未来会发展到哪里？不可预测。

以上是我觉得疫情对于今年影视类、艺术类的传媒校招毕业生影响比较大的几个方面。

之媒&1号：
对于各大高校，您是否有对影视院校就业指导中心的建议？

胡智锋：
就业指导中心对于传媒影视类院校，我觉得是有必要的。因为学生毕竟对社会发展信息的把握是有限度的，学校的就业指导中心，作为一个中介机构，可以起到以下几个作用：

第一是咨询。汇总校内外、国内外的各种信息，作为一个信息平台，为社会需求和学生需求提供咨询，进行互动、沟通和交流。这个咨询功能是非常重要的。

第二是指导。根据学生的专业背景、个人兴趣、特长等特殊需求和情况，进行针对性的指导和引领。

第三是服务。对学生本人从思想上、专业上、心理上提供个性化的综合性服务，让学生能够有地方抒发自己的需求，更准确地表达自己，更好地为学生的发展提供到位的、有效的服务。

之媒&1号：

对于广大学子，您是否有对他们焦虑心态、求职方法、职业规划等的嘱托？

胡智锋：

所有的毕业生，只要没有最后确定，在毕业的时候都会有焦虑感，这是人生一个重要的发展阶段，也是学生成长不可或缺的一个段落。我觉得，学生求职最重要的是要有自己的标准设定。做职业选择和职业规划时，我们应该遵循什么样的标准呢？我个人认为有三条：第一是关联性；第二是适合性；第三是发展性。

关联性。首先，未来的选择最好跟过去的经历，跟专业背景，跟以往的学业积累有关联。比如：学美术的学生，就会跟演艺、美术设计、博物馆等工作有关联。但如果去公司做市场营销，除非个人感兴趣，否则就不是自己的所长。所以，选择职业的第一个要求就是要找到关联性。

适合性。要求工作能够胜任，适合自己。比如：一个特别内向的人，不爱说话，特别不爱跟人交流，如果硬要去当老师，跟学生交流就会特别累、特别有压力，因为不适合这个职业。如果特别好为人师，特别愿意表达，这种就适合当老师，诲人不倦。所以说，要找适合自己的工作。

发展性。要考虑这份工作对自己未来的发展是否有帮助。比如：暂时选择了一个小的城市和品牌。但是，有过这样一个历练之后，将来就会有更大的发展前景。所以，还要考虑到职业的发展性。

以上就是我考虑到的几个标准。另外，我们在职业的选择上要有上、中、下不同的标准。"上"就是理想的标准；"中"就是还不错的标准；"下"就是过得去的标准，就是底线。大家总要工作，要走向社会，对自己的职业选择既要有理想的目标，也要有底线的考虑。也就是说，一定要设定"上""中""下"的标准。比如：想做传媒工作，中央广播电视总台是我的理想，但是去不了。现在有一个去地方电视台的机会，那我觉得就可以考虑。既然想做传媒，就可以先找到这样一个媒体实践的机会，然后再慢慢发展。

以上就是我的一些基本想法，仅供参考。最后，祝我们的传媒学子都能够心想事成，找到理想的工作岗位。

【刊发信息】胡智锋、之媒：《北师大院长胡智锋：致求职焦虑下的中国传媒学子》，《之媒》微信公众号，2020年2月14日。

致疫情中的学界与业界①

之媒&1号：

目前媒体抗疫有哪些做法您觉得是有创新的，值得今后借鉴？

胡智锋：

这次媒体在抗疫过程中体现出来的创新点，我想至少体现为以下四个突出亮点：

第一是权威性。这次主流媒体充分借助自己的媒介地位，充分发挥了它在信息掌控和发布方面的强大能力，在高端信息的掌握和发布上体现出了绝对的权威性。比如说，对总书记主持政治局会议并作出重要指示的信息提炼和发布，对总书记视察首都相关医院、社区并现场连线湖北疫情防控前线予以指导的信息拍摄、报道，比如总理在武汉现场检查、指导工作的信息拍摄、报道。特别是总书记、总理在现场的同期声的传递，以及对多位院士、专家的权威性的采访等等。这些都对于稳定民心、控制疫情起了特别重大的引领性的作用，彰显出主流媒体在信息掌控、信息发布方面的权威地位和权威性引领的特点。

第二是整体性。我们看到这次的媒体抗疫不是零打碎敲，而是整体的一个安排。以央视为例。央视不仅仅调动了它的新闻的力量，而且还囊括了各个方面，包括综艺、科教等等都围绕着疫情防控，按照不同的频道和节目特点予以综合性、整体性的安排。就新

---

① 　《之媒》与《传媒1号》联合推出"在1号，战疫情"特别系列，本文系之媒&1
　　号与胡智锋的对话内容。

闻本身来说，就不仅仅有联播的播报、整点新闻的播报，也有《焦点访谈》的评论、《面对面》的评论，也有《新闻1+1》的深度访谈，也有各种新闻的现场报道。新推出不久的央视频表现得格外亮眼，央视频对火神山医院建设的现场直播、短视频直播等等，这些内容都产生了巨大的影响力。用多管齐下的方式整体性地呈现疫情防控的真实情况，以及对这个情况的分析和思考等等，显示出了主流媒体的整体性特点。

第三是连续性。它不是一次两次偶发，而是尽可能地在一个领域连续推出。比如说《新闻1+1》连续推出与官员、院士连线和深度访谈，由于有了连续性的推出，就给大家带来了一种期待，也让大众对疫情的了解走向深入和全面。

第四是融合性。此次主流媒体是文字、影像、短视频同步展开，体现出多种媒介元素的充分融合。多个主流媒体，像《人民日报》也融入了图片和移动视频的内容。新华社也把图片、视频、文字整合在一起。央视的融合元素就更丰富多样了。

所以我感到这次媒体在防疫过程中体现出的四个突出亮点就是：权威性、整体性、连续性和融合性。

之媒&1号：

此次媒体对疫情的报道工作在哪些方面存在不足，今后需要加以改进？

胡智锋：

关于此次媒体对疫情报道体现出的问题或者不足，我觉得主要有以下三个方面：

第一个就是时效性还有待加强。从开始的疫情发布，到后面特别在一月中旬一段时间里，我们的媒体，尤其是相关地方媒体，特别是湖北和武汉这个疫情最严重的地区，反而时效性很弱，甚至有一段时间（一月中旬）就没有疫情信息发布，有专业人士专门把那个阶段湖北、武汉的党报头版拿出来进行分析，发现一月中旬有很多天报纸头版没有只言片语提及疫情。这一点为专业人士所诟病，大家认为，之所以疫情一度在社会上造成很大的慌乱甚至恐慌，其实跟媒体的不作为和媒体作为的不到位，没有及时发布相关信息有很大的关系。不及时，甚至是失语、不在场的状态，给此次疫情的扩散也带来了很大的负面影响。当然这个背后是有政府主管部门很大的原因，特别是卫生健康的管理部门，它们没有及时去发布信息。但媒体对这个事情不够敏感、敏锐，也有很大的问题。所以在自媒体比较发达的今天，这个问题特别的突出，就是时效性不足。

第二个就是专业性不足。我们看到很多媒体对疫情的解读很随意，很乱，甚至很情绪化。在引用专家的表达时，有时候也是断章取义，对专家话语的解读和引用也是比较随意的，这就使得媒体的专业性，包括严谨性、准确性都得不到保障。因为不专业，所以就抓不到点儿上，抓不到位。这也为疫情扩散的舆论带来了很多负面影响。

第三个就是引领性不足。在重大的事件出现的时候，该发声、该表达观点、该整体性地去引领社会情绪的时候反而不到位。我们看到像李文亮医生这个事情当然可能有偶然性，包括对"谣言"的这些表述和态度，很多时候，我觉得可能是一方面缺乏独立的思考，另一方面就是出现这些情况时，我们的引领不是很及时。在疫情发生过程中的一些关键点，以及对于疫情的一些基本情况，一些专家的思想观点表达，还有政府行为的呈现等等，媒体在这个过程当中，一些引领性的思考和观点或者缺失，或者体现得不到位。在相当长一段时间里，甚至就是没有引领。大家都在摸，所以让自媒体反而占了先机，是因为我们引领的不足才出现了这个问题。好在从李文亮医生事件出来之后，我看到《人民日报》的评论，看到新华社的转述，包括央视的发声，一是跟进比较及时，同时尺度拿捏得比较恰当。尽管时间稍微迟了一点，但是在引领方面已经开始了一些动作，在逐渐加强。

之媒&1号：

对于那些从事传媒专业的学生，经过此次抗疫，您对他们的未来有怎样的期许？

胡智锋：

经过此次疫情，我要对未来传媒专业的学子提以下几点要求：

第一点就是要提升社会责任感。通过这次疫情防控的报道，我们的传媒学子要有更强烈的社会责任感。也就是要意识到媒体在重大疫情这种特殊的时刻，应当有更自觉的社会责任担当。社会责任担当体现在几个方面。首先就是媒体有责任要在第一时间发布真实的信息，要给社会充分提供真相，这是媒体义不容辞的一种社会责任。我们有责任给公众给社会提供真相，而且要及时发布、充分呈现。及时、充分发布真相，有利于缓和社会矛盾，有利于减弱社会压力。关于这一点，我觉得无论是对政府还是对百姓，媒体都应该在信息发布的及时性、真实性、充分性这些方面担当起它的社会责任。这点是至为重要的。如果没有及时地报道真相，没有报道足够的、真实的、充分的真相，可能我们就会贻误战机，就会带来很多后续的、不可解决的一些麻烦。

第二点就是要提升报道质量和报道水平。媒体之所以是媒体，它就应该跟一般社交网络上的信息交流不同，它应该有更高的质量和水平要求。也就是说，媒体不仅要给社会提供事实的真相，说明真相是什么，而且还要挖掘出为什么和怎么样，也就是媒体要更有深度，要有更强的特色和更强的感染力。深刻性、独特性和感染力，这是我们媒体报道水平、报道质量的重要刻度，我们要努力在这几个方面去提升，去努力地挖掘。信息背后的背景原因，要提供更独特的视角，提供更深刻的解读和提供更有感染力的表达。这是第二点，努力提升报道质量和报道水平。

第三点就是要提升专业水平，特别是科学方面的专业水平。这次疫情报道，我们看到很多媒体出现了报道不及时，或者说没有影响力的问题，这其中一个很重要的原因是我们媒体在专业水平方面还很不够，特别是科学专业水平。像疫情这种公共卫生领域的重大事件，它涉及很多问题，比如说涉及疫情防控、公共卫生的元素，涉及构成环境和条件，处置的程序及相关很多问题。这些都有大量的专业性的内容需要我们去掌握，如果我们不了解，可能就会像盲人摸象一样，东抓一下，西抓一下，就可能出现慌乱、随意、浅薄、肤浅和不到位的情况，这就会对整个舆论引导产生负面的问题。所以要努力提升专业水平，特别是科学专业水平。这是我的三点建议，是经过这次疫情值得我们特别反思的几点。

之媒&1号：

1号有很多学生读者，疫情当下，您对全国的传媒学子是否有什么嘱咐与建议？

胡智锋：

我觉得待在家里，也要加强三个"力"的锻炼。第一是观察力，第二是表达力，第三是思想力。

第一是要提高观察力。通过周边的家人、朋友，通过电视、报纸、手机等等各种媒体和自媒体，反复通过各种信息的比对，观察疫情发展的动向，也观察社会治理的动向。通过这个观察，然后来提升自己的观察力。观察这个疫情防控过程当中，每天发生了什么，为什么发生？要看到、观察到大家熟视无睹的现象，特别是细节的观察，要在宏观的大事当中掌握、把握细节的观察，要看到大家不经意当中没有看到的那些问题。

第二是要提高表达力。就是我们要努力锻炼表达力。包括口语表达和文字表达，在家里自己练。设想如果我是记者，我是编导，我面对这个疫情该怎么办？要用自己的话语和文字去进行表达，每天写一个小评论，每天进行一个口语表达训练，模拟现场报道。

第三是要提高思想力。我们要通过专业和相关领域的知识和理论的学习来提升自己的思想能力。要多读书、多思考、多观察、多说、多写。这样才能提升自己的综合性水平，总体来说是观察力、表达力、思想力的提高。那也祝愿我们的传媒学子都能够在这个期间观察力、表达力、思想力得到提升。

【刊发信息】胡智锋、之媒：《北师大院长胡智锋：致疫情中的学界与业界》，《之媒》微信公众号，2020年2月11日。

新中国"戏剧与影视学"学科70年发展的成就与问题

编者按：2019 年 11 月 20 日，由第七届国务院学位委员会"戏剧与影视学"学科评议组、教育部高等学校"戏剧与影视学"专业教学指导委员会和中央戏剧学院，于中央戏剧学院昌平校区联合主办了"历史、现实与未来——戏剧与影视学学科建设'新中国七十年'北京论坛"。论坛上，来自北京师范大学艺术与传媒学院、中央戏剧学院、中国戏曲学院、北京电影学院、上海戏剧学院、辽宁大学广播影视学院等高校的委员、专家们济济一堂，回顾新中国"戏剧与影视学"学科建设的优秀历史传统，面向现实与未来，畅谈构建具有中国特色的"戏剧与影视学"学科体系，内容丰富，具有理论与实践指导价值。本文为"戏剧与影视学"学科评议组副召集人胡智锋教授在该论坛上的发言。

中华人民共和国"戏剧与影视学"学科 70 年的发展，大体可以分为三个阶段：一是从中华人民共和国成立初期到改革开放前的起步探索阶段；二是从改革开放到 20 世纪末的延伸发展阶段；三是 21 世纪以来包括"戏剧与影视学"学科变成一级学科后的全面推进阶段。每个阶段都因为不同的时代背景而体现出各自的特点，也都有各自的成就与问题。

一、起步探索阶段（1949—1977）

本阶段，新中国戏剧影视学科正式起步并开始了重要的探索。学科教育主要是以专科、本科层次为主，其主要特点是以苏联为师，按照相对应学科即戏剧戏曲学、电影学、广播电视艺术学等学科中的工种来进行学科布局与专业设置，并分别开展建设，这就有了以中央戏剧学院（1949 年创办）为代表的戏剧戏曲学编剧、导演、表演、舞美等主要专业；以北京电影学院（前身为中央文化部电影局表演艺术研究所，后改名为中央文化部电影局电影学校；1953 年改名为北京电影学校；1956 年改制为北京电影学院）为代表的电影学编剧、导演、表演、摄影、美术等主要专业；以北京广播学院（前身为 1954 年创办的中央广播事业局技术人员训练班；1958 年更名为北京广播高等专科学校；1959 年更名为北京广播学院；2004 年更名为中国传媒大学）为代表的广播电视艺术学新闻、外语、无线电三大学系所延伸出的新闻采编、文艺编辑、电视摄影、播音等专业。

可以说，这种专业学科划分形成了直接面对行业应用、直接服务行业需求的特点，快速为所对应的戏剧戏曲、电影与广播电视行业培养了一批急需的人才。虽然"文革"期间大部分戏剧影视学科教育陷于瘫痪，但部分大、中专学校及进修班等仍继续招生，共同支撑起整个行业发展的基本需求。

此阶段的主要成就如下：

教育体系初步建立

本阶段初步建立起新中国的戏剧戏曲、电影和广播电视艺术的教育体系，其人才培养、科学研究、社会服务等功能得以初步实现，师资队伍、学术理论、实践服务等平台也初步建立。除上述中央戏剧学院、北京电影学院和北京广播学院三所典型的院校外，还有一部分院校也开始了戏剧影视教育的初步构建，如南京艺术学院等综合性艺术院校、南京大学等综合性大学，也启动了一些与戏剧戏曲、电影、广播电视艺术相关的教育活动。尽管这些都还没有达到足够的数量和规模，但也为后来戏剧影视教育的发展奠定了较为扎实的基础。

人才培养成效显著

本阶段人才培养整体上呈现出专业化、职业化的特点，即直接面向院、团等，为行业一线提供后备人才。如戏剧戏曲教育直接面对戏剧戏曲院、团，培养了编剧、导演、演员、舞台美工等专业人才；电影教育则直接面对电影制片厂，培养了编剧、导演、演员、摄影、录音、美工等专业人才；广播电视艺术教育则直接面对广播电视媒体，培养了编辑、记者、导演、播音员等专业人才。这都为支撑发展新中国社会主义戏剧与影视事业做出了重要贡献。

学术研究框架初设

本阶段初步搭设了新中国戏剧与影视学研究的理论框架，其突出特点是以苏联为师，以马克思主义理论为指导思想，强化意识形态教育功能。在此基础上，开启了相关学术研究，如在戏剧戏曲领域开展了有关戏剧史、戏曲史、舞台美术等方面的研究，在电影学领域开始了有关电视理论、电影史等方面的探索。而本阶段广播电视艺术学领域的发展更多是以培养专业、行业人才为主，重量级学术成果相对较少，但从整体上看也有了初步的积累，如关于广播史论、广播理论、电视史论等方面的学术研究均有呈现。尽管本阶段属构建学术研究框架的发轫之时，但为新中国戏剧与影视学理论的发展奠定了一定基础。

此阶段的问题与不足：

功能较为单一

本阶段，在与戏剧和影视等相关联的艺术创作中，都过度强调意识形态功能，相对应的戏剧与影视教育也不例外——在课程教材、师资人才、学术研究、实践创作等内容规划与设计上，特别强调直接为政治服务，从而把宣传意识形态的功能放大到极致，而对于戏剧影视的审美与娱乐等功能则重视不够，学科本身的本体性、专业性相对被忽略和弱化，因此，学科功能较为单一。

体系较为狭窄

本阶段的戏剧与影视教育培养体系相对狭窄，具体体现在以下三个方面：第一，在内容设计上，功能性内容是以宣传、教化性的内容为主，而专业性内容占比相对偏低；第二，戏剧与影视专业和学科涉及技术、艺术、人文等多个方面，但只有少数几所专业性的院校有设置，而少有综合类、理工类、师范类等院校参与；第三，学科人才培养聚焦于领域、工种，虽然这有利于相对应行业发展的专业化，但也限制了本学科所应具备文化与学术的广度与厚度。

成果较为浅表

本阶段的学术研究不论是从数量还是质量来看都相对不足，许多领域还是空白，代表学科水准的影响力大的成果相对较少，加上部分专业有局部时间停办，整体而言，戏剧与影视专业的学术发展还处于较为浅表的层次。

二、延伸发展阶段（1978—2000）

随着改革开放的不断深入，本阶段的学科发展体现出全方位对外开放的格局，特别突出的是开始转向向西方学习，从办学模式到师资队伍到人才培养理念再到课程专业设置，也包括学术理论成果的引进、师资的引进等等，全面学习西方成了这个时期学科建设的显著特征。

此阶段的主要成就：

规模扩大与层次提升

"戏剧与影视学"学科整体规模和层次都有了快速的提升与扩张。除了代表性的中央戏剧学院、北京电影学院、北京广播学院三所院校外，其他专业院校、综合性大学等也开启了戏剧与影视学的教育。从学科目录和专业调整来看，这个阶段的学科发展经历了三次大规模的调整：1980 年，艺术学下设 5 类一级学科（分别是音乐、美术及工艺美术、戏剧戏曲、电影、舞蹈类），39 个专业；1993 年，艺术学学科在专业目录修订中成为文学学科门类下的一级学科，专业 42 个；1998 年艺术学作为文学的一级学科，下设的二级学科凝练到 20 个。戏剧戏曲学方面，南京艺术学院、上海戏剧学院等陆续增设了戏剧戏曲学博士点，部分大学也相继成立了戏剧学研究所，为戏剧与影视学学科的发展积累了更深厚的科研力量。电影学学科方面，1983 年中国高校影视学会提出了"让电影走进大学课堂"的口号，倡议电影教育要从"一"到"多"，即要从单一的专业、艺术院校开始面向更多院校的共同发展。经过一系列的师资培训，电影学学科从北京电影学院、北京广播学院等为数不多的几家专业学院拓展到了全国 50 余所高校，许多高校纷纷开设了电影课程，开启了电影教育。广播电视艺术学学科方面，20 世纪 90 年代，中国广播电视事业异军突起，广播电视艺术类专业如媒体策划、电视节目制作等专业开始增加，随着中国高校影视学会"让电视进入大学课堂""让纪录片走进大学校园"等口号的相继提出，各式各样的艺术院校、综合性大学、理工类大学等也开始设立与广播电视艺术相关联的课程，规模上得到了空前的发展。

在学科层次上，呈现出专科—本科—研究生三个层次发展的态势。就戏剧戏曲学学科的发展来看，中国戏曲学院于 1978 年开始招收第一批本科生，1996 年承办中国京剧优秀青年演员研究生班；中央戏剧学院在 20 世纪 80 年代开始硕士点、博士点的建立，这些都极大地提升了学科人才的培养层次；从电影学学科的发展来看，从 20 世纪 80 年代开始，电影作为一门独立的学科逐渐得到确立并开始延伸，中国艺术研究院、北京师范大学、北京广播学院等高校和机构相继成功申报中国电影学学科博士点，各高校的电影学硕士点也相继获批，学科的人才培养层次得到了很大的提升；从广播电视艺术学学科的发展来看，从 1980 年开始，北京广播学院的播音、电视、文艺编辑等专业变成了独立的系科，到 20 世纪 90 年代中期，广播电视艺术以戏剧影视文学专业为依托，开始招收硕士研究生，1998 年广播电视艺术学作为独立学科成功获批硕士点、博士点。

理论引进与创新探索

本阶段学科理论开始了对西方的引进与消化吸收，具体体现在对欧美现代派戏剧理论、欧美现代电影理论、当代广播电视艺术理论等的引进及探索。如，在戏剧戏曲学学科方面，引入了西方现代派戏剧理论，特别是现代主义、表现主义、荒诞派等戏剧学说的观点，既应用于舞台实践，也应用于学科专业和戏剧教育。在电影学方面，摆脱了过往以苏联为师的依赖，通过对西方的借鉴学习，相继提出诸如"电影语言的现代化"等观点，当然也包括对电影观念及其本体论的创新探索，等等。可以说这些对该时期中国电影艺术的学科理论建设、实践创作都产生了极大的影响。在广播电视艺术学方面，伴随西方传播学的引入，相关的电视理论和学说开始大量引进，如纪实类、栏目类、谈话类、直播类、游戏娱乐类等新的节目样式的引进，也带来了观念的引入，推动了包括中国电视艺术史、电视美学、电视批评等学科领域的理论创新与探索，等等。

人才培养与国际接轨

一是办学理念的调整。本阶段戏剧与影视学学科的办学理念更加开放，不仅面向专业人才的培养，还面向更多非专业人才的培养，人才培养目标从相对狭窄的专业目标，走向了更加多元，如对学生素养的培养等。二是人才培养的渠道和平台更加丰富多元。原来只有少数的专业院校开设了戏剧与影视学学科的相关专业，本阶段包括综合类大学（浙江大学、南京大学、四川大学、山东大学等），理工类大学（清华大学、北京航空航天大学、华中科技大学等），师范类大学（北京师范大学等），都开设了戏剧与影视学相关的专业或课程。三是人才培养的专业和学科更加丰富多样。在原来内容生产的相关专业、工种的基础上，又增加了管理类、产业类、经营类等综合性专业，设置了诸如电影制片、电影管理等专业。此外，还有戏剧美学、电影美学、广播电视艺术美学等学科的构建，深化了学科的内涵。

可以说，由于办学理念的日益开放，人才和渠道的日益多元，专业数量和学科科目也更加丰富，"戏剧与影视学"学科在本阶段得到了长足的发展。

此阶段的问题与不足：

1. 师资队伍结构相对封闭单一

改革开放后，学科层次得到了提升，师资队伍的学历水平也不断得到提高：20世纪八九十年代的本科生、硕士生、博士生等都得到了较好的学术训练，学历层次有了明显的提升。但由于生源比较单一，大多数人从本科到博士都在本校就读，而且大多是师傅带徒弟、徒弟再带徒弟的模式，整体来看，形成了较为封闭、单一的状态。

2. 学术研究过于偏好西方

本阶段有较多的学术理论直接或间接来源于西方，包括核心概念、模式和方法等都直接移植于西方，或直接以西方的模式为标准，甚至出现了"言必称西方"的情况，这就使得其时的学术研究呈现出过度偏好西方甚至食洋不化的状况，而对自身本土化的经验和传统则相对忽略，缺乏足够的梳理和传承。

3. 学科理论与行业实践出现脱节

这主要体现在学科理论与行业实践之间出现了脱节。由于本阶段戏剧与影视学理论的话语大多来自西方，而对于中国戏剧与影视行业发展的实际缺乏比较有力和有效的解读，就导致戏剧与影视学学术理论和戏剧与影视行业实践之间出现了比较明显的脱节情形，相互关联行业之间也出现了较为疏远的状态。

三、全面推进阶段（2001 年至今）

21世纪以来，"戏剧与影视学"学科的发展有三个标志性的事件：一是被列入国家重点学科（广播电视艺术学）；二是学科升级，成为独立的一级学科；三是入选第四轮学科评估与"双一流"建设启动。这三点对整个学科的发展及专业地位的提升来说，都是极为重要的突破。

"戏剧与影视学"在这个阶段也得到了前所未有的发展：从第一阶段以苏联为师、以领域和工种为依据办学，到第二阶段以欧美为师，学习西方的戏剧与影视理念和模式，再到 21 世纪以来，开始探索中国特色即具有本土特点的学科发展模式和体系，全面推进自身的发展。

此阶段的主要成就：

从设置重点学科到学科升级再到学科评估与一流学科的建设，这些都体现出中国特色学科建设的自觉性与主动性，"戏剧与影视学"在这个进程中的主要成就有五个方面。

新学科体系的建构

本阶段首要的成就体现为新学科体系的建构，具体包括以下三点：一是升级。戏剧与影视学升格为一级学科，在国家学科建设当中的层次得到了极大的提升。在原本学科体系的建构中，戏剧戏曲学、电影学、广播电视学都是作为二级学科存在，而学科的整体升级，新的一级学科戏剧与影视学的诞生，意味着本学科在国家学科体系中的重要性更加突出，其意义和价值都得到了充分的彰显。二是充实。通过整合，将原有的二级学科进行同类合并，因为戏剧戏曲学、电影学、广播电视艺术学都是综合艺术、视听艺术，具有相当多的共性，将其整合在一起，使得学科的内涵更加丰富、充实、饱满。三是开放。把所有涉及视、听等相关联的元素整合在一起，同时在本科和研究生学科目录中留出了足够的发展空间，比如说播音与主持艺术、动画艺术等也出现在其他学科（主要指硕士、博士培养层次）以及专业（主要指本科培养层次）的学科目录中，作为综合的呈现，具有很强的开放性，也为学科的创新发展开辟了较大的空间。

新教育格局的形成

21 世纪以来，"戏剧与影视学"学科按照高等教育的一般规律，并结合国际化与本土化教育的规律性和独特性，形成了一种全方位、多维度的学科格局。从学科的办学规模、层次、水平等各方面都呈现出不断提升的态势来看，"戏剧与影视学"学科在国际交流的过程中逐渐形成了中国特色的教育体系框架。尤其是在2011年艺术学升格为学科门类之后，"戏剧与影视学"学科由原来的戏剧戏曲学、广播电视艺术学、电影学整合成了新一级学科，这为学科的发展带来了新的机遇，形成了一个由综合性大学、专业院校和民办院校三足鼎立的办学格局：综合性大学以北京师范大学"戏剧与影视学"学科为代表，依托综合性大学综合学科的优势，强调人文性、综合性、复合性的办学理念，培养有深厚文化底蕴、综合学科素养、"一专多能"的复合型人才；专业性院校以中央戏剧学院、北京电影学院、中国传媒大学等专业院校为代表，强调"精"与"专"，以引领行业、服务一线的需求来培养人才；民办院校在新时代中快速崛起，如四川电影电视学院、河北传媒学院、武汉传媒学院、四川传媒学院、中国传媒大学南广学院等，为"戏剧与影视学"学科的发展注入了激情与活力。

伴随国际交流的不断加强，将"戏剧与影视学"学科的办学理念置于国际化的视野下，在面向国际、面向世界，在与全球的戏剧与影视学学科教育的比对中，我们凝练出了自己的特色，形成了在国家和行业发展的需求中植入中国文化土壤，依托中国国情、服务中国现实的学科格局。

新人才培养的推进

21世纪以来，"戏剧与影视学"学科在具备中国特色的人才培养模式的探索方面，呈现出全面铺开的态势，具体体现在纵向体系构建与横向实践创新两个方面。

从纵向体系的构建上看，从事"戏剧与影视学"学科培养的院校越来越多，学习戏剧与影视学或其分支学科专业的学生也不断增加，各学科授予单位严格按照国务院学位办下发的《关于按〈学位授予和人才培养学科目录〉进行学位授权点对应调整的通知》，积极对"戏剧与影视学"学科做了相关的调整，学术人才（BA-MA-PHD）和专业人才（BFA-MFA）两套较为完善的、具备中国特色的人才培养体系逐渐显现。

从横向实践的创新上看，"戏剧与影视学"学科注重与产业的联系与结合，通过项目研究、会议研讨、论文呈现等方式，针对当下戏剧与影视产业状况，开展内容生产、项目运作、产业运营等不同维度的探索，为影视生产提供了大量有理有据、有意义的学术理论，为培养学术型、专业型人才发力；同时，"戏剧与影视学"学科紧密与社会、政企单位合作，协力共建实践、实习基地，如举办北京大学生电影节、中国大学生电视节、中国大学生戏剧节，等等，为培养实践型、服务型人才助力。"戏剧与影视学"学科开展了全方位、多角度的国内外交流活动，比如参与国内外的大型戏剧、电影、电视节以及国内外的各种巡演活动，等等，为培养国际型、传播型人才而努力。

从纵向与横向的观照中可以发现，"戏剧与影视学"学科在 21 世纪以来的人才培养中极具中国特色：一方面，为本土学生提供了较为专业的培养方案；另一方面，推进了学科理论与实践的联合与创新，为国家、社会、行业输送了高、精、专的人才。

新学术研究的展开

新学术研究的展开主要体现为理论的创新和新型分支学科的日益活跃。进入 21 世纪以来，"戏剧与影视学"学科理论研究进入新时期，一方面，理论研究队伍扩大，综合性大学如北京师范大学，研究机构如中国艺术研究院，专业院校如中国传媒大学、中央戏剧学院、北京电影学院等，其理论研究在学科发展的过程中不断得到补充、完善、创新，一批又一批的科研成果在期刊、报纸、书籍等均有呈现；另一方面，国家加大了对课题研究的支持，从国家社科基金项目逐渐增加对"戏剧与影视学"学科的立项，到专门设立国家社科基金艺术学单列项目，等等，为繁荣艺术事业，为"戏剧与影视学"学科的发展予以了巨大的支持。

随着学科本科专业、硕士点、博士点数目的不断增长，"戏剧与影视学"学科中新型原创分支专业如戏剧文化生态研究、比较戏剧学、电影产业、电影管理、传播艺术学、传媒艺术学等不断推出，在部分领域中还取得了重大突破。正所谓"百花齐放，百家争鸣"，这不仅大大丰富了"戏剧与影视学"学科的研究范畴，还积极推动了中国戏剧与影视理论研究的发展创新，使"戏剧与影视"学作为一门学科更具生命力。

新的功能和责任担当

伴随全球化的不断深入，"戏剧与影视学"学科呈现出了新的发展趋势，并体现出了新的功能，同时也承担着更多的责任。当下，"戏剧与影视学"学科越来越重视国际化的发展，在自身发展模式的基础上，也关注到其他国家、地区对于本学科建设发展的独特经验，特别是欧美发达国家在教育方面所具备的丰厚的历史文化沉淀、所形成的颇具特色的、完整的学科体系。面对当下全球化的形势和国际环境，"戏剧与影视学"学科也有责任重视对国家文化软实力、国际传播力的提升，注重与文化、产业、经济、生态等方面的结合，如由北京师范大学会林文化基金、中国文化国际传播研究院开启的文化体验与影像创作实践项目——"看中国·外国青年影像计划"，就是为塑造国家形象、提升国际影响力等助力。

可以说，中国"戏剧与影视学"学科在面向国际、面向世界的语境中，逐渐凝练出一种自己的而且具备中国特色的，并且在国家和行业发展的需求中植入中国文化土壤，依托中国国情、服务中国现实的学科体系。与此同时，伴随国际交流的不断加强，中国"戏剧与影视学"学科也兼具服务国际社会、提升国家国际影响力的新责任，这是体现"戏剧与影视学"学科在新时代的价值所在。

此阶段的问题与不足：

学科设置不尽规范统一

尽管"戏剧与影视学"在 2011 年升格为一级学科，但其学科建制仍存在着不规范的情况。一方面，专业所在的学院名称可谓"五花八门"，如"戏剧与影视学"学科下设的二级学科中，很多专业如戏剧影视文学、播音主持与艺术、影视摄影等常设在文学院、新闻传播学院中。另一方面，专业名称"应有尽有"，如综合性大学更偏向于宏大、宽广的专业命名——以广播电视编导、电影学、戏剧学等偏多；又如专业性院校更偏向于细化的专业命名——以摄影、表演、录音等专业名称偏多。可见，学校不同、专业不一，这在学科体制的建设上存在着较大的差异，这无疑是不利于学科的自我认同，而如何建立相对统一的学科体制，乃是 21 世纪以来尤其是当下所亟须突破的首要问题。

师资队伍整体质量不高

师资队伍开始有所扩大，师资水平也有所提升，但相比于其他学科门类而言，仍呈现出体量不足、质量不高的情况。虽然我国"戏剧与影视学"学科的本科教学点约 700 所学校，"戏剧与影视学"一级学科博士点有 16 所学校，相关联的戏剧戏曲学、广播电视艺术学、电影学等博士点约 40 余所学校，"戏剧与影视学"一级学科硕士点约 70 所学校，戏剧戏曲学、广播电视艺术学、电影学、播音主持艺术学等专业则覆盖至少上百所高校，但实际上拥有专业背景的教师比例相对不高，很多学位点存在着从相关学科"借人"的这样一种拼凑状况；另外，师资队伍质量不高，正教授和拥有博士学位的师资占比相对较低，高端知名专家更是相当紧缺，目前该学科拥有"长江学者"特聘教授仅 1 人，与邻近拥有 6 位"长江学者"特聘教授的新闻传播学学科相比，差距则有目共睹。可见，21 世纪以来"戏剧与影视学"学科的师资队伍水平与质量均存在着较大不足，发展速度还相对较慢，这需要我们发力追赶。

学术水平与文化创新有待提升

学科的理论成果虽有了突破性的进展，但其服务国家、行业以及学科本身的能力仍有限，相对有价值的战略性咨询、有作用的应用性对策、有意义的实践性创新等仍屈指可数，特别在全球化的当下，具备中国特色同时又具有国际影响力的学术成果相对短缺，以实践替代科研学术、脱离学科实际做空泛的一般性玄理研究等现象时有出现，学术不端等行为有待进一步规范。

纵览新中国"戏剧与影视学"学科70年的发展，从起步探索到延伸发展再到全面推进，不仅包括了从专业培训班到专科教育再到本、硕、博等办学层次的拓展，呈现出从专业化到大众化再到国际化的多元特征。当下，"双一流"建设吹响了新时代中国高等教育学科建设的集结号，对于刚整合成一级学科的"戏剧与影视学"学科而言，虽说已形成了较为完备的学科体系，但"戏剧与影视学"学科的内部整合还需要一定的时间，师资队伍、人才培养、理论研究、服务体系等方面的建构还远未完备，而在复杂的国内外环境中，在激烈的竞争语境下，学科的发展和建设仍值得我们去关注、深思、研究。

【刊发信息】胡智锋、周星、郝戎：《传承优秀传统，扎根时代现实，积极面向未来 努力构建具有中国特色的"戏剧与影视学"学科体系——"戏剧与影视学"学科建设三人谈》，《戏剧〈中央戏剧学院学报〉》，2019年第6期。

原创电视综艺节目开始占据主导地位

《中国广播影视》： 您会如何总结2018年电视综艺节目整体的发展情况？

胡智锋： 2018年，电视综艺节目的制作与研发更趋理性，回归到了"小、正、大"的创作思路上，文化类节目与观察类节目获得了良好的市场表现和社会反响，纯明星类的大投入节目大量减少。

具体来看，主要呈现出四大特点：一是原创节目的占比越来越大，开始占据绝对的主导地位，虽然已经引进的国外模式节目还在，但是影响力和内容占比都在快速下降。二是在原创节目当中，文化类节目的表现尤为突出，节目形式也更为丰富，如《经典咏流传》在《中国诗词大会》的基础上进行了全新的拓展；《朗读者》第二季、《诗意中国》《中华好家风》《美丽中国》等从多个维度展现中华文化底蕴和内涵，受到市场和业界的重点关注。三是专业性领域的大众化探索取得很大突破，所谓"专业领域"在传统意义上就是指小众领域，比如科技类节目，其讨论的话题与老百姓的日常生活距离太远，受众面相对窄，《加油向未来》挑战了科技类节目当中最难的题材，成为这方面优秀的节目标杆。四是节目更接地气了，最具代表性的是《国家宝藏》，虽然主题高冷，但凭借良好的节目创意，将文创资源与真人秀相嫁接，高度契合了老百姓的精神诉求，成功吸引了广大年轻观众，并实现了产业与节目互相加持的最终效果。

《中国广播影视》： 您如何看待网络综艺和电视综艺的竞争态势？

胡智锋： 两者之间的竞争关系如同当年的广播文艺与电视文艺之

争一样。网络综艺借助互联网的技术优势，集中体现为点对点、互动参与性强等特点，言论自由度也相对更大，受到越来越多用户的喜爱，主要缺陷就是内容架构相对松散，制作流程没那么严谨。相比之下，尤其是从质量和品质来看，电视综艺拥有很大的潜力与作为，行业共识是集中优势兵力，瞄准国际前沿，推出思想性、艺术性和观赏性俱佳的大制作，打造荧屏精品，但电视综艺需要不断吸纳网络综艺的优势特性，放下"身段"才能真正"接地气"。

其实，二者的本质是一样的，都是综艺节目。近两年，网综制作已经成功向高品质迈进，未来两者之间的品质差距会越来越小，内容方面也将更加融通。

《中国广播影视》：除了文化类节目，慢综艺和观察类真人秀等在2018年大受欢迎，对此，您有何看法？

胡智锋：这是一个生态问题，当内容市场上的快综艺占比过多时，观众就迫切地需要慢综艺等来调节节奏，以维持内容生态的平衡。值得一提的是，慢综艺是相对于快综艺而言的一种综艺节目形态，指的是与以竞技为主、与快节奏的综艺相对应的一类综艺节目。慢综艺打开了综艺的另一种新形式，但这类综艺的产生，不论对制作团队还是对观众审美来说，都是一个全新挑战。

《中国广播影视》：整体来看，2018年的电视综艺节目市场持续走低，您如何看待这一现状？

胡智锋：这一现象其实并非偶然。一方面，随着社会的发展，观众变得越来越多元，审美水准也越来越高，符合所有观众审美的节目很难再出现了；另一方面，随着日常生活的节奏和内涵越来越饱满，受众可以接收到的信息已经相当饱和，涉及医疗、教育、健康、养生等方方面面，都在抢夺大众的眼球和时间，留给其观看综艺的时间和精力将越发有限。

《中国广播影视》：新的市场环境下，制播分离有何新的发展趋势？

胡智锋：制播分离是个老话题了，无论何时，内容市场都需要专业的制作，专业的制作机构肯定会长久存在，制播分离已经朝着全新的方向发展，主要是由播出平台主控，社会公司以承制或是部分投资的方式参与。当下的核心命题是应该制作什么样的视频内容，原先大家可能习惯于做传统的电视制作，随着互联网的崛起，网生内容制作有着独特性，所有内容制作公司都需要转弯适应新的需求。不难看出，制作机构的新老交替是一个持续不断的过程。同时也必须注意到，播出平台尤其是互联网平台也进行着更新迭代，现在比较强盛的是优酷、爱奇艺、腾讯视频等，新贵则以抖音为代表。

《中国广播影视》： 您如何看待卫视平台的竞争态势和格局变化？

胡智锋： 目前的卫视格局方面并没有发生根本性变化。湖南卫视依然高居榜首，浙江卫视、东方卫视和江苏卫视紧随其后，北京卫视、山东卫视等依然奋起直追。总体上来说，这几大平台都能够维持较好的生存状态。排名再往后的卫视平台已经入不敷出，更令人焦虑的是，未来差异化越来越小，生存空间将变得更加狭窄。这其实是一个正常现象，所谓优胜劣汰，当市场不愿意再为所有媒体平台买单，落后的平台主体就必须做出适当的调整。普遍认为，这些平台的出路和未来在于媒体融合，但是媒体融合这种相对传统的体制机制改革能否帮助其适应未来的多重市场挑战，依然是个未知数。

《中国广播影视》： 请您预测一下2019年电视节目市场的发展概况。

胡智锋： 2019年的电视节目市场局面主要受几大因素影响：第一个取决于政策环境是否有利于电视节目的自由生长；第二个是取决于国家的整体经济形势，经济的持续发展是否还能有足够的余额和余量来支撑媒体平台；第三个取决于媒体自身体制机制改革创新的力度，能否实现自我更新，真正跟上市场的需求与变化，必须用更有效率的主体建构去应对市场的不断挑战。

节目内容趋势方面：其一，高举中国文化旗帜，能够体现中国特色、中华魅力的主题内容将继续占据主导地位；其二，能够给老百姓提供更多参与度的节目，满足观众对美好生活的向往和想象，如生活体验类、生活服务类、时尚类和旅游风光类等节目的比例可能会持续上升。

【刊发信息】 杨余：《胡智锋：原创电视综艺节目开始占据主导地位》，《中国广播影视》，2019年2月4日。

全媒体时代艺术教育的生态认知、底层建构和方向追寻

一、生态认知：传统艺术与传媒艺术的并存共生和跨界融合

（一）传媒艺术：从概念到学科、从原点到体系

宋素丽： 2002 年您在给传媒大学（当时还是北京广播学院）研究生上课时，提出"传媒艺术"这个概念。16 年间，无论学生培养还是教学实践和学术研究，您围绕这个概念进行的探索是特别清晰而扎实的，尤其是在《何谓传媒艺术》一文中，您更是系统梳理了传媒艺术的特质、构成、功能、价值和影响，从一个概念到一门学科的体系建构和理论探索，其间蕴含着您对艺术、对影视、对传播、对传媒的深刻思考和认知。现在，您又就任北师大艺术与传媒学院院长，这种名称上的呼应只是巧合还是体现着某种必然呢？

胡智锋： 或许兼而有之吧。不过，我在 2002 年提出"传媒艺术"时，还只是一个概念，或者只是一种模糊的感觉，是自己的一种想象，还没有从学科角度来考虑。但那个时候，我意识到新媒体的崛起必定会对广播电视产生巨大的影响。当时关注到了两个点：一个是外部环境。中国加入 WTO，需要融入全球规则，我们的广电不能光做宣传，肯定要跟全球的广电共振。另一个是传媒的内部生态。就是新媒体发展起来以后一定会打破原有的技术形态和传播状态，对于广电这样的离不开技术支撑的平台，平台变了它本身一定也会跟着发生变

化。变成什么样我也不知道，只能做出一个预测。那个时期，我的恩师黄会林先生也敏锐地捕捉到，传媒发展会对整个社会，包括艺术形态产生不可估量的影响。北师大艺术学院在 2002 年更名为艺术与传媒学院，也是基于这样一种对周围环境变化的敏感和对未来的预判。

现在回想这个概念的萌发和确立，应该和我做博士论文时的研究有关。我的博士论文做的是传播艺术研究，在 "media act" 和 "communication act" 之间进行各种思考和研究。后来，我逐渐将这两个概念辨析清晰了，"communication act" 偏重传播的技巧和方法研究，是研究如何达到 "艺术地传播" 而不是研究传播本身的艺术，它包括了虚构和非虚构的内容，比如新闻、栏目，甚至自我传播、人际传播、组织传播和集群传播等。而对于当时已经发展起来的新媒体时代，这个概念的包容度明显不够，我们需要一个足够广阔的概念才可以将这么多新的艺术形态包容进去。而且，我还必须超越技巧和方法研究，进入艺术形态本身。那个时期，也正是广播学院更名为传媒大学的筹备时期，我就想到了 "传媒艺术（media act）" 这个概念。再之后，在全球范围内寻找对应点，进行更广泛意义上的研究拓展。我发现自己打开了一个窗口，因为全球有很多以 "media act（传媒艺术）" 命名的学院和学术机构。

当然，从学术想象到概念提出再到学科建构，这个过程还是比较长的，在我这里，应该经过了将近十年的探索。到 2011 年，我基本上完成了传媒艺术学作为一个独立艺术学科或者学术领域的架构。

宋素丽：这可谓 "十年磨一剑" 了吧。那么，这种打磨的过程您会怎么描述和总结呢？从旁观者的角度，或者从学生角度看，我们更多看到的是结果，比如，您在文章和讲话中不断充实印证着这种最初的想象，您的研究生、博士生关于这方面的论文也不断推出。就您自身而言，这一定是一个反复磨砺，甚至经受思想折磨的过程吧？

胡智锋：现在看来，这个过程其实有两条线索，一条是我自己的研究历程，另一条是我对整个人类艺术发展史的回溯历程。前者不断向未来延展推进，后者又不断反观回去，这样两种看上去相反的力量相互纠结着，相互作用着，贯穿着我的整个思考过程。

我们先来看第一个线索，这其实也是我的学术成长轨迹。我本科和研究生都是在山东大学读的，我进入广播影视研究领域是从写剧本和影评开始的。1987 年，写了电视剧《秋白之死》的点评文章，那一年，这部电视剧和我的点评文章都产生了一定的社会反响。紧接着，我自己创作了 50 多部（集）电视剧剧本，投拍了几部，在业界和学界都有了一点名气。几乎同期，我在电视理论探索上做了两件事，一是协助张凤铸老师创立了中国电视文艺学；二是我自己完成了电视美学的理论构架。这些实践和理论的探索都是在 20 世纪 80 年代末 90 年代初完成的。1995 年，春晚请我做节目策划，从那以后我一直延续着北京台和中央台若干届的春晚策划和节目的评审鉴定工作。给我的教学和研究不断提供新鲜血液和动力，也使我这么多年一直保持着学界和业界的同步关注和推进。对于广播影视这样一个实践性很强的领域，我这样的成长应该是很适宜的，同时，这也为我进行艺术研究和文化研究奠定了坚实的基础。

　　再来看第二个线索。这条线索其实是我站在新媒体的视角，回看人类历史发展的长河，回溯人类艺术发展的演进。一次次往回倒推时，我一次次确认人类艺术发展史和科技发展史的密切联系。我忽然发现一个有趣的现象：在这条长河中，有一个黄河改道的过程，而改道是从什么时候开始的呢？最终我追溯到了摄影术的发明，实际上这是回到了改道的原点。摄影术之前，艺术和科技就有关联，比如：美术要有画笔和颜料，舞蹈要有道具和服装，也有机械装置的记录，但科技都没有影响到艺术形态自身的完整性和独立性。但是从摄影术开始，情形发生了巨大的变化。我们能够发现：从快门开始，人的眼睛看到的和所拍出来的不一定能够完全一致。机器的变化既受人的影响，又不受人的影响，即摄影已经超越了人。1929 年，苏联导演维尔托夫拍《带摄影机的人》，创立"电影眼睛派"，明确提出：我是机器眼睛，我可以看到人眼所无法看到的世界，并大胆设想了影像语言会超越文字局限性，成为世界语言。在片子结尾，维尔托夫还让摄影机成为主角，自己在银幕上活动。可以说，从那个时期开始，机器超越了人的眼睛，在某些方面已经替代了人。也就是说，机器是由人来控制的，拍什么、拍的状态由人来定，但拍出来的是什么，机器也得说了算。这些经验，我们用手机拍摄也可以得到印证。从摄影的静态影像延伸到电影的活动影像，再加上电影剪辑的出现，就有了更大的跳跃。再到了广播电视，之后的互联网、数字媒体、新媒体，不但机器和人成为一体，虚拟和真实也越来越混在了一起。

这时，我们发现：整个艺术家族分成了两个支脉：一个是"以人自身为主体"的传统艺术，包括音乐、舞蹈、美术、雕塑、戏剧等；一个是"以机器和人共为主体"的传媒艺术，如摄影、电影艺术、广播电视、数字媒体、新媒体等。虽然这些艺术样态在创作、呈现和接受方面具有艺术的共性，但它们更拥有着与先前的艺术族群具有鲜明区分的特征。从微小到磅礴，从摄影原点到新媒体大潮，融科技与人文于一体的传媒艺术，深刻地建构和影响了人类艺术的格局和既有走向，成为当前人类最重要的审美对象和审美经验来源。

（二）人类艺术长河的两大分支：传统艺术与传媒艺术

宋素丽：在上面两个问题的回答中，您在梳理传媒艺术从概念到学科的同时，也给我们描绘出了这样一幅图景：全媒体语境中传统艺术和传媒艺术作为人类艺术长河两个分支的现实发展状况和未来态势。在二者分流的节点上，摄影术的出现最为关键，也正因为对摄影术及其带来的影响的分析，您对传媒艺术乃至整个艺术发展格局的改变有了根本性的把握，这是不是可以算作您学术研究的"顿悟点"呢？从创作和创意的经验看，顿悟之后便应该是创意的勃发。那么，找到原点之后，您的研究集中在了哪些方面？

胡智锋：当我眼前清晰呈现出来传统艺术和传媒艺术的两个分支之后，我的大量研究工作就集中在了概念的清晰厘定和基础理论框架确定两个方面。第一步是概念厘定。这个过程伴随着对传统艺术和传媒艺术异同点的分析与对比。在人类艺术发展的长河中，我们最为熟悉的是如下的一种艺术族群：人类将自己的情感、思想和想象，与特定的材质和形式相结合，表现出基于现实又超越现实的特殊世界，造就了音乐、舞蹈、文学、建筑、雕塑、绘画、戏剧等蔚为壮观的艺术族群，这一族群曾长期而稳定地构成了人类艺术世界的全部内容。前面我说过，这些艺术样态中，人的创作主体性比较突出——伟大的艺术家，独特的思想，独特的原创出来的经典作品供我们大家永久流传。从观看方式上看，这些艺术样态是需要观众静默观赏的，是有距离的，因此其审美是崇高的、悲壮的。艺术评价体系也基于经典性、精英性、独创性、原创性、个性等核心词语。从方法论上，无外乎现实主义、浪漫主义、英雄主义和唯美主义等。应该说，几千年的演进，传统艺术的体系已经日臻完整。可从摄影术开始，直至数字媒体艺术兴起后，新的艺术样态的出现是传统体系所无法包容且无法评价的，有的甚至是相反的案例。比如说 IP，我们很难说它是从哪儿来的，网上有无数的写手和无数的作者，使作者变成一个模糊化的群像作者。我们不能辨认它到底是谁的，而且它现在的创作过程是不断地拼凑而不是原创。再比如说它的审美状态：我们在剧场、在影院、在音乐厅是不能发出声音的。现在则是一个人观看，我们可以兴奋地大呼小叫，可以边看边发弹幕。这种体验方式是消费型的，和崇高、优美、悲壮是有很大的差距。面对数字媒体病毒式传播的大体量的新样态和独特内容，加上使用抖音、自拍、自媒体的新一代受众群体，再用传统艺术的体系去解读已经非常软弱，甚至是徒劳无功的了。存在即合理，大量非原创、非经典、非精英、流行时尚大众化的集体参与的狂欢式的艺术生产方式，迫使我们用新的概念、新的体系来理解和解释。

我认为，传媒艺术可以比较科学全面地界定这些新的艺术样态。在广义上，古往今来，艺术创作、作品与接受这一艺术活动过程都需要借助一定的广义上的传媒方得以达成，如此所有的艺术都可称为"传媒艺术"。我这里指的是狭义上的传媒艺术，特指自摄影术诞生以来，借助工业革命之后的科技进步、大众传媒发展和现代社会环境变化，在艺术创作、传播与接受中具有鲜明的科技性、媒介性和大众参与性的艺术形式与品类，包括摄影艺术、电影艺术、广播电视艺术、新媒体艺术等艺术形式，同时也包括一些经过现代传媒改造了的传统艺术形式。

第二步是基础理论架构。这个过程时间比较长，因为必须找到一个专业内在的脉搏律动，发现其内在的生命蕴藏，确定其内在的规律性和逻辑性。

作为一种艺术学科，尤其是和传统艺术相比，传媒艺术是一个差异特别鲜明的全新艺术形态。这体现在两个方面：一是它以媒介的作用方式作为一个本身特色的艺术存在；二是它又是媒介本身形成的一种艺术。这样的话我就开始琢磨它自身作为一个独立学科或者学术领域的内在规律，找到这个规律并不断充实论证，学科基本上就可以成立。按照这样的思路，我们就在广电艺术学里找到了一些典型形态，比如：电视剧、电视文艺栏目、纪录片……我们就把这些艺术形态统称为电视艺术。并且它们的艺术形态跟传统艺术，比如戏剧电影艺术，在运行程序上也是一脉相承的，都要靠艺术家的创造性工作来创作属于电视艺术的作品，而这也正是广电艺术学的研究对象。有了这样一个艺术形态的呈现，我们再从内部进行细分，比如：高鑫老师的"电视艺术概论"，曾庆瑞老师的"电视剧评论"，以及曾老师与张凤铸老师的"电视文艺论"……这几个模块为广播电视艺术学奠定了一个比较系统的基础。有了这些基础后，我们再往下走，就发现：传媒艺术一方面借助于广播电视媒介在 20 世纪 90 年代的快速发展，成为一个全社会，甚至全球关注的热点。这使得广电艺术学借助媒介发展得到了一个腾飞的机会，这种态势一直延续到 21 世纪。另外一方面就是它作为一种艺术样态的独特性，还在朝着更多的领域延伸。我们可以看到，随着媒介介质的变化，特别到 20 世纪互联网的崛起，使得广电开始跟互联网融合。大家以前大量地看电视、听广播，现在开始通过网络看。这样一来，互联网的介入就使得当下的广播电视跟传统意义上封闭的广播电视有了全新的一个形态。这个变化是肉眼可观的，于是廖祥忠老师就提出来"数字媒体艺术"。他发现：在广播电视艺术的后面，新生的以计算机和互联网为特点的新技术带来的艺术形态正在崛起，以数字为依凭而不是原先的模拟和电子。廖老师的这种命名表明它的技术形态变了，它的传播形态也在变，它的艺术创作状态也在变。互联网的呈现形态是一种更大的网络视听，它比原来的广电艺术更加的花样百出。尤其是其强烈的互动性和参与性，使得整个的文本形态快速地发生了质变。这种情况下我们还叫广播电视艺术，其实就显得不太充分了。可以说，无论是传统艺术的突破创新与融合，还是新艺术样态的研究与发展，都迫切需要理论界有新的概念和理论框架来总结实践，传媒艺术学就是在这样的背景中孕育而成的。

同时，传媒艺术学还要解决理论视野过窄或过宽两个问题。过窄主要指原先的戏曲理论、广播电视理论等只找到了个性缺少普遍性，理论概括的高度不够；过宽主要是避免用一般艺术学的理论来分析，无所不包，却解决不了一些新形态的问题。未来，传媒艺术的空间仍旧非常大。从学科建设上讲，它有相当大的包容度。目前，我刚刚做完了和这个学科相关的经典历史文本解读，接下来会做"传媒艺术学导论"。当然，由于我们的思想和思维上都有传统艺术的残留，做传媒艺术时就有点像鲁迅开辟现代文白话文那样，会有不成熟不彻底之处，但我想，江山代有才人出，学术传承的梯队一定是可以搭建好的。

（三）全媒体时代的艺术样态特征：并存共生与跨界融合

宋素丽： 跟随您的思路回顾传媒艺术学学科体系建立的过程，我们似乎感受到了这样的一种趋势，即：由于媒介技术的快速发展，不同艺术形态之间的边界正呈现不断融通的态势，当我们刚刚认为电影和广播电视已经综合了之前的所有艺术样态之时，以数字媒体为代表的新兴艺术样态更是加大了对传统艺术的吞噬速度，颠覆式地改变了艺术创作、呈现和观赏的生态，对这样的现实图景及未来发展，您如何分析判断呢？

胡智锋： 首先，这种现象的出现是传媒艺术本身的特征所决定的。与传统艺术相比较，传媒艺术最突出的特征有三个：一是科技性。主要指现代科技在传媒艺术的生产创作和传播中所发挥的深刻作用。具体说来，指的是现代科技在介质、材料、手段、方法和传播方式等方面的深度介入，对传媒艺术本体形态和价值实现等所产生的不可替代的影响。传媒艺术科技性的发展轨迹，从材料与介质来看，走过了从原子到比特的历程；从手段和方法来看，走过了从机械、电子到数字的历程；从传播方式来看，则走过了从点对点、点对面到点面互动的历程。不可想象，没有光学技术和感光材料的进步，会有摄影和早期电影的完形；没有电子技术和电子设备的进步，会有广播电视艺术的完形；没有数字技术和计算机设备的进步，会有各类数字媒体艺术的完形。二是媒介性。主要指大众传媒在传媒艺术的生产创作和传播中发挥的深刻作用。具体来说，指的是大众传媒的信息传播和社会动员等方面的功能特征在传媒艺术中的突出显现。传媒艺术媒介性的发展轨迹，从信息传播的角度来看，经历了传奇性到日常性的历程；从社会动员的角度看，则经历了从思想批判主导、到现实干预主导的历程。由于传媒艺术与大众传媒互相依附，从而导致大众传媒强大的信息传播和社会动员等能力与特质，也自然地赋予了传媒艺术，使传媒艺术在信息传播和社会动员方面，不论是规模还是强度，都是传统艺术所无法比拟的。三是大众参与性。指的是与传统艺术相比，艺术接受者的角色、地位和作用所发生的根本性的变化，所体现出的更加积极、主动、庞大而深入的参与特征。传媒艺术大众参与性的发展轨迹，从受众角色的角度来看，经历了从无足轻重到不可替代的历程；从受众作用的角度来看，经历了一般性影响到决定性影响的历程。由于这些变化，使得传媒艺术的接受者参与和传统艺术的接受者参与相比，发生了巨大的审美差异。如果说传统艺术更多体现出精英经典、独特个性、中心化、无利害、静观默照等审美效应的话，那么传媒艺术则更多体现出大众化、类型化、去中心化、消费性、娱乐狂欢等审美效应。

其次，传媒艺术的来源也决定了其艺术样态的多样性、共生性和包容性。传媒艺术的来源最终有三个渠道：第一个来源于理工科，以计算机专业为主做影像设计、程序设计、软件设计等，从计算机设计延伸到传媒艺术；第二个是来源于美术的平面设计，最主要的是介质的变化，由纸变为钢铁变成塑料变成数字媒介；第三个来源是传统的广播介质。

最后，传媒艺术对人类艺术发展和研究格局，乃至人类社会生活的影响不可估量。我们看到，正是由于传媒艺术从19世纪以来逐渐加速发展，使这一新兴艺术族群在艺术家族中所扮演的角色、产生的影响、发挥的作用日益重要，继而使长期由传统艺术主宰的人类艺术格局发生深刻变化。传媒艺术在整个艺术家族的份额和比重越来越大，也在深刻影响着传统艺术，比如戏剧艺术，它的传统形态已经不足以适应这个时代了。传统的戏剧的呈现是一个封闭舞台，特别是中国传统戏曲，是以梨园式的茶座老舞台作为一个封闭的剧场，但那种剧场说实在话现在几乎消失了，也没办法再延续了。因为它的那种状态完全是跟那个时候的社会状态有关的，新时代里大家彼此都是公平平等的公民个体，你再用旧时代的那种"人分三六九等"，用各种不同的包厢，已经是不可能的了。再加上新中国成立后，我们需要借助这种艺术载体做一些文艺文化宣传，于是我们的戏剧就变成了现在的形态。但是到了20世纪你会发现无论是戏曲还是话剧，它的形态都已经无法与新时代发生共振，已经没有办法那样去生存了。所以，周华斌老师就开始努力地扩张戏剧，他认为，广播剧也是剧，电视剧也是剧，于是延伸出了"大戏剧"概念，他希望用大戏剧系统来把戏剧艺术的这些具体形态都包容起来，包括电影、电视剧等，它们的构成元素的确有共同的方面，但是电影和电视皆有自己独立的部分，因此"大戏剧"概念或许不足以去完全地包容它们。这个例子让我们的交流再次回到传媒艺术作为概念和学科的意义上去了。

与此同时，我们也可以看到，传媒艺术如今正极大地改变着人类的日常生活，甚至成为体现国家民族文化软实力的重要载体和组成部分，也是体现国家民族国际竞争力的重要内容。所以，对传媒艺术的研究不仅具有艺术领域的意义，更具多方面的意义。期待我们对传媒艺术的命名、理论探索与学科构建，能为人类对这一新兴艺术族群，乃至对整个艺术世界和人类世界认识的拓展与提升，产生积极的推动作用。

二、底层建构：人文素养与科学理性的深植和培育

（一）避免专业窄化，培育强健精神

宋素丽： 在前一部分和您的交流中，我们不但看到了传媒艺术学科的广阔视野，同时也能感受到您作为学者的深厚底蕴。传统艺术和传媒艺术并存共生、跨界融合的新生态必将对艺术教育的内涵、外延、路径和方法产生变革性的影响。作为身处其中的学者，您能不能从个人成长的经历出发，对全媒体时代艺术教育领域的教师和学生提出一些建议，比如：如何搭建并完善自己的知识结构？如何在一个充满不确定的时代拥有适应多样性变化的能力？

胡智锋： 对于艺术教育的学生来说，尤其是音乐、舞蹈、美术等传统艺术专业，很多技能都是从小开始练的，这势必会占用他们较多的学习文化的时间。到了大学以后，专业设置很细，教育过程中给予学生的人文滋养和文化系统配置明显不到位，再加上学院化培养模式的天然弊端，有一部分学生很容易出现"后劲不足"或者"营养不良"的状况。新媒体出现后，艺术和技术的结合又更加紧密，文理科界限，科学理性也逐渐模糊，科学思维的培养也成为必需，学生的学习难度和学校的培养难度都加大了。在整个人才培养过程和学科专业设置不能一下子调整到适应新形势的状况下，深植和培育学生的人文素养和科学理性就显得尤为迫切，也比较可行。

宋素丽： 您的人文素养和科学理性的思维品格是如何养成的呢？

胡智锋： 时常有学生问我的学科背景，问我为何总是可以实现跨界研究，仔细分析，这和人的性格、眼界有关系，但主要还是得益于基础学科学习和学术思维训练。我大学和研究生都是在山东大学读的，中文系。大家知道，中文和数学是整个人文学科和自然学科的两个基础性学科，从人的长远发展看，好的中文教育和好的数学教育是最容易让学生成才的。作为基础学科，它的延伸领域非常广，从中文这边延伸，是完整的一个文史哲的体系。这样的话，不论往哪个人文

领域迈步都相对轻松。比如说，我从中文里面往戏剧上延伸，往电影、电视专业都能延伸出去，因为它的文学历史与艺术历史是同步的，它们可以互相印证。另外，多读书，尤其是经典著作。我念硕士的时候，老师让我两周读 20 本书，一周浏览，一周写笔记，那压力太大了，但就那么熬过来了，回过头来我非常感谢我的老师。当然那是 20 世纪 80 年代，现在很难有这样的老师，也很难有这样的学习状态。

当然，现在回想起来，我在硕士阶段导师对我的学术思维训练也是必要且有效的。我在研究生阶段做过一个课题，关于中国话剧史的研究。课题中涉及中国话剧的早期诞生与创建的历史研究。我去请教老师，向他征询意见。老师说："你探究中国话剧的诞生，就需要看生物学，需要看历史学和物理学"。老师认为话剧的诞生，需要找到一些科学研究方法和理论依据，要关注宇宙星球的变化更替，老师认为话剧的诞生点跟这个自然的诞生过程会有关联。诞生这个东西很复杂，首先是宇宙的诞生。从古到今，宇宙创生的理论很多，你不需要了解很多，但要掌握一些核心理论的思维。宇宙诞生的逻辑在哪里，起点在哪儿，从哪里去找这个原点？你比如，有人说宇宙诞生于爆炸，这就是"爆炸说"，而"气象说"又认为宇宙的诞生是由于气本身的凝聚……不同的说法，逻辑的起点在哪儿？又是怎么论证出来的？他让我们研究。然后，他又提到，还要研究生命。我们的整个自然的进化，从无机到有机的过程，怎么来的？有机过程的上升又是如何前进的？在我们所认知的创生学说建立之前，这个世界就有很多存在体是无比相像的。你看最早的生命体，是单细胞的物质，和无机物是相似的，无机和有机的界限是相对模糊的。最初生命质感很微弱，比如海底的那种珊瑚，那种最原始的小珊瑚，它几乎是跟石头一样，你不觉得它是生命。你看人类的胚胎在两三个月的时候，它在形态上和其他的生物几乎没有什么不同，甚至哺乳动物在那个时候的形态都一样，当然，因为物种不同所以其实质非常不同，而这就是一种规律。老师还讲了胚胎的例子，他说，从什么时候开始裂变？什么时候发生了一个分岔？你要找到这个时间点，并且要向内探究它的原因。

宋素丽： 您是用自然规律来类推中国话剧研究吗？这样的思维方式在前面谈到的传媒艺术学的建构过程中似乎也可以看到踪迹。

胡智锋： 是的。老师给了我特别大的启发。当时，我们就认为，中国话剧的孕育和基因裂变，肯定跟中国文化有关，找到原点，才能触到其孕育裂变的轨迹。一直到今天，这种很宏大的规律类比思维仍然是我生活体验和学术思考的主要方法。我们总要通过类比来发现新事物、新规律，而大自然就是最好的原体。人类于世界而言不是单一的，一定要找到共生的东西。宇宙自然诞生的规律，人类生命诞生的规律，甚至包括国家的诞生，它都有一些相似的规律。

宋素丽： 从中文到天体物理，这么大的跨度，过程一定很辛苦吧？

胡智锋： 那个时候很辛苦，看了很多很多天体物理的资料。对于文科生来说，要看懂理工类的书确实不太容易，但收获和触动真的很大。所以，我后来也逼着我的研究生看自然物理类的书，有的学生论文的题目就来源于这些阅读的启发。比如我的学生张国涛的研究课题就是——电视剧的连续性。我跟他说，电视剧的连续性不是电视剧自身的那种延续，本质上它是宇宙自然时间的一个呈现。电视的媒体所呈现的时间和我们生活的世界的时间是共振的，所以电视的时间可以当成我们生活的时间。我们打开电视看那个表，它跟我们日常生活是同步的。正因如此才会说，最好的电视节目一定是直播的。因为他跟我们生活共振，我们就在历史现场，我们就在此时此刻，它给我们以共同的感受。

宋素丽： 记得孙玉胜老师在《十年——从改变电视的语态开始》一书中也谈到了电视直播的魅力。凤凰卫视八周年推出的特别节目的名字是《我们在现场》，叶凤英老师在再版《电视新闻节目研究》的教材时也加上了"与事件同步"这五个字。业界学界共同感知到的这种媒体特性和优势其实一直都有其价值和意义的。

胡智锋： 没错。现场和直播才是最有电视魅力的，因为它带给我们此时此刻同步的体验，哪怕是很粗糙的直播。你比如，大家去看一场球赛，不吃不睡地看，半夜看，累得要死。为什么？你要感受共鸣，第二天结果出来再去看就没劲了。那种悬念都在过程中，它满足了一个极大的欲望和渴望，对这种规律的研究我觉得特别有意思。研究电视的连续性，要去找到时间的连续性的隐喻，然后是媒介的连续性，最后到电视的连续性，去研究其中的共性和个性。我们可以再举出电视剧的例子：为什么最好的电视连续剧一定是借古讽今的？古装戏，最好的古装戏一定是直击当下的。从《铁齿铜牙纪晓岚》《雍正王朝》，到《青衣》《贫嘴张大民的幸福生活》，再到热播的《延禧攻略》等宫斗戏，除了制作精致，最重要的是它们都与现实相关，直接影射了当下，能够引起大众共鸣的电视剧一定要跟现实相关，当然，对现实的观照也有正面和负面之分。比如《延禧攻略》这样的电视剧，我看了几集就看不下去了，因为它太过功利化，各种旁门左道变得正大光明，人物塑造也有很大问题，主人公无须奋斗，人物的那种霸道之气和不容置疑的权威都塑造成了一种仿佛与生俱来的品性。我觉得年轻人看这样的作品多了，越发不能忍受一丁点儿的挫败，他们变得更有自我化倾向，一旦有人不顺着它们来，就会觉得被整个世界背叛了似的……这都是因为媒介本身与日常生活共振的特性决定了它是最好的状态，也一定是这样的状态。我们看电视就是在感受这种伴随性，所以它和电影院那种"梦想的奇观"不一样。当然电影也有现实参与的一部分，但主要的还是从现实生活内部抽离的部分压缩和凝聚。因此技术主义和现实主义这两条线是所有艺术的组成器官。梦幻理想型的需要更多的是技术主义，而现实生活型就更加要求现实主义的表达，技术主义需要和现实主义需要，这两个线对所有的传媒艺术都是一样的。

宋素丽：您可以很感性，也可以非常理性，还能够在保持这种平衡的同时直击现象背后事物的本质和论题的核心，这是不是因为您的知识和思维结构的底层坚实并且已经能够互相融通了呢？那么，在日常生活和阅读中您如何保持和提升这样的感受和思维状态呢？

胡智锋：这样说是有一定道理的。一理通，百理明，在人文领域里，跨界对我来说不太难，已经是一种常态。日常生活和工作中，我比较关注细节，注重点点滴滴的观察、体悟和思考。我现在日常的阅读习惯，我自己订的刊物主要有三种：

《新华文摘》《读书》《作家文摘》。《作家文摘》我感兴趣的更多是纪实报告，历史的纪实，古今中外的一些历史人物、历史事件、文人学士的纪实报告，因为我们还是挺需要了解历史的细节，这就是生动的历史现场。看《读书》是了解学术和思想知识界的前沿动态，《读书》会经常呈现最前沿的人文社科领域国内外的一些理论成果。《新华文摘》更多的是面向国内主流权威的人文社科研究的最高成果。这几个杂志都是跨界的，不是单一的学科。作为一个学者或者一个知识分子，要往更高处迈步，只做单一的学问很难做起来。这跟杂学不一样，是在更高层次上用更广阔的视野观照生活和研究。

（二）增强价值定力，人文与科学方法并行

宋素丽： 在您的跨界研究经历中，我们还可以清晰深刻地感受到您的定力，或者说是拥有一个恒定且正确的价值观，您在一篇有关领导者的媒介素养的文章中也强调了这一点。

胡智锋： 是这样的，态度决定一切。价值观是人一切接触、判断、认知和行动的出发点，如果出发点错了，那么结果是不可能好的。"君子务本，本立而道生"，一个人只有内心保持端正且拥有高尚的价值定力才可以在成长过程中不迷失自己，才不至于在风起云涌的社会现实中不知所措，才能达到宠辱不惊，感受"行到水穷处，坐看云起时"的心境。

我们所处的时代，是一个大转型的时代，是一个容易在左和右、在事关人类命运的各种观点上发生扭曲的、拿捏不准的、充满混乱价值的一个时代，比如欧洲的保守主义和激进主义到底哪个更代表人类价值，哪个更值得我们去尊敬也在争论。这些争论一定不是清晰明确的。如果没有正确稳定的价值观，当现实状态和理想状态不一致时，个体就会怨天尤人，戾气滋生；而当现实状态趋于理想时，又会忘乎所以，不能自控。

我认为我们的价值观要基于人类基本的真善美的诉求，基于中华民族优秀而悠久的传承。大家对真善美的解读可能会有不同，但大体

上应该是相似的。真善美对从事和艺术相关学习和工作的人来说是更加值得重视、值得关注、值得养成的价值观。在此基础上对中华民族的优秀文化传承应当有基本的尊敬，就像我们对祖宗、对长辈保持基本的尊敬一样，可以不同，但不能不敬。我们可以去反思、去质疑，甚至可以批判，但这一切都建立在刚才所讲的前提下。如果我们对人类基本的真善美都没有认同，对民族优秀文化传承都缺乏敬重，就很难找到未来研究和探讨的基础。而且，价值观的确立要和责任担当联系起来，每个生命个体需要有对历史、对社会、对未来、对人类、对道德、对价值的担当意识，这是人类繁衍生息、社会延续迭代的根本。

有了正确价值观这个"本"，还需要不断地学习和实践才能维护好这个根本，那么，从个人成长过程中的能力培养方面，对于我们年轻一代，您有什么建议呢？

胡智锋：对于艺术教育的老师和学生来说，我觉得坚持训练很重要，包括感性训练和理性训练，这两类训练也要并行不悖。感性训练是什么？多听、多看、多体验、多感受。因为艺术首先是培养直觉，没有很好的艺术感觉没办法做成事，而艺术感觉的培育是感性训练的过程，也需要训练。我曾经在26年前跟苏联电影大师罗斯托茨基交流，这位老先生是《这里的黎明静悄悄》的导演，曾是爱森斯坦的门徒，八九岁就成了苏联的电影明星，十五六岁就写出了很有名的电影剧本，十七八岁就问爱森斯坦自己是不是可以当导演了，爱森斯坦去世都没有回答这个问题。罗斯托茨基说爱森斯坦其实是在训练他做好当导演的各种准备——每年听10场以上的音乐会、看20场芭蕾、20场画展等，看完以后还要写第一感觉，如色彩感觉、情绪感觉。感觉是在变化中的，一个人如果能够精确把握自己的感觉，基本上感性培育就到位了。为什么现在艺术评论、艺术创作做不好，一个很大的问题就是我们的直觉被各种各样的东西覆盖了，受了周边各种信号的污染，如商业信号、政治信号和教育信号等。还没抬笔，你就已经看不见蓝天白云，感受不到青山绿水了。你第一感觉是现实主义还是浪漫主义？如果你开始思考这个问题，我估计你的画画不了，因为当我们满脑子带着各种主义去做时，做出来的一定是概念，它不可能是感觉。对做艺术的人来说，要下很大的功夫去听音乐会、看芭蕾、看戏，要经受各种各样的艺术熏陶。你要去找那种第一感觉，要做各种各样的观摩笔记，如果你一年能够有 50 篇以上的观摩笔记，感性训练就到位了。

同时也要做理性训练。理性训练是什么？其实就是阅读和写作，是对各种经典理论著述和理论成果、学术成果进行的大量阅读，以及阅读后自己的思考和写作。在大学里，一年读几十本书，粗读应该不是大问题。一礼拜粗读一本书，一年下来也有五六十本，假期再多读一点专业领域的经典，选择一些书精读。我会跟我的硕士和博士生说，未来这一辈子，你能攀到什么高度，取决于从今天开始你们未来三年的阅读量以及你们阅读的深度。除了阅读，写作自然是必需的。如果一年能够有 100 个小随笔，哪怕只有一两百字，但它是你的真实感觉，你把它记录下来，一定会滋养未来你的创作和论文。

另外，我还想强调三个意识的培养：第一是合作意识。尽管这是一个非常有利于个体，甚至是超级个体生成的时代，但学习生活中一定会有各种各样事务性的工作需要跟大家合作。"一人行快，众人行远"，怎么跟老师、同学以及周边的朋友合作十分重要。第二是尊重意识。尊重师长、同学包括跟你意见相左的人，你要有足够的包容心去承受批评和质疑，甚至承受非议和冤屈，只有学会尊重，你才能承受外界的各种不解、质疑甚至诽谤，始终保持气定神闲；同时要尊重自己，才能保持完整的状态。第三是进取意识。不甘于现状，让自己每天都要有所长进，今天体验一样美食，明天体验一份美景，后天体验一场演出，再后天为一些精彩的学术论文拍案叫绝，每天都要有收获的感觉。梭罗在《瓦尔登湖》里写道："去影响每一个日子的品质，那就是最高的艺术。"这种影响很多时候都是通过个人学习和团体合作达成的。有了基本的合作意识、尊重意识和进取意识后，你就会有非常好的学习状态和方法，未来的生活一定会阳光灿烂。

（三）塑造核心素养，把握成长方向

宋素丽：前面我们更多聚焦于个体生命的成长和完善，如果我们

把镜头拉开，放眼关注更大的群体，那么，会看到怎样的趋势呢？

胡智锋：从党的十八大、十九大报告，尤其是今年九月召开的全国教育大会，我们其实可以捕捉到很多信息。我认为未来较长一段时间内，我们要实现三个转变：

一是从"知识累积"向"能力提升"转变。我在前面强调读书的重要性，强调了知识，尤其是基础知识的积累非常必要，但我们也要警惕另一种倾向，即：过多的知识累积，尤其是为了完成任务和找到标准答案而导致的"怕错"心理和思维定式，有可能严重影响创新思维和创意力生长。心理学家斯腾伯格曾说："过多的知识可能阻碍思考，使个体无法挣脱固有的思维的藩篱，结果导致个体成为自己已有知识的奴隶而非主人。"生命维持的基本条件是学会生存，要不断习得在社会中存活的必要技术和职业能力，然后才能谈生活的品质。而到生活智慧的层次时，其内核是思维，直接决定个体生命的创新能力。

二是从"知识核心"向"核心素养"转变。从国际视野看，核心素养在学界提出有20多年了，其背景是科技发展使得知识载体多样化，知识获取的方式和途径的多样化。大学生的核心素养涉及知识、技能、情感态度和价值观等多个方面，指学生应具备的适应终身发展和社会发展需要的必备品格和关键能力，既强调个人修养、社会关爱、家国情怀，更注重主动学习、合作参与、创新实践。在我国，社会主义核心价值观从国家、社会、公民三个层面规定了价值准则。它是可培养、可塑造、可维持的，也可以通过学校教育而有效获得。从已经参加教育部审核评估高校的数据统计来看，397所高校大类专业数达到2045个，本科专业数9403个，在专业划分如此细的情况下，核心素养无疑会成为学科壁垒的"溶化剂"，也可以说是为学科大厦夯实"深层地基"。以个人发展和终身学习为主体的核心素养模型，应该补充或者取代以学科知识结构为核心的传统课程标准体系。以核心素养体系为基，各学科教学将出现统筹统整。比如"语言素养"，并非专属语文一科，数学课可以有，体育课也有，生动的讲述可以让抽象的数学公式形象化，有可能只是手势和眼神，一个快球、快攻就发动了，人们有效交流的非文字信号能力也是"语言素养"。再比如传媒素养，在一个全媒体时代，一个人人都可以成为信息中心的时代，对传媒的认知，对媒介的使用，对传媒信息的判断都是素养的重要组成部分。

三是从"学科教学"向"学科教育"转变。从"学"到"育"，不仅是词语的变化，更是观念的变革。在教育部《关于全面深化课程改革，落实立德树人根本任务的意见》中，"核心素养"被置于深化课程改革、落实立德树人目标的基础地位，这其实代表着新一轮教学改革的方向，指出了课程改革深化的方向。一方面，"教学"升华为"教育"，核心素养引领辐射学科课程教学，彰显育人价值，为人的终身发展服务；另一方面，核心素养的达成也依赖各个学科本质魅力的发挥。在我国"双一流"战略实施过程中，这两个方面的力量都不可或缺。它不仅挑战着现有课程设计和评价体系，也考验着教育工作者理念转型和行动转化的力度和深度。教师要从"学科教学"转向"学科教育"，学科教师首先是教师，然后才是教某个学科的教师；首先要明晰"人"的"核心素养"有哪些、科学本质是什么，才能把握好教学方向。

三、方向追寻："全人"培育和"全学科"渗透

（一）涵养"三气"：正气、大气、和气

宋素丽： 从访谈最初全媒体时代的背景切入，您不但给我们分析了艺术发展在这个时代背景中发生的分流，描述了传统艺术和传媒艺术并存共生和跨界融合的现实状态，让我们对艺术教育的生态有了清晰的认知，还结合您个人的学习和研究历程，提供了艺术人才成长和提升的方法路径，既着眼当下，又放眼未来。整个访谈过程，我们深切感受到您的教育理念中对人的全面发展和教育全过程的把握和关注。记得您在多个场合都说过：作为老师，我们不能只考虑着管学生一下子，要尽可能想到他的一辈子，尽力教给他可以受用终身的东

西。那您对学生有怎样的期许呢？

胡智锋：作为一个教育者，在我的理念中，最核心的还是要育人，培育健全的人，全面发展的人，有主动探索精神和创新能力的人。在去年传媒与艺术学院学生的毕业典礼上，我做了题为《涵养"三气"，创造美好人生》的讲话，可以算作是我对学生的期许。古人说：腹有诗书气自华。在我看来，一个受过良好教育的人，首先得有这种"气"，具体来讲，有三层含义：第一是立德树人的"正气"，第二是胸怀宽广的"大气"，第三是宁静致远的"和气"。

这其实也是我有感于当今社会"戾气"过重的现象提出来的。当今时代是一个充满了机遇，同时也充满了挑战的时代；是一个极端热闹，也极端充满不确定性的时代。从媒体上或者身边朋友讲述的故事中，我们常常会听到一些匪夷所思的事。有一个在朋友圈流传的新闻——昔日故乡中学同窗到北京找到在京读研的同学将其杀害。中学时，他们都曾是佼佼者，然而由于高考，两人有了天壤之别，一个逐渐颓废、衰疲，一个不断攀升、成长。当在京读研的同学劝勉在情感、事业、生活上遭遇重创的老同学要振作时，同窗伙伴精神濒临崩溃，未向家人求助，而是带上一把刀，将曾经劝勉他振作的老同学邀约到一家餐馆里并将他杀害。人们在朋友圈里回复的几乎是同一个词——戾气。这件事情让大家开始质疑：现在这个时代怎么了，为何一个本不该发生的悲剧却以如此悲惨的方式发生了？又是什么情绪促使这个人向对他好言相劝的同窗好友举起屠刀下了狠手？如今，由于各种各样的压力、负担与风险在增长，人们一方面向着中国梦大踏步迈进，另一边也被周遭的压力挤压得喘不上气来，戾气横生。戾气在过去若干年间一直存在，但却未曾如此凸显，现在却卓然成为这个时代一种异常可怕又必须面对的状态。这种戾气可能使我们在不经意间否定自己、毁灭自己、丧失自己。因此，我们必须去打击、克服、消除它。

首先是立德树人的"正气"。这更多地讲的是一个价值观的问题。从我们每个人做起，始终以昂扬进取、正能量的正气要求自己，感染周边人。你要带着正能量进入这个社会，给周边的人以积极的影响，不要把自己的负能量传给社会，有负面情绪，你要想办法把它排除。

其次是拥有胸怀宽广的"大气"。生活中存在各种各样的不平衡、不如意与不如愿，当我们在晋升、发展过程中遭遇挫折、坎坷、麻烦、障碍时，我们应当怎样面对？一些同学可能以抱怨，以丧气，甚至以同归于尽的愤懑来面对自身所遭遇的不公平。其实，最好的办法是让自己更大气，不去斤斤计较过去的事情，因为解决问题的最后关键靠不得别人，最终要靠自己。

如今，回望过去，我发现给我启发最大的竟是曾经的对手，甚至是曾经的敌人，当你的对手甚至敌人带着敌意去诽谤你、消耗你、打压你时，应该让自己更加强大，更加有分量，更加积极。当你能够随时随地用微笑去面对所有人和事时，你会发现身边的一切也在随之改变，你一天天在成长，而那些曾经诽谤你、消耗你、打压你的人最后也不得不对你投以敬意。这有赖于我们的选择，也就是胸怀宽广的大气。

最后是宁静致远的"和气"。人生不如意十有八九，我们也许会有不让人省心的配偶、孩子、老人、同事或者朋友，也会遇到很多烦恼、麻烦或者不痛快。当这些事情包围你时，最好的处理办法就是让自己心平气和地应对。每个人都有内心不安宁、不平衡的时刻，如果我们稍加遏制，看看外面的蓝天白云，和气增长的同时，各种美好的事情也会自然而然地发生。

（二）恪守"三词"：人文性、综合性和复合型

宋素丽：如果说上述是您对毕业学生的期许，那么对新入学的学生，您会提出怎样的目标，并为他们的学习设计怎样的路径呢？

胡智锋：我想，这个问题可以用我们学院的办学理念来回答。今年10月10日，在2018届博士研究生的开学典礼上，我提到了三个词：人文性、综合性和复合型。应该说，这是传媒和艺术学院在"双一流"战略引领中的发展定位。

不管哪个学科都有共同的宗旨。第一点是人文性。是对文化的追求，我们的专业不仅是对于技术和技艺的训练，更多的是一种文化的

展示，这意味着我们对世界是有价值判断的，要带着对世界的深厚理解去表达艺术。因此，艺术学科的创作与研究更要与人类文明相关联，与人类现实生活的呼吸和命运相关联，要用深厚的文化根基来支撑。同时，我们的文化追求又要有自觉的民族文化诉求，一方面要跟人类的命运相对应，另一方面要跟民族文化传承和文化需求相关联。80年前，中国现代著名美学家宗白华先生就说过，在学术和文化领域，中国学者要注意吸收异质文化，但立足点必须是中国文化，是我们自己民族的文化。先生认为：在西方文化的照射下，更能发现中国文化中实在是有伟大优美的地方，有其独特的价值和光彩。

第二点是综合性。也是双重的，既有学院内的小综合，还有专业之间的大综合。北师大从德国引进了一位学者，这位学者是我见到的第一个国际学霸，他有六个博士学位，六个学科门类。他在研究什么？他研究的一个大命题是艺术治疗，想把艺术学和医学结合起来，解决人类的抑郁症、老年痴呆以及自闭症等疑难问题，这对于人类、对于社会太重要了。王宜文教授正在和我们学校的心理学、脑科学联合做跨学科的组织认知研究。人们为什么喜欢电影？你怎么确认他是喜欢？他喜欢的机理在哪里？他要破解人与电影关联的深层次的脑认知机制，像这些跨学科研究就是师大综合学科的优势。同时，我们还有学院内部的小综合。比如说每年度的艺术学盘点。美术与设计学科的几位专家除了和学校各种学科相关联，跟影视剧、音乐、舞蹈等专业也经常会有各种各样的组合，这是艺术与传媒学院的一种独特景观。我们正在创作推出的大型舞台剧《往事歌谣》，是以艺术与传媒学院前身艺术系20世纪30年代杰出校友王洛宾大师的艺术创作和传奇人生为蓝本创作的大型歌舞剧，我的核心想法是把学院内部各个专业学科打通。

第三点是复合型。学院不论是本科、硕士还是博士，走向社会一定不是单一只做一件事。在师大的艺术学科体系当中，我希望做到的是一专多能，就是在某个方面相对突出，但同时多能，这是我们培养的重要理念。未来社会可能需要单一的、专业的摄影师，但更需要与时俱进的、综合性的复合型人才，能适应各种形势变化。以摄影专业为例，其实也有很多有意思的变化。20 世纪 80 年代我刚工作的时候，在校园里头，经常会见到男生练蹲马步，有的手里还端着两碗水，你一看就知道这是摄影专业的。为什么呢？那个时候训练摄影师首先是要稳，学摄影的学生最大的本事是要稳住摄像机，他的肩膀一抖动，镜头就没法用了，因为那时摄影器材是传统老式的器材，得靠人工扛。后来摄影数字化了，也有稳定器了，摄影师不一定非要 1 米 8，晃一晃也没事，镜头不管怎么变都能数字化处理、调频处理，现在学摄影的还练蹲马步吗？已经不需要了。我想，对于专业院校来说，好处是容易出专业人才，坏处是不容易与时俱进，比如那个年代训练的摄影师假若后来不学习，真的就跟不上了。

所以，我希望我们培养的人才将来是有多种适应性的，不管技术怎么变化、行业怎么变化，有复合型的能力，可以因时、因事把自己的能力释放出来。

这其实又和前面谈到的核心素养有关系。

（三）艺术教育："全人培育"的理念和"全学科渗透"的路径

宋素丽：您谈到的人类艺术发展分流，不仅描绘了艺术教育内涵和外延的拓展图景，也影响到作为学科专业的艺术教育的课程体系、教学体系、教材体系、管理体系和评价体系，是否也会影响到更广义的作为学生核心素养和社会文化建设重要组成部分的艺术教育体系建设呢？

胡智锋：我想还不仅仅是你提到的这两点，还应该加上艺术教育的全方位渗透——既包括校园内艺术教育的"全学科渗透"，还包括校园外艺术教育向公共空间的渗透。从全球范围看，继上一轮由哈佛发起的"通识教育"潮流之后，艺术教育又开启了新的"嵌入"。比如我初步了解到的已经进行了体系化探索并有了成功案例的大学，国内有厦门大学，国外有弗吉尼亚大学，还有很多大学进行了零散的、点状的探索和实验。

在国内，这种趋势和整体的中华优秀传统文化的发扬有很大关系。"兴于诗，立于礼，成于乐"，中国优秀传统文化的本质其实就是心灵教育，是通过艺术的方式来实现人文教化和文化传承，认为艺术教育能够滋养美好性格和心灵。在国外，将艺术"嵌入"到各个学科则是基于这样的共识，他们认为：科技将把人类带入一个新时代，有学者把这个已经露出端倪的时代称作"创新全球化时代"。这个时代，领袖人才和稀缺人才一定要拥有丰富的想象力和创造力，也只有这种能力，是机器不可替代的，是可以应对越来越充满不确定性的社会的。而艺术教育对培养想象力和创造力的作用非常显著，艺术技能和思维训练还可以激发和培养人的主动精神和创新意识。很多创新型人才和大师的成长也印证了这一点，我们熟悉的如钱学森、杨振宁，还有晚清民国时期的大师们。

宋素丽：如果按照这个方向来发展，对艺术教育的老师和学生来说，是不是也是极大的挑战？

胡智锋：应该是有很大挑战的。但我想我们也不必为此太焦虑，如果能够从以下三个方面下足下细下深功夫，还是有可预见的美好未来。

一是往回看，总结我们已经有了的成功经验。比如人才选拔上，我们既要照顾面上的选拔，还要让有艺术天赋和悟性的人能够进得来。艺术大师的培养要有一定的天分和悟性，但老师的引导也很重要。陈丹青就是个很好的例子，如果没有木心对他的人文素养的熏陶，他可能只是一个著名画家，不可能在思想史、在艺术观念上有那么高的阐释和发挥。所以他才那么喜欢并感激木心，把木心上课的笔记出版，还给木心建馆。那木心是什么人呢？他是艺术家，给陈丹青他们讲文学史，他讲的文学史肯定和钱理群先生的不一样，这里没有好坏高下之分，应该是角度和讲述方式不同。我再打个比方，如果给舞蹈专业讲文学史，按照中文的方法讲，学生肯定不爱听，因为你讲文学史本身的历史发展，学生基础不够，思想上碰撞少，自然提不起兴趣来。但如果你讲的文学史是和舞蹈史结合起来的文学史，那和学生的相关性就很大，自然能调动起他们的兴趣。不过，这对专任教师的要求就更高了，这样的老师，需要一定程度的"通"，像木心那样的通才。

二是要立足当下，扎根中国现实来找对策。比如学校做好文化艺术环境氛围的营造，进行文学艺术的熏陶，增加学生日常接触文化艺术的频率。当然，在这个方面，师资配备和课程配置最重要，需要马上着手进行，虽然不能在一两年内就改变，但一定要做起来。一方面要抓紧时间下大力气培养年轻教师，也可以从学生中去发现，发现那些有志于教育事业、底子好、人文底蕴深厚的人才尽早进行针对性培养；另一方面，加大教师自身发展设计和培训，对现有教师进行"回炉再造"。同时也要有激励性的措施跟进，激发教师"自我成长、自我革命、自我完善"的动力。当然，学生的创新能力和实践能力也要加强，构建科学可行的和教学互动互促的实践体系，在实践中增强学生的专业技能和成就感。

三是放眼未来，和国家教育战略，民族复兴的使命结合起来。全国教育大会明确提出了社会主义建设者和接班人的人才标准，即：德智体美劳全面发展。艺术教育可以贯穿于德育、智育、体育、美育和劳动品质培养的全过程，正如我们之前探讨过的那样，让艺术教育不仅仅是技能的训练，更是人才创造力和想象力培养的有效方式和途径，在更广阔的视野和更高远的格局上，通过向更多领域的渗透进而为人类的美好生活提供源源不断的滋养和蓬勃旺盛的活力。

【刊发信息】胡智锋、宋素丽：《全媒体时代艺术教育的生态认知、底层建构和方向追寻——访"长江学者"、北京师范大学艺术与传媒学院院长胡智锋教授》，《新疆艺术学院学报》，2018年第4期。

为美好生活提供丰富精神食粮

——2018全国两会精神解读

摘要：政府工作报告中提到，为人民过上美好生活提供丰富精神食粮。如何丰富人民群众的精神文化生活，走出一条具有中国特色的文化发展道路？宣讲家网请来了北京师范大学艺术与传媒学院胡智锋院长，一起聊聊文化方面的话题。精彩内容，敬请关注。

主持人： 政府工作报告中提到，为人民过上美好生活提供丰富精神食粮。我们如何丰富人民群众的精神文化生活，走出一条具有中国特色的文化发展道路？今天宣讲家网请来了北京师范大学艺术与传媒学院胡智锋院长，跟我们一起聊聊文化方面的话题。您好，胡老师。

胡智锋： 你好，主持人。

主持人： 以前有些宣传主流价值的作品年轻人不喜欢，那么，如何以影视作品来推动主流价值的凝聚，形成社会共识？

胡智锋： 确实，以往很多以主流价值宣传为主要职责的影视、文艺作品，常常在年轻观众中引不起太大的反响，相当多的年轻观众会给主流价值、主旋律的影视创作贴上一个标签：这类作品跟我的趣味不相符。然而，近年来这种情况正在改变，而且出现了一些令人欣喜的景观：具有主流价值宣传和传播功能的影视创作，不仅能够承担主流价值的宣传和传播作用，也具有了相当强大的市场化、商业化的生存能力。这些作品不仅能够在传统观众群中获得较好的反响，更重要的是这些作品的魅力吸引了年轻观众慢慢接近、认可，乃至拥抱和接受这类主旋律作品。

最近几年的标杆之作有《战狼2》《红海行动》，稍微早一点有《湄公河行动》。这些大片在过去属于传统主旋律宣传的范畴，比如它非常凸显爱国主义、英雄主义、集体主义，崇尚对国家的责任，对家庭的责任，对人类的责任等。以往这类作品是以宣传的面目出现，但是在这两年它们呈现出来的感觉发生了微妙的变化。也就是说，主旋律的影视制作开始探讨商业化、市场化的叙事模式和理念。比如《湄公河行动》，它在爱国主义、国际主义、人性至上等主流价值的传播、宣传之外，加入了很多商业化的元素，像功夫、悬疑、打斗，以及微妙爱情元素，热血沸腾、激烈追逐的场景。一直到《战狼2》《红海行动》，它们的模式都是一脉相承的，具备了相当强的商业化元素。因为普通的商业大片具有极其强烈的视听效果、炫目的色彩和景观，是吸引年轻观众的重要元素。这样一个概念叫作双主流对接。

主流价值和主流观众（观看电影的年轻观众）原来是分裂状态，现在开始对接融合，焕发出强大价值效应。主流价值借助商业化的叙事和表达方式，找到了双主流对接的渠道，让主流价值在年轻观众中产生了巨大的反响，这是我们近年来影视创作的一个重大贡献。也就是说，主流价值和年轻观众之间过去是分裂的状态，但是通过《湄公河行动》《战狼2》《红海行动》等一系列的影视大片，让我们的年轻观众和主流价值对接了，形成了一种价值共识、社会共识。

同样的情况，中老年观众回到影院和年轻人会聚到一起，也是一种社会共识、价值共识的形成。我们要通过推出优秀的影视、文艺作品，让主流价值和年轻观众对接，让时尚的影院和中老年观众对接，用社会主义核心价值来去凝聚不同群体，形成社会共识。

主持人：政府工作报告中提到，要弘扬中华优秀传统文化。中华传统文化博大精深，我们要如何做好经典传统文化的传承，让经典传统文化与大众媒体融合发展？

胡智锋：两会期间，从文化部部长到教育部部长都谈到一些优秀的电视节目，比如文化部部长谈到了《国家宝藏》，教育部部长为《经典咏流传》《中国诗词大会》等节目点赞的同时，也谈到要通过这些节目让传统文化进校园。他们的目的都是通过现代化的大众传媒方式，让中华优秀传统文化传播得更好，产生更大的社会价值。在政府工作报告中提到"弘扬中华优秀传统文化"，它的意义就是要让中华优秀传统文化继续传承、发展和创新。

政府工作报告中对中华优秀传统文化的这一期待，具体到我们的工作中，就是要充分调动已有的大众传媒来对它进行创造性的传承、发展和创新。我们看到，最近的电视节目在优秀传统文化的传承、发展、创新方面做出了了不起的探索。比如《国家宝藏》，在此之前，全世界还非常少看到把文物的内容放到电视节目当中进行展示的。换言之，在世界各种类型的电视节目模式中，比较少见文物的内容。

文物常常意味着什么呢？意味着古老，意味着过去，意味着离当代很远，文博的内容先天和当代人有一种距离感。比如甲骨文，首先我们看不懂，因为它的年代太久远，连专门做语言文字研究或甲骨文研究的工作者都无法全部破译。由于时代的原因，一般百姓看不懂文物或其他传统优秀文化，而看不懂就不容易调起兴趣。第二个问题，虽然能看懂一点，但看不透。看不透就很难产生共鸣。怎么解决这些问题？我们看《国家宝藏》用什么招儿？你不是看不懂吗，我给你讲个故事，把一个文物的前世今生用故事演绎出来。也就是说，用专家的专业术语表达你看不懂，我就把它转化成老百姓喜闻乐见的故事，而且是用影视明星来去演绎这个故事，老百姓带着看热闹的心情，就看懂了是怎么回事。

怎么看得透？故事看完了，看懂了，解决了第一个问题。第二个要看得透的问题，就需要专家在这里起作用了。在看懂的基础上，让专家进一步解读，把传统文化的内涵进一步挖掘出来，不仅让你看懂，还能让你看透。

看得懂、看得透之后，怎么样进一步？还有明星守护人，我们熟知的影视明星用守护人的身份，一方面演绎故事，另一方面跟专家对话，再跟电视机前的观众进一步沟通，带着情感和观众对话，观众在和明星的交流当中，共识、共鸣的问题就可能解决。

所以，为什么说《国家宝藏》这个节目做得漂亮？它把特别难懂，特别难挖掘，特别难引起当代人趣味和共鸣的文物，通过故事、专家和明星，让它大众化，让它贴近观众。这是一个创造性的电视节目，它为世界电视节目的模式贡献了中国智慧。《国家宝藏》这样一个IP放在全球的电视节目模式当中都是少有的，是中国人自己创造的一个特别重要的电视IP，它为我们的文物事业和它的市场化做出了巨大贡献。《国家宝藏》推出来的那几件文物，让年轻一代对文物的热情迅速膨胀起来。这是一次传统文化大众化传播的创造性探索。

主持人：以前我们只知道中国文化博大精深，知道有很多的文物，但是不知道这些文物原来是这么来的，原来它能起到这个作用。

胡智锋：对，它解决了怎样看懂、怎样看透、怎样产生共鸣这几个层次的问题。

另外一档节目是《经典咏流传》，现在非常火爆。《经典咏流传》在传统文化的传承方面找到了更丰富的手段和方式，而且非常新颖：一个是咏，一个是唱。通过咏叹，也就是说专家、选手的解读，让传统诗词等得到原汁原味的传承；而唱则是一个创造性的转化，用歌唱的方式去演绎诗词。其实古代咏和唱经常是在一起的，很多诗词在古时候是可以唱的。

近现代以来，咏和唱分开了，唱得少了，更多的是念白，是咏叹。用唱的方式演绎诗词，某种意义上叫回到过去，是一种回归。但是同时它的咏唱方式并不是古曲的演绎方式，如果用古曲来唱，大家又听不懂了，当代人又不喜欢了。所以它是用现代的方式来唱，并且是用当代人喜欢的流行歌手来唱。这些流行歌手在年轻人当中非常有市场，他们来咏唱会产生什么效果？一定会产生大众化的风云效果。在如何把传统优秀文化进行传承、发展和创新方面，《经典咏流传》是一个宝贵的案例。这个节目用咏的方式把原汁原味的古诗词传承下来，同时用现代的流行歌手来演绎和演唱，让它更具有时尚感、现代感和大众化的效果，这就是发展与创新。所以，《经典咏流传》解决了中华优秀传统文化传承、发展和创新的问题。

主持人：说到经典，我觉得还有一个《诗词大会》，它在很多家庭中形成了一个比赛的氛围。

胡智锋：飞花令。

主持人：对，各种诗词被从记忆的深处搜索出来。

胡智锋：是的，所有传承、发展和创新优秀传统文化，激发全民的参与，既是一个手段，也是一个目的。比如你提到的《中国诗词大会》，用飞花令这样的方式激发了全民的热情，让男女老少、不同职业的观众，共同来面对我们共有的优秀传统文化。它用这种生活化的方式，让大家在日常生活当中，随时随地地进入飞花令的状态。大众参与是解决中华优秀传统文化传承、发展和创新的一个特别重要的渠道和方式。

主持人：现在有很多影视作品走出国门，去参评奥斯卡、金棕榈，那么我们想听听您对此的看法。

胡智锋：中国的文化艺术作品特别是影视作品，不仅是中国自己的艺术创造，也是全人类共有的财富，是中国人用文化文艺的方式创造的精神产品。如果有很好的国际渠道来让全世界不同肤色、不同种族的人，都能分享我们的精神创造，那当然是一件乐事。中国的文艺人、影视人，积极参与国际上的重要赛事，从某种意义上讲也是我们文化自信的一种表现。这是个全球性的平台，不光中国人，全世界人都可以参与。

一方面，我们也要提醒大家，不能盲目崇拜和膜拜国外的奖项。过去若干年，我们把奥斯卡当成电影艺术的峰顶，电影艺术的"奥林匹克"，希望以此来证明自己是"世界冠军"。这样的雄心壮志，从艺术本身的探索来看是可以理解的，但是另一方面也不必太过较真。我们要淡化"冲奥"情结，随着我们自己影视文化、影视艺术的繁荣发展，我们应该慢慢地打造属于自己的"奥斯卡"。

主持人：我们有中国电影节。

胡智锋：对，我们要用我们自己的电影节来提高自身的影响力，提高我们艺术评价的水准，在全球树立中国的评价尺度，使世界各国的影视从业者也能以得到中国的影视大奖为荣。

主持人：其实近些年的中国电影节也吸引了很多国外的影视作品来参评。

胡智锋：是的，这个数量是逐年增长的。北京国际电影节举办的这几届，我们明显感觉到它在快速上升。我作为今年国际电影节的评委之一，春节期间一直在忙着审片，我看到的片子至少有20多个国家，包括美国、加拿大、墨西哥等北美国家，阿根廷、智利等南美国家，也包括欧洲的像英国、法国、德国，亚洲的日本、韩国，甚至包括中东一带的国家像以色列、也门、沙特阿拉伯、土耳其等，这说明我们电影节的影响力和号召力在快速增长。

这也是提高我们中华文化"走出去"的能力，一方面是把我们自己的东西推向世界，另一方面要建立以我们为主导的评价体系，让世界各国的影视艺术作品走进来，这是双向的。

主持人：请您具体谈谈对于中华文化"走出去"的看法。

胡智锋：我认为中华文化"走出去"包括两个方面，一个是中国的文化走向世界，另一个是世界各国的文化走进中国。世界各国的文化走进中国是中华文化得以丰富、拓展的重要部分。文化是一个包容性的存在，一个有作为和有魅力的文化应该是开放的。所以，第一，我们要打开国门，不断吸纳世界各国的优秀文化创造和艺术创造。这项工作还需要我们更深入地去推进。过去我们比较关注欧美等国的文化引进，比如美国、英国、法国、德国，而对于南美、拉美、中东等国家，我们相当长一段时间忽略了对它们文化的引进，这对丰富我们的文化是不利的。我们需要以更大的包容度，来广泛吸纳世界各国的不同文化，不要单一，要更广阔，只有这样中华文化才能丰富饱满。

第二，中华文化"走出去"的核心还是中华文化走向世界，也就是中华文化怎么让全世界的人了解、接受和认同。客观地说，中华文化"走出去"还是一件任重而道远的事情。目前，我们在全世界设了不少站点，比如建了很多通讯社、电视台，我们也在不断向大使馆寄送我们的影视作品。但是目前全世界实际上除了华人，真正让外国人接受的中华文化还相当稀少，其中影响最大的就是电影。比如《战狼2》，在国内票房和全球的票房都是数得着的。但是这样的作品在北美上映的效果却非常一般。由此可见，我们中华文化要真正地走向世界，还有很长的路要走。要解决这个问题，我觉得需要注意以下几个元素：其一要看得懂；其二要在地化，要在本地；其三要做文化的转移。

首先是语言问题，如果没有翻译，人家不可能看懂；其次字幕效果一般；最后要让本地了解双方文化的人进行翻译和制作，所以最理想的还是译制。一定要翻成本地语言。

第三，一定要想办法让本地人参与进来，变成本地人去演绎，比如让他演一个角色，这就是要做在地化处理。

第四，要进行文化的转移，也就是不能完全原汁原味，要用对方国家熟知的文化去对接。所以，让中国文化走向世界，要做特别多的转化工作。

主持人：比如我们常看的一些美国大片，他们翻译成中文字幕的时候，经常会用到中文的成语或者比较流行的语言。

胡智锋：对，那就是他们非常聪明的一点。有中英文对照的时候，你就会看出来哪些是高手，哪些翻译能产生特别漂亮的效果。所以，中华文化"走出去"不是件简单的事。

主持人：文化领域的机构改革是今年两会关注的热点，请老师谈谈您的看法。

胡智锋：文化领域的机构改革是今年两会大家比较关注的热点。今年在文化领域比较突出的是两个机构改革，首先是文化和旅游部的重新组建，从文化部变成文化和旅游部，这是一个全新的概念。这意味着把文化和旅游结合起来，是一个非常高的创意。也就是说，让文化渗透到日常的旅游中，同时也让旅游更具文化价值和魅力。

同时我们看到，文化和旅游的结合一定是朝着文化产业的更新换代迈进的。旅游实际上是一个产业，文化过去我们更多是讲事业，但是这些年也在不断开发文化产业。如果将文化产业和旅游产业结合起来，做成全新的文化旅游产业，将对中国无论是GDP的拉动，还是整个社会文化消费水平和能力的提升、文化产品的不断丰富和扩展，以及老百姓文化生活的丰富，都会产生很大的影响。另外，通过旅游发展精准扶贫，让他们实现文化产业化，这也是一个很好的发展思路。我相信，这个机构未来在提升文化产业的总体水平、满足老百姓文化和精神生活的多元化需求方面，将会扮演更重要的角色。

其次，原来的国家新闻出版广电总局调整为国家广播电视总局。这在某种意义上讲，有两个问题：第一，把原来复合型的新闻出版广电区分开了，新闻出版部分和电影部分拿走，留下广播电视，回到纯粹的广播电视功能。新闻出版和广播电影的生产规律、管理规律，跟广播电视还是有出入和差距的。比如新闻出版以纸媒体为主，电影以影院商业化放映为主，广播电视是家庭式的接收，这几块的生产传播渠道、方式和管理都不太一样，把新闻出版和电影剥离开，回归广播电视，这就使广播电视的管理职能更清晰更明确。

第二，更强化了广播电视作为独特和独立的国家主流媒体的功能性。也就是说，它就是要担当起国家主流价值的传播功能以及对自身安全保障的管理。电影更偏向于娱乐，当然，这些广播电视也会存在，但是相对来说，它更凸显主流价值的传播功能。

主持人：但是现在很多人都是家里抱着电脑上网或者出去看电影，而抱着电视机看电视的人少了很多。

胡智锋：是。但是也要注意这个问题，广播电视是一个巨大的内容生产体系，尽管抱着电视看的人少了，但是我们并没有忽略对广播电视节目的关注，大家不见得是在电视机前看，可能是网上看。我打开电脑上网，可能在网上看《经典咏流传》。不见得非要在电视机前卡着七点钟看《新闻联播》，而是随时随地地上网看新闻、电视剧、综艺节目、纪录片。这些都是离不开广播电视的。所以，未来广播电视的调整，一定是三网合一的状态，也就是广播电视网、电脑网和手机网融合在一起，统一管理。尽管渠道不同，但是内容是相似的，所以管理是统一的。

主持人：感谢胡老师今天来到我们的演播室，跟我们聊了这么多关于文化方面的话题。谢谢您，胡老师。

胡智锋：不客气。

【刊发信息】胡智锋：《为美好生活提供丰富精神食粮——2018全国两会精神解读》，宣讲家网，2018年3月22日。

高等教育要为中国在世界的腾飞助力

师小萱: 胡院长,请问您怎样理解高校"双一流"建设?

胡智锋: 我国发展的主客观条件证明了高校建设"双一流"政策的出台有其必要性和可行性。

第一,中国特色的国情决定了我国高等教育的发展现状。我国的教育目标是培养符合国家建设以及国家战略布局需要的建设者和接班人。我国的高等教育目前主要是国家主办的,需要由国家去投资并在人财物方面进行配置,这与欧美体制不一样,也就决定了我国高等教育的发展需要进行阶段性布局。

第二,国家对高校建设提供的资金分配需要"好钢用在刀刃上"。国家专办高等教育的现状需要花纳税人的钱,所以我们国家需要将有限的财力物力人力重点投放在最有效益的优质高校。"双一流"的出台恰恰符合这种人才培养的趋势。

第三,我国的经济发展已居世界前列,但在文化影响力方面还比较弱,因此,提升文化软实力刻不容缓。面对世界的质疑,高等教育担负着重任,包括为国家提供人才支撑、科技支撑、学术支撑和文化支撑等。

高等教育要为中国在世界的腾飞助力,这要求我们必须赶超世界一流大学,在社会文化、人才培养方面有质的飞跃。近几年,我国大学的世界排名稳步提升,这证明我国创建"双一流"是卓有成效的,提升国家软实力指日可待。

师小萱：请问胡院长，您怎样看待北师大"双一流"建设？

胡智锋："双一流"高校和学科需要通过网络平台的公示，经公共区域进行监控，实现国家事务和舆情的互动。因此，任何高校和学科都不能因为暂时被列为"双一流"而高枕无忧，"这是一个阶段性和动态性兼具的建设过程"。国家会通过3—4年阶段性的检查来监控高校的各项指标。所以，高校的地位可上可下。可想而知，高校"压力很大"。

这就要求我们必须时刻保持警醒，保证自己的高水准，争取拿到更多的资源，引进更多的人才，才能不断实现自我突破，获得蒸蒸日上的发展。

师小萱：您对于艺术与传媒学院在"双一流"建设中的设想有哪些？

胡智锋：北师大的戏剧与影视学科排名全国第二（目前中国传媒大学居第一），在下一轮建设中，到2020年力争在全国至少达到并列第一；到2030年做到"国际知名，有世界影响"；到21世纪中叶让北师大戏剧与影视学科跻身世界前沿。我们力争做到这个程度，一步一步分阶段实现目标。

师小萱：在学院学科"双一流"建设过程中，您认为哪些方面还需要大家共同努力去改进呢？

胡智锋：第一，我们的学科历史积淀时间很短，从1992年创立到现在，仅有25年的发展历史。

第二，基础稍显单薄、系统覆盖优势先天不足。中国传媒大学、中央戏剧学院、北京电影学院等专业院校有很长的建校历史，学科发展基础较为厚重，并且有代代相传的系统连贯性，自成体系。这些有着50—60年历史积淀的院校在各自的领域又有着极强的辐射力和影响力，于是形成了在电影行业工作的多是电影学院毕业的学生，在广播电视领域工作的多是传媒大学毕业的学生这样一种大趋势。相对来看，我们起步较晚，对于这些行业的辐射力相对有限。

第三，师资队伍短缺。我校戏剧与影视专业老师不足20人，年轻老师较少，师资队伍的梯队建设仍需加强。相比其他专业院校庞大的师资队伍，我们稍显薄弱。

一方面，我们在硬件条件及空间方面也有不足，所以能否在下一轮评比中继续保持"一流"，我们备感压力。但从另一方面来看，20多个老师奠定的基础还是不错的。我们总量有限，但是高端。这种高端体现在几个代表性人物上，比如黄会林老师、于丹老师、周星老师等，这些人都在学科领域享有较高声誉。80多岁的黄老师提出了"民族化"问题，比较有特色；于丹老师做的"文化传播"讲座，带来的社会影响力很大；周星老师是教育部戏剧与影视学科的教学指导委员会主任。多重学科前沿身份在这里汇集，对学科的发展前景是比较重要的。这些老师的社会影响力和号召力使得我们的学科优势和竞争力也是无可比拟的。

师小萱：您如何看待2016年底召开的全国高校思想政治工作会议？

胡智锋：这次会议将美育提升到了非常重要的高度，证明了新时期我们对于这个问题认识的深化。"加强美育，通过美育来推动高校思政工作"体现了非常重要的动向。

我们可以通过强化美育来培育学生积极健康的人生观、价值观。这是一条创新性的思路，更深层次地凸显了艺术教育体系的重要性。

如何通过美育渗透专业教育，传播健康的主流价值观，以及培育正能量的专业人士，是我们未来应该考虑的问题。

师小萱：您认为我们应该培养什么样的人才来适应国家的需求？

胡智锋：第一类，在国际上有影响力的人才。需要在全球化交流剧增的形势下，具备在戏剧与影视方面的国际视野和国际化交流的能力。

第二类，复合型人才。懂创作的同时通学术、会艺术、懂技术，能生产又能传播，还要懂得管理运营。随着戏剧与影视文学的市场化，它会成为一种特殊类型的复合项目，这就要求我们培养的人不仅仅有一种能力，而是全方位开发，多方面精通。特别是需要培养高端组织管理运行的人才。

第三类，高端的应用型人才。我们力求培养每个方面最优秀的专业人士，比如在某个领域顶级的导演、编剧、摄影、表演人员等。

第四类，师范性人才。我们要培养面向中小学、高校的戏剧与影视课程师资，使其可以教授艺术综合以及戏剧与影视课程等。这主要是考虑到我们的学生毕业后多在电影戏剧行业机构任职，去中小学执教的较少。

师小萱： 能否请您谈谈对"四有"好老师的体会呢？

胡智锋： 老师对于学生不仅仅是知识的教育，更多的是人格方面的教育。因为人才是整体的，而不是局部的。所有的知识都只是一个切口，除了专业知识以外，更重要的是人格。所以，培养具有高尚人格的完整的人对于我们教育者来说非常重要。

在我的教育生涯中，首先关注的就是"尊重"，包括表面的礼仪和背后的言论。这就需要师生的相互尊重，不得为了利益的摩擦妄自非议，学会尊重是解决矛盾的有效途径。

其次是团结。不能因为不同团体利益矛盾影响团结，不得搬弄是非，时刻谨记我们是一个相互团结的大团体。因为在我们学院，一个专业方向可能会有很多导师，我们需要的是相互配合、相互支持，沟通和配合是团结的重要体现。

最后是"三实"。真实做人，不弄虚作假，知错改错。踏实做事，不虎头蛇尾。扎实做学问，勤于思考。同时，这也是我对学生的期望，"尊重、团结、真实做人，踏实做事，扎实做学问"。

师小萱： 对于北师大建校115周年及青年学子，您有什么寄语？

胡智锋： 北京师范大学115岁了，祝我们共有的精神家园——北师大生日快乐！回望历史，我们为北师大115年取得的辉煌成就感到骄傲；展望未来，我们对北师大创建世界一流大学的宏伟目标充满期待！

"学为人师，行为世范"是北师大给我们的精神寄语，也是对世界、对祖国的庄严承诺，我希望在师大冲进世界一流的进程中，我们每一个师大人都牢牢记住校训，为创建世界一流、中国特色、京师风范的一流大学和一流学科做出我们独特而重要的贡献。

祝福北师大！

【刊发信息】党委宣传部：《院长访谈 胡智锋：高等教育要为中国在世界的腾飞助力》，"BNU思享者"公众号，2017年。

《新周刊》创刊20周年系列报道之二十年二十人·胡智锋

口述：胡智锋

记者：邝新华

电视可能是中国有史以来影响力最大的传媒之一，能够一夜让几亿人同时关注一个事件，这是以往的媒体不可想象的。比如说我们直播两会，直播春晚，直播一场球赛，可能同时有几亿人观看、议论，影响力这么大的媒体，全世界能有几个？

1996年，香港凤凰卫视成立，这是中国电视界划时代的事件。凤凰卫视是在香港注册的第一家有鲜明大陆背景的民营卫视，由我们的校友刘长乐和当时我们学校的王纪言副院长等参与创办。当时学校还叫北京广播学院，中国的电视人大部分都出自这所学校。

北广的学生从来不缺理想。20年前，我的学生们还活在传媒理想中，那是一种"铁肩担道义，辣手著文章"的文人气魄。那时的大学生有胸怀天下的情怀，也有媒体从业者媒介批评、舆论监督的使命感。他们以拿到中国新闻奖和中国广播电视大奖为自豪。

20年后学生们变了。他们可能更多地追求高收入和高社会地位。他们还延续社会监督，但更热衷于自己的事。他们也要成名成家，也要做大师，也要做媒体的大记者、大编导，但是这种成名成家可能更务实、更市场化。他们更需要让人羡慕的社会地位、让人羡慕的收入状态和让人羡慕的生活状态。

电视是个名利场。那些光彩的主持人，他们的出场费高得吓人；那些大腕的编导，他们的制作费高得吓人；那些耀武扬威的制片人，他们的权力大得吓人。我跟他们都有密切的交流，但我只是一介书生，不可能在经济上、收入上、名头上超过他们。他们在一线戴着各种光环在热运行，我是冷得藏在书斋里，躲在他们的后面，默默地观察。

诱惑一定是有的，因为人都是世俗之人，我也会免不了被这些光环所辐射。当机会向我垂青的时候，我也想尝试，我是不是有可能成为一个话语权无限巨大的制作人？我是不是可以做一个媒体的老总？我可不可以做一个光彩夺目的主持人？机会和可能性都很多，包括央视的很多媒体，各种岗位我都有可能去参与，而且都是很高的起点。但是为什么我最后放弃了，选择了更冷的电视理论研究、学术研究？

我读了很多年的书，我知道中国电视在发展当中，一定缺乏理论，一定缺少研究。若干年后，热闹的东西总归是要过去，理论和研究反而变成稀缺。理论和研究可能不活在当下，但它会活在久远之后。

100个人里99个都想做主持人、做制片人，但是最后没有人做理论研究，这个行业就难以持续。我愿意做这样一个守门人。当中国电视需理论支撑的时候，我在场，我觉得这是一种责任。

从另一个角度讲，理论研究也是我个人的兴趣所在。我适合做很多种工作，但我做学术做理论更有优势。经过多年的学术训练，驾轻就熟，我做这个或许会做得更好，更能自己把控。而主持人、制作人和制片人，有很多无法把控的客观因素——比如平台，比如环境，它不见得给你很好的机会。

很多在中央电视台工作多年的著名主持人，在阅尽繁华以后，回到大学深造，像李咏和哈文目前都在读我的博士。也有不少著名的主持人在深造完后，留在学校教书。中国传媒大学不是一个纯粹的理论研究基地，这里的学术跟中国传媒的发展从来没有脱节，我主持的《现代传播》杂志可以说是很多中国电视前沿思想的输出地。《新周刊》曾经出过的中国电视红皮书，大部分的内容就是从我编的杂志里摘录过去的。

中国电视业不是绝望的。

2003年，凤凰卫视原执行台长刘春在我主编的《现代传播》上发表了两篇文章：《中国电视的盛世危言》和《CCTV这艘航空母舰将开向何处》。这两篇文章在当年中央电视台登峰造极时提出了危机。刘春说，新媒体的崛起，一定会打碎电视的垄断。当年电视业界对刘春这两篇文章反应很强烈。

2004年春天，我俩做了一个年度对话，叫《会诊中国电视》。那次对话里，我跟刘春已经说到，中国电视的冬天或许就要来了。

当20年前电视如日中天时，虽然我们意识到了，但还是没有料想到，今天的电视会被新媒体冲击得这么严重，甚至面临生存压力。

当然，对唱衰电视的言论，我也有不一样的看法。电视在几十年的积累中，形成了庞大的产业体系，这个体系恐怕也不是短时间内能消失的，他们有足够庞大的人力、物力和财力。中国电视业不是绝望的，电视的形态也会与时俱进地自我调适。

反而，电视人要感谢这个时代，媒体形态不断革新，让每个人有更多的选择。几十年来，虽然我在大学里做电视研究，坐的是冷板凳，但也要坐在冷板凳上马不停蹄地跟进中国电视的形式创新和观念创新。电视的内容和形式不停地在变来变去，有时会有眼花缭乱跟不上的感觉。一不留神，马上又过时了。不过，这也蛮充实的，一个人的一生，选择一个职业，如果他正好赶上的是最引人注目和成长发展速度最快的行业，能够有幸跟进和卷入，是一件幸事。

学者应该是社会的良知，特别是从事传媒研究的，更应该如此。学者的作风应该是实事求是的，而不是唯上或者唯市场，也不是武断地去胡编乱造。一个高水平的学者，他应该成为专业领域的风向标、标杆和尺度。

【刊发信息】《〈新周刊〉创刊20周年系列报道之二十年二十人·胡智锋》，《新周刊》，2016年。

影视产品的流通与规制：剖析境外影视剧管理新规

尊敬的受访者：

您好，感谢您接受《新闻界》的邮件采访。本期热点访谈的主题是"新闻出版广电总局的境外影视剧管理新规"。针对这一话题，我们设计了如下5个问题，邀您回答。您的回答长短皆宜、丰俭由人，甚至可以不必囿于话题范围，自由阐发。

《新闻界》"热点访谈"栏目的宗旨，在于记录下新闻传播学领域的一流专家学者和从业者对行业热点事件的见解与分析。您的回答将全文刊载于《新闻界》杂志上。

一、从今年3月对网络剧、微电影"先审后播"的要求，到4月《生活大爆炸》《傲骨贤妻》《海军罪案调查处》《律师本色》四部热门美剧被下架，再到此次对境外影视剧实施新规，我国影视剧的播放政策不断收紧。您认为有哪些因素促使国家新闻出版广电总局对网络影视作品和境外影视剧不断加强监管？

胡智锋：主要有三个方面的因素——政治因素、国家安全因素、文化因素。（1）从政治因素来说，我们和西方国家在核心政治理念与价值观、对重大问题的看法等方面，存在不少差异，乃至对峙。从这一角度说，西方影视剧中的一些内容与我们的所需所求、与我们的宣传任务相悖。（2）从国家安全因素来说，任何国家对待外来影视剧都有谨慎的一面，不免有或松或紧、这样那样的限制。我国从涉及反共、反华等国家安全的角度出发，必然也会对外来影视剧有一定的限制。（3）从文化因素来说，一些外来影视剧所呈现的价值观、生活方式，与我国的具体国情、文化生活习惯、道德规约不相适应，这也制约了其在中国的传播，需要一定的传播矫正。

二、境外影视剧管理新规对引进境外影视剧的数量做出了具体要求，单个网站年度引进播出境外影视剧的总量不得超过上一年度购买播出国产影视剧总量的30%，且明年4月起没有许可不得在网上播放。您认为此次境外影视剧管理新规的实施将对国内影视剧市场产生哪些影响？

胡智锋： 我认为有两点影响需要注意：一个是对等原则的提升，一个是民族影视产业得到保护。（1）关于对等原则的提升。过去中国影视剧从内容，到传播，到产业都过于弱势，难以谈及影视剧贸易对等的问题；而现在随着中国影视剧逐渐在国际上产生一些影响，得到世界各地不同程度的关注之后，贸易出口对等问题就逐渐摆在眼前了。欧美影视剧对我们的出口过多，当我们有还手之力的时候，能够和影视强国对话的时候，总有一个时刻，我们要开始不容许这种贸易逆差的状态持续下去。如果任外国影视剧倾来，我们的贸易与产业会处于更加不利的状态。（2）民族影视产业得到保护。在我国影视产业将要崛起，但同时积累不够丰厚、竞争力不强的状态下，更需要对我们的影视产业进行适当的保护。30%的量看似不一定太多，但长期下来，对于调整进口大于出口的状态，对于文化安全的护航，还是大有作用。

三、境外影视剧管理新规出台后引发了人们对于媒体生存空间被挤压的担忧，但也有人表示，除却境外影视剧，视频网站和电视台仍能通过其他节目找到生存平衡点。在您看来，更加严格的管控政策实施后，我国的视频网站和电视台将采取哪些方式以适应收紧的政策环境？

胡智锋： 应该说管控政策实施后，从整体上而言，对于视频网站和电视台影响不大。对于视频网站来说，船小好掉头，而且其内容来源不主要是外国影视剧，甚至外国影视剧这一来源对于视频网站来说也未必占多大体量，很多视频网站的内容主体还是用户自制视频（如微电影、休闲视频、具有信息传播意义的视频等）、国内电视剧和综艺节目，因此视频网站增长点很可能是多元的。而就电视台而言，其播出内容中外国影视剧本身占比就很小，更谈不上有多大影响。

四、有人指出，境外影视剧管理新规有可能破坏已经成熟的影视剧市场，影响文化的自由生长与流通。您是否赞同这一观点？为什么？

胡智锋：表面上看管理新规对自由市场有影响和干预，但市场从来就是通过"有形的手"和"无形的手"来调整的，政治和文化作为影响市场的重要因素，在世界各国的市场运行中都会产生影响，概莫能外。它们有时是隐形的，有时是显性的，如果缺少它们的适度影响，市场很可能混乱不堪。

五、有观点认为，新闻出版广电总局对影视剧内容的管控措施过于细致，从"抗日神剧""网络剧""宫斗剧""谍战剧"，到美剧、英剧，与其"一禁了之"，不如建立中国影视作品分级制度。您是否赞同我国建立影视剧的内容分级制度？为什么？

胡智锋：分级是一个复杂的工程，它有不少好处，它是一种理想。但对于中国而言，现实地看，设立分级制度在中国有困难。分级需要：（1）成熟的市场；（2）完善的法律；（3）健康的社会道德价值；（4）规范的社会行业。如果这四方面不够成熟、完善、健康、规范，分级制度的实现就不现实。

从我国的现状来看，第一，影视市场就不成熟，从票房和收视率造假中就可见一斑。同时，分级制度对应的是自由的市场，但我们的市场终究还是受较强的宣传管理因素影响的。第二，相关法律体系，如影视税法、电影法、电视法都远未完善。第三，社会道德和社会价值对影视内容的评判都还不一致，比如简单的影视中该不该出现吸烟的镜头、粗口的台词，我们的认识都存在争议——在"还原真实"和"有害观瞻"两个观点中角力。第四，我们行业的发展不够规范，为什么我们对电视剧有那么多禁令，这本身就说明影视剧自身发展标准就不够稳定。此外，中国文化习惯于弹性方式处理问题，比如许多社会问题习惯于用社会舆论、公共评价进行调整，而并不十分习惯于西方的精确度量式的行为方式，这可能也是分级制度推行在中国有一定难度的深层文化心理因素吧。

【刊发信息】常江、杨奇光：《影视产品的流通与规制：剖析境外影视剧管理新规》，《新闻界》，2014年第20期。

泛娱乐化时代的电视传播与公共坚守

——访教育部"长江学者"、中国传媒大学胡智锋教授

对于我国电视发展史来说，1958 年是一个特殊的年份。在那个大跃进年代，中国的传媒事业也跃进到了一个新的阶段——视听媒介粉墨登场。1958 年 3 月 17 日，国营天津无线电厂研制的中国第一台电视机，一台北京牌 820 型 35cm 电子管黑白电视机在北京试播成功，这台电视因此被誉为"华夏第一屏"。当年 5 月 1 日，我国的第一座电视台——北京电视台（中央电视台的前身）开始实验播出，6 月 15 日播出了我国第一部电视剧《一口菜饼子》。9 月 2 日，电视台正式播出，从此拉开了中国电视传播的序幕。50 多年来，中国电视荧屏日渐丰富多彩，逐渐成为社会生活中的第一媒体。电视传播无远弗届，它以视听兼备的形象性和生动性，深刻影响着普通大众的日常生活。

电视传播既是一种技术，更是一门艺术。在胡智锋教授看来，"电视传播艺术，存在于电视生产与传播的全过程中。它既是一个学术名词，又是一个实践活动领域；既指向电视传媒，又联结着更广阔的社会生活空间；既是中国的，也是世界的"。[1]的确，电视传播记录着时代变迁，关联着时代变迁，同时也为时代变迁所形塑。今天，世界已进入一个 Daya Thussu 教授所说的"全球化娱信"（global infotainment) 时代，收视率驱动的电视传播更青睐于私领域的软信息，甚至战争与冲突也被以娱信的方式呈现。[2]那么，在这样一个

---

① 胡智锋. 电视传播艺术学 [M]. 北京：北京大学出版社，2004。
② Daya Thussu . News as Entertainment: The Rise of Global Infotainment [M] . London: Sage，2008。

"娱乐至死"的泛娱乐化时代，电视媒体又如何"艺术"呢？在市场化、商业化洪流的裹挟下，电视媒体还有必要坚守公共性吗？面对互联网多媒体的竞争与挤压，有着50多年发展历史的中国电视又将何去何从？围绕这些问题，笔者对教育部"长江学者"、中国传媒大学胡智锋教授①进行了专访。作为新闻传播学界第一位本土培养的教育部"长江学者"，胡智锋教授在广播电视艺术学的基础理论，如电视艺术美学、影视文化、电视传播艺术等方面进行了开拓性的研究，同时在广播电视电影实践，如电视节目研究、电视策划研究等方面形成了广泛的影响力。近年来，在探索国家影视文化发展战略方面，如广电公共文化服务、国家公共文化服务等，胡智锋教授也用力甚多，其研究成果已为决策层制定行业发展战略时所吸收。2009年，在由中国广播电视协会举办的"相伴成长见证辉煌——影响中国广播电视进程的60个人物"评选中，胡智锋教授顺利入选，当选为"新中国60年影响中国广播电视进程的60位人物"。

一、"三品"电视：时代呼唤与时代变迁

潘祥辉： 胡老师是业内为数不多的"两栖学者"，在学界和业界都非常受到认可。那么首先我想了解一下您是从什么时候开始踏入这个领域，并且又是怎样做出这些成绩的？

胡智锋： 我觉得一个人的成长和时代提供的大环境及机遇是分不开的，和个人创造性地去发现机会和把握机会也是分不开的。我是1981年在山东大学中文系读本科，1985年继续攻读研究生，做现代戏剧史研究。1988年毕业分配到了北京广播学院（现在的中国传媒大学）任教，在文艺系做老师。1993年做了副系主任，后来成了电

---

① 在电视美学研究中，胡智锋教授把"点"的选择、"线"的描述、"面"的展开和"体"的综合有机地融会贯通。他以"电视真实"为逻辑起点，以"多重假定的真实"为前提，以"生活真实感"为旨归，深入解析了电视美学的本质，不仅构建了电视美学的学科体系，也拓展了传统美学研究的视域。胡智锋教授关于电视美学的著作主要有三本：《电视美的探寻》，华中理工大学出版社1998年版；《电视美学大纲》，北京广播学院出版社2003年版；《电视受众审美研究》，北京师范大学出版社2010年版。

视学院创院的领导人之一。再后来又负责《现代传播》《中国传媒大学学报》的工作一直到现在。2006 年做了文科科研处处长兼学报主编，这就是我在学校工作的简单履历。

我的学术道路的建构其实首先得益于中国电视在 20 世纪八九十年代的快速发展与进步。改革开放期间各行各业都有了长足的发展，其中电视是最有标志性的快速发展的领域之一。在这个过程中，中国的广播、报纸、杂志，包括通讯社，在电视的快速成长中备受冲击。电视成了八九十年代最具影响力的大众传媒，而我正好是 80 年代后期来到北京广播学院任教。在电视行业的快速发展中，有一种东西是被大家迫切需求的，这就是理论的解读、阐释以及理论的指导和前瞻。这是一种时代的呼唤，时代的需要。一方面，电视的发展需要回望，它到底是怎么过来的，为什么走了这样一条路。另外也需要前瞻，它将走向何处。这是一个快速发展的领域提供的特别好的机遇。这样我就一步踏入了这个领域。在这个时代，电视是最具关注度的、最具影响力的研究对象，它提供了非常丰富的案例和素材。可以说这是一个千载难逢的机遇。其次，北京广播学院又是一个专门从事广播电视教育的机构，大量的人才培养，大量的科学研究和大量的社会服务工作对接的正好是电视。电视行业会直接地来广播学院寻求智力支持，而广播学院也正好在从事这个领域的工作，也需要实践的素材去丰富教育的内容和办学资源。这个就给了学校和业界良性互动的平台和机遇。

当然，机遇在并不等于机会就在。机会还是靠人去发现和选择的。我想在发现机会和掌握机会这方面，现在回过头来看我应该还是做了正确的选择。其实我是一个从传统学科成长起来的教师，到了广播学院工作后有一个难题，就是如何从文学研究、戏剧研究这些相对传统的研究里找到在这里的一个结合点。开始的时候，我是从戏剧直接转到电视剧，我觉得从戏剧转到电视剧是相对直接的。而且当时电视剧也正好是大规模崛起的时候，有很多优秀的电视剧需要去解读。一个是做电视剧的剧评，一个是做电视剧的创作，一个是做电视剧整体的潮流和类型的分析。这是我刚进学校找到的研究结合点——就是研究电视剧。但后来我发现，仅仅做电视剧，在整个庞大的电视体系中是远远不够的。电视剧虽然相对来说占的篇幅大，但是从电视媒体的运营来看，它并不是最日常的。而主打的是非虚构的内容，比如新闻、纪录片和各种专栏节目。这才是电视最日常的家常菜。所以我开始向其他的内容，比如新闻、纪录片进军。当时我就有一个信念，如果我要教好学生，那么我就必须要掌握足够丰富的素材。如果我要做好电视研究，那我就必须要掌握它最丰富的内容。我不能仅仅局限在电视剧方面，我还应该考虑新闻、纪录片和其他各种专栏节目。这样一来，我就有意识地选择各种类型电视节目，比如少儿节目、音乐节目、谈话节目、综艺娱乐节目等等，各种类型节目我都去介入，主动地借助学校的各种资源和我个人在教学过程当中接触和结识的媒体的朋友，并且积极地参与到媒体当中。

当时的参与实际上是没有任何费用的。在那个年代还没有现在市场化的运作。我所有的付出，比如辛苦地跑到媒体去，其实都是自己要付出成本的。我就是为了自己的研究、自己的教学能找到足够丰富的素材。在自己的积极努力下，我掌握了若干类型节目。1991 到 1992 年间，有一个机会从天而降。这就是学校要组织《中国应用电视学》这本大书的出版，当时几个元老负责这部书，一批著名的专家做编委会成员。在他们的架构中，有一章"电视美学"没有合适的作者，有人推荐我参加。我当时在文艺系，而书是电视系组织的，我是跨系参与。这个机会对我来说是我学术生涯当中最重要的一次转型。我从对一些节目零打碎敲地接触和参与，转向对于电视比较理性的思考。我非常认真地做了七八个月的功课，最后在 1992 年交稿的时候得到了所有编委会成员的高度评价。这是在我学术生涯中最成功的一次起步，我第一次比较完整系统地构建了中国特色电视美学的框架。

这个成功的理论架构，让我获得了一个很重要的学术自信。我开始进入了电视学术领域。这之后，影响力也开始提升。20 世纪90 年代以来，随着电视栏目化的发展，我先后参与了《东方时空》《12 演播室》《新闻调查》《实话实说》《艺术人生》《中华医药》等近百个品牌节目以及一些大型晚会。我在媒体的节目策划过程当中，积累了丰富的养料。特别是在1996年的纪录片《香港沧桑》中，我跟刘文——现在央视纪录片频道的总监，成了好朋友，我参与跟进、创作了他的很多节目。除了这些单批节目、大型节目、综合栏目，还有各种类型的节目、栏目，包括影视剧，我都在不停地介入。这个过程当中，关于电视节目策划，我的理念越来越成形。

在此间，我第二次学术生涯的跨越是影视文化研究。这个机遇是我自己看到的。我感觉到，美学研究是一种相对封闭的文本研究或者内容解读，它还是在传统艺术学、美学的基础上延伸。但是对于电视这种复杂的生产传播的过程，它以内容为核心，涉及经营、运作、管理和科技，它是一个综合性的系统。要想全面地驾驭这个领域，需要的知识结构是非常复合的。在1990年左右做电视剧研究的时候，我就感觉到艺术研究不能够涵盖影视特别是电视这个复杂的系统，需要去拓展它的视角。我发现文化的研究可能是更全面，或者说更整体性、更宏观的一种视角。从课程上讲，我创造了影视剧文化这一门课，我一直在往前推进对影视文化的整体研究。成果就是在世纪之交推出的《影视文化论稿》一书。[1]后来的《影视文化前沿》中我又做了大量延伸性的研究工作。[2]这是我的第二步。

第三个飞跃应该是影视艺术传播学的建构。其实电视传播学对接业界也就是主要对接电视和策划。基于我多年的媒体参与经验，特别是从世纪之交开始，我已经从节目策划、栏目策划介入到频道和媒体的策划。20世纪以来，包括各个省级卫视的定位、整体的媒体战略、一些重大的重要的创新频道，比如2000年央视科教频道的建构，后来新闻频道和现在的纪录频道，我几乎都是第一策划人，或者是主要策划人，像科教频道几乎都是我做的。在这过程当中，我积累的媒体策划的经验越来越丰富。我在北师大师从黄会林教授在职攻读博士的时候，我想我的博士论文应该有一个新的学科构

① 胡智锋.影视文化论稿 [M].北京：北京广播学院出版社，2001。
② 胡智锋.影视文化前沿："转型期"大众审美文化透视 [M].北京：北京广播学院出版社，2004。

架。我一直在想，这种零散的节目策划怎么样才能升格到一种学科学术的状态？后来我就把传播学和艺术学打通，创造了一个传播艺术的概念，这个概念现在是广为流传的。我把我理性的思考和丰富的实践体验结合起来，进行了一个比较抽象的学术提炼，最后就锻造出传播艺术的概念。博士论文在2002年就写完了，2004年《电视传播艺术学》公开出版。

这些年围绕着电视节目策划，我还出版了一批中国电视节目策划设计方面的专著，包括《电视节目策划学》①《内容为王——中国电视类型节目解读》②。从学术研究的历程来讲，我是从电视美学的构架转至影视文化的构架再到电视传播艺术的构架，完成了三步走。这当中我将理论思考、教学科研和实践活动有机结合起来。在中国传媒学术领域，把理论和实践自觉地有机结合，并进行创造性的阐释和提升的，我算其中一个。

潘祥辉： 从电视美学到电视文化学再到电视传播艺术学，您确实一直在求新求变，这个过程也伴随着中国电视的大发展，您一直是一个观察者、记录者，也是一个参与者。能否谈谈这几十年间电视媒体自身的演变？20世纪80年代电视媒体刚刚出来的时候，它在老百姓的生活当中，在整个社会发展变迁当中的角色，可能与今天有很大不同。

胡智锋： 是的。关于中国电视的变迁，我有一个"三品"的概括和表达③：它经历了从宣传品主导到作品主导再到产品主导这样一个阶段，这是针对中国电视内容生产的演变所做的概括。宣传品主导是改革开放之前，那个时候是计划经济时代，是国家相对封闭的一个时代，是以阶级斗争为纲的一个时代，这个时代意识形态的博弈和斗争不只是对外的，对内也是很激烈的。这样一种时代氛围决定了电视在那个时代个人性的创造是不被尊重的。那个时候所有东西都是以国

---

① 胡智锋.电视节目策划学 [M].上海：复旦大学出版社，2012。
② 胡智锋.内容为王——中国电视类型节目解读 [M].中国国际广播出版社，2006。
③ 胡智锋、周建新.从"宣传品""作品"到"产品"——中国电视50年节目创新的三个发展阶段 [J].现代传播，2008(4)：1—6。

家和政府的名义进行宣传教导的。电视和老百姓的关系是居高临下的训导关系，尽管也有一部分娱乐节目的内容，但是它是次要的伴随性的。到了改革开放的20世纪八九十年代，电视在整个社会当中的角色发生了变化，它从一个训导者变成了一个产品提供者，提供思想、提供观点、提供审美、提供情感。这一阶段起主导性的更多的是电视从业者自身。伴随着电视媒体的普及，电视从业者的主体地位也在提升。在整个八九十年代，优秀的电视人一直在呼应和顺应时代热潮，如文化热潮、思想热潮等来提供电视作品，提供一些专业化的诉求。电视从业者把他们个人的思考、情感，和这个时代的需求、国家的需求以及百姓的需求紧密地结合起来，进行探索和创新。这个时候他们提供了一大批优秀作品，也进行了很多创新。包括我提到的80年代电视的形式创新，像电视专题片、电视综艺，1983年的春晚等都是创造性的。也包括电视剧的突破，从单本到连续，从舞台化到电视化，从凡人小事到历史人文和经典名著的改编等。还有电视专题片，像《话说长江》《话说运河》都是这个时候出来的。包括电视节目主持人这种标志性的人际传播符号，也是这个时期出现的，如赵忠祥、宋世雄、倪萍这样一些代表性的人物。所以整个80年代是一个形式创新的年代，它伴随着改革开放的第一阶段。它的主旋律是激情昂扬的，高歌猛进的。

到了20世纪90年代，改革开放走向深入，我们打开国门看到了世界。在中外电视交流中，中国电视继续推陈出新。用我的概括来说，就是5种观念的创新：90年代初期以《望长城》为代表的电视纪实观念；以《东方时空》为代表的栏目化观念；以《实话实说》为代表的电视谈话观念；以香港回归直播为代表的电视直播观念；以《快乐大本营》为代表的电视娱乐观念。①这5种新观念的更替，从90年代初到90年代末是快速推进的。在这个过程当中，电视纪实颠覆了电视专题；电视的栏目化编排替代了电视的节目化编排；电视的谈话从本性上重新挖掘了电视不仅仅是以影像作为本体，同样是声画合一的，谈

---

① 胡智锋.电视的观念［M］.北京：北京广播学院出版社，2004。

话可以作为主体；电视直播替代了录播；电视的娱乐观念则颠覆了传统媒体的居高临下的宣教观念。这些观念的更迭使中国电视人的思想获得了大解放。电视的生产能力，还有我们对电视本体的认知以及电视传播的各种可能性都在这个阶段做了全面的开拓。电视于是在90年代达到了更深、更广、更高的程度，获得了第一大众传媒的地位。这个阶段是作品主导的阶段，也是电视从业者主导的时代，是电视人自身主体解放的时代，成就了一大批电视作品。

到了90年代后期以及世纪之交过后，中国的市场经济改革不断深入，电视进入了产品主导的时代。这个时候，能明显感觉到观众作为主体的地位在上升。电视观众不论是作为消费主体还是欣赏主体，他对电视有了更加强烈的主动选择的欲望和机会，因为遥控器掌握在他手里。电视生产能力的提升使电视节目的数量越来越大，自然观众就可以自主地进行选择。另外，电视找到了广告这样一个非常好的运营手段和商业模式。这种商业营销模式使得广告和收视率紧密地捆绑在一起。收视率高就意味着广告投入的可能性大，广告的价码就会上升，媒体的收益也会增加。在中国特色社会主义市场经济的探索当中，电视也进入了市场化、产业化探索的阶段。在这个阶段，从电视内容生产而言，产品成为主导；从主体而言，观众成为主导。这个阶段观众就是上帝，收视率至上。电视和观众的关系和宣传品时代刚好颠倒过来。要说中国电视的变迁，大体上的潮流是这样的。

二、求新求变： 新媒体冲击下的电视生存

潘祥辉： 以我的观察，电视媒体的演变类似于一个倒U形曲线。中国电视从1958年开播，很快后来居上，超越报纸、广播成为第一媒体。但是我们发现，今天它正受到网络媒体的强力挑战，第一媒体的地位岌岌可危。最近一项调查数据显示：北京地区电视机开机率从3年前的70%下降至30%。那么您对电视媒体的这种演变以及新媒体对它的冲击有何看法？

胡智锋： 你说的这个数据我也看到过。关于新媒体，特别是网络、手机对传统电视的威胁，过去在电视强势的时候，比如说在世纪之交时这一点还不明显，但21世纪以来特别是最近几年，网络、手机的快速成长使两者的地位、关系发生了越来越大的变化。网络和手机作为终端越来越成为广大观众特别是年轻一代主要的信息获取渠道和方式。家庭看电视的时间或者说开机率的确大大地下降了，变成了中老年和少儿的专利。新媒体的快速成长使得传统电视的收视率在下降，关注度在下降，也使得电视的收入在下降，这是事实。在这种情况下，电视的空间在哪里？大家都很焦虑。但我认为，从全世界看，电视依然会是一个主流媒体。为什么呢？第一，电视依旧是一个伴随性媒体。电视跟报纸不一样，报纸不具有伴随性，它要专门去购买才行。而电视只要你打开，它就可以伴随你，就像时钟一样地跟随你。这种伴随性的功能如果有全新的内容，它依然是有吸引力的。例如我们如果能将它直播化，让以常规的资讯频道为主的电视处于直播状态，也就是让它随时随地进入现在进行时，它跟你的日常社会生活是相伴相随的，那么电视依然有它的竞争优势。第二，电视作为高端发布的平台，不像网络手机一样是海量信息，它的信息是经过处理、加工和审查的，它是代表某种机构（政府或企业）的利益和意志的，因此电视就有一定的权威性。这个也可以保证电视的竞争优势，比如说，在今天海量的信息传播中，谣言和一些多余的信息是经常存在的。但是我们如果看电视媒体，它提供的应该说大多数还是可靠的和有一定权威性的信息，因为它经过了严格的审查和淘汰。当然，也难免造假，但那是极少数的。第三，电视还有一个非常大的优势，就是它多年累积的一支庞大的、业务精良的制作队伍，使得它拥有其他媒体（如视频网站）不具备的能力。他们能制作出一些高端的、高品质的作品，比如说优秀的电视剧，大型的媒体活动（如《感动中国》，春节联欢晚会等），大型或优秀的纪录片等。例如《舌尖上的中国》《故宫》《再说长江》《大国崛起》这样一些优秀的纪录片；《潜伏》《人间正道是沧桑》这样一些优秀的电视剧，新媒体都不具备这样的制作能力。再加上政府目前的掌控，中国电视还是可以保住其强势媒体地位的。总之，我想有三条：一是信息发布的权威性，二是直播的日常化，三是高端的大制作，这是电视媒体跟新媒体竞争的优势所在。

潘祥辉： 在应对新媒体的竞争中，电视媒体确实也在不断地求新求变，就像您刚才讲的电视直播更加常态，更加注重权威性，一些电视大片也被制作出来等，这是竞争带来的好的一方面。但是另一方面我们也注意到一个负面的后果——就是电视越来越娱乐化、低俗化。因为它必须打收视率，这就不可避免地出现了一种娱乐化的风潮，这也是很多人在批评和反思的。您一直在谈电视审美和电视文化，但在这样一个充满竞争的商业化时代，跟电视谈文化和审美会不会成为一个堂吉诃德式的问题？

胡智锋： 我想娱乐化是电视发展的一个自然规律。电视媒体在它起步的时候就是一个娱乐媒体。全世界的电视媒体在一开始时就是两条：信息加娱乐。娱乐是它的应有之义，因为电视媒体是人们日常生活的伴生物。娱乐是所有人都可以接受的一种内容，也是电视最核心的一个内容。娱乐是电视受众什么时候都需要的内容。哪怕在我们最为严肃的宣传教化时代，娱乐也是存在的，比如相声、小品和一些综艺性的电视节目。但电视娱乐样式也在变化，不断增加花样。如从过去的"主持人秀"变成了"真人秀"，"真人秀"之后又出现了"才艺秀"，后来出现了PK，也就是选秀。选秀又从歌手延伸到了婚恋交友，现在又有了声音的PK，像浙江卫视的《中国好声音》。这些不断翻新的花样其实骨子里的品质是没有变化的，那就是给老百姓带来一种轻松的、休闲的快乐，这是电视的本质追求。实际上，不管通过哪种方式获取快乐，都是审美文化中必须关注的。我觉得审美文化并不仅仅是所谓的阳春白雪。就电视文化来说，大众性、通俗性、休闲性和娱乐性的内容是其基础的内容，这是无可厚非的。当然，我们也要警惕，在娱乐的旗帜下会不会走向底线的突破。商业竞争促使大家要争夺眼球，那就会有人用短平快的方式来刺激观众，如用不堪入目的图像，用低俗的语言、动作、表情来表达，甚至色诱的内容也不断出现，这在全世界都有这样的情形。但在世界大背景下，我们更要看到规律性的东西：这些突破底线的娱乐视听短期虽然刺激了人们的眼球，但瞬间刺激不会长久。能长久的一定是有内涵的东西，如向上的精神、勇敢的品质、励志的故事，那种与和谐社会相得益彰的东西。我们的电视既要主张自我张扬，也要做到尊重他人，有爱心、有关怀，才是最长久的。这些内涵与低门槛的娱乐相结合，才会爆发出它们长久的生命力。

潘祥辉： 您觉得国内现在有哪些节目能达到或者说能接近您说的"有内涵的娱乐"这个标准？

胡智锋： 在我们中国的电视荧屏上，现在除了央视、湖南卫视这些传统的有优势的媒体节目，比如央视的《星光大道》和湖南的《快乐大本营》这些品牌栏目，新的三驾马车当数江苏、上海和浙江。如江苏的《非诚勿扰》，浙江的《中国梦想秀》和《中国好声音》，还有上海的《中国达人秀》等都做得不错，彰显了节目个性和栏目品牌。

潘祥辉： 接下来我们来谈一谈本土化问题，本土化也是您一直在研究和关注的问题。①目前中国电视很多节目都是从西方学来的，甚至是原封不动地搬过来，节目同质化的现象也比较严重。怎样看待电视节目的全球化和本土化之间的关系？

胡智锋： 本土化是在全球化的基础上提出来的。全球化是一个不可阻挡的趋势。从20世纪90年代一步步走到加入WTO，中国的影视文化越来越开放。尽管电视受到意识形态的约束没有完全开放，但我们同国际间的交流和互动越来越密切。在这种情况下，中国的媒体要走哪种路线，众说纷纭。有的说走欧洲路线，有的说要走美国路线，还有的说要走日韩路线，见仁见智。我则提出了本土化的概念。在我看来，中国的电视要走本土化路线是很迫切的。我的理由有两点：第一个理由，中国是一个很大的国家，中国有中国特殊的国情，这么庞大的国家不能简单照搬西方。中国的电视媒体形态是历史形成的一种格局，它发展的道路跟中国的社会体制、政府的治国理念，乃至幅员辽阔都有关系，所以我认为中国电视应该走的是依托中

---

① 胡智锋.电视的观念［M］.北京：北京广播学院出版社，2004。

国国情的一条特殊的路线。第二个主张本土化的理由是，从全国的角度来讲，中国的内部差异太大，受众千差万别，我们也应该根据不同地域的受众需求来做这种本地化的选择。这也是我本土化概念的两层含义：对于全球，应该选择中国道路；对于中国，应该选择本地道路。

潘祥辉： 说到本地道路，我发现很多媒体也在尝试，例如一些调解类的栏目，比如杭州台的《钱塘老娘舅》，包括一些民生新闻节目都很有地方特色，是不是也属于本土化在这方面的探索？

胡智锋： 是的。像方言节目以及和本地生活息息相关的节目都是。本地化一定是最容易抓住受众的。因为受众对本地有归属感，也有对地方性的需求。像上海、江苏这一带的受众和甘肃、宁夏、青海肯定有不一样的需求，因此就会有差异化的选择，本土化就是电视竞争的一种差异化战略。

三、公共服务： 电视媒体的公共性及其体现

潘祥辉： 电视的公共服务及媒体的公共性问题也是胡老师关注的领域之一。在您看来，在当下面临的政治和市场的双重压力下，电视媒体还有公共性可言吗？ 表现在哪些方面？

胡智锋： 公共性是个西方的概念。公共性要求媒体站在政府和市场之间的中间地带，面向所有人服务。在政府和市场调控或救济不到的地方，就应该有媒体去关注。如对弱势群体的关注，比如妇女、儿童、残障人士等。在经济社会不发达的时候，物竞天择，这些人群的权益得不到保障。但当社会发展到一定程度时，就需要由社会、政府、媒体或个人的力量来关注这些人群，这就有了媒体公共性的概念。在我看来，我们今天的电视媒体开始进入这个状态了，公共性有所体现。随着改革开放后经济水平的提高，中国积累了越来越多的财富，公共服务的意识也伴随着GDP的增长而增长。近年来我们国家对弱势群体的扶助，比如农民工、失学儿童等，出台了不少政策。整个社会的公共意识也在提升，NGO组织越来越多。我这些年也在牵

头做一些公共文化服务方面的课题，推动公共文化免费服务。美术馆、博物馆、图书馆三馆免费开放，是文化部的一个重大政策。我很欣慰地看到我牵头做的课题能够转化为国家的重大决策。我们的广播电视也在做公共服务，如村村通、户户享（或者叫户户通）。可以发现，保障所有百姓收听收看广播电视的权利，正在提升和强化，而且要求质量提高。另外，我觉得电视传播内容的公共性也在随之加强。这些年从一些慈善救助活动到大型的赈灾活动，媒体都发挥了一个社会公器的作用，特别是在汶川、玉树地震这些重大灾难面前，电视媒体的社会动员力量是高于其他任何行业的，它冲在了第一线，迅速有效地进行社会沟通，稳定了人心，聚集了救援资金，这对于救灾和灾后重建都起了非常重大的作用。这就是公共服务。

这些年我看电视的公共性是在扩大的。比如在婚恋这个领域，不管有多少人否定婚恋节目的真实性，但是我们客观地说，它极大地推进了社会成员间的交往，为打破人与人之间交往的局限，提供了一个很好的空间和平台。再像民生新闻，它贴近民生，在社会帮扶中也扮演了一个公共服务者的角色，满足了老百姓各种各样的生活需求。即便综艺选秀节目也有其公共性的一面。其实选秀本身也是一个公共平台，百姓在这个平台上展现自我，使得社会处于一种很活跃的状态。媒体提供的这样一个公共平台，使很多人通过这个平台获得了成功，获得了满足，这些我想都是电视公共性的表现。当然，它在文化教育领域还有更多的发展和提升空间。

潘祥辉： 为了体现电视的公共性，2003 年前后我们还开通了公共频道。中国电视的公共频道能体现电视传播的公共性吗？能否谈一谈您对公共频道的理解。

胡智锋： 公共频道在中国的电视媒体当中有两层意思：第一，为社会提供专门的公益性和公共性服务，这也是它设立的动机之一；第二，借广播电视体制转型之机，搭建一个平台让那些低级别的市县媒体有一个展示它们声音和影像的阵地。但实际上，这个公共平台的搭建是有一些问题的。最主要的问题是，电视在中国没有明确划分出政府台、商业台和公共台。公共频道和其他频道一样，兼具意识形态色彩、商业色彩和公共色彩，它是"三位合一"的。事实上，中国电视没有一个频道没有商业性和公共性，也没有一个频道可以脱离意识形态的管制。中国所有的频道都是"三位合一"的。你要像西方一样建立一个独立的公共频道这本身是不现实的。你要脱离意识形态的管制这也是行不通的。你又要脱离市场，没有市场的支持你就没法运转，那么它只能变成一个怪胎。公共频道还有一个问题就是责权利不清。如省级公共频道的搭建是要让地市一级的在这里运作，这当中的责权利是十分复杂的。在现实运作中由于不同的财政来源、财务制度，以及区域和技术方面的问题，地市和区县的需求和搭建的平台、提供的条件经常是冲突的。也就是说你提供的不是他想要的，他想要的是你提供不了的。各方所需的技术保障、财政制度或者利益分配没有办法协调，或者需要很高的成本才能协调。这些问题的存在就使我们的公共频道形同虚设。既然其他所有频道都可以代替你的功能，我们要单独做个公共频道干什么？因此公共频道名存实无，很多电视台都是借用这个公共频道的呼号改造为其他的频道，根本不是什么纯公共性的电视频道。

潘祥辉：公共频道"名至而实不归"，这也是中国电视的复杂性所在。我们注意到，前段时间有不少学者在力挺"重庆模式"，重庆卫视改革是"重庆模式"的一部分，在2011年3月1日它宣布取消商业广告，并以打造"公益电视"之名进行了大刀阔斧的改革。有新闻传播学者在重庆卫视中找到了中国公共电视的影子，对改版后重庆卫视的公共性寄予了很高期许。那么，对于重庆卫视这个样本您又是如何评价的？

胡智锋：重庆卫视，道理很简单，它企图构建一个脱离市场的频道，在动机上我觉得是一个好的动机，但是在效果方面无法如愿，在现实性上也是不具操作性的。它的前提是政府全额拨款维持频道运转，实际上它的体制就是回到了过去。这个和中国电视自身的市场化探索是相矛盾的。在中国，未来也许会出现真正意义上的公共频道，或者将来逐渐将政府媒体、公共媒体和商业媒体慢慢分开，但前提是必须要一个更加成熟的市场和更加成熟的社会才有可能实现这个蓝图，这是个漫长的积累过程。目前可能就是这样一个"三位合一"的模式，所谓公共台或商业台或政府台，最多只是有所侧重或有所偏重而已。

潘祥辉：最后一个问题，作为《现代传播》的主编，您怎么看待国内的电视传播及传媒研究？

胡智锋：从1979年创刊，《现代传播》的创办差不多有30多年了。《现代传播》的定位随着中国传媒的学术发展而不断调整，但核心的东西是没有变化。我接触《现代传播》15年之久，逐渐把它回归到传媒学术与业务交流平台这一角色。这么些年我们积极关注传媒业界和传媒学术的动态发展，在议程设置上我们一方面跟随，一方面引领。跟随就是我们必须关注现在的前沿动态，引领就是我们要为正在发生和尚未成熟的领域开辟道路。

就中国的传媒研究而言，我个人感觉有几点要注意：在建设性的意义上来讲，我觉得中国的传媒研究，第一要在价值观上有中国立场。中国的传媒学应该依托于中国实践，要找出中国特色的传媒学术研究路径。中国传媒学术既要和世界传媒学术相结合，又要有中国学者的独特观察和思考，要有中国的价值观、中国的视界、中国的立场。没有中国的立场，跟着西方走就无法站得稳、站得住。第二，我觉得在方法论上应该是质化研究和量化研究相互结合。在我们人文社科研究特别是传媒研究中，质化研究和量化研究各领风骚。最近是所谓刻板的量化研究成了一个潮流，好像如果你不做数据就不算是研究，这个我并不赞同。不同的研究有各种不同的方法。不同办法的融通结合才是最理想的。当然会有所侧重，比如偏质化和偏量化也是可以的。质化研究和量化研究都有价值的，质化研究的人文感和量化研究的扎实感都是必不可缺的。第三，我强调学术研究的专业化。我们的学术研究要有现实的问题意识，要有历史的纵深感，要有理论的高度和实践的效度。现实的、理论的、历史的和实践的，学术研究要在这四维结合上体现出专业水准。现在我们传媒研究的专业水准和人文社科其他领域比如法学、文学、历史学、社会学等等相比，我们在专业性上品质还不够高。一方面是我们的研究对象——活跃的动态传媒限制了我们，另一方面我觉得很大的问题在于我们自身的专业技能和研究专业化水平还有待提升，这是我们面临的一个很重要的问题所在。总之，价值观上中国化，方法论上人文化、科学化以及研究水准上的专业化，这都是我们学界所需要的。

潘祥辉： 胡老师给我提供了许多有益的启示，感谢您接受我的采访！

胡智锋： 不客气！

【刊发信息】胡智锋、潘祥辉：《泛娱乐化时代的电视传播与公共坚守——访教育部"长江学者"、中国传媒大学胡智锋教授》，《浙江传媒学院学报》，2012年第6期。

齐心合力 建好交流育人平台

——专访我校"长江学者"特聘教授、《现代传播》主编胡智锋教授

由中国人民大学人文社会科学学术成果评价研究中心联合书报资料中心研究的"2011年度《复印报刊资料》转载学术论文指数排名"及《研究报告》于近日正式发布。我校出版的《现代传播——中国传媒大学学报》在多项排名中名列前茅。

近几年来,《现代传播》先后被评为"全国中文核心期刊""中国新闻传播核心期刊""中国人文社科学报核心期刊""国家信息与知识传播核心期刊""中国社科引文索引来源期刊""中国广播电视优秀学术期刊",并获得了北京高等学会社科学报一等奖、全国百强社科学报等奖励。学报发表的论文有近20篇被《新华文摘》转载和摘登、百余篇被"人大复印资料"全文转载和摘编。在中国记协、中国广播电视学会、中国电视家协会等上级单位举办的评奖中,学报的专栏、论文、编辑、作者多次获得嘉奖。

《现代传播》作为理论研究成果的搭载平台,是由我校"长江学者"教授、文科科研处处长胡智锋教授主编的一本学术期刊。它不断发展进步,由一份学报成长为国家级名刊,这是一个优秀带头人、一支优秀团队以及多方支持与努力的结果。

准确定位 创新平台

《现代传播》创刊27年来,经过历届同仁的艰苦奋斗和拼搏努

力，已成为中国广播电视基础理论研究最重要的学术阵地、大众传播领域引人注目的一面旗帜和与世界传媒事业接轨的桥梁和纽带。

"《现代传播》是一本学术杂志、期刊，是一个交流平台，能走到今天取得现在的成绩，与各方的支持与努力是分不开的。比如学校的大力支持、业界专家学者和广大读者的认可及团队的努力与合作。而另一方面也在于它的特色和正确的定位。"据胡教授介绍，中国的学术期刊，特别是大学的学报，有两个倾向：一个是过于书斋化，一个是学术含量不足。"我们的特色是在学报和专业的新闻、传播专业期刊两个体系当中找到了它的特殊性。"

胡教授告诉记者，《现代传播》的特色首先是"传媒特色"。在人文社科的1500多份学报当中，《现代传播》不同于那些综合性的书卷色彩的纯学院派，而是带有很强的现实性、针对性和时间性。"中国所有的学报中，只有我们突出了传媒的特色，突出传媒、传播的概念，因而使它'鹤立鸡群'。我们学校其实也是多学科，但是在我看来，这些必须都要跟传播有关，不然的话就是没有特色的东西，是不能很好发展的。"

其次是"学院（学术）特色"。据胡教授介绍，新闻传播专业期刊一般都是由新闻传播的一线实践部门，如新闻出版总署、国家广电总局、中央电视台、新华社、人民日报等来创办，实践性比较强，相对来说可能学术含量较低。因此在新闻传播类的期刊当中，《现代传播》又打出了"学院派"的特色牌。在这两个交叉点上，我们打出的旗号就是"《现代传播》是一份以广播电视为中心的传媒学术期刊"。

与时俱进 "有为方有位"

"做《现代传播》要有很好的引领意识，能引领学术潮流、传媒潮流，要有使命感，让人们关注你的思想观点，从中获取知识、力量、新知。要'与时俱进'。"胡教授说，"这体现在话题设计、更新、追踪、创造上，其中最突出的就是'年度人物对话'栏目，这个可以说是我们刊物标志性的一个特色。我们坚持'开门办刊'，广泛地走向社会，连接社会各界和学界的专家学者，让他们来关注关心这个刊物并通过稿件等形式积极参与进来。"

现在，《现代传播》的很多文章都成为国家重大决策的理论依据，然而谈起该刊物的发展历程，胡智锋教授感慨地说："1997年接手时，《现代传播》还是负资产，债台累累，并陷于官司危机中。可以说是'临危受命，任重道远'。"在胡教授带领下，经过三年时间的改版，借助它不断上升的影响力，将自办发行改为邮局邮发，通过"优稿优酬"和良好的服务意识吸引了一批优秀读者、一流学者，《现代传播》的发展渐入正轨。"学校领导及相关部门的关心与支持对刊物的成长也给予了很大的帮助。"

如今的《现代传播》所带来的积极影响是不容忽视的，突出表现在学界、学校、学者、学生、学科的"五学一体"，即它是理论研究成果的发布平台，是我校的形象标识，是老师、学生了解最新行业信息、获取研究资料及考研考博相关知识的平台，也是展示学科实力的载体。用胡教授的话来说就是"有为方有位""地位完全由你的贡献决定"。

建设一支具有战斗力的团队

作为一支学术团队的领导人，胡智锋教授意识到，在当今国家转型期，单凭个人的能力无法实现跨学科、跨领域研究的需要。广播电视、公共文化、影视文化的研究，都需要有一个多方面的优势互补、结构合理、通力合作、具有战斗力的团队。"所以这些年来，我的工作重心确实转到了团队建设及人才培育上。"

自1999年开始，胡智锋教授关注与各个专业学科人才的培养与吸收，目的在于建设一支具有实力的团队。多年来，该团队的理论成果曾获国家、政府部门、社会各界的广泛关注，承担了中宣部、文化部、教育部等单位、部门委托的任务，为国家政策的制定提供了理论依据，涌现了一批精英研究人才如杨乘虎博士、张国涛博士等。

胡教授认为，一个好的团队评价标准主要在于三点：第一，是否真正做出了成果；第二，大家团结互敬互让，氛围良好；第三，真正做到公开、公正、公平。他说："由于大家知识背景、学科背景、年龄、性情、研究方式等方面的差异，对于某些问题的认知，在价值观方法论上不免要有分歧，经常会因为一个问题争得面红耳赤。这都是正常的。一个好的团队总是在不断地求同存异，不断地磨合中成长、成熟的"。

科研与教学相长 实务与理论研究相促进

近年来，随着社会和行业发展的需要，国家、社会对兼顾理论和实务并对此有所精通的学者与专家的需求日益增加。作为"长江学者"，胡智锋教授多年来兼顾传媒实践与理论研究，成就斐然。他认为自己得到行业认同的原因在于一直保持"意识的清醒"——善于在理论与实践之中做出判断，调整节奏。胡教授表示，在特定时期和特定情况下，自己会做出必要的抉择，或重视理论研究或重视传媒实践，有重点、有意识地平衡二者的关系。

在研究中，胡教授也非常强调创新性，"对于单体节目，我就考虑一点，就是它的独特性。"《东方时空》《艺术人生》《中华医药》等名栏目以及大型纪录片如《香港沧桑》《再说长江》等的制作都符合这种独特与创新的规律，这些在胡智锋教授看来是仅有的且不可多得的案例。"如果你不保持对一线正在活跃着的电视传媒实践的参与和关注，你的东西将是僵化、缺乏生命力和缺乏针对性的。"胡教授说，"很多关于电视的理论建构恰恰是源于这些丰富的实践经验。"

目前，胡教授和他的团队正致力于三个层面的研究：第一是主要面对学界在基础理论方面。其中两个标志性的项目为：我校有史以来拿到的第一个国家出版基金——《中国影视文化软实力丛书》；教育部基地的重大项目——《中国电视艺术史》。

第二是针对电视影视行业做应用理论即应用研究，如"类型节目研究，我们已做了中国第一民生新闻的蓝皮书，就是对电视新闻这个特别类型做了一个全面的梳理，它在整个新闻电视领域影响巨大，是中国第一个综合性报道的研究。还有，我们跟央视纪录频道在做一个横向合作，整个频道的战略规划和它的体制预警，我们正在推动当中。另外，根据国家广电总局、中央电视台或者地方电视台的需要，利用我们的平台，比如中国高校影视学会、《现代传播》等，为它们专门组织大型的学术研讨、深入理论探究。所有这些对于案例的积累是有好处的，特别是对中国电视行业的推动有直接的效应"。

第三是站在政府角度的决策研究。例如，广播电视公共服务，公共文化服务等研究。"去年开始实施的'三馆免费全面开放（三馆：美术馆、文化馆、图书馆）'，新中国第一个重大的公共文化服务政策就是我们团队做的。"

作为一名高校教师，胡教授认为教学在于教学相长，符合教育规律。他表示，人才培养最重要的是"做人，做事，做学问"的三位一体，帮助学生确立正确的价值观与理念。首先，一个学术只有在做人上站得住脚，做一个"诚恳、诚实、有德行、顾全大局、对国家社会有用的人"，他才可以在做事做学问上达到一种严谨的态度。其次，做事的严谨在于"少是非，多干实事，会做事"；做学问既要有崇高的追求，也要有具体的方法。在胡教授看来，人才培养与科学研究是紧密结合，密不可分的。

在采访的最后，胡教授说："随着影响力在提升、社会需求在增加，给我们的压力负担也很重。我们清楚地看到在未来的道路上，传媒事业、传媒学术的发展，尤其是传媒自身的发展给我们提出了更多、更高的要求。"如何在现有基础上，将刊物推进到更高的水平，把刊物办成更具竞争力、更具影响力的学术名刊、品牌期刊，胡教授深感任重而道远。他表示，无论是《现代传播》还是他和他的团队都还有很多的问题、不足与困难，还需要得到各位领导、专家和学界、业界朋友们一如既往的关心、支持和帮助。今后他们将会看淡荣誉，负重前行，齐心合力建好交流育人平台。

【刊发信息】郭欢欢、田倩倩：《齐心合力 建好交流育人平台——专访我校"长江学者"特聘教授、〈现代传播〉主编胡智锋教授》，《中国传媒大学报》，2012年5月15日。

综合力量造就奇观
——访中国传媒大学教授胡智锋

访谈时间：2010年2月9日

访谈地点：中国传媒大学《现代传播》杂志社

访谈形式：面访

采访者：俞运宏　王秋菊

采访者：目前，《阿凡达》的票房收入已超过前电影票房冠军《泰坦尼克号》，您认为有哪些方面的因素促使其取得如此巨大的成功？

胡智锋：《阿凡达》是目前世界电影业的奇迹，这是个不争的事实，单从它不断刷新的票房就可以看出来。电影业的要求很高，并不是所有的技术和艺术探索都能取得成功，《阿凡达》取得成功的重要原因，是技术创新和艺术创作以及产业运作等几个方面的有机结合，它不是一个单方面的问题。比如说现在电影3D技术发展势头非常好，电影人认为如果把所有的电影制作都做成3D的影像就一定能成功，那也未必，观众还要看电影的故事情节，以及电影影像奇观（影像奇观应该是带有极强的想象力的东西）的制造能力。

我认为从《泰坦尼克号》到《阿凡达》在全球市场上的成功有一个共性的东西，就是影像奇观。在卡梅隆导演的《泰坦尼克号》之前有15部取材相同的电影，卡梅隆的《泰坦尼克号》是第16部。取材相同的电影那么多，按理说这种题材是不那么容易成功的。我在美国的时候曾与《泰坦尼克号》的制片人有过交流，了解到他们之所以成功是因为在制片之前曾做过长达半年以上的全球市场调研，他们对前期策划的重视和后期开发的力度都是我们国内的电影制作者们比较欠缺的。《泰坦尼克号》的调研人员在全球范围内做关于规定动作和变化动作的调研工作。调研内容包括未来的两年（正好是20世纪末）观众最关注的是什么问题？如果地球即将毁灭的话，你最想干的事是什么？结果发现很多人关注的都是情感问题，比如灾难来临时人所面对的是不带任何功利色彩的情感，很多人说想与心爱的人厮守在一起，这就是美好动人的情感故事的创作来源。卡梅隆把这些能打动人的情感因素嫁接起来，就构成了《泰坦尼克号》动人的元素。《泰坦尼克号》是灾难片，同时也有一个情感模式，这个情感模式是有基础的，即白马王子和灰姑娘的模式，他将其颠倒了过来，变成了公主和灰小子的故事，但基本模式上是一致的，只是增加了一些戏剧性的元素，这就符合欧美观众早已习惯了的情感模式。从目前情况来判断，《阿凡达》创造了世界电影票房价值之最，这是可以载入史册的。它使用3D技术所创造的奇迹也是可以载入史册的。但是，若要综合地判断它在电影史上的价值，还需要若干年的沉淀，现在还不能作简单的判断。

采访者：您认为《阿凡达》能带给中国电影业哪些借鉴和启示？我们国内的电影是否也可以尝试借助3D技术来吸引观众的眼球？

胡智锋：我相信导演卡梅隆在前期一定进行了充分的调研，他花了十几年的时间打造这样一部影片，一定会在拍片之前充分地了解市场需求，能把握好十几年以后人们对电影的期待会是什么样子。我想，把《泰坦尼克号》和《阿凡达》结合在一起会更有说服力，如果说某导演拍一个成功的影片是偶然，那从《泰坦尼克号》到《阿凡达》都创造了票房奇迹就不是偶然了。我们要分析其成功的规律是什么，我认为是前期的充分调研以及对电影发展的预测。这是我们国内电影业首先需要学习的。

《阿凡达》的成功在一定程度上是借助今天这种电影的生存环境，或人们对电影的一种认同或者一种期待，我觉得从《泰坦尼克号》到《阿凡达》的成功，其共同之处就是影像奇观。这种奇观是超常的，能展现大灾难场景或者未来（科幻的）某种人们目前无法想象的东西或情形，这在好莱坞是有传统的，但是能把这种奇观做到极致的导演并不多，这体现了卡梅隆的独特天赋、功力以及独到的艺术表现力。此外，好莱坞给这样一个天才人物提供了一个可以充分发挥的空间和一次次展露才华的机会，这对电影业来说是非常重要的。例如投资方对这位导演的信任，如果没有信任就不会有巨额的投资，而如果没有巨额投资，拍摄就根本无法启动，更不可能有现在的结果，由此可见是好莱坞这种体制和机制确保了《阿凡达》的成功。我们可以大致勾勒出这样一个成功的路径：由于对卡梅隆这种天才人物的信任，投资方可以给卡梅隆十几年的时间做各种准备和酝酿，再配备专人进行前期的调研策划（包括对未来观众口味的预测），十几年中电影技术所取得的巨大突破和导演艺术想象力的配合，再加上投资的保障，共同创造出一个富有想象力的影像奇观，这是综合起来造就的奇观。我们国内的投资方应该尝试提供给导演一个更为宽松的发展空间和时间，不要太急功近利，这对保证中国电影业的健康良性发展很重要。

另外，《阿凡达》在全球的热映也是沿用了好莱坞的价值体系。这套价值体系善于运用人类的普世性价值，即人类的真善美战胜假恶丑。全球观众公认的一些价值，比如说对人类的尊重，对弱势群体的关怀，对非正义的一种蔑视以及正义最终战胜邪恶的信念，对充满温情的人与人相互关爱的美好世界的向往等等，这些都是人类共同认可的价值，而这种价值本身就是一种特别重要的人类沟通方式，我们把它叫做积极传播。现在国内电影业有一个情况是比较糟糕的，就是没有把生活中的真善美提升到艺术的高度上来，对人类共同性的价值还提炼不足，缺乏能让全世界观众都感动的内容，这是我们的电影人特别需要思考的地方。

从《阿凡达》的发行方面来说，它体现的是好莱坞共性的东西，是好莱坞的经典发行方式。它先在好莱坞的一线影院投放，之后是世界的一线影院，然后在二线影院，再到全世界范围发行，最后再回到电视上，通过电视的主流频道一层一层销售。这种方式不是今天才有，好莱坞的发行历来如此。《阿凡达》取得如此骄人的票房成绩，我认为它的发行不是主要的因素，主要的因素之一是片中的影像奇观，其中3D技术的运用对影片起了一个重要的拉动作用。当然，《阿凡达》不是唯一运用3D技术的电影，但至少目前这类电影还不多，《阿凡达》相对来说做得比较充分，因而能牢牢吸引观众的眼球。

3D是个新鲜事物，在技术上我们和好莱坞肯定有差距，这种差距在我看来不在于我们国内有没有3D技术，而在于产品的品质。同样是三维动画、录音、拍摄，我们这些环节都有，技术人员也不缺，关键是高水平、高品质的作品不多，产品质量有待提高。为什么说品质不行？这不是一个简单的问题，它需要一套成熟的机制，而这又要培育很长时间。我相信《阿凡达》会给中国电影文化产业带来一个非常大的刺激，客观上它会推动我们电影技术的进步以及相关院校和专业的建立。由于观众对影像奇观有很大的期待，而这种期待对于国内电影场馆的建设和其他技术的升级都会是一个很大的推动！所以说我们要感谢卡梅隆，感谢《阿凡达》给中国电影带来的启示和借鉴。尽管美国人在这部片子上赚足了钱，但是中国电影本身面对的就是一个国内的大市场，如果中国电影人能学习借鉴美国人的可取之处，总有一天我们也会在电影方面有所突破！

采访者：据说冯小刚先生导演的《唐山大地震》也采用的是IMAX技术拍摄，您认为会成功吗？

胡智锋：用IMAX技术把《唐山大地震》拍成灾难片是否能成功，这很难说，有的电影会成功，有的则不会成功。IMAX只是一个技术问题，关键不在于是否运用这个技术，重要的是运用得怎么样。如果把IMAX放在一个不适合的故事里，用了也没有意义。《阿凡达》可能给我们很多人带来了一个技术至上的错觉，以为电影是凭高科技取胜，只要能玩一把高科技就会出效果，其实不然，高科技只是一种手段而已。我们必须客观地看待自己生产的影片和别人的差距，应该承认，在世界顶级的影像奇观面前，我们的功力可能还差得很远。另外，灾难片不光是靠特技效果和视觉冲击力来吸引观众的，更重要的是需要依靠感人的故事情节和所体现的人文关怀来打动观众。

采访者：您认为中国电影业应该在哪些方面下功夫才能取得突破？《阿凡达》热映期间，国内大片《孔子》也上映了，后者多少受到些冲击。您能否以《孔子》为例来谈谈自己的观点？

胡智锋：我们需要发展"中国的影视文化创意产业"，我最近一直在提这个问题，目前国内还没有广泛展开讨论，正在立论中。这个概念是我提出来的，可能还没有其他人涉及，影视文化创意产业一定是技术和艺术相结合的，以作品为手段来推动产业发展。以往的文化产业是靠房地产或其他经济方式拉动的，而影视文化创意产业是以影视作品为手段来拉动的整体文化创意产业体系。目前，中国的文化产业大都做成园区，园区不是不能做，但是必须要有内容，这正是问题所在，我们恰好缺乏能吸引受众的内容。中国5000年厚重的文化根本没有得到体现，因为大家急功近利，不肯花时间和精力去精雕细刻一个作品，也不努力把文化元素糅到作品里面，所以园区显得空洞乏味，缺乏吸引人的内容。

所有的文化对于影视创作都是原材料，关键在于整合与重新创造。我们以前一直在围绕历史人物和故事的真实问题来做文章，其实孔子作为一个伟大的历史人物，他已经被后代人无数次重新地解读了（包括于丹的解读），大家对这些解读会有一定的看法或者批评，我认为所有的看法或者批评都是有道理的，就像一千个观众眼中会产生一千个哈姆雷特一样。"孔子"是个符号，经过两千多年的沉淀，孔子并没有留下著作，而是他的学生和后人一代一代地把《论语》修订出来的。孔子的伟大之处在于他对前人的文化遗产做了及时的整理。由于当时的历史条件所限，他的思想痕迹只能隐藏在日常言论和教学活动当中。后人把他的言论整理出来编成了《论语》，在这个整理的过程中其实已经加入了他的学生的解读和感悟。在一代又一代后人的解读中，孔子已经是中国文化的一个符号，你想还原一个最初的孔子是不可能的，因为所有的孔子都是传说，经历了两千多年后，怎么可能还原呢？我们只能是以现在的眼光去重新修饰和解读，这恰恰是我们的一个局限。观众为什么喜欢好莱坞推出的《花木兰》和《功夫熊猫》？因为观众觉着非常好看、风格清新。精彩的影视作品就像一支魔棒，导演能够用这支魔棒创造出一个影像奇观来牵引观众。《花木兰》和《功夫熊猫》都是经过充分的市场调研后打磨了5年以上的时间，都不是随随便便就出炉。对于电影《孔子》，我认为导演是认真去打磨的，但上映时间正值《阿凡达》热映，多少受到些冲击。此外，我认为还有一个不被大家看好的原因，就是片子应该通过"孔子"这个符号给今天的人们带来新的解读，如果只限于告诉大家一个真实的孔子，这个片子的意义就不大，其价值就会打折扣。影片不是要通过一个简单的叙事方式把这个民族的魂用复古的方式去呈现，而是应该通过影像的魅力、故事的魅力、情感的魅力、直观的魅力去吸引观众。反之，假如你的故事、你的影像奇观达不到足够的魅力，这个片子不管怎样还原都会不理想。

采访者： CG已形成了一个产业，产业的发展就需要专业人才，那么您认为对于专业人才的培养，我们的教育还缺乏什么？

胡智锋： 这是一个大问题，我们现有的教育体系当中相关课程的设置很难达到产业发展对人才的需求，这类人才的培养是相对滞后的。在现有体制内的教育中很难有这么大的投入，以满足我们做各种各样的创新尝试并培养人才。这需要调动社会上的各种资源和力量，现在需要的是将技术、艺术、文学等多学科的背景结合起来。这类人才的培养不是只限于从技术型人才延伸出来或从艺术型人才延伸出来，而是需要结合跨学科、多学科的研究和教育。这类人才可能是从各类专业中培养出来，比如学技术的，如果有足够的想象力和天分，就可以从事这一行。《阿凡达》带给大家一个重要的启示，即我们的影视教育应该是一种复合化的教育，单一的专业领域培养是远远不够的，而多角度、多学科背景的认知和综合素质的培养正是我们目前比较缺乏的，也是我们今后培养这类人才时所要努力的方向。

【刊发信息】杨永安主编：《〈阿凡达〉现象透视》，北京出版集团公司，2010年版。

传媒人才发展论道
——彭树杰、陈小川、胡智锋、赵曙光四人谈

新闻传媒界如何解读《规划》与自身的联系和对自身的影响？本刊邀请业界和学界四位嘉宾对此进行讨论。①

（一）

> 到2020年，我国人才发展的总体目标是：培养和造就规模宏大、结构优化、布局合理、素质优良的人才队伍，确立国家人才竞争比较优势，进入世界人才强国行列，为在本世纪中叶基本实现社会主义现代化奠定人才基础。
>
> ——摘自《规划》"战略目标"部分

《中国记者》：结合当前新闻传媒界热议的"加强国际传播能力建设"这一话题，怎样看待新闻传媒人才在整个"人才强国"版图中的地位和作用？

胡智锋：新闻传媒人才的角色体现出"三位一体"的特点，即国家、媒体和个人三重角色。新闻传媒人才尤其是国际传播人才对外代表着国家形象，对于同行代表的是他所就职的媒体形象，当然也代表了个人的个体形象。优秀的新闻传媒人才常常能做到这三种角色或形象的完好统一，即体现出良好的国家形象、媒体形象和个人形象。我

---

① 编者注：本文仅保留了主持人与胡智锋的对话内容。

们为我国的科学家在世界科技舞台上取得的成绩而骄傲之时，我们为荣获奥运冠军的名将欢呼之时，也必须看到那些穿梭于国际政治、经济、社会等各个领域当中的新闻传媒从业者，他们与杰出的科学家、世界冠军一样，用自己的传神之笔和镜头，传达、报道进而塑造出良好的国家形象、媒体形象和个人形象。因此，在我们的人才版图上，这些日常化地报道着时代英雄的新闻传媒人才本身就是不可替代的人物，那些优秀的新闻传媒人才同样堪称时代英雄，理应得到保护、重视与尊重。

（二）

　　人才竞争比较优势明显增强，竞争力不断提升。人才规模效益显著提高。在装备制造、信息、生物技术、新材料、航空航天、海洋、金融财会、生态环境保护、新能源、农业科技、宣传思想文化等经济社会发展重点领域，建成一批人才高地。

——摘自《规划》"战略目标"部分

《中国记者》：《规划》列举了包括宣传思想文化在内的一系列经济社会发展重点领域，提出在这些领域要"建成一批人才高地"。从目前的实际状况看，我国新闻传媒领域的人才竞争力如何？要实现建成新闻传媒领域的人才高地，哪些方面的人才比较匮乏和急需？

胡智锋：应当看到，近年来，我们的新闻传媒人才的来源渠道日益丰富，但从国际竞争力来看还远远不足，能够产生国际影响的传媒人才相当稀缺，集中体现在三种能力的不足，即语言传播能力、专业技术能力和文化交流能力。在语言传播能力方面，能够熟练地运用外国语言自如地进行新闻报道的人才远远不够，这从各大媒体选拔驻外记者方面就可以见出；专业技术能力需要长期的经验积累，不断地总结，方能达到一定的程度，做到优秀和出色显然不易；文化交流能力则指的是综合的观察、发现和交流的能力，尤其是跨文化的，面对不同的价值观、宗教信仰和复杂的局面时，善于交流和沟通的能力。能够将这三者结合起来的人才相当稀缺，这种人才仅仅依靠简单的国内选拔和封闭的驻外锻炼还远远不够。我们迫切需要既有良好的国内新闻传播教育背景、较好的国内新闻传媒从业经验，同时具有国外媒体的工作经验和生活经验，能够从容自如地在复杂的媒介环境中展开工作，打开局面的新闻传媒人才，这是目前最为匮乏的。

（三）

创新机制。把深化改革作为推动人才发展的根本动力，坚决破除束缚人才发展的思想观念和制度障碍，构建与社会主义市场经济体制相适应、有利于科学发展的人才发展体制机制，最大限度地激发人才的创造活力。

——摘自《规划》"指导方针"部分

《中国记者》：从新闻传媒界的实际情况分析，束缚人才发展的思想观念和制度障碍有哪些？创新人才发展体制的着力点在哪里？

胡智锋：目前，我们的新闻传媒人才评价体系更多考虑了对内的情况，如资历、能力、贡献及与此相关的待遇等，基本是按国内的新闻传媒从业情况进行制度设计和安排的。体制方面的最大问题在于对外人才引进机制和对内人才培养机制的建立与完善，与教育、卫生、科技等领域的人才激励机制相比，各个媒体尤其是传统媒体这两方面都显得相当落后。人才引进机制的不完善导致了很多国外的新闻传媒人才没有机会或不愿回来，人才培养机制的不完善使得国内很多新闻传媒人才很难得到送出去培养培育的机会。改变这种局面的关键在于建立和完善国外优秀新闻传媒人才的引入机制、国内新闻传媒人才的培养机制。

（四）

《中国记者》：关于新闻传媒人才发展战略这个话题，还有何卓见？

胡智锋：加大新闻传媒人才的教育力度，应当把新闻传媒人才纳入国家人才规划的战略层面进行强化教育。这体现在两类人才上，即现有的新闻传媒人才和未来的新闻传媒后备人才。对于前者，根据国际传播的整体需要，有针对性地送到世界知名的新闻院校、新闻媒体进行专业培训，以提高他们的语言传播能力、专业技术能力和文化交流能力；对于后者，应当鼓励一些知名院校结合自己的院校优势，强化上述三种能力的教育，有条件的也可以与国际知名新闻传播院校和知名媒体联合培养，进而为提升中国新闻传媒整体的国际传播能力提供人才保障。

【刊发信息】《传媒人才发展论道——彭树杰、陈小川、胡智锋、赵曙光四人谈》，《中国记者》，2010年第9期。

2009中国电视现象综述
——"长江学者"、中国传媒大学博士生导师胡智锋访谈

2009年，发展中的中国电视可谓风生水起，挑战和机遇并存。在新的一年来临之际，本刊记者专访"长江学者"、中国传媒大学博士生导师胡智锋先生，梳理、评述2009年与电视发展相关的频道、栏目建设，以及制播分离、国际传播、新媒体崛起等现象，以期引起业界的相关思考和关注。

《电视研究》： 2009年，我国各级电视台明显加强了频道、栏目建设。在新闻节目方面，中央电视台强化"新闻立台"，地方电视台如东方卫视、深圳卫视等也提出"新闻立台"的口号。现阶段，"新闻立台"有怎样的必要性？对电视事业的发展会产生哪些影响？

胡智锋： 电视媒体最基本的功能是信息传播，因此，新闻是一台之本，没有它，媒体就很难获取真正的壁垒。现阶段，传统电视媒体与新媒体的竞争日趋加剧，新媒体在传播力、影响力、市场占有率等方面向传统电视媒体提出挑战。电视媒体越发觉得寻找自己核心竞争力的必要性。与信息海量、传播方式方便快捷的新媒体相比，具有高端性、权威性的电视新闻无疑是一个撒手锏。另一方面，各电视台之间的竞争也是日益激烈。这种竞争靠什么取胜？打电视剧牌、综艺牌都是必要的，但是这几年真正带来高收视率、高收益、高影响力的却是新闻。谁在新闻方面打赢，谁就是强势媒体。这都是"新闻立台"的必要性。

"新闻立台"对电视事业本身的影响主要有以下几点：一是有利于净化目前相对浮躁的电视传媒生态。娱乐化、低俗化是近些年电视

媒体出现得比较严重的问题，"新闻立台"以新闻为本，对这种现象的遏制将起到重要作用。二是有利于提高电视媒体的公信力和影响力。电视媒体具有信息传播、宣传和娱乐的功能，近些年，伴随着电视产业化的进程，电视娱乐功能有被无限放大之嫌，大众心目中，电视媒体的尊严一再被降低。"新闻立台"强调信息传播和宣传的功效，有利于提高电视媒体在观众心目中的影响力。三是为电视传媒体制改革打下基础。"新闻立台"意味着电视媒体可以将娱乐功效剥离给社会，从而对宣传和信息传播更加专注，这是一种解脱与释放。

《电视研究》：同样是"新闻立台"，中央电视台与地方电视台在选题立意及操作层面上应该是有差异的，具体应体现在哪里？

胡智锋：定位决定了差异。我一贯主张中国电视要走本土化道路，就是要用中国百姓喜闻乐见的方式和内容去做节目，满足收视需求。具体到央视，本土化可能更多代表了国家的立场和态度。央视的新闻，不管内容、切口有多么小，都代表了国家视野和国家眼光，代表国家民族的高度，意味着国家立场，所以要有国家气派。对地方电视台而言，本土化更多的是本地化，要更贴近生活的质感，更贴近生活的真相，更多一些本地关怀。

《电视研究》：2009年的一些重大新闻事件，比如日全食、新中国成立六十周年、"7·5"新疆打砸抢烧暴力事件等的报道，是否可圈可点？有哪些不足之处需要加强？

胡智锋：日全食是一个自然景观，对日全食的报道呈现出对地球、对宇宙的关注。2009年央视的日全食报道规模很大，在全国设那么多的观测点，几乎同步直播，具有很重要的科普意义。新中国成立六十周年阅兵直播报道也不错，鼓舞人心。"7·5"新疆打砸抢烧事件的报道，汲取了2008年的"3·14"拉萨打砸抢烧事件报道的经验教训，第一时间对国内外记者开放，及时、迅速地做出反应，央视新闻频道对报道宣传进行有效组织、开设不同类型的专题、宣传报道不同的人物、事件、故事，建构成一个立体格局，打了一个主动仗，为掌握舆论主导权作出了不可磨灭的贡献。

不过，这些报道也有需要完善之处。对日全食这类自然景观的直播报道，应该有一定的积累，在日常新闻中预先组织，与直播报道自然衔接；新中国成立六十周年阅兵的报道，有关现场捕捉、切换、影像呈现角度、场面完整性等还需进一步丰富与提高，更好地表现美感；"7·5"新疆打砸抢烧事件是突发事件，在新闻报道的组织布局上，在对突发事件量和度的把握上，以及前后衔接、处理上，也应深入反思、总结。

《电视研究》：民生新闻在2009年出现了拐点：民生新闻的倡导者《南京零距离》"升级"为《零距离》，这一改变对民生新闻而言昭示了什么？是否与业界目前所倡导的重大新闻平民化的理念相悖？

胡智锋：《南京零距离》"升级"为《零距离》，首先说明了创新是电视媒体发展永恒不变的动力。《南京零距离》掀起了民生新闻之风，给中国电视新闻带来了革新，但是无数个跟风、克隆的电视民生新闻栏目、节目确实也带来了不少问题，例如低俗化、舆论暴力、新闻伦理等不良、不雅、不法问题。无论是从观众角度，还是从电视新闻自身发展的角度讲，民生新闻都到了不得不改的地步。《南京零距离》的"升级"，也说明了影响力是电视媒体永恒不变的追求。重大新闻平民化理念的提出，是因为重大新闻不是只有精英人士关注，普通大众也同样关心，因此重大新闻在报道方式、报道视角、传播策略上转变风格、彰显民生，有利于吸引、影响，甚至引导更多的受众。《南京零距离》"升级"为《零距离》不是对民生新闻的否定，也不是对重大新闻平民化的否定，而是昭示了电视媒体传播追求最大化的道理。这种"升级"和重大新闻平民化并不矛盾，它们其实都在遵循着媒体的一个基本规律，那就是：影响力就是生命力。

《电视研究》：2009年，除全民K歌外，国内电视综艺节目比较平静、安稳。在这样一个"后选秀时代"，国内电视综艺节目该重点解决什么问题？

胡智锋：K歌节目方式易于操作，相对成本不高，风险不大，观众容易参与，网络等新媒体也比较容易跟进，所以大量涌现。但所有的类型节目都会有一个从兴起到昌盛，再到衰落的过程，这是符合事物发展一般规律的。

综艺节目的发展瓶颈是世界性话题，停歇一段时间利于积累。中国目前的综艺节目缺乏创新，发展的关键问题还在于产品的后开发。"后选秀时代"可能正好会跟电视制播分离改革同步推进，随着电视产业链的日臻丰富和完善，综艺节目可能会由电视拉开序幕，然后在电视、网络、手机、唱片、书籍等一切有价值的产品上呈现。"后选秀时代"，综艺节目的竞争有可能不在前台，而在后台，是多种产业链的比拼，这个过程谁做得更完善、更有创意，就会对电视前端产品的开发更有利。

《电视研究》：2009年，各地方电视台电视剧资源争夺硝烟四起。电视业界怎样做才能实现良性竞争？

胡智锋：去年以《我的团长我的团》为代表发生的各地方电视台抢播的纠纷，后来由国家广电总局出面协调，颁发一些管理条例收场。这个事件给我们一个启发，就是今天电视媒体的竞争到了白热化程度，对整个产业发展可能会带来负面效应，政府适当加强管理是必要的，但不能过度干预，以免伤害市场竞争，失去市场价值。除此之外，还应该有行业组织作为同行业间相对客观的第三方进行协调，媒体之间最好也能形成联盟关系，避免恶性竞争。

《电视研究》：湖南卫视的自制剧在2009年引人瞩目，《丑女无敌》《一起来看流星雨》等带来了不凡的收视反响。对此，您有怎样的思考？

胡智锋：湖南卫视的《丑女无敌》和《一起来看流星雨》效果还是不错的。这可能有两个原因：一是湖南卫视的品牌效应，同样这两部戏如果在别的频道播未必有这么大的反响；另外一个值得关注的就是这个剧借助已有的资源进行再开发，这是一种素材增殖，湖南卫视通过自己的"超女"和"快男"选秀造出了明星，再把明星量身打造成相关电视剧的角色，对已有资源进行多次开发、深度开发，充分发挥资源价值。自制剧需要很强的"自制力"，湖南卫视这个现象有特殊性，不见得是一个规律性的或是各媒体都能够效仿的做法。自制剧是代表"自给自足"的小农经济，还是媒体航母的集团式、综合式发展，还有待观察。

《电视研究》：与其他节目样态相比，纪录片在2009年相对沉寂。在国际化背景下，业界对纪录片的发展同样很关注。您怎么看？

胡智锋：中国的纪录片经过了改革开放三十年的积累，发生了天翻地覆的变化，呈现出多元化的格局。不过，在2009年，除了年底播出的《澳门十年》这个特殊题材外，标志性作品不突出。纪录片在整个电视内容生产体系当中一直相当于严肃音乐的地位，是高端产品，投入周期长、制作难度大，比一般作品的制作要严格得多，因此，在市场化氛围中，纪录片的生存状态也并不理想。不过，我们也应思考，为什么Discovery总会推出一些新作？是不是应该学习他们的先进制作理念和手法，恐怕更多的还有纪录片生产组织的机制和体制。用什么样的机制、体制来保证纪录片有资金投入、有经营空间、有人才保障，怎样建立长效的机制，等等，都是需要探索的。但2009年的一些亮点值得关注，比如说上海的纪实频道，经过几年的积淀已经开始创收了，这对中国式的、以纪实为主体的专业化频道来说，是令人欣喜的。

《电视研究》：强化频道、栏目建设在2009年最突出的表现，就是各电视台此起彼伏的改版，这是创新的体现。但改版的背后，节目同质化依然严重，所谓的创新多半停留在克隆、模仿上。您认为创新的核心是什么？

胡智锋：最近这些年，电视频道、栏目同质化倾向日渐突出，观众对电视内容生产不满意的程度提升；同时，中国电视日益面临来自于国外新节目样态的压力，客观上要求改版。改版是创新的体现，创新也是必要的，但需要注意的是，不要借着日常化的改版重新洗牌，没有稳定的状态也是问题。创造需要积累，需要经验，常否定昨日之我，可能连自己好的经验也给否定了，这是一个误区。我们看到这几年一些电视台不断改版，但竞争力并没有提升，好多频道和栏目还是新瓶装旧酒，骨子里的东西没有解决。改版不能为改而改，应该有目的，这个目的就是观众的需求；改版不能忘记继承，要善于对已有经验进行总结和梳理，把优秀元素发扬下去，这对品牌的可持续发展也是有益的。

《电视研究》：2009年，制播分离再度引起热议，那么，新一轮制播分离改革需要解决的核心问题是什么？是观念转变、体制创新，还是市场条件的匹配？

胡智锋：推进制播分离，跟中国大的市场经济改革深化有关系，政府越来越少地直接作为市场主体；制播分离也是中国电视自身改革发展的需要，事业体制下的中国电视负担越来越重，养了那么多的人、呆板的管理体制、多年增幅不大的产业效能，使得中国电视必须减负瘦身，把该归到市场上的东西交给市场，轻装上阵，集中精力提高中国电视整体生产效能。

在制播分离改革中，人的观念、体制、市场设置问题都很重要。比如说观念问题。制播分离是生产关系的调整，目的是解放生产力。在传统电视体制中，从业人员做新闻就做不了娱乐，做文化专题就做不了体育。制播分离后，引入市场竞争机制，作为社会制作主体的从业者，市场需要什么就可以做什么，能更好地激发活力，为整个电视行业创造更大的价值。

《电视研究》：2009年，我国电视传媒在争夺国际视频话语权方面，付出了很多努力，比如中央电视台增设外语频道和驻外记者站，加强对外合作等。对国际传播问题，您有怎样的看法？

胡智锋：我们过去的传播思维比较单一，过度强调对外宣传。现在整个国际传播领域日益呈现出相互尊重、平等、互惠互利的状态。在具体的操作方式上，我借用一句话，即"造船不如买船，买船不如租船"。打造中国的对外传播媒体，是"造船"，比如说外语频道的建构，驻外记者站点的建设，都是我们自己打造的平台，这些平台的国际影响力需要积淀。"买船"就是购买国外电视台时段，把我的内容塞到你的频道、节目中，借助你的媒体，播放我的东西。"租船"是更高明的一种方式，就是租借国外电视台的时段、人、场地、具体的节目制作方式，用你的视角来传达我的声音。现今中国电视媒体"造船"的观念比较强，"买船"的观念开始出现，而且也有了一些实践，但是毕竟我们做的节目跟人家有距离，要想让对方受众能够比较容易接受，最好的方式还是"租船"。现阶段，这三种方式应该并驾齐驱，互相推进。

《电视研究》：互联网在2009年继续改变着媒体信息的发布、组织方式，改变着受众的接受方式。对此，电视界在2009年有哪些应对之策？国家大力发展数字电视、付费电视，中国下一代广播电视网（NGB）建设也在2009年进入了实质性阶段。对电视业来说，这些举措，是发展契机，还是喜忧参半？

胡智锋：中国的互联网作为媒体价值应该是最近一两年发现的。现在一些网站正在发挥着媒体的功能，速度之快超出预料。对此，电视在2009年的应对也是积极的。信息传输方式的改变不以人的意志为转移，两种媒体之间你死我活竞争的传统思维方式正在调整为竞合共生、优势互补。网络视频可以借鉴电视的新闻权威性、直播日常化和高端制作等方面的优势；传统电视媒体也可以通过数字电视、网络电视、付费电视，以及下一代广播电视网的建设，学习互联网的快捷、便利、互动、网上民主等优势，向着网台融合的方向发展。新媒体格局的形成，对国家信息传播是好事，而最大的受益者就是普通受众。将来可能会出现一种局面，就是质同的终端差异化，受众在手机上、互联网上、电视上，都可以实现上网、购物、看直播的愿望，这是我们所期待的。

【刊发信息】朱旭红：《2009中国电视现象综述——"长江学者"、中国传媒大学博士生导师胡智锋访谈》，《电视研究》，2010年第1期。

让电视戏曲插上传播艺术的翅膀

——采访胡智锋

黄佳： 胡老师，您好。在我们传统的思维模式里，戏曲应该是一种舞台艺术，它的精髓应该是利用舞台元素表达的，现在为什么要借助电视这种超越时空概念的传播载体来传播和表现呢？

胡智锋： 无可否认，我国的戏曲艺术历史悠久，遗产丰富，在世界上是独一无二、无与伦比的。但是，近些年来却面临着不容否认的危机：剧场演出的上座率不高，观众日益锐减，尤其是广大青年观众对其缺少亲切感，感觉它脱离现实生活，演出的节奏拖沓，等等。而任何表演艺术，只要它脱离年轻一代，就标志着它开始走向凝固和衰落，所以很多人甚至做出了"戏曲是夕阳艺术""是注定要灭亡的"错误断言。

但戏曲是国粹，是中国传统民族文化中的瑰宝，它的兴衰绝对在一定意义上影响着民族优秀文化传统的命运。所以，从弘扬民族优秀文化传统和建设社会主义精神文明的宏观角度来说，必须对戏曲的命运给予密切的关注，并将其纳入重点扶植的对象。而扩大和增多传播媒介和载体不仅仅拘泥于单一的舞台和剧场，是让传统戏曲获得更广泛的观众的一种有效途径。

另一方面是以广播、电视为代表的新兴媒体发展迅速，尤其是电视，起步于二三十年代，经过半个多世纪的发展，已成为最具群众性的精神百宝箱。目前，全世界70%以上的人口都在过着不可替代的电视生活。电视艺术迅速发展，它的竞争更使得原来单纯依靠剧场演出而传播的中国戏曲失去了大量的观众。可以说，电视绝对是现代社会最具有影响力的传播媒体。于是我们许多把弘扬民族优秀传统文化作为己任的理论先行者和电视工作者找到了电视和戏曲联姻这一手段，产生了电视戏曲这种新的艺术体裁，使中国戏曲这一国粹能借助电视这最具影响力的传播载体得以传承。

实践证明，电视和戏曲的联姻确实取得了一些可喜的成果，电视中播出的戏曲，无论从剧目、表演、唱腔、舞台设计哪一方面看，和过去在剧场里演戏相比，都作了大幅度的概括和提高。在电视中看戏，不但有舞台艺术的保留，而且在更大范围内拓宽了舞台，有了一定的空间背景、环境氛围，再加上灯光字幕、电视特技的处理，使戏曲艺术赢得了新的观众。如京剧《空城计》，在剧场里欣赏，只能看到舞台上的平面全景，听诸葛亮的一段唱。通过电视欣赏，就能把司马懿进退两难的面部表情叠画在诸葛亮唱段的背景上，同时插入城门外老兵悠闲的扫地动作，司马懿大兵压境的对比镜头。画面的节奏也可以有快有慢，并且可以在色彩音响上做些调整加强。这样不但可以让观众听好诸葛亮的精彩唱段，还可以丰富观众的视觉形象和艺术联想，对普及戏曲，提高戏曲的艺术感染力大有益处。

黄佳：您是研究电视传播方面的专家，那从传播的角度看，电视表现传统的戏曲有哪些优势？

胡智锋：首先当然是传播范围与跨度的扩大。以前有过报道，我国村村通广播电视工程已完成90%以上，并计划于2005年前全部完成，现在已经是2006年，广播电视应该说已经普及到了全国各个村村寨寨，信息高速公路开通到农村也是指日可待。那么传统戏曲通过电视媒介来传播，其传播范围也可以随着广播电视网延伸到各个村村寨寨。举个最简单的例子，过去，一个地方的农民闲暇时候可能只能端着小板凳去欣赏该地方民间戏班演出的地方戏，现在通过电视屏幕，他可以足不出户就欣赏到各种不同的地方戏。

更进一步，随着电视事业的发展，电视频道专业化已经是国际电视业发展的大势所趋，中国电视已经进入了以频道为经营管理单位的时代。而伴随大的趋势而来的CCTV-11——戏曲频道的开播，让中国传统戏曲有了专门的播出平台，更是扩大了中国传统戏曲的影响力。

其次是传播内容的拓展与延伸。电视与戏曲结合之后，必然会诞生出新的电视艺术形态或门类。原来可能传播的只有最初的舞台戏曲实况录像，到现在不仅有传统的舞台戏曲表演，更有五花八门的电视戏曲栏目、戏曲电视艺术片和戏曲电视剧。原来，观众通过观看一次戏曲演出，了解看到的只有直观的戏曲人物形象、演员的表演，听到的只有戏曲本身的唱段；现在，通过电视艺术的加工，观众在欣赏戏曲舞台表演的同时，还可以了解到他们可能更感兴趣的一些内容，像戏剧创作的整个社会大背景，与戏曲作者有关的社会生活，戏曲作者本人的故事等，获得的绝不是单一的信息，而是多种信息的融合、叠加。

最后，可以最大程度地满足接受者的审美需求。像前面说的，我们看一个电视戏曲栏目，不仅可以看到传统的戏曲舞台表演，还可以同时听到专家的点评、一些关于所表演唱段的背景知识介绍等。通过电视艺术的加工，可以根据不同观众的审美需求和口味，把传统戏曲本身及和它有关的各种资源进行灵活的组合、排列，并不断进行调整，最大限度地满足接受者的需求。

黄佳：那这样看来，借助电视这一大众传播载体，传统戏曲的发展前景是必然乐观了？

胡智锋：说到这里，我想说下有志于电视与戏曲相结合的电视工作者可能存在的两个认识误区。

第一个，把电视作为戏曲的传播载体固然是扩大了传播的范围和跨度，但不能误以为戏曲的不景气主要是因为宣传的力度不够，只要采用多种传播渠道和方式，找到电视这一最具影响力的大众传播媒介，在电视里大力宣传戏曲，就会依靠舞台、剧场传播达成的。人们喜欢看电现，那么只要把戏曲纳入到电视系列里来，人们就会既爱看电视同时又喜欢看戏曲。传播载体本身并不能决定传播内容的受欢迎程度。

第二个，电视要想在振兴戏曲方面发挥积极作用，同时也为了扩大电视观众的队伍，应该把戏曲中最优秀的曲目、最出色的演员和戏曲表演中的高、精、尖的动作与绝活儿一股脑地拿给观众看。既然把最好的艺术与看家的本领都毫无保留地拿给你看了，你还能无动于衷吗？这种认识是不符合传播学规律的。所以我们强调一点，一定要做接受者的研究。因为从传播的全过程来看，传播对象——接受者是最后一个环节，也是最复杂、最难以把握的一个环节。

拿我曾经写过的对于曹禺戏剧的传播来举例，其传播对象可能是剧作者、研究文字的读者，也可能是舞台剧、电影、电视节目的观众。而这些接受者本身所处时代、地域的差异，其文化教养、知识水平、阶层、民族、年龄、社区乃至其观赏环境、观赏心境等的差异，无疑对他们对曹禺戏剧的解读和评价有着直接的影响。我们常说"一千个读者有一千个哈姆雷特"，也可以说"一千个读者（观众）有一千个曹禺戏剧的形象"，正可谓"仁者见仁，智者见智"。难怪连曹禺先生本人也反复追问：我写的戏是真好吗？接受者千差万别的自身特征，使对曹禺戏剧传播的研究显得格外困难。尽管如此，对接受者的研究依然不容回避：接受者是在怎样的环境（时间、空间等）和心态下观赏或解读曹禺戏剧的？他们是如何理解、认识、把握曹禺戏剧的？他们又是在何种程度与层面上接受曹禺戏剧影响的？这些问题的研究，将有助于我们更加全面、系统和客观地去看待曹禺戏剧及其价值。具体说来，我们应该怎样进行对传播对象——接受者的研究呢？方法应该多种多样，我认为至少有三种方法是可以进行这种研究的。

第一，个体调查。通过对某些接受者个体有针对性的调查，了解他们各自的理解、认识与判断（应注意个体的观赏环境与心境）。

第二，群体调查。通过对不同年龄、身份、阶层、知识水平、地域、民族等各类接受者群体的有目的调查，得出群体大致相近的一些看法。

第三，比较研究。这是一种极具弹性的研究方法。可以进行个体与个体、群体与个体、群体与群体等多种形式的比较。从广泛的比较中，可以获得有价值的结论。

应该指出的是，这里所说的传播对象——接受者，虽在传播过程中占据最后一个环节，但绝对不会被动、旁观地接受，而是整个传播过程中极为有利、积极的一个环节。它对于推动传播者（传播过程最初环节）的传播有着至关重要的影响。从这个意义上讲，传播对象——接受者同时也是传播者。

黄佳：但电视与戏曲毕竟是两种差异悬殊的艺术门类，所以对于两者的结合仍然有很多争论。特别是很多人都认为戏曲写意、电视写实，两者的融合意味着传统戏曲失去原有的精髓和韵味，您是如何看待这一问题的？

胡智锋：应当承认，在同大众传媒的结合上，其他文艺品种远远走在了戏曲的前面，戏曲是最后一个顽固的堡垒。"由于戏曲艺术有着非常强烈的习规化倾向——这是其他艺术所没有的，所以戏曲是保留习规最多、最稳定和最持久的一种艺术形式。"也许正是这个原因，戏曲电视化问题始终争论很多。一般来说，电视是写实的、以真实性为基础的艺术，而戏曲是虚拟的、以写意性为特征的艺术。一现代、一传统，一写实、一写意，两者似乎如水火难以相容。

但不能忽视，还有一个明显的事实摆在所有电视观众的面前，这就是：电视荧屏上也存在着两种性质截然不同的传播内容——"非虚构"的与"虚构"的。所谓"非虚构"的传播内容，通俗浅白地讲，就是电视荧屏上那些"真"的内容，是现实生活世界中真实发生的事件、事情、情形的记录与再现。而所谓"虚构"的传播内容，通俗浅白地讲，就是电视荧屏上那些"假"的内容，是现实生活世界中并未发生，而是人为编制、编造出来的故事、情节与情形的创作与表现。

在电视具体实践中，也存在着"非虚构"和"虚构"两类完全不同性质的传播内容，但这两种性质不同的传播内容却又生存在同一种电视传媒之中，在同一种电视生存环境生存空间，同一个电视荧屏时空之中和谐地编排在一起并被传播着。因此二者必然有着交叉、共融的区间领地，有着共同遵循的规则、思路、方式与方法。

所以，我认为电视和戏曲的融合问题也可以参照这样的思路。戏曲与电视实行大综合的可能性，存在于它们都是直观的时空艺术的总体特征中，存在于它们的假定性与逼真性相互制约的总规律的一致中。关键在于找到融合的具体方法。

黄佳：通过这么多年对传播规律的研究，胡老师详细界定了"电视传播艺术"的内涵和外延，指出"电视传播艺术"就是传播主体为达到预期目标，借助特定的思路、方式、方法和手段，对电视生产和传播各环节所进行的创造性处理，及如何创造性处理的具体方法，这对电视戏曲的生产和传播有什么借鉴和启示？

胡智锋："电视传播艺术"之所以可以被称为"艺术"，至为重要的一点在于"创造性处理"。所谓"创造性处理"，意味着在电视生产与传播的具体环节上，有新颖的、别致的、富于创意的与众不同的处理方式与办法。这是"特定思路、方式、方法、手段"在不同的电视生产、传播环节上的具体、生动的表现。

先说要有"特定思路"，我拿现有的电视戏曲栏目给你举例。现在办有戏曲栏目的19个省级电视台中，办得比较出色的有河南电视台的《梨园春》、安徽电视台的《相约花戏楼》、陕西电视台的《秦之声》、山西电视台的《走进大戏台》等几家。看看他们的办栏目的情况，有一个共同点：具有鲜明的地方特色，将传播自己所在地的地方戏曲作为自己的目标。这就是传播艺术中一定要有的"特定思路"，否则就会失败。像1999年5月第一次改版之前的《梨园春》就是失败的，原因之一就在于它没有找到自己的准确定位。栏目制片人蒋愈红的话很具有代表性："1994年节目开播时只是一个常规性的戏曲栏目，特点没有很突出地表现出来。"也就是说，在开播之初，仅是在做一个戏曲欣赏的栏目，并没有将它放到弘扬民族传统文化，推动河南地方戏发展的高度去考虑。而后起的这些栏目很明显吸收了《梨园春》栏目的优点，现在它们都在某种程度上担负着自己地方戏曲的推广和振兴的重任。而更好地推广与传承中国传统戏曲也正是电视与戏曲联姻所希望达到的预定目标。

有了"立足推广振兴地方戏曲"甚至更大一点的"振兴、传承中国传统文化"这个"特定思路"，就要讲究"创造性处理"方法了。

针对电视戏曲来说，首先一个是传播内容的创造性丰富。中国的民族传统文化蕴含了丰富的内容，它是我们今天文化建设的基础，但是民族传统文化成长起来的环境是中国封建的自给自足的农业社会，因此它们的内容大多是当时社会状况的反映，有些不管从形式还是从内容来说，跟现代社会都有一定的差距。拿传统戏曲来说，内容的老套、节奏的缓慢，跟现代社会日新月异的变化和快节奏的生活相去太远。那么在这种情况下，传统戏曲应该怎么办？唯一的出路就是实现传统文化的批判继承和综合创新。

拿《梨园春》栏目的传播内容来说，它除了播放传统的戏曲曲目外，有时还及时引进一些流行的东西。传统曲目的播放，要么是对古代忠贞的爱情的歌颂，诸如《秦雪梅》《白蛇传》等曲目就是如此，要么是对孝道等中国传统道德的倡导，要么是对诸如嫌贫爱富等社会丑陋现象的讽刺与鞭挞。这些在现代社会中都有深厚的社会心理基础，跟现代人的审美心理相契合，自然会受到人们的欢迎。

当然《梨园春》也并不是仅仅播放传统曲目，戏曲小品的播放就是他们的创新。这些小品都是以戏曲的形式表现现代生活，给人耳目一新的感觉。这样的创新既保留了传统的传播形式，又反映了现代人的生活状态，是不错的一种探索。

再一个是充分调动接受者的参与积极性。《梨园春》的工作人员不停地强调一点：受众的参与是他们栏目获得高收视率的重要原因。制片人蒋愈红的话很有代表性："《梨园春》的特色是戏迷擂台赛，突出娱乐性，吸引更多的各个层面的观众参与和收看。"其他各省后起的戏曲栏目也都吸取了《梨园春》的这一优点，都开设了戏迷擂台赛以供受众参与。

受众的参与使受众觉得这个栏目距离自己很近，反映的是自己的生活，从而使栏目从受众中汲取了力量。同时，受众在参与的过程中又可以获得物质的、精神的满足，甚至是社会地位的改变，这对于来自底层的社会群体有极大的诱惑力，也是栏目吸引受众的一个重要法宝。因此，民族传统文化要获得好的传播效果，必须弄清楚自己的受众是谁，他们需要什么，然后运用自己的传播资源去满足他们；这样一定会获得他们的认可。吸引他们参与到节目中来，使他们在参与的过程中获得满足，为自己的发展注入新的动力。而且他们在直播进行的同时，还开通了手机短信和固定电话的互动平台，利用现代的通信技术跟受众互动。最后为了征求受众对栏目的建议，他们还开办了"梨园戏曲论坛"，利用最为现代的网络技术，让人们对栏目的发展畅所欲言。

最后，要使民族传统文化的传播获得较好的传播效果，取得政府的支持是很重要的一环。《梨园春》栏目的发展跟河南省委省政府对他们的政策优惠有很大的关系，也跟省里的领导持续的关注密不可分。上海东方电视台戏剧频道张文龙导演说："为了让电视戏曲贴近大众、贴近时代、贴近生活，要给电视戏曲一定的优惠政策。"其他各省的戏曲频道也都存在这样的政策优惠。

中国特殊的文化体制和政府支持弘扬民族传统文化的政策，使各个地方在弘扬民族传统文化方面都可以获得政策上的支持。江泽民同志在题为《全面建设小康社会，开创中国特色社会主义事业新局面》的十六大报告中提出"扶持对重要文化遗产和优秀民间艺术的保护工作"，国家有关部门也提出要"完善文化产业政策，支持文化产业发展，增强我国文化产业的整体实力和竞争力"。因此，作为传播者，应该充分利用好这一政策。

另外要恰当处理栏目建设和经济之间的关系。要制作一个文化栏目，必须有充足的资金作为保障。湖南的花鼓戏就是因为没有充足的资金而难上电视。业内人士针对湖南卫视的这种状况说："真正制约（湖南）戏曲频道发展的还是市场因素，具体而言就是收视率和广告价值的问题。"拿《梨园春》栏目来说，每期节目需要费用十万，栏目一年所用的经费大约是五百多万，这是较为庞大的支出。当然广告收入是最为可靠的资金来源，但是从《梨园春》栏目走过的路来看，又不能过分地关注于广告收入。过多的广告收入，意味着增加广告的播出时间，这样就会引起受众的不满，对栏目的发展也不利。在经济关系方面，需要把握的一个原则是：要有足够的资金支撑栏目的发展，但是又不能让市场的操作影响栏目的发展。

关于资金的来源，除了广告外，其他的途径也未尝不可尝试。《梨园春》成为品牌栏目后，延伸了自己的产业范围，生产了"梨园春酒""梨园春矿泉水"。还办了一家"德克士梨园餐厅",目前涉及的主要产品是有关《梨园春》的音像制品。这些产业为这个栏目的发展提供了部分资金。我认为这未尝不是解决资金问题的一种途径。

访谈小结:

在这次采访过程中,我深刻感受到了,胡老师作为电视理论研究专家治学的严谨态度。他谦虚地表示,自己对于电视戏曲方面的研究还不够深入,所以只是从自己主要研究的电视传播艺术领域浅谈,并和我商议了好几次关于采访问题的设置。

在采访中,胡老师有针对性地提到,虽然电视作为传统戏曲的传播载体给传统戏曲的传播和传承带来了新的发展,但是要特别注意不能走入"观众爱看电视传统戏曲,就必然爱看传统戏曲""只要把传统戏曲中的高、精、尖动作和唱段一股脑呈现给观众,观众就必然爱看"的认识误区。因为传播载体的受欢迎程度不代表传播内容的受欢迎程度,所以一定要注重对接受者和传播艺术方面的研究。文中,胡老师详尽地用电视戏曲栏目《梨园春》作了举例分析,指出电视传播艺术中的"特定思路、方式、方法"应该如何运用在电视戏曲节目中,这对电视戏曲节目的生产和传播有很好的借鉴作用。

【刊发信息】黄佳:《让电视戏曲插上传播艺术的翅膀——采访胡智锋》,杨燕主编:《电视戏曲文化名家纵横谈》,中国传媒大学出版社,2009年版。

为广播电视的发展献计献策

——中国传媒大学教授、"长江学者"胡智锋访谈录

记者： 据了解，您目前正在领衔进行"广播电视公共服务体系建设研究"的课题研究，是北京市广电局的一项重大科研项目。对于广大读者来说，"广播电视公共服务体系"还是一个比较陌生的概念，它的立项背景和主要研究内容是什么？

胡智锋： 广播电视公共服务是近来广电管理层和业界、学界十分关注的命题。但到底什么是广播电视公共服务？其内涵、外延、范围在哪儿？抓手和突破点在哪儿？实施主体是谁？怎样去突破实施等等，国内外的理解不尽一致，实践的路径也各不相同。

"广播电视公共服务体系建设研究"这个课题的提出，符合了当前广播电视行业发展、政府主管部门工作和学界研究三个方面的需求，但它的由来有一个过程。从政府主管部门来看，北京广电行业改革开放30年来取得了很大成绩，但在体制机制改革和事业产业发展方面也留下不少难题，解决这些难题从哪里入手？去年，北京市广电局孙向东局长从首都广电未来发展的战略考虑，提出了"广播电视公共服务体系建设研究"这个课题研究任务。她希望借助高校的智慧和优势，为政府科学化民主化决策提供理论依据。就这样，从2007年3月份开始酝酿，经过局里和我们反复沟通，10月份课题正式启动。

记者： 正如您刚才所说，"广播电视公共服务体系建设研究"是一个全新的课题，您在研究这个课题过程中遇到了哪些困难，目前进展情况如何？

胡智锋： 应该说这个课题涉及面广，对象复杂，做这个课题不论

对北京广电局还是对我们研究者来说都是机会与挑战并存。这个课题包括了内容生产、产业发展、体制机制等多个层面，是难得的综合研究，可以借机把各方面科研力量整合起来。它对北京广电行业未来的科学决策也是一个重要的抓手，对北京广电行业的可持续性发展具有战略性意义。

这个课题是我这么多年从事广电研究极具挑战性的一个。为了做好这个课题，我们计划分三个阶段进行研究：第一阶段是咨询和调研，用了大约3个月，咨询范围上至中宣部、广电总局领导，下至普通社区居民，共开了13次咨询会，在5个点做了深入调研，涉及调研对象数百人，调研资料30多万字，都是丰富的一手材料；第二阶段是初稿写作，12个课题组核心人员开了20多次碰头会，深入研究问题点、解决点、理论质点、实践对应点在哪儿，并逐一列出，目前，已进入下一步的文稿写作阶段，文稿写作面临的问题就是要请高端专家把关、鉴定、论证；我们初步决定在今年六七月份把文稿写好，加上相关报告和文章，争取年内能够出书。

记者："广播电视公共服务体系建设研究"涉及很多新的理念，您先前对电视实践作出的许多理论表述，如"本土化"的战略和对策等，这些思想观点对于广电公共服务体系研究有何启示？

胡智锋：作为一个学者，要把正在经历的现实、曾经经过的历史和可能面临的未来做贴近实际的准确表述，要能够确实回答业界到底在做什么？为什么做？往哪儿做？这些应该是我们理论研究的重要内容。

广播电视"本土化"的战略和对策是我提出的重要观点。所谓"本土化"，意味着中国的广播电视有自己的特殊性，很难用西方的学术观点作直接阐释。比如，我们也做市场和产业，但并不等同于西方的市场和产业，有很强的政府操控和政府主导，这就是特殊性。必须要依据中国的国情来寻找中国的规律。我的任务就是寻找中国特色，探求符合中国国情的广播电视特殊规律。中国广播电视的特殊性，包括区域的不平衡性、模式的多样性、体制机制的复杂性等。我希望立足于中国特殊的现实土壤与历史文化传统，既能够脚踏实地，从实践中梳理、总结出理论观点，又能将这些理论观点置于实践中去考察、检验，理论与实践相互推动。广播电视公共服务体系建设的研究，同样也要立足中国，立足北京，从实际情况出发，客观地、准确地梳理其历史与现实，同时，在广泛借鉴国外理论与实践的基础上，梳理、整合出有中国特色的广播电视公共服务的理论观点，探索出有"本土化"意义的实务体系。

记者：您的很多代表性观点对电视实践有着实际效用，说这也是您领衔从事"广播电视公共服务体系建设研究"的重要基础，其中有些观点已得到业界普遍认同。比如您最近总结提出的"三品"就很具代表性。您能简要介绍一下"三品"的主要内容吗？

胡智锋：我最近在对中国电视50年的内容生产进行全面回顾，这一研究难度也不小，期待年内能做出来。"三品"是我对中国电视内容生产潮流和趋势所划分的三个段落：即以宣传品为主导的阶段、以作品为主导的阶段、以产品为主导的阶段。

我认为，中国电视的50年从内容生产来看，前20年是以宣传品为主导的阶段，以宣传教化为主要职能，重在意识形态宣传。改革开放30年以来可以分为两个阶段，即以作品为主导的阶段和以产品为主导的阶段。在以作品为主导的阶段，20世纪80年代强调形式创新，创造了中国特色的专题片、电视剧、电视文艺等类型节目。如以《话说长江》为代表的文化类专题片，以《哈尔滨的夏天》为代表的风光风情片，以《红楼梦》为代表的名著改编剧，还有创造吉尼斯世界纪录的春节联欢晚会等，这些都是根据特殊国情和特定文化传统创造出来的。90年代重在观念创新，电视纪实、栏目化、电视谈话、电视直播和电视游戏娱乐都是观念创新的成果。90年代后期至今，进入以产品为主导的阶段，关注收视率，关注成本核算、资本运营、产业化探索，评价标准也开始有所转变。目前，在新媒体的冲击下，电视将向何处去？新媒体将对中国传统电视产生什么影响？中国传统电视在新媒体冲击下会有怎样的生存发展空间？这些是我最近正在做的题目之一。

记者： 在目前商品经济和市场效益的社会大环境制约下，有的媒体急功近利，但您在您的研究领域中却一直坚守着文化责任和电视的尊严，您怎样看待这种文化责任和电视的尊严？

胡智锋： 理论研究本身就应当体现一种文化责任和尊严。当一种潮流或者说一种社会现象出现时，理论研究者不应该是一个被动的反映者，而应当是积极的观察者、思考者。现在有些虚假的新闻屡屡出现，这绝不是一家媒体或一个人的责任，反映出来的是全行业在社会大环境中的问题。当电视传媒进入产品阶段，媒体的决策稍一偏脱，就会出现这种情况。今年的《现代传播》第1期有我和中央电视台副台长高峰先生的年度对话，题为《重塑中国电视的尊严》，探讨的就是这一命题。中国电视不再像以往那样笼罩着神秘的光环，而是在逐渐大众化、产业化、市场化的过程中，越来越走向急功近利，向市场妥协，这就会面临尊严度下降。如果行业尊严丢失了，处理一个人或一些人没多大意义，重要的是要在理念上认识到重塑中国电视尊严的意义与价值。尊严的重塑意味着要担当文化责任、要坚守。市场化、产业化绝不意味着可以放弃主流意识形态宣传，放弃民族文化传统的弘扬。一家电视媒体如果用全部精力做PK和选秀，不扎扎实实做点有文化含量的纪录片，不去购买、推动像《闯关东》这样有史实意义的大剧，不老老实实做几个跟老百姓的生活密切相关的民生节目，不老老实实把党和政府的宣传任务做到位，那这个媒体还有什么意义？推出对国家经济社会发展产生重大影响的作品与产品，才是电视媒体应走的正路，也是尊严的根本所在。

比如说日益临近的奥运，这不仅会是体现国家形象、民族形象、政治形象的好机会，对广电传媒来讲也同样，而且肩负着更重要的文化宣传责任：第一是展示中国广播电视工作人员形象的平台；第二可以借此契机把广播电视传播机制调整好，建立快速应急机制；第三是对广播电视传输技术的考验，还能在家门口学习人家的先进做法……这些都是奥运带来的积极影响，当然也有媒体的尊严和责任问题，如果处理不好也可能会有负面影响。

记者： 您作为当前我国广播影视研究领域的领军人物，在理论研究与实践的结合上提出很多创新的观点，并获得2007年"长江学者"荣誉称号，据说您也是我国广播电视学界首位获得这个荣誉称号的学者。这一称号的意义何在？您未来的研究设想是什么？

胡智锋： 能够入选"长江学者"，我看重的不仅是对我个人学术研究的褒奖，更看重的是在对广播电视学术与学科建设成就的认可，由于广播电视学术研究，与传统学术研究、传统学科相比，历史短暂，积累较少，能够得到这种认可，是这个学科时代性、现实性、实践性的特质产生的魅力。

要研究出既具有现实意义，又具有长远价值的理论很不容易。未来我的研究依然是三条线并行：第一条是基础理论研究，这是学科建设的需要，建设有中国特色的广播电视艺术理论；第二条是应用研究，这是业界实践的需要，即在电视实践中总结经验，进行理论化的概括；第三条是决策研究，比如开始我们谈到的"广播电视公共服务体系建设研究"就是战略性决策研究。

记者： 您从事电视理论研究和电视策划这么多年，积累了丰富的经验，对于未来的中国广播电视发展，您有怎样的思考与期待？

胡智锋： 这几年，我在不少场合反复说过四句话，这就是"态度决定一切""细节影响成败""诗意提升现实"和"智慧改变世界"。

所谓"态度决定一切"，说的是价值观。广播电视要有自己坚定、核心的价值追求，在明确的价值观引领下，选择、取舍自己的内容、方式、思路与行为，价值观的迷乱一定会导致广电媒体方向性的问题。

所谓"细节影响成败"，说的是执行力。广播电视实践不仅要有很好的规划、设计、创意、策划，更要有极佳的落实，实现能力。我们赞赏"点石成金""化腐朽为神奇"，厌恶"播种了金子，收获了跳蚤"的状态和效果。

所谓"诗意提升现实"，说的是审美观与艺术观。广播电视基于原生态的生活情形，但不能简单地、自然主义地呈现与扫描，需要加以艺术化、审美化的修饰与处理，使散乱的生活景观凝练为有审美艺术价值的对象。

所谓"智慧改变世界",说的是创造力。广播电视既需要高技术,更需要大智慧。面对纷繁复杂的世界,如何通过自己的工作,既反映、表现生活,又创造性地引领生活,既满足人们当下的诉求,又创造性地描摹未来的理想蓝图。既叫座,又叫好,雅俗共赏,老少咸宜,科学和谐发展,的确需要广电人的智慧。

中国广播电视历经风雨,成就辉煌。今年恰逢中国电视50年,我坚信,靠着中国广电人的信念、能力、热情与才华,一定会创造出无愧于时代,无愧于民族的新境界与新局面。

【刊发信息】金明:《为广播电视的发展献计献策——中国传媒大学教授、"长江学者"胡智锋访谈录》,《北京广播影视》,2008年11月。

做当地，做当下：城市电视台的突围方略
——专访胡智锋教授

　　今天的城市电视台，面临的挑战是多层面的。以行政体制构建的电视产业结构，数字化背景下的新媒体发展，中央台与省级台的强势冲击，在这样的结构中，在这样的环境下，城市台如何在夹缝中求生存求发展，如何找到自己的位置，获得最大的发展空间？3月，春风又绿江南岸的时节，《视听界》在镇江举办了"广电文化产业暨节目创新讲坛"，授课对象是地方广电人。对电视节目形态演变有着深厚研究的胡智锋教授，是我们邀请的压轴嘉宾。本应晚上7点抵达的飞机遭遇雷电延误，直到晚上9点，胡教授才抵达南京禄口机场。之后，星夜赶往镇江，抵达镇江已是当晚10点半了。一路奔波，疲惫写在他的脸上，但机会难得，我们依然厚着脸皮提出采访。成就斐然的胡教授是个随和的人，有着儒雅的气质和豪爽的个性，立刻答应，围绕城市台发展的主题，侃侃而谈……

有作为才有地位

　　《视听界》：胡教授，在您的论著和演讲中，多次提到城市电视台的生存环境，在您看来，目前我国城市电视台的生存环境发生了什么样的变化？

　　胡智锋：我们国家在1983年提出"四级办广播电视"的政策，之后，中国广播电视格局发生了重大变化：从改革开放前的"二级办"——中央和省级，变成了"四级办"——中央、省、地市、

县四级广播电视格局。从1983年到现在，25年了，四分之一个世纪，这里面有许多经验是值得重视的。其中以地市为代表的城市电视台在改革开放不断深入的过程中发挥了很重要的作用。如果没有城市电视台的崛起，中国广播电视业的影响力不可能这么深入。同时，城市电视台为改革开放、服务地方经济社会发展做出了突出的贡献。这些都是值得肯定的地方。但同时，四级办广播电视又是按照行政方式来分割的，也就是说，不管一个电视台的规模有多大，效益有多好，都是按行政级别来区划。这就导致了反差。一些拥有相当多资源的城市电视台，比如它的地方经济比较发达，它的相对资源比较雄厚，人力资源比较强，然而却面临着行政级别低、辐射力不够这样的困难；而一些行政级别比较高的电视台，它拥有的是行政资源，但却难以拥有地面这种接近性资源，它在发展过程中，又有很多问题，比如落地的局限。所以，城市电视台的优势在于接近性，劣势就是行政级别低、辐射范围小；而高一级的省级电视台，覆盖面广，但难以落地。这就形成一个悖论，导致了行政区划和市场定位之间的二元对立。按照市场的规则，广播电视资源应该是统合的，统一组织运作分配，而按照行政的区划分割，只能分管一摊，各管一方。这种矛盾一直纠缠着广播电视业。

《视听界》：在这种生存环境中，城市台扮演了什么角色？

胡智锋：城市电视台在这个过程当中，得到了两种评价：一种说法是站在中央和省级的立场上，认为城市电视台是一个怪胎，它违背了广播电视传媒的规律，应该被省级电视台收并，不应该独立运作，重复建设，浪费资源；另一种说法是城市电视台拥有独特的贴近性，这种职能和特点决定它不能被取代，而且它不仅不能做小，还要做大，应该给它公平的竞争主体资格和地位。这两点争论到现在都没有停止。城市电视台自身没有得到强力的行政支持这把尚方宝剑，仅在1983年到90年代有线电视崛起之前，过了几年好日子，之后，就进入了一个混乱的竞争状态。没有足够的行政资源，没有足够的覆盖，加上来自上级台的竞争压力，所以，今天的日子过得比较艰难。

《视听界》：那么城市台该如何解决这种行政规划和市场定位之间的矛盾，或者说，该做些什么样的努力？

胡智锋：大概在10年前我就说过，中国的电视很奇怪，西北的哪怕是一个省级电视台，它的经费来源和服务地方的能力可能不如江浙一带的一个县级台。中国区域经济和社会发展的不平衡，导致了这种广播电视格局。在东部经济发达地区，城市台就是这样一个"少妇"的角色，刚刚生完小孩，奶水过于充足，喝不了就浪费了；而一些偏远地区，例如东北、西北经济不发达的地区，却觉得不够吃。这个矛盾怎么解决，也是一个纠缠着广播电视业界和学界的共同难题。我觉得，一是政策保障。城市台在竞争中需要一些特殊的国家以及地方政策的支持，不然的话，要么浪费，要么发展不了，而什么样的政策能够保障它，这很关键。二是自身努力。城市台的发展关键在于自身。城市台一直以来都在做着自下而上的努力，在提供丰富内容服务受众的同时，也在做地方的工作，就是说埋头为地方的经济社会找自己的服务点。有为方有位，有作为才有地位。

新闻要贴近，其他内容活动化

《视听界》：城市台只有发挥自己的特色，才能在竞争中站稳脚跟，而本土特色和区域传播力是城市台得天独厚的优势。在您的研究中，有一个"中国电视本土化的道路选择"课题。您认为该如何以本土的地域内涵、社会心理去提升城市台节目的可看性乃至必看性？

胡智锋：在规律上，电视对观众的吸引是一样的。首先地方台必须有所为有所不为。有些资源是公共性的，比如体育，奥运当头，你不能只关注自己县级的运动员，你肯定要关心国内外的；比如综艺，大家肯定要看中外知名的艺术家、艺人的表演，他不会只看本地的小演员。除了一些极特殊情况，比如说评弹，可能就是苏州一带地方特色，全国其他地方没有；比如说二人转，是东北一带的，只辐射北方，它不具有全国性。大部分情况下，对于体育和综艺这部分而言，地方台没有作为。那么，剩下来的就是新闻可以做了，新闻是越贴近越好，而地方台有得天独厚的贴近性优势。其次可以做的就是吸引地方百姓参与的活动型节目，通过活动，特别是主题性活动，吸引观众的关注。观众最希望在电视中看到自己，他们对身边的事，或者自己参与的事比较感兴趣，希望从中获得一种认同感。城市台可以通过提供这样一种认同感，来提高节目的影响力。这是内容方面。至于用什么形式，我觉得都是一样的。因为规律是一样的，栏目剧也好，故事类节目也好，讲述方式都不重要，重要的是老百姓自己能够获得认同。关联度有多高，节目内容空间就有多大。

《视听界》：您在业界以创意、策划著称。在您看来，城市台的节目策划在电视内容生产与传播过程中具有怎样的价值？

胡智锋：广播电视的规律是一样的，城市台也是如此。一般说来，你前期投入的比重和后期的效果应该是相匹配的，前期策划下的功夫越大越细密，后面的效益可能就越大。

《视听界》：在节目策划中，许多城市台因为制作条件和人力资源等因素的限制，缺乏创新意识，走模仿、借鉴、嫁接之路，您是如何看待这种"拿来主义"的呢？

胡智锋："拿来主义"我觉得无可厚非。一些成熟的模式，特别是中央台、省台探索出来的模式，它的成功一定有它的合理性，它符合中国人的口味，所以，"拿来"也是建立在一定的基础之上。但是也要避免完全一样，因为城市台和中央台、省台的制作条件、制作力量不一样。比如说大型访谈节目，它主要是靠主持人，主持人的水平、嘉宾的档次和表现决定了节目的质量，而城市台可能缺乏这种优秀的主持人和嘉宾；再比如舆论监督类节目，中央台可以监督到一个县、一个村，而城市台在本地可能就不好去监督，它有政府、宣传部门的管制。所以完全克隆又不行，但可以把这种精神融入节目之中，根据本地的可能性来制造一些有可行性的样式。比如说，栏目剧，你做得可能不如一些大台，但你可以做一些准栏目剧的东西，做成小台的一种风味；故事类节目，你讲不过一些名嘴，但你可以让地方观众多说一些，用地方发明去做也是可以的。

《视听界》：您一直强调电视内容生产是有规律可循的，之前也提出"时"是电视内容生产的传媒本质，包括时代、时尚、时下、时机、时段五个因素，那么城市台应当如何遵循"时"这个规律？

胡智锋：这一块恰恰是城市台可以大做文章的空间所在。这五个"时"对城市台特别合适。"时下"对于一个城市台来说，是能够引领时代、引领时尚的东西，可以在电视上体现。中央台，她要做成时下的东西，很难；她要做现在进行时，非常困难，因为有地域的差异。但在本地就没有这个问题。城市台整个的趋势可以是现在进行时，短平快，因为地方小，持续拍摄可以跟得上。剩下的"时机"和"时段"非常重要。城市台如何运用好"时段"呢？比如在奥运时期，我打差异牌，在赛点、热点时候我避开，我错位去编排，把我的节目按规律重新安排，避开风口，然后在中央台、省台相对弱势的时候安排我的主打节目，中央台和省台的强势时段是固定的，我避开它的强势时段，在它的弱势时段打本地强势。"时机"是和"时段"联系在一起的，就是说，同样一个节目，尽可能提供本地的一个大家有共同关注度的时机去播出，这个是很重要的。

奥运不能丢，不要躲，要贴它

《视听界》：有人说，奥运来了，城市台怕了，因为央视、省级卫视把奥运期间的收视份额蛋糕切分得差不多了。在如此困难的收视竞争格局下，地方台该怎么做才能应对挑战？

胡智锋：这个情况类似于央视的春晚。除夕夜全国大部分人都在关注央视春晚，而自己市里、县里办的节目大家不会去看，因为央视的春晚是国家一流的，那些明星更吸引他。奥运也一样。冲击是必然的，不可能没有冲击。但反过来讲，也像过年一样，人老吃一种东西也很烦的，也想有点小菜来调剂调剂，那么这个时候，一些新颖别致的小菜就会获得格外的青睐。奥运期间大家都在看奥运，也很疲惫，季节性的养生、健康、生活节目就像这些调味小菜，因为大家除了看奥运，生活还要维持。所以，城市台日常的节目依然可以继续维持，只不过是在奥运开闭幕式和大型赛事出现的时候要适当地回避与躲避一下。央视整天都会打奥运牌，那么在央视奥运赛事重播时段或非直播时段，都会有一些间隙，在这间隙插入城市台自己的一些节目内容，或者一些老百姓爱看的重播剧，都可以。奥运前后也就是一两个月，也不至于对城市台的影响那么大。

《视听界》：在编排上错位竞争。

胡智锋：对，就是错位竞争。避开最高峰的收视段，因为奥运会的日程已经排开了，开闭幕式的时间是定的，各个热点赛事的时间都是定的，其间的比如说，姚明出现的时候，刘翔出现的时候，中国比较有优势的争金牌的时候，或者一些大明星出现的时候，尤其要注意。其他的时段都可以插入城市台自己的节目，比较休闲的生活类节目，让城市人在工作和连续收看奥运的疲惫之下，放松情绪，调节自己的生活状态。

《视听界》：紧贴城市人的生活状态。

胡智锋：没错。

《视听界》：上一期《视听界》我们做了生活服务类节目的话题版块，这类节目应该是城市台应对奥运的一个策略。

胡智锋：对，这很重要。就像开了个洗浴城，主业可能是洗澡，但这个城里还有按摩，有修脚，有美发，有喝茶，有棋牌，有聊天会客，诸如此类。奥运期间，除了主要把奥运赛事和赛点播出去，还要根据城市人们的工作状态、生活状态中需要提醒的、需要注意的一些事情，设置一些栏目。这些栏目要贴着奥运走，你不能偏离奥运太远；奥运的时效性你要反映，特别把本地人在奥运期间的反应折射进去。不妨做本城市对奥运的猜想类节目，央视毕竟面向全国，城市台可以利用它的贴近性，让本城市人们参与奥运，与奥运互动，比如说，对比赛的一个预测，一个竞猜，这种参与性的节目可以出现。

《视听界》：借奥运之火。

胡智锋：对，奥运不能丢，不要躲，还是要贴它，而且要根据本城市的特点去贴。

综合化·深度化·嫁接化

《视听界》：城市台的竞争压力越来越大，尤其是在数字化背景下，频道数量激增，无论是媒体还是受众对内容的需求都发生了很大的变化。城市台在这种竞争压力下如何做到"内容为王"？

胡智锋："内容为王"是一个整体概念，不管什么时代，不管什么电视台，包括中央台、省台、地方台的最终竞争都落实在节目上，而内容就是电视上呈现出来的可以看的东西，所以说内容是电视的本质。我们在这样一个阶段，过度重视了产业，过度重视了体制改革，这些是很重要，但是在改革的过程当中，如果广播电视，特别是电视，去掉了本质，去掉了本钱，你作为内容生产的主体，把这个主体给丢掉了，只是在那儿做买卖、做生意，或者说，改制变成一个企业，我觉得还不够，你这个企业是做什么的？你的核心竞争力没了。从整体意义上讲，也许某一天新媒体在技术上超过你了，也许某一天，人家现代企业，在体制上比你更灵活，在吸纳人才的能力上比你更强，你剩下的还有什么？你剩下的就是积累的那些节目素材。因此，我们不要也不能丢掉我们的竞争优势。在数字电视大规模推行的背景下，频道大量激增这是一个事实，带来的问题是内容的弱化，这也是个事实。数字化不仅没有强化内容，反而弱化了内容。这个趋势是令人担忧的。另外，数字化时代，技术对内容要求也在变。比如说手机电视，比如说移动电视，它们的内容要求和传统电视那种固定时间播出的大块头内容是不一样的。大家看手机电视，不可能看长片段的，只能看短片，而且是短平快的。手机报现在很活跃，它就是一点点内容，方便快捷。因此，传统电视也要改造，以适应这种竞争的需要。那么，传统电视的"内容为王"怎么去解读呢？我觉得不同的媒体应该体现其特有的优势。同样是内容为王，不同媒体的内容特点和内容要求，会呈分化和差异性的一个趋势。传统电视媒体有权威性。比如说"两会"，权威发布不可能是网络，首先只有电视是最权威的；其次是主流化。新媒体可能很谐趣，也很灵活，但是它不一定很主流，主流的还是电视；最后，传统电视在精品制作、高端大制作上大有可为。可以集中优势兵力，一年打造一两个品牌活动、一两个精品栏目和大型节目。从这三点可以看出，对传统电视而言，它的内容就更向高端走了，其他一些特征优势，正在分化中流失。网络的发展方向是引进争论性、讨论性的东西，利用互动性做民间意见的舆论领袖。手机更多是介于网络和传统电视之间的状态，内容会逐渐分化。因此，电视作为舆论领袖的地位在下降，它做不过网络；电视短平快的优势也要让步，它做不过手机。

《视听界》：您说过您特别欣赏的一个词是"竞合"。城市台的地位、实力、处境决定它不能单枪匹马独闯天下，只有在壮大自己的基础上，走联合发展的道路。城市台如何在这种竞争环境下寻求合作？

胡智锋：分久必合，合久必分。在1983年国家是为了鼓励地方积极性来划分广播电视格局，那个是行政性的划分。经过若干年，广播电视越来越市场化，而这种市场化不可能做成单一市场，每一个城市台都有各自的优势，也有各自的缺憾。相邻近的区域假若有经济上的互补性，市场上的互补性，所服务行业的互补性，城市台之间就有合作的机会。竞合也不是说所有的东西都能竞合，大家必须有共同的需求，又各自的不足、缺憾，通过互补、互助，联手把盘子做大。比如镇江和扬州，就是一桥之隔，要搞大型活动，如果只有一家来做，它的投入、产出是不合算的，假如同时承担，像股份制的合作，就可能形成区域的联合体，实现投入产出的效益最大化。我比较倾向于用项目的方式来推动联合。

《视听界》：各地城市台的发展不一样，依您看来，在以后的发展过程中，主要会出现哪几种发展模式？

胡智锋：我开头就说城市台的行政地位和市场定位这种实际运营过程当中的差异和矛盾性，决定了城市台的差异很大，不可能并成一个模板。比如江苏的城市台和西北的城市台就没有可比性，而江苏的苏南、苏北，它们的城市台也各不一样，都会有一个跟本地的经济和社会发展相吻合的模式。具体说来，城市台可以分化到以下三种模式：第一，综合性发展。除了广播电视主业，还把其他传统媒体、新媒体吸纳进来，它一家统管。这种模式的城市台不仅经营电视，也经营广播、报纸、网络、手机等，走综合性多种经营的路。而是否整合成功，关键是看电视在本地的地位，能不能有这个本领。第二，深度发展。以广播电视为主业，在保持传统广播电视优势资源的基础上，深度开发。其他媒体所不能做的事，城市台在地方把它深化做下去。第三，嫁接之路。以广播电视为主业，嫁接其他行业，行业化交叉发展。可与地方的民政、经济等部门联合，跟地方经济的主打产业、主打行业紧密结合。比如这个城市以服装为主打产业，城市台以服装产业为主导，做成一个有特色的服务于这个产业的台。行业化的嫁接之路，使城市台有财源，有资金保障，且能直接服务当地经济，显现出它的特点。因此，我认为，综合化、深度化、嫁接化这三种模式是城市台发展的主要方向。

短短一个小时，胡教授娓娓道来，他敏捷的思维，清晰的条理，独到的见解，让我们意犹未尽，但实在不好意思在深夜继续打扰胡教授，便结束了访谈。当我们整理采访录音，记录下每一句话，才发现短短1个小时的访谈蕴含了如此丰厚的信息量，让人击节。

【刊发信息】单文婷、金珠：《做当地，做当下：城市电视台的突围方略——专访胡智锋教授》，《视听界》，2008年第3期。

本土化：中国特色电视理论的建构与创新
——访中国传媒大学博士生导师胡智锋教授

本期接受采访的电视艺术理论名家是中国传媒大学文科科研处处长、《现代传播》主编、博士生导师胡智锋教授，同时他还兼任中国高校影视学会副会长兼秘书长。胡教授致力于影视理论的研究多年，尤以电视美学、影视文化、电视传播艺术研究见长，在这些领域的一系列学术成果在国内居于领先地位。多年来，他参与了上百个电视频道、栏目、大型节目的策划和主创工作，是著名的电视策划人，在中国电视学界和业界产生了重要的影响。他以理论与实践等多方面的突出贡献，成为中国广播电视艺术学科新一代的领军人物。

美学论：电视美学框架的初步建构

杨乘虎：您从事电视理论研究已近20年，电视美学可以说是您在电视理论学界获得较大学术影响的第一个研究领域。您的电视美学研究是在怎样的背景下起步的？

胡智锋：作为一个新的艺术样式和传媒样式，20世纪80年代的中国电视在社会生活中的影响已越来越大，但与其他传媒与艺术样式相比，比如说与报纸、广播或戏剧、电影相比，它的独立性并没有获得广泛的认可，它常常被视为有图像的广播或小电影、小戏剧。实践中日益强大起来的电视，急于在理论上确立自己的独立地位。能否获得自己独立的美学理论支撑，是它获得独立地位的重要标志。因此，20世纪90年代初期，《中国应用电视学》在筹划阶段就把电视美学列为重要的部分，非常偶然的机会，构架电视美学的任务落在了我的身上。1991年接受电视美学写作任务的半年多时间里，在没有任何理论框架可资借鉴的情况下，我一方面在传统美学理论特别是影视理论研究上进行了大量文献的搜集整理工作，另一方面借助我有限的实践体验和积累，靠着初生牛犊不畏虎的勇气，在1992年8、9月间，竟然完成了十多万字的初稿。

杨乘虎：电视美学此前研究非常薄弱，大多套用一般美学或电影、戏剧美学的模式和框架，对于电视作为传媒和艺术这一特殊对象缺少有针对性的美学阐释。您是怎么搭建电视美学理论框架的？

胡智锋：能够完成电视美学理论的初步建构，应当说是实践给了我重要的触发。从1988年开始，我在电视的虚构与非虚构内容生产方面获得一些重要的体验。

从虚构类的内容创作来看，几年间，我陆续参与创作了大约50多部集的电视剧，最大的收获是让我感受到了电视剧创作与传统舞台剧、电影的明显差异。电视剧最突出的是它的日常生活特性，它所呈现的一切惊奇、传奇都必须融入日常生活的状态中；同时又是在非虚构的传播环境中，展现正在进行的社会生活，是用当下的社会关注来建立历史人物与今天的联系，使我感受到电视的艺术生产与传统的传媒与艺术非常不一样，它是艺术与非艺术的混合体。

从非虚构类的内容生产来看，几年间，我参与了不少专题节目、文艺节目和电视活动的组织、策划和创作工作，从中我体验到电视生产的动机和效果常常是有反差的。我们的想法在电视的运行过程中不断损耗，效果和动机往往相差甚远。在生产和传播的过程中，技术层面、媒体层面、艺术层面等都有很多假定元素在起作用，充满了各种变数，从原始创意开始，各个环节的假定性不断累加。尤其是对非虚构类的内容而言，从生活原生态开始，"真实"就已经被假定，到达观众那里，真实已经经历了多重假定。所谓电视美学首先是以真实为基础的，而电视的真实恰恰是一种多重假定的真实，这或许是对电视真实独特景观的准确贴近的描述。而在当时，许多人常常会把电视非虚构的真实与生活原生态的真实看成一回事，这也是许多人否定电视作为一门独立艺术样式的重要理由。

杨乘虎：1993年，您发表了《论电视纪录美学》，在《中国应用电视学》中第一次系统地搭建了电视美学的理论框架，其后，陆续出版了国内最有代表性的电视美学专著《电视美的探寻》《电视美学大纲》。在中国电视快速发展的阶段，这一系列理论著述为我们理解电视媒体独特的美学原则，认知电视艺术独特的审美经验，提供了相当完整而重要的理论标尺。

胡智锋：完整我不敢说，但是我尽力使我的理论框架能够阐释电视这一复杂而又多元的对象领域，在我的电视美学整体框架中，涉及电视美的特征、类型、本质等的阐释。既有技术美学，也有纪录美学和艺术美学；既有电视美的创造与生产，也有电视美的传播和接受；既有对电视作为媒体的美学观照，也有电视作为艺术的美学表述。

杨乘虎：在您的电视美学中，或许电视纪录美学是您投入最多，也是对传统美学最具突破性的核心内容。

胡智锋：与传统艺术美学相比，电视纪录美学或许是有别于其他艺术美学的最具电视媒体本质特征的部分，也是研究难度最大的部分。当时，许多业界和学界的人士从创作的角度，对相当风行的电视纪实给予了高度的评价，将其称为"屏幕上的革命"，甚至宣称"电视纪实主义时代的到来"。从创作的角度来做评价，这些观点无可厚非，但纪实到底是目标，还是手段；是本质性的，还是阶段性的，这需要从美学的高度，甚至哲学的高度做更深层次的探究和思考。

恰如有人所说，"纪实不等于真实"，如果说"多重假定的真实"是对电视真实外延性的描述，那么电视真实的内涵与本质特征到底是什么呢？在我看来，电视纪录真实是电视真实最核心的所在，也是最具电视特质的所在。我发现，传统的生活真实和艺术真实都无法涵盖电视真实，特别是纪录真实的独特本质。我认为电视纪录真实是介于生活真实和艺术真实之间的一种存在，是融合了虚构与非虚构、艺术假定与非艺术假定的存在，但是它呈现出来的却是一种接近于生活真实的景观。于是，我把这种景观状态大胆界定为"生活真实感"。这一界定既从美学高度回答了当时关于纪实与真实问题的热烈探讨，也为电视美学的理论建构确定了基本的和重要的逻辑起点。

影视文化论：从美学研究到文化研究

杨乘虎：2000年，您出版了第二部个人专著《影视文化论稿》，从电视美学到影视文化研究，这是否意味着研究方向的转型？

胡智锋：美学研究和文化研究当然是两个视角，也是两个领域，但在我看来，这二者又有着必然的联系。尤其对电视研究而言，从美学研究到文化研究是一种拓展，由于对象都是电视，我自己倒没有明显的转型感觉，只是对同一领域的不同视角的观照，尽管这其中有着若干不同。

实际上，在20世纪80年代中期，美学热和文化热是并行的。在全社会包括知识界，对文化的关注形成了一个热潮，主要是对现代中国文化和现代化进程的反思。在政治层面和经济层面，大家感觉到有些问题难以阐释，于是将目光投向了中西方文化碰撞最激烈的"五四"时代，寻求像鲁迅这样的先行者的思考和探索的足迹，这就形成了继"五四"之后，中国知识界的又一次文化反思热潮。与文化热相呼应的是，人文社科领域内美学研究持续升温，这是继20世纪50年代美学大讨论之后的又一次热潮。如果说文化研究关注的更多是国家和民族的问题，那么美学研究则更多关注主体的个性化问题，但这两个问题又是不可分离的。开放的、多元化的文化追求是主体和个体得到尊重和解放的前提。诚如高尔泰所言，"美是自由的象征"。没有了文化的多元化，也就没有了审美的个性化。因此，文化研究和美学研究往往是一个问题的两个方面，文化观和美学观也常常是相互联结的。

杨乘虎：的确，20世纪80年代的文化热和美学热不仅在知识界、学术界产生了巨大的反响，而且在电视领域也留下了那一时期的文化观和美学观的深刻印记。电视媒体对国家历史文化的激情赞颂和反思，以及创作者在宏大叙事总体背景下的个人化叙事的探索，至今给人留下难忘的记忆，《话说长江》和《话说运河》那种磅礴激情，以及主持人的出现，编导和撰稿人的个性化、风格化的叙说，包括"话说体"的尝试，都可以看出一种新的文化观和美学观在电视中的显现。

胡智锋：的确如你所说，《话说长江》《话说运河》已经开始了宏大叙事和个人化叙事的一种结合，《让历史告诉未来》等更渗透着文化反思的意味。仅从影像本体来看，这些节目一方面保持了传统的那种居高临下、磅礴舒展、非常主观的影像叙事，另一方面，也出现了个人化的解说、个人化的影像风格，以及个人化的主持等因素。而到了20世纪90年代，更是出现了快速拼接的MTV、现场直播等的综艺节目，以及贴近现实生活的纪实类作品。为什么会出现这些变化？我觉得仅从美学的角度还不能完全回答这些问题，对它的研究需要更开阔的视野。在文化热与美学热的潮流中，一方面我切入了电视美学研究，另一方面自然更为开阔的就是电视文化研究。由于电视和电影在社会生活中又常常处于并行和互动的状态，那么我自然也就把影视合在一起进行影视文化研究。

杨乘虎：当时影视文化研究也是学界和社会比较关注的热点领域，对影视文化的理解也会是见仁见智，在您看来，您的影视文化研究最突出的特点是什么？

胡智锋：不少影视文化研究更多把重点放在作品和创作者的研究上，注重的是文本研究，或延伸到相关现象的关注，比如谢晋现象、刘晓庆现象等，超越了文本意义的具有相对普遍性的社会现象。但我觉得这还不够，我认为应当从系统的高度去整体考察，所以我在《影视文化论稿》中没有将影视文化简单地界定为单一的艺术文化系统，而是划分为三种文化系统：艺术文化系统、社会文化系统、娱乐休闲文化系统。以艺术文化为中轴，以社会文化和娱乐休闲文化为两端，从三个文化系统来聚焦影视。这三个系统的提出和确立，或许可以说是我的影视文化研究比较突出的特点。

杨乘虎： 在《影视文化论稿》中，我印象特别深的是您对转型期中国影视文化四个浪潮的概括和分析。

胡智锋：《转型期中国影视文化的四个浪潮》对中国当时急速变化的文化景观，从三个文化系统互动的视角，进行了娱乐化、纪实主义、新英雄主义、平民化四个浪潮的总体描述与概括。这一描述与概括没有拘泥于单一的价值取向，而是将主流文化、精英文化、大众文化等不同的取向予以融通，应当说比较准确和客观地呈现了转型期中国影视文化的基本特质。这其中既有对四个浪潮对应的创作现象的梳理与分析，也有对其转型期的特殊社会文化和娱乐休闲文化刺激与需求的原因剖析，这也使得电视理论研究获得了比较开阔的视野。

杨乘虎： 我注意到，您不仅在个人的研究中，而且在很多大的学术活动中积极推进影视文化的研究，中国高校影视学会主办的四届"中国影视高层论坛"主题都是围绕影视文化展开的，这对推动影视文化研究发挥了重要作用。

胡智锋： 有机会具体参与策划和主持这四届"中国影视高层论坛"，对我的影视文化研究显然是更高层次的延伸和推进，仅从几届论坛已经结集出版的论集来看，不论是《全球化与中国影视的命运》，还是《和而不同：全球化视野中的影视新格局》，也包括我主编的《影视文化前沿》，都是近几年影视文化研究中得到广泛认同的重要成果。

观念论：五种新观念·五种视角·三品五时

杨乘虎： 在您的电视研究著述中，观念是出现频率颇高的字眼，甚至您的几部著作，如《中国电视观念论》《电视的观念——胡智锋自选集》等，都以观念命名。可见，您对电视观念格外青睐。

胡智锋： 这些年我之所以在电视研究中不断地强调观念，不断地梳理各个时期阶段的电视新观念，最直接的动因来自中国电视这些年来超乎寻常的发展速度，对理论回应的迫切需求。如果说，我的电视美学研究和文化研究更多着眼于基础理论体系化的建构；那么，对于电视观念的梳理与整合则更多是从应用的层面，对中国电视已经发生和正在发生的历史轨迹、现实状况和未来前景的描述、分析和概括。选择"观念"这个字眼，既不等同于电视实践操作中的具体行为做法，也不等同于高深的学术术语，是介于二者之间的，能够既联结实践应用，又联结理论学术的字眼。

杨乘虎：在1999年，您发表了《中国当代电视观念的沿革》一文，对此前中国电视观念发展的历史轨迹做了全面的梳理，如中国电视从制作人—制片人—策划人三个时代的划分等，当时给人耳目一新之感。

胡智锋：其实，这些表述我不敢说是原创，但是比较详尽和深入的阐释集中在这篇文章里。当时中国电视正在不断探讨许多新的做法，尤其在传媒样式和艺术样式的创新追求上可谓形态各异、花样百出。电视业界的不少从业者热衷于追逐新潮，新的说法和做法层出不穷。但作为一个学者，我们更需在学理上予以回应，这种回应还不能太迟缓，还要有现实的快速反应和强烈的针对性。从哪里入手呢？我认为应当从这些新潮的说法和做法中探求某种规律性，而这种规律的探讨离不开历史的梳理。新潮的说法和做法，从当下看或许是新鲜生动的，甚至是唯一的，但是从历史的角度去看，会是怎样一种情形呢？我相信在更长的历史参照系中，这些当下的新潮说法和做法会被看得更清晰。温故而知新，对过去历史进行系统的梳理是为了未来走得更理性，更明确。因此我把观念拉长到中国电视初创时期，从主体上梳理了中国电视经历的制作人（为核心）、制片人（为核心）、策划人（为核心）的三个阶段；从客体上梳理了中国电视经历的节目（为核心）、栏目（为核心）、频道（为核心）的三个阶段；而对应的评价标准则分别是技艺标准、效益标准和综合标准。

杨乘虎：您在这篇文章中，首次提出了十年来中国电视五种新观念递进发展的观点，这些观念的提出有着怎样的背景或者依据？

胡智锋：1999年，我从美国讲学回来，湖南卫视的《快乐大本营》火爆异常，一批游戏娱乐类节目迅速崛起，游戏娱乐成为被业界所追捧的新潮观念。有人宣称中国电视进入了游戏娱乐时代，这让我想起了不到十年前有人所宣称的"纪实主义时代到来了"的判断。的确，在20世纪90年代初期之前，电视的观念变化是相对平稳的，没有那么迅疾和大起大落。而短短不到十年，电视的观念变化如此之快，以至于人们动辄惊呼"某某时代到来了"。从电视纪实到游戏娱乐，这十年间对中国电视全局影响巨大的新观念主要有哪些呢？这些新观念产生的背景是什么，产生了怎样的效应，如何予以评价，这其中有无规律可循？沿着这个思路，我梳理了十年间从电视纪实—栏目化—电视谈话—电视直播—游戏娱乐五种新观念的递进发展轨迹，并对上述问题做了自己的阐释。在探讨了几种新观念产生的背景、原因、效应等问题之后，我发现"每一种新观念的兴起都是对以往某种观念的开发不足或开发不到位的一种补偿，但是所有的补偿都是一种阶段性的，一旦补偿到位，它就变成一种常规的观念和样式"。这是我对新潮观念背后的规律性的一种理解。

杨乘虎："某某时代到来了"更多着眼于对当下新潮观念的判断，而您则更多探究背后的深层原因和规律，如果说五种新观念的表述是从电视内容生产本身展开的，那么几年后您又提出了"五种视角看中国电视"的观点，这一表述似乎相当宏大和宏观，这是出于什么原因呢？

胡智锋：世纪之交，中国电视进入了一个转型期，国际、国内的生存环境发生了更大的变化，各电视媒体既关注本媒体节目、栏目生产的技术艺术或内容形式的战术性问题，更关注大格局中自己生存与发展的战略性问题。这对研究者也提出了新的要求，即需要从更高的战略层面去考虑问题。的确如你所说，五种新观念的表述主要是从电视内容生产本身展开的，而"五种视角看中国电视"的提出，则是从战略层面、宏观层面对中国电视观念的一种描述，对中国电视与政治、市场、文化、科技、传媒五个方面的关系作了历史与现实相结合的一种辩证分析。

杨乘虎：2006 年您又发表了《中国电视内容生产的潮流和趋势》，将中国电视内容生产近 50 年的历程划分为宣传品（为核心）、作品（为核心）、产品（为核心）的三个时代，并对电视的传媒特质做出了"五时"的表述。"三品五时"的提出，可以说是对中国电视内容生产发展潮流的一个非常新鲜的概括，也是对电视媒介特质的精辟提炼。

胡智锋：近年来，围绕"中国电视向何处去"，业界和学界更多聚焦于产业化和管理体制的探讨，这些探讨当然非常重要，是中国电视发展的战略性命题，不可回避。但在我看来，不论产业化还是管理体制，都离不开内容生产，内容生产应当是电视永恒的主题，离开内容生产，产业化和管理体制等的探讨将失去依托，没有意义。因为不论是产业化，还是管理体制，最终还是要落实在观众的接受上，对观众来说，他们直观感受到的就是电视荧屏上的电视内容。因此，我的关注依然是电视内容生产。中国电视近 50 年的发展历程，从内容生产的角度看，大体经历了三个时代，以其最主要的突出特征，以"品"字来表述，可以将它们划分为宣传品、作品和产品。而这三品的评价标准分别是：宣传品强调导向的正确，作品推崇个性和独特性，产品则注重市场和效益。近十几年来，随着电视内容竞争的不断加剧，各种新形式、新形态、新样式、新方法层出不穷，在相互克隆、相互模仿和相互追逐中，电视荧屏上不断地刮起各种各样的新的潮流和旋风。在这种情形中，我们必须追问，电视内容的本质特征到底何在？对此问题，在不同时期有过多种不同理解，从电视传播的意义上，一个阶段有人强调信息本体论；从电视艺术的意义上，一个阶段有人则提出戏剧本体论；当然，影像本体论始终被大家关注和讨论。这些判断都有一定的价值，也都符合电视内容的本质。但是，我们或许更多关注到了电视的影像空间性，内容的信息性，内核的戏剧性，却有意无意地忽略了电视的时间性。由于电视脱胎于广播，被称为"有图像的广播"，因此，当电视逐渐强大、强势的时候，为了凸显自己迥异于广播的独立性，太多强调了电视影像的空间特征，而现在看来，在时间性的本质特征上，电视内容与广播内容是有共同性的。由于时间性以往常常被有意无意地忽略，因此在对电视内容本质特征的表述上，我这篇文章更多强调了电视的时间性特质，而一个"时"又分别体现在以下五个方面：时代、时尚、时下、时机、时段。

杨乘虎：您的这些观念的梳理和概括，一方面对中国电视快速变化着的实践予以了快速的学理反应，予以了推动和指导；另一方面，我相信将会以其生动的表述勾勒出中国电视历史发展的轨迹和图景，具有相当大的文献意义。

胡智锋：电视的理论研究的确难度很大，面对中国电视这一研究对象难度或许更大；我的研究，特别是关于中国电视观念的研究到底有多大意义和价值，自有后人去评说。我在中国电视观念的梳理概括方面所做的努力，或许没有太高的理论价值，也不见得有多么直接的实践操作意义，但我相信它是不可或缺的，至少可以为中国电视留下一个侧面的文献记录，可以为电视理论和实践的推进提供一些素材。

传播艺术论：从电视策划到中国电视的道路选择

杨乘虎：在您近二十年的学术生涯中，您的研究工作一直追踪着中国电视的实践前沿，从没有脱离开对中国电视实践的探索；如果说您在学界是一位卓有成就的电视学者的话，那么您在业界则以策划人的身份而著称。以您的经历和经验来看，电视策划是一项怎样的工作？它在电视生产和传播过程中具有怎样的意义和价值？

胡智锋：这个问题在我的《中国电视策划与设计》和《电视节目策划学》已有明确的表述，在我看来，电视策划是电视运行中的一种工种和行为，是借助特定的信息素材，为实现电视的某种目的、目标而提供的创意、思路、方法与对策。从外延来看，电视策划可以分为节目策划、栏目策划、频道策划、媒体整体形象策划几个层次。电视策划的功能是为了提高效率、提高品格，具体而言，包括如何在限定的条件下尽可能小的投入达到尽可能大的产出、尽可能好的效益与效应。

杨乘虎：多年来，您在电视教学、研究工作之余，参与了大量的电视策划工作；而近几年，在电视理论方面，您特别倾力于电视传播艺术研究，您的《电视传播艺术学》堪称这方面的代表作。此外，在《会诊中国电视》《电视审美文化论》《内容为王——中国电视类型节目研究》《中国名牌电视栏目解析》等著作中，也多处涉及电视传播艺术。您的电视策划工作和电视传播艺术研究之间是否有着某种内在的联系？

胡智锋：的确，这些年我有幸参与了中国电视生产与传播的不少具体实践工作，尤其是参与了大量策划工作。在电视策划的实践过程中，我获得了很多直观的、直接的感受、体验和心得，这是我提炼出"电视传播艺术"这一命题和新的学科方向极其重要的实践来源。因此，我对二者的关系就有了这样的理解——电视策划是电视生产传播过程中的一种具体工作和具体行为，是直接面对电视传媒和电视艺术的实践活动。电视传播艺术则是对电视生产与传播运行过程中各种创造性处理的抽象理论概括，当然也包括对电视策划中的创造性处理的理论概括。它们的共同之处在于都需要对对象作创造性处理，不同之处则在于电视策划只是电视生产与传播过程中的一种行为，而且是具体行为；传播艺术则指向电视生产与传播中的所有行为，而且是抽象的理论概括。

杨乘虎：您是如何从具体的电视策划实践，提炼、概括出电视传播艺术理论的？我非常感兴趣这个提炼概括的转化过程。

胡智锋：这些年，我参与的电视策划工作涉及了电视节目、栏目、频道、媒体多个层面，每个层面的经历都留下了一些宝贵的积累。在具体的电视策划实践中，有些可能是点点滴滴的记忆，但最终都对我提炼、概括出电视传播艺术理论发挥了不可替代的作用。从节目层面来看，能否提炼出独特的视点，常常是电视节目生产创作中的关键性问题之一。1996年，我参与了大型电视纪录片《香港沧桑》

的创作，其中《香港沧桑》下部第二集《香江为证》，主要描述和表达的是香港经济腾飞进程中的中国因素。当时面临的相当大的问题是，如何将中国政府视点、港英政府视点、香港本地百姓视点三方视点予以有效的协调。我们必须强调中国政府的视点，但又不能忽略港英视点，更不能忽略香港本地百姓的视点，怎么处理？在对"三趟快车""东深供水"及改革开放以来的两岸贸易互动等无可辩驳的事实基础上，我们借助一位诺贝尔奖获得者的一句话，来表达香港经济腾飞中中国因素存在的重要性。在收尾的段落，要对全篇进行提升，用什么字眼去概括？我当时绞尽脑汁，用"支柱"或"决定性"来表述，港英当局不会接受，香港同胞也未必认同；用"支持"或"不可或缺"来表述，又无法体现本集的主导视点。最终，我选择了"支撑"，既凸显了中国政府的视点，又兼顾了其他两个视点。这一字眼的选择，看似平常，实则不易。

杨乘虎： 2006年7月，您担纲策划的33集电视大片《再说长江》播出后产生了热烈的反响，该片第一次提供了真正由中国人拍摄的长江的最完整、最清晰、最准确的影像，同时在电视大片的叙事上也做出了许多新鲜的探索和尝试。在这部电视大片的策划中，您提出了怎样的思路和方法？

胡智锋：《再说长江》是一部弘扬主流意识形态价值观的电视大片。该片创作面临的最大难点在于，如何协调主流意识形态的宏大叙事诉求与观众个性化、贴近性的诉求之间的矛盾。在叙事上，我把自己多年策划实践中的经验概括为"八化"，这就是：宣传话题化、话题故事化、故事人物化、人物细节化、细节情感化、情感趣味化、趣味个性化、个性观点化，这"八化"也成了我对这部大片在解决上述难点方面的思路、方法和要求。如第15集《告别家园》和第16集《他乡故乡》，从主流意识形态的诉求来看，宣传三峡移民的壮举和成就应当是首要任务。在策划时，我们首先把这种宣传任务话题化，对国内外普遍关注的关于三峡移民的若干话题做了梳理，既满足宣传需要，同时也回避了可能产生的负面效应。沿着移民话题，寻找移民故事和人物，我们选择了巫峡边船老大冉应福一家的搬迁故事。在跟踪拍摄中，捕捉了若干生动细节，这些细节既要体现充足的情感和趣味，又能体现主人公的个性特点和思想观点。如冉应福拆除刚刚在巫峡边建的新房时，不经意说出的一段打油诗，以及冉应福在举家迁移、告别老家的船上即席发表的谈话，既表现出他们"舍小家、保大家"的高尚境界，同时也把他们故土难离的酸楚之情表现得淋漓尽致，使全片的说服力、感染力、吸引力得到了有力提升。

杨乘虎：您在1998年就发表了《电视栏目：背景、策划与设计》一文，提出了电视栏目策划与设计的八个环节。这八个环节的表述，今天看来，依然相当的全面、有效。

胡智锋：20世纪90年代中期，中国电视的运行载体从以节目为核心进入到以栏目为核心的阶段。由于栏目生产的经验不足，从国家台到地方台，许多栏目都是摸着石头过河，不论是从宏观到微观，各个层面都常常处于模糊混乱状态。栏目生产普遍需要规范、需要模式，需要简洁明快的模板。我在参与了几十个栏目策划的基础上，整理出了电视策划的八个环节，即宗旨、定位、策划、选题、版式设计、风格样式、运作方式、宣传推广，这八个环节比较全面，也符合电视栏目生产的流程规律。

杨乘虎：您参与了许多电视名牌栏目的策划，给这些栏目提出了很重要的点子，那您能否从八个环节的角度，来谈谈提出这些点子的一些背景以及产生的效果？

胡智锋：以选题为例，栏目选题与节目选题有什么不同？这是我在进入电视栏目策划过程中每每遇到的问题。1994年，《东方时空》开播一年后，《东方之子》遇到了选题上的困难，主要是单体节目的高制作水准和相对的低收视率形成了很大矛盾。如何解决这一困难？我想，首先要解决栏目选题的标准问题。栏目中的单体节目和非栏目播出的单体节目之间在选题上显然存在着区别，非栏目播出的单体节目可以不考虑连续性，但是栏目中播出的单体节目就必须考虑到栏目的整体需求，应当成为栏目整体选题的有机组成部分，需要一个在单位时间里相对统一的标准，否则，很难获得统一的宗旨，统一的趣味和观众的持续关注。如果今天是娱乐明星，明天是官员，后天是专家教授，由于这些人物选题对应着不同的观众群，没有统一设计，就很难形成栏目的整体感。针对这种情况，我提出了六个字"有主题、成系列"，就是要有统一的主题，而且这一主题在一定时间内要系列化地连续播出，这样才有可能在特定统一时间里获得相对统一的标准，赢得特定观众群相对持续的关注，这应该是栏目选题和节目选题的差异所在。记得当时我提出了著名学者访谈系列、名牌大学校长访谈系列两种选题，播出效果非常好。此后，"有主题、成系列"成了《东方之子》重要的栏目选题标准。

杨乘虎：定位的特色或差异性，对一档电视栏目竞争力的形成和可持续性发展至关重要，您在这方面一定体会颇深。

胡智锋：定位包括内容定位和观众定位，也就是做什么、给谁做的问题。一档电视栏目的定位，一定要形成特色和差异性，或者简单说是打什么牌、有什么独家卖点的问题。以《艺术人生》为例，当它准备推出时，央视已经有了一套的《实话实说》，二套的《对话》，三套的《聊天》和《朋友》，与它们相比，《艺术人生》应当打什么牌，卖点在哪里？《实话实说》的价值在于它的话题，《对话》在于人物的高端性，《聊天》是打倪萍牌，《朋友》是打娱乐圈牌。《艺术人生》在内容上和它们有雷同，样式上也没有绝对的优势。在策划时，我曾经提出，当时中国谈话节目普遍存在的一个问题是现场观众和场外观众的元素没有做足。《艺术人生》如果要打观众牌，还有什么空间的话，是否可以在打观众牌方面多下点气力。后来，栏目采取了公布即将入选嘉宾，再通过各种媒体征集与嘉宾相关联的场上观众。果然，由于改变了现场观众的征集办法，使《艺术人生》的现场观众，不像其他谈话节目的观众一样，不再享受"免费的午餐"。由于观众是通过征集被选出来的，因此他们对心仪的嘉宾的关注和兴趣，通过电视屏幕的放大，就格外有意味、有趣味。这使得《艺术人生》获得了空前的观众忠诚度，也使得这个栏目在较短的时间里迅速崛起、走红，至今依然保持着极大的影响力。

杨乘虎：在您的著述中，频道专业化很早就被提及，而且在您参与若干频道的策划设计中，也提出了许多极具针对性的观点，很想听听您在这方面的思路和想法。

胡智锋：在频道层面，我参与了几十个从中央到地方电视频道的策划和设计工作。以中央电视台科教频道为例，1999年，当时刚刚就任中央台社教中心主任的高峰先生和我探讨创建科教频道（CCTV-10）的问题，并由我执笔，写出了第一个科教频道的总体策划方案。科教频道的主体内容，是科学教育文化类的节目，也就是中国电视业界熟悉的社教类或专题类节目。这一类节目曾经与新闻、文艺并列成为中国电视节目内容的三大支柱。中国电视20世纪90年代以来，新闻改革取得了重大突破，文艺娱乐类节目也一浪高过一浪地迅猛突进。电视新闻改革从《东方时空》对早间新闻的突破，《焦点访谈》对舆论监督类节目的突破，《新闻调查》对深度报道的突破，这一步步走得非常坚实，线路非常明确。而文艺娱乐类节目，从传统的晚会到综艺节目、综艺谈话，一直延伸到游戏娱乐、益智，再到选秀、真人秀，这条路线也是轰轰烈烈，波澜起伏，对电视和社会的影响显著。与它们相比，曾经在20世纪80年代相当辉煌的社教专题类节目，此时却风光不再，处于滑坡低谷状态，有的电视台甚至将社教专题类节目的制作部门和相关的节目、栏目从建制上予以撤销，情况极不乐观。在这种情形下，接受科教频道策划的任务应当说压力不小，在社教专题类节目整体非常不景气的前提下，不论是人才、资金，还是社会的关注度，都对科教频道的创建不利。我们应当创建一个怎样的科教频道？未来的科教频道依靠什么立足？我的思路和想法是，一方面必须突破社教专题类节目墨守成规的现状，充分吸纳电视新闻改革和娱乐节目改革的成功经验；另一方面，必须为科教频道赋予不同于新闻和娱乐的独特定位。这一定位必须是不可替代的，而且具有可持续性发展的、着眼于未来的较高起点。我想，作为国家电视台，央视的科教频道既需要脚踏实地、着眼现实，更需要志存高远，担当国家、民族与时代的责任。于是，我为科教频道提出了"三品"的追求：科学品质、教育品格、文化品位。我坚信，"三品"的理念不仅不会使该频道陷入曲高和寡的窘况，而且还会焕发出其不可替代的魅力。因为在中国电视整体格局中，甚至在当代中国文化的整体格局中，这样的内容是稀缺的，是具有巨大的潜在需求的。我曾多次说过，电视媒体不能太急功近利，表面看起来，"三品"的内容可能不具有现实和市场的价值，但从长远看，良好的形象和口碑，就意味着金钱和财富。"三品"当然属于可以赢得良好形象和口碑的那一类。自2000年正式开播以来，科教频道在"三品"的旗帜下，锐意改革，不辱使命，创造了不俗的业绩，也为中国社教专题类节目的重新崛起做出了重要贡献。

杨乘虎： 2000年前后，中国电视各个层级的媒体纷纷开始了寻找定位的探索，以省级卫视的定位热情最为高涨，显然，这是媒体层面激烈竞争的一种反映。

胡智锋： 我个人近几年越来越多地参与了若干不同层级电视媒体的策划工作，之所以更多聚焦于媒体层面，我想这一方面是中国电视自身的改革从节目、栏目、频道层面自然进入到媒体层面的必然结果；另一方面，则是随着中国社会整体上从计划经济向市场经济的转型，中国电视市场化、产业化的步伐日益加快，电视媒体之间竞争不断加剧的必然结果。在中国各个层级电视媒体的竞争中，省级卫视之间的竞争表现得最为突出，也最为激烈。在计划经济体制下，省级卫视承担着宣传省委省政府政令、塑造各省政治形象和社会形象的重任，因此，省级卫视往往是综合型的媒体形象。这必然带来省级卫视在性质、功能、内容、样式上的同质化、雷同化问题，而市场化、产业化则要求电视媒体在上述方面应当走差异化、特色化之路。计划经济体制和市场化、产业化的不同生存环境、不同的要求，使省级卫视面临着在综合化形象和特色化形象之间进行选择的困难和矛盾。但巨大的市场生存压力，使得省级卫视尽可能避开同质化、雷同化，而更多选择差异化、特色化。这就是近几年省级卫视纷纷开始寻找特色定位的主要原因。

杨乘虎: 那您认为近几年省级卫视寻找特色定位取得了怎样的成果,应当如何评价?

胡智锋: 在我印象中,较早开始考虑定位的省级卫视有湖南和安徽。湖南卫视从《快乐大本营》等的成功受到启示,逐渐在电视剧、综艺节目、专题类节目乃至新闻类节目中,逐渐向娱乐化方向靠近,塑造了湖南卫视的娱乐形象。安徽卫视则从电视剧广告营销的成功中获得启示,在电视剧的购买、编排、播出等方面做了多种探索,逐渐形成了"电视剧大卖场"的特色。此后,湖北卫视打出了"公益",海南卫视打出"旅游",贵州卫视打出了"西部黄金",山东卫视打出了"情义天下",江苏卫视打出了"情感",广西卫视打出了"女性",广东卫视和浙江卫视打出了"财富",四川卫视和重庆卫视打出了"故事"等特色定位的旗号,形成了引人注目的定位热潮。这些特色定位,从总体上看为各家省级卫视避开雷同化、同质化,寻求差异化、特色化生存与发展聚敛了人气,提高了收视率,获得了较好的市场回报,其成果应当充分肯定。但是我们也应该看到,省级卫视定位有些是自觉的,有些是不自觉的;有些是积极主动的,有些是消极被动的;有些是理性的,有些又是感性的;有些是持续稳定的,有些则是波动变化的。尤其是不顾自己的特殊省情,也不太考虑已有的传统积累和资源可能性,在寻找定位过程中,也产生了盲目跟风,定位不清晰、不准确,或者名不副实的负面效应,甚至成了另外一种意义上的同质化和雷同化。

杨乘虎: 那么在省级卫视定位策划方面,您认为应当从哪些方面切入,才能够尽可能找准位、找到位,而不是简单地贴标签?

胡智锋: 我认为,寻找定位是重要的,而找准位、找到位更重要,这里的关键问题是用什么来支撑定位和落实定位问题。在为湖北卫视确立"公益"特色定位的过程中,我提出,要以主打内容、主打品牌、主要素材、主体行动这四个"主"去落实公益特色定位。主打内容应当从人与自然、人与社会、人与人三个方面去体现自然关怀、社会关怀、人性关怀，由这三种关怀构架出公益特色的主打内容；主打品牌则应当围绕最能体现公益品质的几档栏目，而不是所有节目，予以重点投入和推广；主要素材则意味着围绕公益特色去创造、引进和加工素材；而主体行动则是围绕公益特色去设计和组织相关媒体活动。这些思路和方法我想不仅对湖北卫视的特色定位是适用的，对于其他省级卫视的定位同样是适用的。

杨乘虎：您在电视节目、栏目、频道、媒体几个层面的策划实践，丰富而具体，这为传播艺术的理论构建提供了鲜活而生动的素材来源。而作为一个新的学术范畴和研究领域，传播艺术的理论构建有着怎样的实践意义和理论价值？

胡智锋：电视传播艺术作为一个新的学术范畴和研究领域，从我本人的积累来看，主要得益于上述几个层面的电视策划实践。但这一范畴领域从内涵来说，指的是电视实践中所有"创造性的处理"，从外延来说，除了电视策划，还包括宣传、创作制作、编排播出、管理和营销推广等许多方面。因此，这一范畴领域的提炼概括不仅可以涵盖电视策划，而且可以涵盖电视生产与传播的方方面面。正是由于传播艺术这种高度的概括性，使它可以不断吸纳电视实践中各环节"创造性的处理"的经验，在电视实践的动态发展中得到不断的充实和丰富。电视传播艺术的提出有助于对电视生产传播整体性的把握，使电视实践从自发行为进入到自觉行为，从随意性行为进入到规律性行为，从特殊、个别性行为进入到一般普遍性行为，这是它的实践意义所在。电视传播艺术的提出，从理论价值来看，一方面可以体现"术"与"学"的有机结合，另一方面也可以体现特殊性理论和一般性理论的有机结合。作为一个历史积淀较为短暂的新的学科领域，难免会被视为"有术无学"，即经验性的"术"相对饱满，而体系性的"学"则相对欠缺，电视传播艺术的开辟使处于两端的电视传播和电视艺术获得了相互交叉和融通的巨大的中间地段，因此初步形成了三足鼎立的格局，为电视学科体系的完善打下坚实基础。电视传播艺术面对的是电视这一对象，提炼和概括的是电视的特质，这是它的特殊性的理论学术价值；同时由于传播艺术的普适性内涵（创造性的处理），又使得它具有沟通、辐射其他相关学科的一般性理论学术价值。

杨乘虎：您的电视传播艺术研究自始至终贯穿着一条红线，这就是"中国电视本土化的道路选择"，那么到底什么是本土化，为什么必须要本土化？

胡智锋：本土化意味着中国特色，中国风格。对于内容生产、电视实践而言，它有两个层面的含义：从国家层面来看，它指的是中国在全球化背景下的民族特色；从地域层面来看，它是本地化，可以表述为地域特色。从理论学术的意义上讲，它意味着中国学者用中国特色的方式对中国现实的各种问题进行的理论概括和理论表述。当然本土化并不意味着封闭，它同样不排斥，甚至需要全球普适性的理论和方式，也不排斥现代性的理论和方式。只是因为它面对的问题是中国本体，它的主体是中国人，载体是中国汉字，这决定了它不会简单地移植，一定会是中国特色的现实的呈现方式。强调本土化，是为了让我们的电视实践和电视理论在走中国特色的道路和路径选择上更加自觉、更加自信。用我的话来说，中国电视主要还是由中国人来做，给中国人看的，中国电视的理论研究主要是解决中国现实中的各种问题，这就使得本土化不仅是必要的，也是必然的。也只有坚定地走本土化的道路，才会使中国的电视更加贴近中国观众，让中国观众更加满意，并在世界电视格局中占据它独特的份额。同时，也会使中国的电视理论对中国电视实践产生更大的、更有效的指导作用，进而在电视理论研究的国际格局中拥有它独特的地位和价值。

创新论：三种方法与两种思维

杨乘虎：在您的许多著作中，不论是整体的理论构架，还是具体的观点，乃至话语表达方式，经常给人以耳目一新之感，或者说充满了鲜明的创新品质。您的理论创新最大的动力和来源在哪里？

胡智锋： 如果说我的电视研究还有一些新意，我想最大的动力来自充满活力的、动态的中国电视实践进程中出现的各种各样的问题。我认为，对于一个学者来说，有没有问题意识，能否发现问题、提出问题，并尽可能找到解决问题的独特路径，是衡量他学术理论价值和贡献的非常重要的尺度。这不仅对于实践性很强的新闻学、传播学、广播电视艺术学是重要的，对于其他学科的理论研究同样是重要的。

杨乘虎： 您的电视美学研究、影视文化研究、电视传播艺术研究之所以取得很高的学术理论成就，我想这跟您发现问题、提出问题的意识和能力是分不开的。我感兴趣的是，您是怎样去发现问题和提出问题的，又是怎样去解决问题的？

胡智锋： 多年来，我的理论研究最常用的方法有三种，这就是理论与实践相结合、历史与逻辑相结合、宏观与微观相结合。这三种方法看起来是老生常谈，但在实际的研究过程中却是常用常新的。从理论与实践的结合来看，电视研究既不能是简单的实践描述，也不能是玄学式的纯理论概念。当前中国电视理论研究的格局，大概可以分为基础理论研究、应用理论研究两大类，基础理论和应用理论研究之间的冲突和对峙是显而易见的：前者往往执着于纯学理的规律性研究，容易排斥实务研究；而应用研究关注动态的操作，容易出现就事论事、急功近利的弊端，常常有意无意地排斥一般电视规律。我认为，两方各有其功能和价值，不能简单地用一方标准去要求、规范另一方，应当体现出学理性概括与实践性应用之间的高度结合。从历史与逻辑的结合来看，电视研究既不能对历史作简单的材料堆砌，也不能脱离历史作抽象的逻辑概括，恰如有学者所说，"历史是展开了的逻辑，而逻辑是浓缩了的历史"。在这方面，中国电视研究目前的确存在着不少问题，在做历史的梳理和描述过程中，欠缺对规律性的逻辑演绎；在对电视理论体系的逻辑构架中又容易脱离对具体的历史发展轨迹的把握和观照。从宏观和微观的结合来看，电视研究既不能发简单的宏大叙事式的空论，也不能经验主义地就事论事。高举高打的空论往往缺乏针对性和有效性，而就事论事的经验描述、操作性描述又容易流于琐细、琐碎。我赞赏从微观的"点"切入，延伸到宏观的"面"，或从宏观的"面"入手，牵连到微观的"点"，"点"与"面"的有机结合会使电视研究充满张力。

杨乘虎：三种方法的道理并不艰深，但是如何落实到特定的研究对象，恐怕离不开特定思维方式的支撑，我发现您的电视理论研究有两种突出的思维特点，这就是辩证思维和中介思维。我想，恰恰是这两种思维的娴熟灵活地运用，使您的研究常常独辟蹊径，而且游刃有余。

胡智锋：辩证思维和中介思维这两种方式是并行不悖的，辩证思维强调的是对一个问题正反两个方面的思考与分析，而中介思维强调的是在一个问题正反两个方面的矛盾中去寻找、探求兼容并包、切实可行的中间路线或现实路径。辩证思维、中介思维是理论创新的重要方法和武器。在我的研究中，经常使用辩证思维对一个问题的两个方面展开思考分析，这体现在我的理论建构、具体的观点和话语方式上，比如在宏观层面涉及全球化与本土化、继承与创新，以及电视与政治、市场、文化、技术等关系；在中观层面涉及纪实与表现、日常化与陌生化、传播与艺术等关系；在微观层面涉及点与面、轻与重、深与浅、相关性与悬念性、可视性与必视性等关系。中介思维是我理论创新的另一种重要方法，从理论建构来看，电视美学就是介于电视艺术和电视传播两大部类的中介学科；影视文化研究则以社会文化系统和休闲文化系统为两极，重新观照处于中间的艺术文化系统；观念研究处于学理研究和实务应用之间，传播艺术则是在传播学和艺术学两大学科之间开辟的新的学科领域。

杨乘虎：我的理解，相对于体系的创新，目前方法论的思维创新更迫切，中介论是一种方法论的创新。

胡智锋：中国电视理论创新的主要任务，简单地说就是解决有中国特色社会主义电视实践的战略战术问题，推动中国电视体系的自我完善和成熟。它包含了：（1）对中国电视实践中出现的新问题作出理论阐释；（2）对中国电视发展的现状和趋势作出理论判断和预测；（3）对新的电视学科进行开掘、发现和完善；（4）更新电视理念、建立新的电视学术话语规范。

杨乘虎：您的三种方法、两种思维一方面成就了您在电视理论研究方面一系列创新性成果，同时也成就了您主持了多年的《现代传播》，有专家就曾说过，《现代传播》堪称您最重要的学术著作。

胡智锋：十年来，《现代传播》取得了许多成就，成为有重要影响的新闻传播、广播电视研究的名刊，刊物成功的原因是多方面的，我个人只是其中的一个因素而已，但刊物的风格与特质的确与我的思路与方法有着密不可分的关系。我从1997年年底开始主持《现代传播》，首先我将问题意识带入刊物，当然是广播电视学术理论性的问题，我期待《现代传播》拥有理论问题的命名权，成为能够发现问题、提出问题、解决问题的重要理论平台。在刊物的内容选择标准上，我推崇理论与实践、历史与逻辑、宏观与微观相结合的文字。同时，我把辩证思维和中介思维也带入刊物的定位和思路。刊物并不轻易挑起和卷入比较极端的争论，而倡导平和、中和的学术态度、学风文风。以定位为例，我选择的是介于业界与学界、实践应用与学理探究之间的一种角色和特色。这样就使得《现代传播》逐渐成为一个沟通学界和业界的高端理论学术平台。

杨乘虎：2004年以来，每年第一期的《现代传播》都会推出一个关于中国电视的年度对话，这在业界和学界都产生了很大的反响，您组织年度对话的出发点是什么？

胡智锋：年度对话的设计与组织，一方面是刊物自身理论创新的一种形式，另一方面也是中国电视实践中越来越多的问题需要得到及时的梳理和回答。从2004年的《会诊中国电视》《2005：中国电视关键词》《2006：中国电视对话录》，到2007年的《中国电视忧思录》，每年邀请电视业界的前沿人物与我对话，就年度中国电视现实实践中面临的最受关注的问题，包括热点、焦点和难点问题展开讨论，并力求从中提炼概括出具有规律性意义的理念、思路与方法。几年下来，我很欣慰的是，年度对话已经成了一个品牌，得到了业界和学界的普遍关注、认可和欢迎。

结　语

在以"本土化、中国特色"这两个关键词去检索胡教授20年的治学之路和学术积累的过程中，在循着"中国特色与理论创新"轨迹，去寻找一位电视学者富有创造性与独特性的理论阐释过程中，我们深刻地认识到，中国电视本土化道路的选择，中国特色电视理论建构与创新，其实是一个问题的两个方面，是中国电视实践与电视理论研究需要共同面对的时代性命题。作为"电视理论名家系列访谈"的最后一站，对胡教授的访谈标志着自2005年1月启动的学术之旅顺利抵达了目的地。当然，这远不是终点。回望来时路，在中国电视的本土化道路上，几代电视学人贡献出了他们的智慧。15位理论名家以其蕴藉丰厚的理论建树，宽阔多维的研究视角，丰富、充实着年轻的广播电视艺术学，推动着充满活力的中国电视迈向更理性的发展道路。这一切的努力，积聚成坚实的理论根基，支撑着中国电视的实践与理论研究，锻造出中国特色、中国气派、中国风格。

【刊发信息】胡智锋、杨乘虎：《本土化：中国特色电视理论的建构与创新——访中国传媒大学博士生导师胡智锋教授》，《现代传播》，2007年第3期。

二十年后《再说长江》

——访《再说长江》策划人胡智锋

冷淞：胡老师您好！很高兴您能在百忙之中接受采访。现在央视一套黄金时间热播的33集大型文献纪录片《再说长江》在受众中，特别是中高教育层次的观众中反响强烈。许多人认为，再看长江，再说长江，再想长江，可以透视出整个中华民族的复兴与前进。不少学者甚至提出了"长江中国""长江文明"的一些新概念和新认识。您作为中国传媒大学广播电视艺术学领域的学科带头人，同时作为《再说长江》的主创人员之一，如何从电视艺术和电视创作的角度去看待《再说长江》的问世呢？

胡智锋：《再说长江》可以说是说来话长。从立项背景上看，改革开放20多年来，中国发生了巨变，这是全世界有目共睹的，长江便是中国这场轰轰烈烈改革的见证之魂。在长江沿途中，我们看到世易时移：社会变迁，大众生活，经济状况，精神风貌等，方方面面都发生了翻天覆地的变化，但不变的是民族国家、历史文化、精神文明中的核心价值体系，和人民的自强不息。这是中华之魂。既然题材如此重要，那么面对如此浩瀚的长江，我们给观众看什么？观众能看到什么？看了以后想不想接着看？摄制人员拍什么？为什么拍？怎么拍？这一系列的问题就成了摆在大家面前的第一道关口。几十次的集体会议里，人们围绕选题，视角，创作方式，人物，情感，故事，细节，悬念，以及集与集前后的关系，内在的逻辑，都进行了详细的策划和论证。经过无数次讨论与琢磨，全体创作人员很快做了一次定位，并提出了几个目标：一流的创作团队，必须使用最好的设备，最佳的技术，与国际接轨的创作理念，为母亲河——长江做一次全方位的扫描，把长江流域历年来最令人叹服的经济、政治、文化以及人文的变化，做一次全程式、全景式的记录。经过反复论证，剧组最终将这部文献纪录片定名为《再说长江》，与20年前的《话说长江》呈呼应之势。

冷淞：看来由于题材过于重大，《再说长江》的策划阶段是历尽艰辛。我们在观看本片的时候，发现《再说长江》一片无论从规模上，制作水准以及艺术性等方面，对比20世纪90年代的《毛泽东》《中华之门》《邓小平》等大型文献纪录片都有许多突破。您认为这些突破和特性表现在哪些方面？

胡智锋：我同意你的观点，《再说长江》的横空出世确实里程碑式地创造了中国电视历史上的无数个不寻常。

首先，《再说长江》的规模空前，创造了中国电视史上的长篇之最。如果算上先期题材策划和定位的时间，《再说长江》的总体制作时间有三年之久，33集之长，吸纳了大陆、香港、台湾两岸三地的制作精英，是一部鲜明的具有外宣色彩的大制作，突破了以往大型文献纪录片篇幅和时间上的极限。《再说长江》的拍摄范围共涉及中国的12个省份，沿江流域的辐射几乎遍布大半个中国。《再说长江》记录的是整个长江流域，并将中国南部的所有世界遗产"一网打尽"。可以说，我们现在所说的长江的概念，已经远远超出了狭义长江的解释，因此《再说长江》所有的长江流域地区的记录。

其次，《再说长江》融纪录、访谈、探寻、艺术创作于一体，是应用多种电视手段进行创作的有益尝试。此部纪录片涉及"文化遗产""社会生活""国家重大工程""历史与地理""科学发现"和"考古揭秘"等若干政治经济人文领域，包括近些年在国际舞台上颇具争议的"三峡工程"和"青藏铁路"。

最后，《再说长江》在制作时间上，各级领导的重视程度也再创历史新高。中宣部，国家广电总局，中央电视台，直到各省市核心领导层，省市级电视台都以文件、批示，甚至签约等形式，积极支持和配合《再说长江》摄制组的拍摄和创作。从2003年8月，央视海外中心领导和中国传媒大学专家教授所组成策划组筹划此题材开始，直到2006年7月播出问世，前后共计3年时间，超过了以往大型文献纪录片1年至2年的制作时间跨度。

冷淞：如果说观众关注更多的是绚丽的高清画面，饱含的长江之情和波澜壮阔的人文内涵——看的是"热闹"的话，那么电视的业内人士更多的是看"门道"。在学术领域，央视的题材策划会中，以及中广协会纪录片委员会举办的数次针对《再说长江》创作的研讨中，冷冶夫等纪录片专家学者和一线的电视纪录片资深导演普遍对"再说长江"的高创作难度十分关注。毕竟"大长江"的概念包罗万象：城市，农村，大众生活，自然风貌，人文变化，考古科研，工程水利，这些"表象"特征等均需要在一个篇幅相对固定的时间里去展开，同时只能通过电视有限的"方寸之间"去表现这样一幅绚丽多彩的历史画卷，这给所有的策划主创人员提出了一个大难题。

胡智锋：说得没错，《再说长江》的创作也创下了大型文献纪录片创作的"难度"之最。首先，"长江"这个概念里包含了无限诠释的空间，政治，社会，文化，科学等诸多方面的深度揭示。在国际大环境中，由于种种特殊原因，三峡的移民政策，水利工程，以及青藏铁路的施工等都被世界某些国家和地区的舆论所质疑。如何能够有说服力地立足自己，并有力地回应这些不和谐的声音，这些都是《再说长江》所要回答的问题，也成为摆在主创人员面前的最重要的任务。

其次，难度大表现在收视环境的变化。20年前，中国电视的电视节目是以新闻和专题为主的，而且只有6个频道，加上人们单一的收视娱乐方式，很多人行动范围狭窄，消息闭塞，对母亲河知之甚少，更不要说旅游观光这类奢侈的消费。因此我们可以说，人们对长江基础知识的索取和长江景观的视觉渴望，在一定程度上，使《话说长江》创下了40%的高收视率。20年后，在信息化时代突飞猛进的今天，人们可以通过各种媒体了解长江，长江在人们心中早已不再陌生。更何况近几年，有影碟，超女，世界杯等多元化视觉影像的刺激，观众对电视节目的可视性和观赏性要求更高了，因此《再说长江》面临的挑战是巨大的。

冷淞：您在上面提到由于收视环境的变化带来的挑战是很大的，因此《再说长江》理论上不会拥有20年前《话说长江》一样40%的高收视率，那么您认为《再说长江》一片的价值主要体现在哪里呢？

胡智锋：我认为《再说长江》的价值并不会完全在于表面收视率，《再说长江》是一种姿态，是一段凝固的历史，是一种思考方式，更是主流媒介的一种责任表现。我们可以将它认为是主流媒体对改革开放27年所做的一次全景式的总结和观照。《再说长江》的鸿篇巨制决定了其对固定观众的培养有一个"预热"的过程，相信在经历了一小段时间的考验后，高欣赏品位的观众最终会将频道锁定在此，换句话说，《再说长江》一片的有效收视率不会低。

刚刚你谈到《再说长江》和《话说长江》两者的问题，我们也不妨做一个对比。首先，20年前的技术背景下，就当时的摄制能力而言，《话说长江》已经达到极致，它的最大贡献是对长江首次做了一个全景式的扫描。其次，《话说长江》在创作上首次推出了纪录片主持人形式，同时推出了具有划时代意义的精神赞歌"长江之歌"。最后，《话说长江》留下了一幅中国80年代最为宝贵的历史画卷。

《再说长江》在《话说长江》的基础上，具备了除主持人之外的所有优势，尤其在音乐方面，邀请了最具影响力的音乐制作人，编配了最前沿、最时尚的一流音乐，并对许多画面细节，通过音乐进行创造性处理。

冷淞：《再说长江》代表了当今电视影像摄制的最高标准，采用的是全程高清拍摄。纪实方面选取的是20世纪90年代以来，世纪之交最生动的影像，同时吸纳了关于长江文化，长江历史中最前沿、最全面的学术研究成果。除此表征之外，还有哪些内蕴与主旨您认为是值得强调与关注的？

胡智锋：《再说长江》在文化历史地位的价值定位中，首次提出长江文明是中华文明的摇篮；三峡考古从上游到下游的重大发现；长江自然地理风貌的形成；以及移民工程、青藏铁路建设等等。其历史意义极为重大。

受到电视新时代环境的影响，《再说长江》中对于新形式、新创作手法的尝试与实践也是全方位的。以摄影为例，《再说长江》可以说是上天入地（航拍、水下摄影）无所不用；录音的杜比系统；数字影视三维动画技术的大量应用，特别是用"未知的内容去诠释熟知"创作理念的广泛实践，都给《再说长江》罩上了技术先锋的色彩。

关于《再说长江》的主旨，主要是表现"人与自然""人与社会""人与人"等三种关系的和谐与发展。本片的结构基本上遵循上游，中游，下游三部分，其中上游以人与自然环境为主，中游以水利与水患为主，下游以经济发展为主。同时，《再说长江》片中的设置悬念式的故事化创作方式，也为节目创作增加了难度。

冷凇：从历史维度的纵向上看，《再说长江》的问世也引发了大家对"人物类""事件类""景物类"三大类文献纪录片的思考。相对来说，人物类文献纪录片的历史，情感，命运，故事，传奇等容易形成历史的记忆，同时，人物性格直观的特点和戏剧化矛盾冲突也适合电视表现，易于形成连贯收视。事件类纪录片自身题材充满了故事性与戏剧化矛盾冲突，如《中华之门》（缉私），《中华之剑》（缉毒）等。而创作景物类的文献纪录片则容易空泛，不容易聚焦。这些难度、障碍和特点是不是由题材类型自身决定的呢？

胡智锋：目前国内的历史文献类纪录片多以人物为主，比如大家熟悉的《毛泽东》《邓小平》和《周恩来》以及十大元帅、大将及一些具备争议性的人物的系列片等，这些人物的是非成败早有世人去评说。他们的事迹众所周知，能够形成特定的收视人群，指向也相对明确，编导比较容易在历史的轨迹中寻找细节、情节和相关的人物与故事。事件题材的创作中每个鲜明的事例和典型都是由个性化的人物与扣人心弦的事迹交织在一起的，自然也容易结构与叙述。相比之下，形成一定规模和影响的景物类文献纪录片，只有《话说长江》《望长城》《故宫》三部，并且《望长城》与《故宫》之间的断档已经有十几年之久，可以说，20世纪90年代到21世纪之初的偌大一个时间"代沟"内，景物类文献纪录片处于一种惊人的"失语"状态。

艺术领域有句话，画鬼容易，画人难。未知的反而容易表现与描绘，伟人、帝王、皇宫、秘史都与观众有一定的心理和生活距离，容易形成收视期待，但长江面对的是普通，广泛的社会生活，和常见的景物和事物。这些都很难形成审美距离，将实的东西虚化处理，诗意提升现实，用情感、情境、意境的营造提升审美水平，不至于离社会生活太近。《再说长江》的定位也有艺术片的成分，例如，移民，真实的情感记录，这些都离社会生活太近，这种情况下摄制组选择了主人公冉应福，他的祖上300年前也曾经移民，这样从历史到现实，从祖辈到儿孙，对冉应福的选择有效地提升了片子时空与历史的张力，让审美想象力在自然的时空之间拉开，产生情感渲染。

冷凇：我所理解的《再说长江》一方面是宣传片，政治片，因为它反映了改革开放的巨大成就，丰功伟业，艰辛不易；同时它又是一部融合各种制作手段之长的艺术片；在市场的指引下，《再说长江》也同样是一部需要获取盈利点的产品。一般来说大型文献纪录片往往侧重于以上三者之一，类似大片《毛泽东》同时要肩负三者功能于一身的文献纪录片好像还不多。

胡智锋：的确，《再说长江》投资1000余万，33集的长篇幅，创下了大型文献纪录片之最。那么用什么方法来统一33集的内容和前面提到的政治，宣传，市场三种功能合一就成了难题。这些表面上看起来没有关联的事物，统一在长江的主线之下，紧密结合，自然流畅。33集的通篇主线是水，水到渠成，由于有了长江之水，才造就了形形色色的政治经济文化。

冷凇：我觉得《再说长江》的定位是标杆之作，是一部非常规产品，毕竟寻常类的电视节目无法容忍一个跨度3年制作周期的产品。换句话说《再说长江》一片是一部实实在在的兼备"产品"特性的优秀"作品"。您如何看待《再说长江》一片在电视文化与电视艺术领域的意义？

胡智锋：电视文化，电视艺术本身就是一个百花齐放的大花园。高中低，主流，精英，大众都是必不可少的，它需要"超女""亮剑"

"世界杯"等大众化消费娱乐的精神产品，也需要《再说长江》一样的精品。它的推出从电视文化的意义上讲是大制作，填补了电视环境近年来缺少精品的空白。因此，《再说长江》大有探索和研发价值：常规类节目由于资金周期，人员配置，选题策划本身所受到的限制，在《再说长江》里，都一一得以突破，而这些大制作偶发的有所深入的前沿性质的宝贵经验可以转化为现实。同时，作为精品的《再说长江》也是多元文化融合的典范，在这里，主流、精英、大众，水乳交融地结合在一起了。

冷淞：沿着《再说长江》借鉴《话说长江》的思路，好像从这一现象可以看出近期电视文化发展的一种趋势：重访经典。笔者在参加第19届法国FIPA国际电影节的时候，也发现法国的纪录片界每年都对苏联的斯大林，中国的毛泽东，德国的希特勒，以及法国共产党等一些表现过多次的历史题材进行再度创作，制作出一批重新诠释的纪录片。这也是您数次在许多场合中提到的一个最新电视文化概念，您可否具体地阐述一下这种电视现象和其背后的意义呢？

胡智锋：好的。近几年，电视剧中出现了《沙家浜》《红色娘子军》《林海雪原》等，纪录片领域出现了《重访丝绸之路》《故宫》，之前也有过一些小型的介绍性的纪录片，国外的这种情况就更为普遍了。特别是欧美，有这个传统。莎士比亚题材的若干影视作品，也都是对经典文献的重新诠释；歌德的《浮士德》便是对数十年民间《浮士德》的一种集大成；好莱坞的《泰坦尼克号》本身就是一部重访制作，它之前曾经有15部表现冰海沉船这一事件的电影。这种重拍，重访现象自由度很大，是一种历史记忆的回顾和对照。《再说长江》重访的做法，可以借助历史的影响力，作出新的诠释。当然对长江文明的传统与传承是不会变的，变化的只是用新的视角，新的解释和新的思考方式，对历史经典重新进行研究、探讨和观照。温故而知新。

最后我想谈一点，就是电视文化的"效率"与"品格"的关系问题。电视荧屏的娱乐大潮中，平民造星，活动选秀早已经成为吸引收视眼球的重要武器。在这个"效率"至上的电视圈里，一时间大众化、市场化的内容产品铺天盖地，造成"品格"的弱化，也即主流与精英电视文化的弱化，甚至失语。在这种浮躁的情境下，社会尤其需要宣传主流价值取向，提升主流媒介公信力的作品。33集大型文献纪录片《再说长江》的隆重推出，对构建电视文化生态平衡起到了重要的作用。我想三年磨一剑的《再说长江》将成为中国电视文化再次腾飞的标志。

【刊发信息】冷淞：《二十年后〈再说长江〉——访〈再说长江〉策划人胡智锋》，《声屏世界》，2006年第12期。（《当代电视》，2006年第9期。）

记录时代　不辱使命
——关于《再说长江》的对话

时间：2006年7月24日

地点：中央电视台

对话人：张长明（中央电视台副台长、高级编辑）

胡智锋（中国传媒大学教授、博士生导师）

整理者：顾亚奇（中国传媒大学广播电视艺术学博士研究生）

胡智锋：《再说长江》是近年来中国电视一个规模较大的制作，播出之后反响强烈。《现代传播》每年都会选择一两个案例进行专门研究，您作为中央电视台的领导、该片的总监制，我们不妨一起来探讨这一值得关注的电视个案。首先从"重拍"说起。在电视剧领域，经典翻拍、重拍比较常见，比如"红色经典"，但是其他各类电视节目似乎并不多见，尤其像《再说长江》这么大规模的重拍相当罕见。从23年前《话说长江》产生轰动效应，到20年后重新启动《再说长江》这一大型项目，有人说这是费力不讨好的事情，因为经典是很不容易超越的。您作为这一项目的主管台长，当时央视决定立项是出于什么考虑？

张长明：首先我想说说"重拍"的概念。《再说长江》并不是在原来《话说长江》的基础上，完整地对应着重拍，而是把长江作为一个载体。20年来，长江发生了太大的变化。20年前，没有长江三峡大坝的竣工；20年前，没有重庆直辖市的建立；20年前，没有青藏铁路的通车；20年前，也没有南水北调工程。因此，今天的《再说长江》是以长江为载体来讲述长江，是在展示今日长江的过程中拿20年前《话说长江》中的一些影像作为资料——这是我理解的"重拍"。长江也是我们的母亲河，也可以视作中华民族的象征，它代表着一种民族精神的指向。所以说，我们是以长江为载体记录现实，见证历史，给人知识，让人思考。当初，我们在策划这部片子时想达到什么样的社会效果呢？就是要接受，感染，共鸣，现在我觉得要再加上两个字"思考"，要让人们静下心来，细细地品味，静静地思考。思考什么呢？思考我们的国家、我们的民族、我们的历史、我们的情感，也包括我们个人的人生，因为20年来我们的社会确实发生了巨大的变化。

胡智锋： 23年前的《话说长江》创造了收视奇观，这与当时的收视环境有密不可分的关系，也就是说，那时的电视由于频道、栏目、节目稀缺，常常可以产生"振臂一挥，应者云集"的效应。而今天我们在筹拍《再说长江》时，周边的环境都已发生了变化，大到外部的政治、经济环境，小到电视的收视环境，都不可同日而语。无论是风头正劲的"超女"，还是让人狂热的世界杯，观众的收视期待发生了很多变化，在这种媒介环境中，"细细品味，静静思考"会不会成为一种奢望？您怎么看待收视环境的变化对《再说长江》的影响？

张长明： 我觉得应该用一种很平实的眼光和一种很平实的态度来对待这部片子，就是说它并不见得是一播出就一定给人巨大冲击，而是唤起人们对于我们的母亲河、对于我们这个时代发生的变化进行思考，而且不同年龄段的人可以从不同的角度去思考。

20年前的《话说长江》之所以会有那么大的轰动效应，其中一个原因在于那时人们的选择余地小。今天的电视荧屏和20年前相比丰富多了，应该说人们对电视文化的需求更加能够得到满足。电视应该是一个丰富多彩的，能够让不同年龄段、不同文化层次的观众得到满足，让众多的人喜闻乐见的一个载体。人们的收视习惯是多种多样的，我们应该尊重并给观众更多的选择空间。我觉得，电视的功能是多样化的，有教育功能、服务功能、娱乐功能等等，《再说长江》只是我们众多电视节目表现形式中的一种，就是一个大型的电视纪录片。一位观众给我们留言，"看了这部片子让我感到振奋，这是中央电视台的气派"。这句话让我们备受鼓舞，我觉得作为一个中央级的媒体就应该用大投入、大制作来表现这种厚重的、宏大的主题，满足观众的这种文化需求。《再说长江》内容涉猎很广，历史、人文、经济、自然，蕴涵了丰富的知识，能够给人们精神和文化的营养，启迪人们的思想，我觉得这是中央电视台责无旁贷的事情。

在这部片子里我们没有结论式的语言，也没有拔高式的语言，而是一种叙述式的语言，我们是用一种真实、平实、朴实的语言来讲述长江，讲述长江的人，讲述长江的故事，讲述长江的变化。所以，《再说长江》会不会再现当年的辉煌并不重要，因为今天的观众有着多样的选择。但是好的作品是会流传的，它不会是一阵风就过去了的，它会留下长久的记忆和令人回味的感受。

胡智锋： 是不是可以这样理解，20多年来电视的收视环境发生了变化，一方面是电视产品在丰富，功能多样化，另一方面观众的接受、选择也多样化了。在这种情况下，就不好用原来只有一两套节目时的收视效果来衡量今天的节目质量，简单表面的收视效果只能倒过来证明电视内容的丰富、电视功能的多样以及观众选择的自由。尽管如此，《再说长江》依然有着明显的不可替代的价值，这就是好多观众所说的"中央电视台的气派！"那么，如何理解中央电视台的气派，或者说这部片子如何体现这种气派？观众可能是一种直觉的判断，作为总监制，您提出的标准和要求是怎么样的？

张长明： 看一个媒体的实力，就是看它的品牌价值。要说它的气派其实就在于它有没有这个品牌。中央电视台现在的发展方向是频道专业化，专业频道品牌化。怎么样才能产生品牌？我个人规划了一个品牌创立的规律链条：品牌靠什么？品牌靠质量，质量靠创新，创新靠技术，技术靠人才，人才靠管理。我讲的技术包括硬件也包括软件，我们生产的是精神产品，它也遵循这样一个过程，综合循环，互相带动。要产生轰动效应，要有这样的气派，就得从中央电视台整体发展战略出发，从我们整个的发展链条出发，这才能构成我们的整体实力，有了实力才能打造品牌。从表面看，《再说长江》是我们推出的一个有社会影响力、具有品牌价值的电视节目，实质上其背后是中央电视台多年来不断增强自身实力，不断引进高新技术，不断培养和锻炼优秀人才的一个结果。因此，《再说长江》不仅是近年来我们台推出的有影响力的纪录片之一，而且从某种程度上讲，它是我们事业发展的一种体现。中央电视台整体实力在提高，在壮大，因此才能体现出这个气派。

胡智锋：表面看，《再说长江》是一个大制作，背后则是央视多年的经营，您刚才说的几个"靠"很有新意，"品牌靠质量，质量靠创新，创新靠技术，技术靠人才，人才靠管理。"那么，从您个人的角度来说，《再说长江》在您30年的电视职业生涯中占据什么样的分量？《再说长江》前后历经三年，从立项到拍摄、制作都是在您宏观的把握和指导下进行的，您感觉难度或者压力最大的地方在哪儿？

张长明：就我个人而言，有生之年能够投入大量精力，围绕长江去做这样一个节目，意义很大，分量很重。为什么？因为《再说长江》触及了维系海外五千万中华儿女精神纽带的一个重要载体——长江。要把这部片子介绍到海外，甚至在海外的华人媒体中播出，让我们的海外华人、华侨也能感受到长江巨变，然后感受到中国所发生的变化，我们这个民族所发生的变化。因此，在触及这个选题的时候它很自然地给了我一份厚重感，它在我的电视事业的生涯中，是永生都不会忘记的事情。

当这个选题提上日程的时候，我是非常有信心的，从我多年的电视经验来看，选题成功就意味着片子成功了一半。为什么？它前面有一个别人无法获取的20年的影像资料，通过这些影像资料和我们现在的长江产生关联，它就具有了非常强的历史纵深感，一下子就把20年的时间给连接到一起。这是别的媒体所没有的，所以说这个选题、创意一出现我就认为一定会成功。在创作过程中，我没有给摄制组更多的压力，我就给他们留了六个字：真实、细节、情感。"真实"是生命也是灵魂，20年前拍摄的是真实的，20年后还是要真实。"真实"里面包括了真挚、真情，这些都是融为一体的。真实地去表现人给长江带来的变化以及长江给人带来的变化。三峡，是不是长江给人带来的变化？那反过来三峡是谁建的？那不是人们的创造吗？"细节"就是要有故事，要有那种很鲜活的，和人们生活贴得很近的，观众能够触摸到的生活。再一个就是"情感"，情感也源于真实，细节给它们支持。从目前的成片看，这六个字基本上做到了。我相信这个团队，这个团队聚集了全国20多个台的电视精英以及许多文化精英、专家学者，都为这部片子做出了巨大的贡献。

胡智锋：但是，难度也是显而易见的：第一，这部片子作为一个整体要求大气、气派，这是33集的规模所要求的，它代表了央视2006年度的水准，用最新的技术、最新的影像、最新的电视话语和电视艺术的思维和创作手法；第二，您提到的六字要求"真实、细节、情感"既宏大又微小，在具体的操作中要做到由小见大，难度不小。从细节看，可能是个人情感，从宏观看，又必须升华为民族情感；真实既要展现局部的真实但是又必须反映出一个时代的总体真实。

张长明：应该说，我们的编导突破了这个难度。比如，《告别家园》和《他乡故乡》，讲述三峡移民告别家园，我反复再看的时候还是很感动！百万移民在世界移民史上都是罕见的，百万人的情感、命运最后凝聚到冉应福和他一家人的身上，反映移民的这两集完全印证了"真实、细节、情感"。细节，如移民一到新住所，煤气不会使，锅都不会用，学骑自行车等，都给人留下了非常深刻的印象。一个细节能够让人记住一集节目，故土难离啊，生活这么多年的地方一下子要走了，能没有感情吗？一家人说清楚了，百万人家就说清楚了，说难度可能这就是难度。选到这样的典型人物就实现了突破。

胡智锋：还有一个我感兴趣的问题，我对您的职业生涯有两个非常深刻的印象，第一就是80年代初期中央电视台成立经济部，您是第一任主任；第二就是您长期主抓对外宣传。经济发展更多的是偏内的，外宣更多则是偏外。从经济的角度看，长江这20多年恰恰见证了中国经济的腾飞；从外宣的角度看，《再说长江》也肩负着弘扬中华文明的重任，我想请您从这两个角度来谈谈《再说长江》，是不是有一个"内外结合"的思路，即在电视经济报道和对外宣传之间寻找结合点？

张长明： 在筹拍《再说长江》时，我提出一定要多表现经济。《话说长江》涉及的经济内容有限，大量的还是展示自然、文化、历史、文物、名山大川等，因为当时是80年代，经济并不活跃，万元户就可以成为全国典型，一个饭店转成个体餐馆也是全国典型，乡镇企业这个概念还没有产生，那是一个特殊的历史时期。那么20多年来，恰恰是长江三角洲快速发展的时期。一个有目共睹的事实，这20多年来中国最大的变化是经济社会的进步，是人们生活水平的改善，片中上海一对夫妇的账本是最典型的例证。因此，这部片子也是体现我们20多年来以经济建设为中心这个原则的一个成果。要表现长江，不仅要关注它拥有的丰厚的自然文化历史的东西，更不能忽略经济的影响，这个片子必须表现经济的发展以及人民经济生活的变化，这是国家建设的成功。

此外，这部片子还要表现能够体现中华民族精神内涵的东西，崇尚群体、自强不息、人文关怀等等。我们要实现伟大的民族复兴第一步就是看精神。如果说没有中华民族优秀的传统文化，没有那种不屈不挠、不畏艰险的精神气质，我们很难实现国家发展的宏伟目标。片中，那些舞火龙、划龙舟的场景最能体现我们中华民族的精神。同舟共济，劲往一处使，长江巨变是由无数中华儿女共同创造的。没有这种自强不息的精神，我们的民族不可能发生这样的巨变。在《再说长江》拍摄制作的过程中，我反复说到一句话，即"片子的核心就是围绕'变与不变'"。"变"主要就是指经济、社会、生活的变化。要说自然景观变，你说乐山大佛变，它怎么变啊？但是你要看到大佛脚下的人在变！"不变"的是中华民族的那种精神，"变"既有长江给人们带来的变化，也有人们给长江带来的变化。

胡智锋： 最后，我想请您从个人的角度给《再说长江》一个评价，您觉得它在央视的纪录片史上占据什么样的位置？

张长明： 我觉得可以用"鸿篇巨制"来形容《再说长江》。从它的内容看，选题触及了能够连接海内外中华儿女情感的长江，涉猎面非常宽广，充分展现了长江流域的人文、历史、地理、文化、宗教等等。从形式上来讲，它是电视界首次探寻长江源头，中央电视台动用三架黑鹰直升机航拍长江源头，以影像的形式将源头的壮观场面展现在世人面前，这是建台史上没有过的。现在真正能够到达长江源头的全世界也不过三十多人，但是从来没有人到那儿记录下影像，我们记录的源头影像应该说具有非常珍贵的史料价值。从拍摄手段来讲，我们采用了高清技术，水上、陆地、空中，全方位立体式展示，中央电视台投入了大量的人力、物力、财力，大兵团作战。从表现理念看，我们采用了一种很平实的手法，它不仅让人们看到长江的变化，更给人们留下了连绵不断的深层思考。这些思考能够启迪人们的心灵，这使《再说长江》超越影像层面，获得了更加厚重的分量。从这个意义上，《再说长江》值得静下心来，细细品味；静下心来，慢慢思索，它必将成为一部经典作品。

【刊发信息】张长明、胡智锋：《记录时代 不辱使命——关于〈再说长江〉的对话》，《现代传播》，2006年第4期。

关注当前电视内容生产的潮流与趋势
——与胡智锋教授的对话

编前语：媒体的内容不仅涉及媒体的经济价值，同样也涉及媒体的社会责任和民族的文化、审美价值。这个问题也是媒体在前行中经常遇到的十字路口上的迷惑。取孰？舍孰？关系重大。就此问题，中国传媒大学博士生导师、《现代传播》主编、中国高校影视学会副会长兼秘书长胡智锋教授，不久前接受了本刊特约记者曲茹的专访。

一、内容为王

曲茹：胡教授，我们今天选择了一个并不陌生的话题，从电视在中国产生并发展的这几十年来看，电视内容的生产一直是学术界的一个热点话题，同时也是电视媒体从业者们有深刻体悟的现实问题。中国电视内容生产走过了一条怎样的路径，又正在呈现怎样的潮流与趋向？

胡智锋：这个问题首先得从一个关键词开始，那就是"内容为王"。这个词出现得比较早，应该说是在十几年前。当时提到这个概念多少有炒作的意思。大多数人对电视内容的理解就是节目，从节目本身来考虑它的制作、创作；20世纪90年代中期，节目运转的核心逐渐从单一的节目走向了一个比较综合的电视栏目的概念，形成特定时段各种各样节目的整合，以《东方时空》为标志，中国的电视节目以栏目为核心成为主流，电视媒体的运行逐渐从单一的片子、互不搭界的节目变成了一个综合的栏目。

曲茹： 对于中国电视来说，栏目概念的出现具有划时代的革命意义。

胡智锋： 对，但栏目的概念其实是一个过渡的概念，它变成了电视媒体生产和传播的载体，它把电视的节目整合在栏目中播出，以栏目为核心组织生产、制作、创作。到世纪之交，电视这个运行载体又产生了以频道为核心，节目融合到频道里，频道成为一个电视媒体运行的核心单位。到了现在是媒体的竞争，媒体的竞争又比频道的竞争升级了。电视内容概念的理解包含了节目、栏目、频道、媒体四个层系，这四个层系当中，现在涉及经营、内容、产业、管理、技术等方方面面，而在这众多的方面中，一个媒体可以有很多的关键元素，最关键的是什么？其实还是内容，或者还是原始意义上的节目，就是在特定时间里播出的那些东西。电视媒体出售的、制作的、围绕的核心都离不开内容。所以说，十几年前提出来的"内容为王"，在今天，这个概念的内涵更丰富了，大家对它的理解也更深刻了。

曲茹： 电视的高科技含量是不容置疑的，在十几年前就有人开始提出电视应该是以技术为主导，电视和技术是分不开的。从这个意义上说，是不是技术才是决定电视现在和未来发展的关键因素？

胡智锋： 的确，在新的电视数字技术、传播技术的背景下，有人就会说谁掌握最先进的技术谁就有可能在电视领域成功；在市场化面前，又有人提出管理是关键，谁掌握了好的管理模式，比如按照西方的一种公司化、市场化或者集团化的模式来管理就能获得成功；那么最近几年就更多提到产业的概念，谁能够把电视作为一个产业经营谁就能获得成功。把电视作为一种政治宣传，这是一种说法；把电视作为一种技术开发、技术创新是一种说法；把电视作为企业去经营管理是一种说法。但是，无论怎么变，有一点不能动，就是核心资源、核心价值都体现在内容上。

二、传媒之根　文化之根

曲茹：您那本《会诊中国电视》中曾总结说，节目发展经历了五个浪潮，纪实，栏目化，谈话节目，直播，游戏，现在的娱乐类节目可以说是占据了很大的节目内容市场，这是一种发展方向吗？比较热门的电视事件，比如"超女"现象，有人担心会否出现"娱乐至死""审美滑坡"的趋势？特别是作为主流大众文化的电视文化的角色是什么？

胡智锋："内容为王"不是一个简单概念，还有一个内容的效益问题，内容真正为王必须要符合电视的传媒本质，就是五个"时"字。然而电视的内容不是简单地符合传媒本质就够的，电视是有价值的、有社会责任的，如果说这种责任只体现在媒体的赚钱上，那就太狭隘了。目前出现这种"娱乐之疲"也好、"审美滑坡"也好，媒介在激烈的市场竞争中的这种追名逐利，是目前的媒介格局带来的。从国家大的文化产业发展来讲，文化产业不等同于一般商品、一般产业，它是具有意识形态色彩和文化价值的。媒体内容的文化含量、文化价值、审美价值应该是值得重视的问题。对于产业过度偏颇的理解，把它的文化和美学价值压缩到非常边缘的状态，应该说今天的媒体的确应该承担责任的。但是媒体的责任和媒体的管理者以及媒体的运行机制又有一种矛盾，一方面是宣传主管部门按照意识形态的要求去控制的，另一方面市场的需求和口味又在压缩着主流意识形态的宣传空间。真正具有非常高的文化品位和审美品格的内容反而找不到更适合自己的位置。这个问题实际上不是今天的问题，也不仅仅是中国的问题，在西方也是多少年争议的问题，很多研究者都提出了电视媒体消解文化价值，消解审美品格的问题。

中国在产业化的路上，尽管和西方的电视文化产业距离还很大，但是它走得还是很快的，技术上已经很先进了；在内容构成上，文化规划和审美的控制上，有相当大的问题。尽管很多相关部门的领导者和管理者包括有些专家学者不断地提出各种忧虑和呼吁，但由于利益驱动，媒体的实际从业者仍然是更多地趋向于选择那些有直接的市场效益、快速的市场回报的内容，而不愿意选择对国家、对民族文化有进步意义的、有先进意义的内容生产。国家应该对电视文化的整体发展有一个规划。在20世纪80年代，中国内地的电视曾经有过一个辉煌的时期，90年代也有过辉煌的时期。除了20世纪80年代出现的大型专题片、纪录片《话说长江》《话说运河》《让历史告诉未来》，以及90年代出现的《香港沧桑》《邓小平》《毛泽东》这些大片以外，一些非常重要的节目和栏目也承担了很好的职责，它们比较好地完成了宣传的任务，同时也有积极的文化传承的意义。

进入世纪之交，媒体在所谓集团化、产业化、市场化这种浪潮中越来越迷失方向，媒体的从业者越来越浮躁。这样的状态当然有现实的逼迫，可以理解，但长此以往，如果不从根本上来解决这个问题，可能会对民族文化的传承、对优秀历史文化传统的继承，对文化品格和审美品格的建构带来消极的影响，可能会在未来的竞争中越来越处于劣势，只是赚眼前的钱而丢失长远的根。这种综艺浪潮，作为百姓日常的大众消费无可厚非，可以存在，是一种需要，但是必须考虑到专门的投入，甚至应该设立专门的时段和专门的频道资源给予扶持，比如像央视的科教频道就很不错，对具有一定的文化价值和审美价值的节目，从市场的角度讲，应该找出一个结合传媒本质、符合大众媒体特质的结合点，这是一个老问题也是个新问题。我个人的想法可能还要"三分开"，就是主流的价值观要渗透在主流的新闻节目和一些专栏节目包括一些大片中；精英的价值观也要渗透在一部分的评论节目和特定的纪录片当中，要给一定比例；大众的也要给一个比例。从总体上应该维持这样一个比例，每个媒体的节目规划、内容规划都应该经过鉴定，这里面宣传主管部门的责任不仅仅是把领导人的形象塑造好就完成任务，而是要更多地研究这个问题，研究每个媒体应该以多大的篇幅和比例来做这样的事情。

我们不能丢掉文化之根，我们需要在优秀文化传统当中寻找赖以生存和发展的土壤，把历史文化传统当中优秀的元素和当代优秀的元素整合出来，给传媒提供一个比较有效的价值观。今天的传媒与其说是产业发展上的困惑，不如说是核心价值上的困惑，也就是文化价值和审美价值的困惑，这个长远的问题如果解决不好，对民族文化和民族审美价值系统整体的建构来说都是一个严重的问题。

【刊发信息】胡智锋、曲茹：《关注当前电视内容生产的潮流与趋势——与胡智锋教授的对话》《北方传媒研究》，2006年第2期。

中国电影与大众传媒如何保持独立与互助①

2005 年 12 月 7 日 19：00，《电视批判》论坛特别邀请到国家广电总局电影局副局长张宏森和中国传媒大学《现代传播》主编、博士生导师胡智锋教授做客论坛，与网友们共同探讨：中国电影与大众传媒如何保持独立与互助。

胡智锋教授认为大众传媒对电影的负面影响是阶段性的，以资讯和娱乐为主导的大众传媒，可能会给中国电影带来浮躁和浅表的负面影响，包括急功近利的价值趋向，这些当然是值得我们警醒的。但从更长远的意义来看，大众传媒给电影带来的未必都是负面影响，在强化电影的传播效应、传播范围和传播效果方面，大众传媒的功能不可替代。负面效应自然不可避免，这是阶段性的问题，大众传媒和中国电影的关系一定会在未来的岁月里有更好的处理方式。

开场问候

张青叶：各位网友，大家晚上好！我们特别邀请国家广电总局电影局副局长张宏森，中国传媒大学《现代传播》主编、教授、博士生导师胡智锋，与网友们共同探讨：中国电影与大众传媒如何保持独立与互助，首先请他们跟大家问候一下。

胡智锋：网友们，大家晚上好！很高兴有机会跟各位见面，也

---

① 编者注：本篇仅呈现主持人与胡智锋的对话内容。

很高兴跟宏森局长一起做客央视国际电视批判节目。前不久，我们刚主办过一次以百年中国电影和大众传媒的关系为主题的座谈会，央视国际也做过直播。相信一些网友也会有一些印象，今天会与宏森局长一起跟大家尽可能更深入地就这方面的问题进行交流。谢谢！

张青叶：有人说，中国电影与大众传媒是一对欢喜冤家，说明电影与传媒既有良性的互助，也有恶性的竞争，请问嘉宾，你们认为应该如何让它们之间产生良性的互动与互助呢？关键在哪里？

胡智锋：我想有三个方面的关键因素：一是政策。二是认识。三是行动。首先从政策层面来看，制定既有利于电影发展也有利于传媒发展的，特别是有利于电影与传媒互动的相关政策，从政策层面推进电影与传媒的互动和互助关系。比如以优势电视传媒吸纳弱势电影制作业，以传媒的效益来补充电影投入的资金，在电影生产和传播过程中要求两者更深入地结合等等。第二，是认识上。恰如刚才我所说到的，电影应当以更健康、更正面、更积极的姿态和心态来面对传媒。不要认为传媒仅仅只认电影花边而不懂电影的高贵和深刻。而电视和其他传媒则应该更投入、更热情、更充分地面对电影，以学习的心态，以观照的心态，而不是自我满足的心态去面对电影。第三，是行动上。无论是具体的某一部电影的生产、传播过程，还是整体上传媒业与电影业的关系，都应该有更具体的行动，比如我们已经有各级电视媒体和电影机构从形式到内容上的合作，但这种合作和相互支持还可以有更大的力度。我们知道中央新闻纪录电影制片厂和北京科学电影制片厂与中央电视台在行政上和事业发展上已充分地融合，还有很多的省级的电影制作机构和省级电视媒体也有了相当紧密的结合。这里有政策上的因素，也有认识上的因素，更是一种具体的行动。但这种融合和结合，目前只是初步，还有很大的空间。

【冲洗发展】胡智锋说过"相比较而言，对于电影来说，或许艺术是第一位的、传播是第二位的；而对于电视来说，或许传播是第一位的、艺术是第二位的。因此，电影文化与电影艺术更为亲近；而电视文化与电视传播密不可分"。我认为中国电影应该在艺术上下功夫，大众传媒应该在传播上加把劲！

胡智锋：谢谢你对我著作的关注，我基本同意你的观点。这是从电影和电视的本质属性来考虑的。此外，我还要强调一点，在今天中国电影要有更大的发展和进步，同样需要在传播上下功夫，而大众传媒特别是电视，则需要在艺术上多下功夫。

【知庄】电影和电视媒介的数字化统一，进而使电影和传媒没有了本质的区别，也就无所谓如何保持独立的问题了，任何保持独立的企图都将破产，这是历史发展的必然要求！呵呵，不知道这种观点正确与否？

胡智锋：其实刚才我所表达的一些观点基本上都谈到了你所提到的这个问题。我认为所有的"独立"与"合流"都是相对的，独立并不代表不合流，合流也不代表不独立，应当是独中有合、合中有独的。毕竟，这两种传媒或艺术样式，其生存环境、创作状态、呈现方式和观众的期待等等都还是有相当差异的。所谓"独立的破产"我认为只是相对的。

【白沙·海浪】我觉得并非大众传媒给中国电影带来什么负面影响，倒是中国电影经常会有一副高高在上的样子，认为自己是艺术，大众传媒没有艺术性可言，是工匠做的事情。在电影中出现的传媒的样子，也清一色的是大明星躲避传媒记者追逐的情景，比如《如果·爱》里老孙对记者不屑的眼神、《甲方乙方》里大明星讨厌记者的神情等等。对传媒的这种放大和持续描写会对传媒造成什么"正面"影响呢？两位嘉宾是否注意到了这一现象？对此怎么看？

胡智锋：你这个问题问得相当有水平。的确，中国电影实际生存状态的没落和它曾经辉煌留下的优越交织在一起，形成了很多电影人面对大众传媒时多少有些没落贵族的心态，你所讲到的几个片子里头的电影人对传媒不屑的表情和眼神确实是生动地体现了这样一种心态。由于大众传媒在今天扮演的强势的角色，可能多少有些暴发户和新贵的心态，对于这些没落贵族的眼神和表情或许没太在意，甚至根本就没看出来。有没有一种对往日曾经辉煌的贵族的一种羡慕和仰慕呢？或许也有。有没有暴发之后的新贵的自负呢？那更不必说。正是这样一些复杂的心态，导致了若干种悖论。你所说的持续下去会不会对传媒造成"正面"影响可能需要关注，也许我们更应保持健康和平和的心态。既不必在失落中表现出傲慢的状态，也不必在热闹中表现出卑微和无视的状态。

【冲洗发展】胡老师好，我认为现在中国电影对传媒的利用不是多而是少，中国电影要发展还得进一步地发挥传媒的优势。

胡智锋：你的观点说得很好，很有见地。的确，中国电影是一个富矿，一方面大众传媒对电影的发掘还很不充分，而另外一方面中国电影对于大众传媒的利用也是相当不够的，非常被动的。这与中国电影的产业意识、商业意识、营销意识、传播意识、推广意识的欠缺是密切相关的。中国电影长期在计划经济的生存环境中对于产业化、市场化运作整体上看还很不适应，怎么样充分地利用传媒，不仅仅是电影和传媒的双边关系，也是电影自身发展中是否能够真正实现产业化、市场化运作和进步不可不思考的问题。如果中国电影能够在生产的同时，充分地考虑到传媒的进入和介入，我想可能局面会有相当大的改变。这一方面我认为还有很大的潜力。

中国电影是否会摆脱大众传媒独立发展

张青叶：传媒对于文化娱乐的创作方向或创作角度，还是有相当影响力的。请问两位嘉宾，你们认为中国电影是否会摆脱大众传媒的影响，进行独立发展呢？

胡智锋：独立和合作都是相对的，中国电影和大众传媒正如专家所说是一对欢喜冤家，想摆脱并不容易，因为它们谁也离不开谁。所谓"独立"我理解应当是电影本体意识的自觉，也就是说应当更多地探求电影独有的为一般传媒所不具备的那种想象力、那种激情、那种传奇和那种梦幻。只有拥有这样一些品质，才有可能获得独立的发展，而即便如此，也并不意味着就可以摆脱大众传媒的影响，因为大众传媒无所不在的冲击力和覆盖不可能不影响人们的价值趋向和审美趣味，这难免对观众判断和接受电影产生影响。

中国电影依靠什么把观众吸引回电影院

【节日庆典!】胡教授，您对中国电影有信心吗？您如何看待中国电影艰难的生存状态呢？

胡智锋: 我个人对中国电影还是充满信心的，这是因为我们有一个强大的国家支持，有13亿中国人在支持。特别是有一批对电影怀有浪漫激情的从业者的努力，只要我们不放弃，应当是有所作为的。目前，中国电影艰难的生存状态，是长期的计划经济的遗留产物，也是我们对电影的生产、传播、管理等一系列问题没有完全做到位的结果。造成这种生存状态的原因，不是单方面的，我们没有理由单纯地指责中国电影人没有做好，有内因也有外因，相当复杂。克服这种生存状态需要大家的共同努力，包括政策方面，企业方面，大众传媒方面，还有广大的观众等等。大家都有责任，只要拥有这种责任并付诸行动，我相信中国电影的明天一定会很美好的。

【记事本26】中国电影要想得到长足的发展，不但要有传媒的支持，我觉得还应该有法律的保护和支持。两位老师怎么看，请分析一下。

胡智锋: 很好！说得很对。法律的保护和支持，对于中国电影的长足发展的确是至关重要的，目前我们这方面还相当欠缺，相关的知识产权保护等法律还不足以对电影全行业的整体发展产生足够的保护，如果条件成熟，我们期待有专门的《电影法》出现。只有这样，电影发展才有可能获得法律的保护和支持。

【记事本26】盗版现在很严重，是影响当前电影发展的一个主要因素，对此我们的传媒是不是应该挺身而出，那我们的传媒业界具体应该怎样做来保护电影？

胡智锋: 盗版是一个世界性问题，不仅仅是中国的问题。打击盗版，保护电影正品，是世界各国都应当积极干预、采取措施的问题，你所说的如何保护电影，中国在关注，世界也在关注。盗版也罢、其他方式的间接盗版也罢，恰如交通规则，总有人想搞特殊化，总有人想突破规则，自己方便。如果大家都这么想，那规则当然也就失效。想要大家都守规则，既需要每个人足够的耐心和自觉，当然这还需要每个人的个人教养和素质达到一定水平，同时也要有强有力的惩治、监控的办法，目前这两方面都存在问题，传媒在这当中我认为应当起更正面的作用，能够提高大家对这个问题的认识。同时，更需要强有力的惩治、监控的措施，让盗版者无利可图，并曝光于天下。当然这个问题真正落实起来也不那么容易，因为总有人会搞特殊化，总有人会想图自己的方便，这只能在发展中慢慢去解决。

中国电影是否已经走出低谷？

【牧言再生】问一下两位老师：我觉得中国电影正在度过幼稚期，逐渐趋向成熟，如果说以前中国的电影很成熟了，我本人是不敢苟同的。无论是从表演技巧和剧情设置上，无论是从切入角度和拍摄手法上，我们都是大大超越前人的。可是，我们也可以看到，有不少的电影又在另一个方向上走了极端，过于相信高科技，过于相信明星。而忽略了所表现的电影故事本身，以至于电影情节漏洞百出，牵强附会。我们该如何避免电影从原始幼稚走向现代幼稚呢？

胡智锋：这个问题问得也相当深刻，有水平。我同意你的观点，我认为每个时代的电影都有它独特的生存环境，也许一部电影的发展史就是不断地从幼稚到成熟，又从新的幼稚到新的成熟，循环往复的过程。所谓"幼稚"实际上是某种程度的不适应，如在高科技的环境下，很多电影人由于对高科技不熟悉，不熟悉有两种可能：一种是惧怕和回避，一种是盲目崇拜和迷信。你所说的今天电影生产和创作当中存在的诸多问题，可能既包括了惧怕、回避的因素，也包括了盲目崇拜迷信的因素。不熟悉、不适应，又担心别人嘲笑自己落伍，难免舍近求远，舍本逐末，以己之短来拼命地追求别人所长。这就难免出现这样的幼稚。这可能是个必然的过程，我相信一旦我们的电影人面对高科技能够像以往一样的熟悉和适应，变成家常便饭，这个问题就可以解决。

【牧言再生】说得好！高科技是我们每个人几乎都要面对的，高科技让我们远隔千里之外却能共聚一室，而我们对这种方式已经司空见惯了，我们能熟练地运用这种高科技提供的方便来进行间接交流，但电影是一种独立的媒体艺术，是呆板的、无互动的影像故事，在光影声色中表现另一种人生境界，苦辣酸甜，百味杂陈，一部电影如果能让人欢笑，让人沉思，让人得到有益的东西，那是无可厚非的，可是有的电影却好像分明是一桌好菜，却非得让桌子上爬几只老鼠，或者本来不是好菜，却故意做出漂亮的样子，吃到嘴里才知后悔，我们遇到这种问题又该怎么办呢？

胡智锋：你所说的问题应该是电影生产与创作自身的水平问题，我想任何时代都不可能件件都是精品，这么大的影片生产量，能保证一个时期有几部载入史册就不简单了。经典总是少数，大多数可能尚可接受，但未必都成为精品，也必然会有一些平庸之作甚至于残次品，这是符合规律的。大可不必因为一桌好菜冒出几只耗子，就忧心忡忡。当然我们希望只有好菜没有耗子，但这个不大现实。

张青叶：一百年的中国电影，与一百年来中华民族的坎坷命运紧密相连，承载了许多超越电影文本的丰富内涵。请问嘉宾，如何将中国传统文化资源转变为适合电影表现的形式和内容呢？

胡智锋：今晚的问题问得真好！又来了一个相当深刻的问题。应当看到中国电影历史上电影人自觉地与民族同呼吸共命运，自觉地承担起了时代的使命和历史的使命。一部百年中国电影史也可以说从一个侧面深刻而生动地呈现了我们民族的兴衰史，这里有激情、有苦难、有困窘、有奋斗，既很现实，又很浪漫，相当丰富。在今天，中国电影即将迎来一个新的世纪，如何将我们已有的丰厚的历史文化资源，转化为电影自身的形式和内容，的确是一个重大的命题。我们知道，很多欧美的电影业同样关注中国的历史文化，有些题材直接来自中国历史文化的素材或受到它的灵感的启迪。作为我们，对自己民族历史文化如此熟悉，血肉相戚，没有理由不去关注自己历史文化的丰厚的矿藏，去充分地开掘、去充分地表现。真正让中国电影有出息、有作为，是离不开这一矿藏的发掘的。

结束语

张青叶： 在纪念中国电影百年的最后一期论坛上，我们和两位嘉宾以及新老网友们一起，共同探讨了中国电影与大众传媒之间的独立与互助，我们感到获益匪浅，现在请两位嘉宾谈谈他们各自的感受。

胡智锋： 今晚与各位网友的对话，对我来说也是一次学习。诸位网友的提问和观点，让我获益匪浅。的确中国电影和大众传媒是一对欢喜冤家，既互相对立，又相互融合，谁也离不开谁。中国电影是不是应该以更加健康、平和、建设性的心态去面对传媒？中国大众传媒是不是也应该以更加负责任、有热情、积极的心态去面对中国电影？如果这二者之间真正获得相互推动和相互支持，那对于双方可谓善莫大焉。中国电影即将迎来百岁生日，我们感谢百年中国电影给我们带来了曾经的难以忘怀的美好时光，当然也要感谢中国大众传媒在传播中国电影、推动中国电影进步中，所起到的不可替代的作用。期待着中国电影的第二个百年，电影与传媒携手并进，共创电影与传媒的新的世纪辉煌！

【刊发信息】胡智锋、张宏森：《中国电影与大众传媒如何保持独立与互助》，央视国际电视批判栏目，2005年12月7日。

脱口秀节目的传媒本质

主持人：先请文涛介绍一下最初策划《锵锵三人行》节目时的情况。

窦文涛：《锵锵三人行》创立是1998年3月31日，到现在差不多有七年时间了，到了七年之痒了，差不多有2000多集，最早说做《锵锵三人行》和我们的老板刘长乐大有关系，因为刚到香港的时候，我先后做过娱乐资讯节目的一员，但是导演说我不会笑，不会表演，后来又播过《时事直通车》的新闻，但是观众投诉说我报的新闻不可信，看我像骗人的，所以一直找不到自己的出路。那时候老在香港逛街，大概在1997年底的时候公司开了一个策划会，我记得我那个会还迟到了，也是因为逛街，大包小包的，脸红心跳地躲在人群后面，听到他们在议论说要办一个节目，说我们节目必须每天都有，而且要三个人，还说我们可不能安排那么多人天天给你换嘉宾，其实按照当时的设计现在的嘉宾还算不少了，最早的设计是永远不换，就两个嘉宾加一个主持，说每天从一些新闻和一些事情谈起，名字都是刘长乐先生想的，叫作《锵锵三人行》，好多观众经常把它叫"铿锵"三人行、"铿铿"三人行等等，其实这个意思最早还是参照古语，好像说是凤凰飞起时叫的声音是锵锵的，所以是这么来的，叫作《锵锵三人行》。那个时候听他们在议论说谁来主持，我听见一个领导说了一句文涛主持可以不可以，其实那个时候大家估计都不太相信我能做这种节目，所以我听到一阵哄笑声，但是就在这种哄笑声中我就听到我们老板特有的沙哑的嗓子说："哎，文涛自己说说，你自己想不想做"，就这么着，就算点了将了。所以我觉得刘长乐先生是《锵锵三人行》的母亲。

主持人：胡老师，您肯定看过《锵锵三人行》这个节目是吧？

胡智锋：当然。

主持人：您看了有多久？

胡智锋：从他创办到现在只要我有时间都会去看。

窦文涛：谢谢。

胡智锋：是他最忠实的观众。

主持人：有很多媒体人都在关注这个节目吧？

胡智锋：对。

主持人：请您谈谈对这个节目的印象。

胡智锋：《锵锵三人行》是我由衷地喜欢的一档节目，我认为是中国真正意义上的"脱口秀"的代表作。这当然可能会得罪很多同行，但是众所周知的理由，凤凰有一种特殊的环境，特别是文涛，当然后面也有很多从老板到很多制作人员的努力，我认为《锵锵三人行》真做成了。

很多节目可能在起步的时候不比它低，但是为什么没有做成？当然有很多的原因。我想一个很重要的原因它真正变成了传媒的内容，而不是脱离传媒的内容，很多谈话节目做着做着就变成一个纯娱乐节目了，或者就变成一个莫名其妙，和传媒没有关联的一个节目，大家一说谈话似乎就是说话，想哪儿说哪儿，看起来《锵锵三人行》是想哪说哪儿，这是外表上的脱口秀的形态，但实际上无意脱离传媒的本质，它永远是用现在进行时的状态，它信息的组合和信息的整理和整个的话语方式都紧扣传媒资讯的本质，而很多谈话节目其实走着走着最后走偏了，变成了表演、娱乐。而《锵锵三人行》始终是建立在传媒资讯的基础上，它有相当强的娱乐性，有相当多的其他的特性，但是最基本的传媒本质就是提供足够的正在发生，正在进行的资讯，以及和资讯相关的言论，这一点始终没有变。特别是内地的谈话节目，应该说远远不能比得上它的一个很重要的原因。

我想文涛受过很好的新闻教育，有长期的传媒实践，他已经形成了一个下意识的、非常强的、超出其他主持人的一些独特的优势的资质，这种资质保证了他永远用在场的第一资讯报道者的身份、用脱口秀的方式去传达这种资讯，这是我最深刻的印象。正因为他永远抓住了传媒的本质，所以他永远能够领潮，永远不落伍，这是我很深的印象。

因为他永远有依据，窦文涛可以从女人高跟鞋的题目准备，但是他如果在做节目的过程中听到拉登出事了，肯定在第一时间会转到拉登出事了，这就是他作为新闻人的一个角色，他做得非常准确和到位。

主持人：文涛你对专家的评价有什么样的感觉？胡老师的话好像理性化、理论化多一些，他说在你已经是变成下意识的东西，你觉得是这样吗？

窦文涛：我首先发现脸发烧，这一行干了两年之后，其实我慢慢明白一个道理，当局者迷，旁观者清。像胡老师刚刚讲的，他思考这个节目的角度，讲老实话，有些是我从来没有想过的问题。

这个节目最早的时候，像胡老师刚刚谈到这一点，我并没有一个自觉的意识，当时碰到一个不可能的局面，公司说让找两个老嘉宾，每天谈新闻，我想的是技术操作上的问题，在当时按照传统的谈话节目的路子，这个节目就无法做，你怎么能够对任何问题都能够谈得够权威，有水平，有深度，结论发人深省呢？一开始陷入这个牛角尖里，觉得无法做，到后来我终于想了一个辙，我觉得三个人聊天，在生活里有没有原型？我想就是聊天，像北京人叫侃大山，四川人叫摆龙门阵，广东人叫吹水……任何一个地区的人聊天都是一个很享受，很有乐趣的事，所以那个时候我就觉得成了，就是把生活中的聊天借用到电视上来，其实是因为他当时给我这个条件的限制，逼出来这么一种办法。既然是聊天，一开始本着聊天的精神就是我口述我心，就像私下里的朋友讲话，我感兴趣的是什么就说什么。

后来到这个节目做了一两年之后，我又不得不提一个人，就是王院长的学生刘春，他原来是从中央台过来的，后来他到了凤凰卫视，他和我讲，三人行应该有自己的经验，新闻话题、百姓视角。他这么一说，过去这种无意识的随心所欲的聊天在我看来就有点自觉性了，有点像胡老师刚刚说的"有意识"。我们的节目是现在进行时，不管谈话谈到后来可能就跑题了，但是它的开头永远是从当前最新发生的大家感兴趣的事情开始，但是我们也不像《时事开讲》，可以没有结论，因为聊天大家就不会苛求你有多权威和深度，大家更主要的是求个乐趣，求个聊天的感受。

在这种情况下，就成了我们这么一种方式，每次选开头的话由，我们很注重当前的新闻–最新的时效，这是我做了很长时间之后才变成了一种比较自觉的行为。

主持人：说到这个节目话题，我觉得相对于节目的形式上来说，话题是比较丰富的，涉及社会问题、国计民生、国内外政治事件、新闻，可是文涛好像每次问你的时候，从你了解到的反应来看，观众到底喜欢哪一类话题，你自己都不是很有谱的样子，你觉得"三人行"的收视率稳定吗？

窦文涛：坦白来说，我觉得"三人行"有走下坡路的问题，因为一个老节目，它做了七年。现在我们可以和老师请教一下，我们正在讨论的一些困惑，现在做了七年，形式从来没有变过，嘉宾可变的人选也不多，这几乎就没有怎么变过。老节目的革新是两难，事实上你不得不承认，你过去留下来的一些老的东西，大家觉得那就是你的味，你要全变了那些观众可能就觉得变味了，但是你要不有所创新，在现在这种情况下，就凭三个人聊天的节目做了七年已经是一个奇迹了，所以不得不在未来考虑革新的问题，说老实话这方面还是处于疑惑中。

胡智锋：我非常赞同文涛的这种感受和理解。我有同感，应该说这不是《锵锵三人行》一家的事情，好像中国电视传媒从整个媒介生态来讲，最近这十几年，美国电视远不如20年前那么稳定，包括它覆盖和改革的状态，应该说最近这七八年，尤其激烈，所以中国电视最近这七八年如果要评最流行的几个关键词，可能"改版"是用的频率最高的两个字，但是七年没有动，说奇迹有点夸张，但是的确不简单，因为严格地说它是一个软性的形式和内容，从形式上和内容上来讲都比较偏轻，不是重磅，是属于轻武器，不是重武器，不是核导弹，不属于这一类，是属于轻音乐，小机关枪这一类，它的定位是定在这儿。但是像老百姓的需要一样，萝卜白菜，它是属于家常菜，不属于山珍海味非常昂贵的这一类，这就有生命周期的问题，从规律来讲，家常便饭所谓的"萝卜白菜"像《锵锵三人行》，这一行是最具有可持续发展的，生命周期相对长久一些，因为它软和轻，所以和它相比较重的那些题材和节目，可能它伴随性更强。伴随性的好处在于它要慢点，所以它革新的速度也要慢点，但是崛起的速度也要慢一些。但是坏处就是在伴随的同时有一个关注度和影响力可能不足的问题，所以对这一类软性的题材和节目，我有一个建议，就是时不时地给它来一点重磅的东西，让它内部激活，当然这里面就像旧城改造一样，一定会有各种不同的言论，但是既然你本身《锵锵三人行》就是老百姓的伴随物体，就是家常便饭，就是"萝卜白菜"，我们何必不自己调整调整自己，没有必要非要按照一个脉络去走，走着走着自己还走累了，所以生命周期不光是老百姓对你的感受，还有你自己的感觉。所以我前不久看到你们做了一个非常令人拍案叫绝的赵尚志的传奇，我和很多人说，你们看窦文涛在说什么，他怎么说，同样是这样的内容，我们看有哪个媒体这么做，做得这么好，这一类的东西我觉得在《锵锵三人行》中不妨做成它的边缘，时不时糅一点进去，在轻歌曼舞中，在茶座式的家常便饭中，轻和软的当中时不时加点硬的，加点重的，加一点变化，一年当中时不时地借助新闻事件本身的亮度和分量，也把它稍微变变色彩，再加上相关的媒体炒作跟进，我觉得可以让这种名牌的专栏继续维持生命。

如果这个栏目文涛你还想做，凤凰不会撤摊，只要凤凰在，《锵锵三人行》就会在，我是这么判断，但是文涛也需要休息。

窦文涛：胡老师这样的判断确实和我们公司的期许吻合上了，我记得在一两年前我也和我们的老板讲，说这个节目需要支持，当时我记得我们老板和我讲，说文涛，凤凰像这种化石节目有一个是一个，咱们只要能够重振雄风，要坚持下去，坚持下去是有意义的。

刚刚胡老师讲的这个时不时出一个重磅，我讲了一年的一个记忆，所以说当局者迷，有的时候一个主持人是很糊涂的，我只自顾自在讲，但是我很有可能不知道到底反映怎么样。比如说今年年初抗战胜利60周年，我们找了一位张先生，他是做当年抗战史的调查的，做了两集关于抗战老兵的问题，很多人还不知道有多少人不管是国共两党，当年都是为抗战做了很大的牺牲，讲老实话从技术上讲这两集节目都做得很粗糙，我当时觉得很不满意，真正想谈的没有谈出来，因为这种即时性谈话，和《文涛拍案》还不一样，不是想好了再说，而是录下来是什么样，播出去就是什么样，所以当时我很不满意，让我非常惊诧的是，我们在半个月之内接到了全世界很多的电话和来信，很多人都是流着眼泪和我们的编导说，说我父亲就是当年抗战的老兵，现在生活非常苦等等，我没有想到，为一些弱势群体说了几句话，本来也是一个无意的选题，就像胡老师说的，竟然会得到一个很重量级的反应，这都是我始料未及的。

主持人：有一个网友在感叹说，现在的电视呀，收视率害的！还有一个网友叫龙天说，《锵锵三人行》是给了大家一个轻松的观看环境。有网友问，电视的品质和收视率哪个更重要？

有的人说，收视率是万恶之源。胡老师，这个问题好像比较笼统，您觉得能够区分吗，哪个更重要一些？

胡智锋：这里面都是搅和一起的问题，有的时候好说，有的时候不好说，首先我们讲传媒和收视、品质一直有关联，但是又不是绝对的，就像刚刚文涛讲得很好，有的时候很随意地自行发挥一下，可能无意中一石激起千层浪，还有的时候是我们下了很大的功夫，自我感觉极棒，但反应平平，我相信文涛一定会有这种体验，我们每个人都会有这样的经历。这种情况我想观众也罢，学者也罢，媒体的专业工作者也罢，基本上大家都会遇上这种情况，观众到底喜欢什么，他自己有的时候也不是很清楚，可能就偶尔感兴趣了，有的时候为什么会出现莫名其妙的收视率，很多媒体砸了一大笔钱进去，想制造一个媒介活动，结果赔了，我轻而易举地很随便地搞了一个事情，没有很上心，结果火得不得了，这是经常出现的事情。所以观众的口味难以捉摸，我只能说，这个叫萝卜白菜各有所爱。所以观众是很难做最终的调剂。

所谓收视率是万恶之源，或者做高品质的内容这之间是不是有矛盾，大家都在争论，收视率这个事情可能对凤凰来讲有一定的意义，但不是绝对的。去年的时候我和刘春发表了一个对话叫作《会诊中国电视》，有一个问题是专门探讨收视率的问题，我们俩共同的意见就是今天收视率肯定不是一个最科学的评价媒体的标准，但是对于现实的媒体工作者来讲，广告商在那儿等着，他看的唯一的参照就是你的收视率的报表，怎么办？不得不依从广告商，因在某种意义上他是我们的衣食父母，所以这时候不得不用收视率的办法考量，到目前为止我们并没有找到比收视率更好的评价办法，所以只能将就用它，但这是不是最好的，甚至说是很不好的一个评价方式。

最近我非常高兴地看到，经过很多学者的努力，我们加入了比如说影响力指数、关注度指数、美誉度指数和满意度指数等评价办法，这些指数的加入对调整收视率是唯一的标准的现状，大有帮助。我相信随着老百姓水平慢慢地提高，我觉得很多老百姓的水准比我们很多所谓的专家要高。文涛也说了，当局者迷，可是我们研究电视的这些人有时候也是很糊涂的，可能卖菜的老大妈说的一句话，你觉得很有道理的。以后肯定会有办法，平衡电视品质和收视率，最终实现双赢。

真听，真看，真感觉

主持人：三人行的话题是包罗万象，不过今天谈政治，明天谈文化，后天又谈情色娱乐，这会不会让观众混淆节目的话题特点，文涛这个问题你考虑过吗？

窦文涛：像我们生活里的聊天不也是什么都聊嘛，政治上有事就说政治，娱乐上有事就聊娱乐的八卦，我觉得就和人在生活里朋友之间的聊天一样，什么话题都可能会谈到，但是有一点，它是聊天。比如说现在做《锵锵三人行》觉得有时候累，在前两年的时候不累，为什么？因为前两年的时候我讲的都是我个人的一些体验，但是光这样的话会贫乏的，于是你就开始想，要讲一些大家关心的事，但是有的时候大家关心的事情可能是你自己不太了解的，于是你需要学习，而且我们这个事挺较劲的，因为是聊天，不是新闻播报，所以提倡我口述我心。我还有类似于像演员这样的进入角色的过程，我不知道这个事情，但是我必须要对这个事情有了解和有感情。例如，我们有时候会讲到农民工的问题，他们的过劳的问题，他们的不公平待遇的问题，讲实话，我的生活离他们有一定的距离，假如我们要聊这个事，最近这个事情上出了新闻了，当我看的时候，有时候我自己看了流眼泪，即便不流眼泪，也得把它变成是我想说的话，不能是假的关注，朋友聊天的特点不会像"伪君子"一样在讲，你要讲什么，总得是让人觉得你是实心实意的，而要做到这一点，你对你所学习的题材就要发生感情，这是会让自己觉得有点累的地方。

主持人：我明白，这个节目能够真实地呈现你的思想，但是一个人的生活又是有局限性的，所以需要你不断地学习进步，这样的话话题会枯竭吗？

窦文涛：话题永远不会枯竭的，因为生活每天都有新的，每天有那么多事情发生。问题在于你聊天的水平能不能越来越高，你讲话的趣味性，我原来也讲过，不求结论，只求趣味，不求高度，只求温度，但是你的趣味和温度能不能保持，或者说即便你保持了，但是能不能不让观众生厌，这都是需要不断努力的功夫。

胡智锋：文涛刚刚说得太重要了，我对他讲的这个意思非常感兴趣，《锵锵三人行》有四个矛盾天天会随时随地发生的，对我们研究者来讲，我们也非常感兴趣。

第一个是个人兴趣和公众兴趣之间的协调问题，这是一个很大的问题，个人关注和公众关注的之间怎么去协调。

第二个是真的和"秀"的，你要做得很真实，但是你必须要"秀"，语言如果没有"秀"，你就不成为一个节目，这是必须要求你要"秀"的，包括趣味、悬念，包括节奏，包括你的表情、动作、手势，包括三个人之间的协调当中还有若干的段子、观点之间，这都需要"秀"。

第三个是真实的东西，当被秀出来的时候会不会失真？当"秀"得很好的时候，会不会淹没真实？这里面再延伸下去就是情与"秀"的关系，真情流露的时候有的时候是不好看的，但是感人，我们毕竟是一个节目，情与"秀"怎么去把握？

第四个是深和浅，最高的境界叫作深入浅出，比较糟糕的是深入深出，一般糟糕的是浅入深出，当然还有浅入浅出，对《锵锵三人行》来说要的是深入浅出，这都是要功夫的事。

刚刚文涛说的关键点是为什么觉得累，我感觉这几层矛盾表达上的情与"秀"、真与"秀"、个人兴趣和公众兴趣、深与浅，这就是一个非常不容易的大功夫，所以到现在为止，为什么我个人认为文涛是中国最优秀的脱口秀的主持人，可能在这几个问题上他处理得比其他同类主持人要好得多。

主持人：三人行这个节目多年来在形式方面基本上是没有什么改变，总是三个人围在桌子周围，各自发表对某些问题的看法，我听说文涛打算在节目中使用远程视频连线？

窦文涛：做过这样的事情，不是视频，是像视频电话似的，某一个嘉宾在另一个城市中参加到这个节目中来，但是做的结果会觉得三个人聊天是有一个气场，有自己的一个味道。比如说我们看到在一些新闻播报里，我们可以说请北京的胡老师说一下，他的图像出来了，这个没有问题，很程序性的，但是对于即兴聊天的，如果不破坏聊天轻松自如的感觉，这也是一个两难，我们必须要把这个事情衔接好。

主持人：透过机器以后是不是会缺乏一些人情味？

窦文涛：不是说缺乏一些人情味，就是和面对面是有距离感，就是不一样。

主持人：有的网友说，这个节目的形式基本上就是没有形式，胡老师，请问您怎么看待《锵锵三人行》这种以不变应万变的节目形式？

胡智锋：假如脱口秀变成某一个其他的、让大家看得出形式的形式，我觉得失败了，如果说大家感觉不到形式变化，我认为这是一个很成功的状态，这里面比如仪式感和形式感，是不是在未来需要一定的调整，这是另外一个话题，并不矛盾。《锵锵三人行》给公众留下的印象就是聊天，就是制造一个聊天的状态，一个聊天的气场，一个聊天的氛围，这个就很好。但是，可能时间长了会太随意，也会有审美疲劳，怎么样让大家既有一种轻松的，伴随的感觉，同时又时不时地一激灵，又关注你了，在形式上也时不时会来一点点小的变动，这个变动让大家有耳目一新，但是它并不是为了彻底改版，不是那个目的，而是让大家激灵了一下子，比如说连线，或者是文涛哪天化妆了，比如说文涛今天当第三把手了，把第一把手让给别人了，或者哪一天窦文涛跑到电视节目中搞怪，他作为被连线的嘉宾，可能换另外一个人坐在他的位子上，但实际上他还在控制，这也不妨，他也换换角度，偶尔一激灵的调整是完全有必要的，并不会影响到整体的伴随感和轻松感。

主持人：我记得许子东老师曾经坐在主持人的位子上，给文涛代班。但是我从来没有见过您坐在嘉宾的位子上？

窦文涛：都坐过。有一次我是让文道主持，我说我给你当嘉宾，结果是嘉宾老是提醒主持人该进广告了。

主持人：做嘉宾的感觉会不会比主持人轻松很多呢？

窦文涛：我更喜欢做嘉宾，因为做嘉宾脑子里的事情可以少一些，更随心所欲，但是做主持必须一心好几用，又要保证真诚度，又要想着节目程序。我也在和我们台里探讨，凤凰卫视要不说创造奇迹，整个节目的录制方式其实是不大适于像我说的生活中的聊天，处处都是拧巴，比如说今天刚录完节目，我们录四集节目，棚子里的时间是3个小时，一集节目21分钟，大家看到是什么样，录的时候就是什么样，几个嘉宾在中间开个会商量商量，导演都催，说时间快到了，赶快来，本身一个谈话节目断三次，刚刚谈到热了就要进广告，因为人本身有一个预热，真的讲出状态，讲到真知灼见，音乐又放起来了，观众经常会说想知道你们节目完了说什么，但是就完了。所以很拧巴，做主持人脑子里要考虑好几件事。

主持人：有一个网友说，其实不好的是今天聊一些非常伤感的话题，明天又去风花雪月，观众从前一天节目情绪中还没有抽出来，有这种感觉，文涛你有什么看法？

窦文涛：其实这不仅是我在《锵锵三人行》的一个问题，通常来讲一个主持人是有本行的和专业的，比如说娱乐节目主持人就是做娱乐的，但是我的职业生涯很奇怪，什么都做过，比如说做《文涛拍案》就是慷慨激昂，我有时候也在想，大家要看到《锵锵三人行》里面的我会不会觉得不协调，比如说同在一个《锵锵三人行》节目里，有的时候情绪是不一样的，我怎么想这个问题呢？我觉得每一种情感都是真实的，但是大家接受起来一时可能会觉得不统一，因为我们总是习惯于一个人在笑，他永远应该在笑，一个喜剧明星什么时候都在演喜剧，可是实际上人的情绪本身就是喜怒哀乐。我觉得主持人其实本质上是一种表演，我这个表演指的是广义的，其实我们人生活在社会上什么不是表演呢，但是表演绝不是虚伪，因为表演的真谛就是真听，真看，真感觉。就是你要说这件事情你要先感动你自己，你要讲这个笑话首先自己觉得它好笑。于是你说它假吗，它是真的，你说它真吗，其实它确实需要你培养出某种情绪的状态，这是一种在电视上对观众的诚意，不可能想象我在《锵锵三人行》，心里非常讨厌说这件事情，但是我还是硬着头皮和你说这件事情，我想那是不能接受的。

主持人：现在我觉得很多观众喜欢看一个节目，或者喜欢一个主持人总是和他的真实有关系，总是觉得自己感觉在电视上这个人很真实，于是就特别喜欢这个节目。

胡智锋：是的，其实真实是一个很高的标准。真实不等于不表演，"秀"其实是一种表演，但是"秀"不等于假，假是一个格，真是一个格，但是素朴的真和有培养、训练的真是不一样的。刚刚文涛说在录节目时的状态，你指不定什么时候会冒出非常精彩的点子，因为你自己也不知道，你什么时候会进入状态，嘉宾也不知道，大家都不知道，但是电视逼着你不管知不知道也得在这21分钟里给弄出来，可能这时候就很难保证忧伤的感觉。为什么昨天忧伤今天又不一样了，没准做忧伤的时候文涛正高兴着呢，刚有了一个大喜事，挺得意的，可能还做这个忧伤的节目，有可能他们谈喜庆的事的时候，说不准当时得到一个不幸的信息，喜庆不起来，这是一个真实的生活感觉，如果把真实生活的感觉在电视上表现为令人信服的真实感，这还需要架构，需要他们要做很多努力去装饰，让人看不出来，主持人的功力就在这儿。你再是忧伤的感觉，你还不能让人看出来。所以主持人的表演和日常生活中的人是不一样的，有相同的地方，但是它又是在限定的电视方寸之间。所以对他的考验可能就更要严重得多，要厉害得多。

但是，我就一句话，首先我同意文涛刚刚说的，真听、真看，真感觉是自己的，首先是我自己有真情实感，在这个基础上我用一个观众能接受的方式按照职业主持人的一种方式把它加工改造，表达的、处理的、转化的让老百姓感觉更真实，比你原生态的生活真实感觉还要真，这就是本事，主持人做的是这个活儿，你看了现场以后你觉得它是随意的，似乎是真的，但是好像让人又有点不相信，但是让文涛这么一说，听得真真的感觉，那是艺术架构，还是主持人的装饰，这就到了一个境界，这是电视里面的真，它和原生态里面的真隔好几道墙，所以不是所有的人可以干主持人这样的活儿，就在这儿。怎么样能够让自己没有特别强的真实的感觉，它要转化为自己真实的感觉，还要把这种感觉表达得让观众感觉到特别的真，你想想，这多费劲的一个事，我觉得挺理解他们的，很不容易。

窦文涛：您可以当我们的台长。

胡智锋：谢谢。

锵锵三人是一家

主持人：最后可以谈谈《锵锵三人行》的嘉宾这一方面的问题，节目形式好像相对单一一些，话题又那么多变，相对来说在七八年来《锵锵三人行》的嘉宾也换过几批，但是在某一时期它的嘉宾又是相对固定的，我知道嘉宾方面文涛也有苦衷，没有酬劳，路费要自己掏？

窦文涛：因为是制作的问题，基本上我们的固定嘉宾只能在香港本地找，但是香港这地方国语能说流利的不多，本身选择范围就小。

说老实话，我对我们历届这几个嘉宾都很有感情，他们很不容易，他们渐渐出现，讲那么多不同的内容，而且人家本身是兼职的，所以很不容易。但是嘉宾就有这个矛盾，我们有时候虽然可能看不到很精确的受众的调查，可以看到网上观众的一些信，发现有一些问题，有一些老观众还恋旧，喜欢一些老嘉宾，实际上形成一种氛围，这种氛围像《老友记》，像生活里每天几个老朋友，到吃饭时间一边吃饭一边聊，产生这种心理的亲切感，有的时候你猛然换一个新的，就有人骂，但是也不能不换，后来我们琢磨一招，就是旧带新，总有一个老嘉宾，但是第三嘉宾总是一个新人带着他的体验来。

而且我们在选嘉宾的时候有很多有趣的状况，就是选女嘉宾非常的困难，女嘉宾观众的反应也相当的激烈，我觉得很有意思。就像和女人的青春似的，好像一个男嘉宾能生存很长时间，但是往往一个女嘉宾大家可以很快地喜欢她，但是也会很快地唾弃她，是不是因为东方社会的原因，好像对女嘉宾要求更苛刻。比如说找一个很能说的，观众就说这个长相还上电视，对不起观众。你要说找一个美女，他就说这是白痴，没有内涵；要是男嘉宾，男嘉宾也有骂的，只是说你讲的某个观点我不同意。往往对一些女嘉宾的攻击都是人身攻击。说实在话，才貌双全的女的就和才貌双全的男的一样难找，观众往往要求女嘉宾就要才貌双全，像文道那样，也没有人挑剔他长得不好，其实文道长得也很有雕塑感，很有型，我就是说好像女嘉宾尤其容易受到一些观众的苛责，使我们在寻找女嘉宾方面有很大的压力。

主持人：是不是可以看出《锵锵三人行》以男性观众为主？

窦文涛：据我了解《锵锵三人行》的观众非常有意思，我难说出它是哪一个群体，从一些统计数据来看，我有时候觉得很奇怪，男女老少都有，所以我很难精确地说出《锵锵三人行》的观众群，大概我们还需要一些更细致的受众调查。

主持人：你刚刚说两个老的带一个新人，那个新人好像常常是女嘉宾？

窦文涛：也有男的，像我们请过白先勇。

主持人：胡老师，您怎么看待嘉宾这个问题？

胡智锋：他刚刚已经说得很透了，对嘉宾的事情我没有很新的表达，我只是感觉尽管我们说脱口秀难免口水横飞大讲一通，但是嘉宾在整个过程中，有的时候，他可以起到主持人起不到的作用，因为主持人需要状态，什么样的嘉宾就有可能带来主持人什么样的状态，这个东西都是相互的，就像你日常的聊天一样。这里面非常复杂，说不清楚，但是什么样的嘉宾是理想嘉宾，我觉得不可解。比如对文涛这样的主持人，他适合于什么样的嘉宾，这是一个可以让他自己在尝试中慢慢地找的，也许这样可能会比较好。

刚刚他说的比如观众对女嘉宾尤其苛刻，因为这个脱口秀带有一点点言论色彩，是要谈观点，女性本身一般感性比理性略胜一筹，有些女性未必见得适合于理性表达，但是这样的节目又需要她理性地表达，所以这种嘉宾身份的要求会和她自身的感觉，和公众对女性的普遍期待都有矛盾，这里面各种看法出来就很正常。有的时候是自己在拧着，嘉宾自己在克服自己，有的时候是观众逼着嘉宾去按他那样的要求做，但往往可能不是很讨好，这倒不是很主要的问题，因为她作为一个搭配，一般的女嘉宾在文涛这儿是三把手，所以问题也不大，有一个靓丽的在那儿摆一摆，造一个随意性的气氛就可以，不要对她给予过高的思想性的要求，如果观众那么想就太苛刻，文涛这样想也就过于苛刻，没有必要，有一个很可人、很机灵的女孩在那儿，就可以了，而且她也是个三把手，毕竟不如文涛这个一把手，如果有合适的就可以换，问题不大。

主持人：胡老师的观点就是女人只要抖机灵就可以了？

胡智锋：不是，对他这个脱口秀节目来讲，因为这是一个言论性的节目，要不然女嘉宾在这里面会很累的。

主持人：如果没有任何困难和束缚，文涛希望《锵锵三人行》的嘉宾是怎么样一个组成？你是希望每天都换新的，还是三个人做到老？

窦文涛：其实中间也有新陈代谢，从我个人感情上来说，我觉得所有《锵锵三人行》的嘉宾都像家庭里的一员，有的人也已经不做了，但是我感情上还是一家人，《锵锵三人行》的嘉宾因为是一个聊天的环境，所以真要讲一个投缘，就像刚刚胡老师说的，有的时候没有什么理论和衡量标准，只是说交朋友，你们俩就聊得来，你们俩聊的时候就能把最好的状态激发出来，找到这个朋友很不容易，当然从自己感情上来讲希望永远做下去，可是我们要面对观众，如果观众觉得需要一些新鲜血液，我们就要去找，当然新的嘉宾来了，其实，他初始的表现不见得比得上老嘉宾那么的娴熟和默契，可是，他会带来一些新的刺激，这个对于一天一集这么多年的电视节目来说不容易。所以不断地想一些招，刺激一下大家的审美疲劳。

主持人：谢谢文涛，谢谢胡老师，我们的视频访谈已经进行了一个小时，到这里要结束了，谢谢网友们的参与，再见！

【刊发信息】胡智锋、窦文涛：《窦文涛、胡智锋谈〈锵锵三人行〉与谈话类节目》，人民网，2005年12月5日。

传媒教育：塑造你美好的形象

> 如果说，教育着眼于美丽的心灵，传媒制作出美丽的衣裳，那么传媒教育将通过增强传媒素养，塑造出你更美好的形象。

> ——胡智锋

课题组： 请问您如何理解传媒和教育之间的关系？

胡智锋： 传媒与教育的关系可以分别从三个角度或向度去考察：一是传媒的角度或向度，二是教育的角度或向度，三是社会的角度或向度。传媒是人类社会发展到一定程度的产物。我们经常把传媒比作"千里眼""顺风耳"，比作"喉舌"，这正印证了麦克卢汉的说法。各种传媒实际上相当于人体器官的一种延伸。正因此，传媒的进展，将极大地改变人们的生活景观，进而改变人类的价值观念和思维方式，深刻地影响人类的行为与心灵。教育同样是与人类社会发展相伴相随的。从人类自然本能的传承到人类文化的传承，从实用到创造都离不开教育的支撑。而社会则是传媒与教育赖以发生的土壤与载体，同时又是传媒与教育实施的某种结果。在社会的大舞台上，传媒与教育扮演着日益重要的角色。今天的时代，今天的社会，某种意义上可以说是传媒造就的时代与社会，教育塑造出的时代与社会。

一、传媒对于教育

课题组：的确，探讨传媒对于社会的影响，探讨教育对社会的影响，尤其是探讨传媒与教育互动对社会的影响，将是一个十分有趣也极其重要的话题。关于前两个话题，已有许多人士做了深入研究，我们能否请您重点就传媒与教育互动对人类社会的意义做一些描述与分析？

胡智锋：一部教育的发展史，从某种意义上也可以视为传媒不断介入的历史。从表层的形态看，人类教育的发展从最初的口耳相传，到文字与印刷媒体的出现，是一次巨大的革命。今天人类教育的实施所依赖的传媒，主体上依然是文字与印刷媒体。借助于文字与印刷媒体，我们拥有了书本，拥有了教材，拥有了各种报纸杂志。依赖这些媒体，人们获得了生存与发展所不可或缺的能力。而电子媒体的出现尽管时间不久，却极大地改变了教育的内容与方式，如广播电视媒体，既成为现代教育重要的手段，也成为人们获得信息知识以及思想的重要内容。而网络媒体的出现所带来的教育景观的变化也是有目共睹的，网络这个主体性、自由度极强的传媒正在使现代教育打造一个新的世界。如果说文字与印刷媒体的出现使教育造就了一批读书的人，而广播电视使教育造就了一批听广播看电视的人，那么网络媒体则使教育造就了一批网络中人。随着传媒的演进，教育不断改变着自己的内容与方式。那些善于利用最新传媒的人将被视为受到良好教育的人，他们将适应这个社会并拥有创造自己新生活的能力与本事，反之则有可能被这个社会所淘汰。从这个意义上讲，传媒的进步将极大地推动教育的进步，而教育的进步也离不开传媒的进步。对于教育来说，传媒是一种手段、一种形式，但同时也是一种内容、一种目的。没有现代传媒武装和渗透的教育，将是一个有缺憾的教育，而不断用最新传媒去武装和渗透的教育将是一种与时俱进的教育。20世纪70年代末80年代初起步的电化教育，上自中央广播电视大学，下至各院校电教科室，都在尝试用广播电视音像等载体来活跃和强化新的教育内容，这已经在培养与时代需求相适应的各类人才方面做出了有目共睹的成绩。前几年在全国上下推行的素质教育其实就包括了传媒教育，从幼儿园、小学到各高校又一次将新的传媒内容与形式，包括计算机、网络等新的传播技术引进来，已经和正在产生着巨大的影响，培养着适应未来社会发展的新人。这一进程将伴随着传媒的发展而不断改变教育的观念和内容。

二、教育对于传媒

课题组：您刚才谈了传媒对于教育的影响，能否再谈一谈教育对于传媒的影响呢？

胡智锋：教育的目的在于培养和造就对于社会有用的人才，或者说人们对于教育的需求是为了在社会上更好地生存与发展，而传媒的意义在于不断拓展和延伸人的能力，进而提高社会运转的效率和质量。从这个意义来看，教育与传媒在总体目标上是一致的，都是维护和促进人与社会的生存发展能力。由于人与社会的生存发展能力不断被提出更高的要求，因此人们对于教育的期待将转化为教育内容与方式的不断更新。教育的这种自我更新伴随着人类经济、政治、文化活动交流的日益扩张与拓展，这同时会对传媒提出不断更新的需求。教育的现代化催生着、呼唤着传媒的现代化，教育的个性化不断催生着、呼唤着传媒的个性化，教育的国际化不断催生着、呼唤着传媒的国际化，教育的大众化不断催生着、呼唤着传媒的大众化，因此，传媒的进步也离不开教育不断更新的推动与促进。不论是信息知识还是情感思想，教育都在努力追求着更高、更快、更强、更新的内容与方式，而这恰恰也是传媒不断更新与发展的动力和原因之一。

教育与传媒的共性是由人创造的，同时又在塑造着人。教育的进程不断从实用走向审美，从必然王国走向自由王国，传媒亦然。由于教育的历史积淀极其丰厚，其追求真善美的品质与品格已成为人们的共识，而传媒尤其是现代传媒在其急速发展进程中经常出现"技术主义"（现代传媒建立在先进的科技基础之上），同时现代传媒创造的生活景观又往往与人们的日常状态紧密相连，再加上传媒作为产业的巨大利润回报又使其经常受到资本与市场的控制，这一切都使得现代传媒与拜金主义、激光照排系统主义等联系在一起，因此，来自教育的一个重要的人文主义理念也就成了传媒不可忽略的内容构成。从欧美传媒中的"DISCOVERY"，以及历史、艺术等专业频道的节目中便可看出教育精神在现代传媒中的渗透与体现，而中央电视台科教频道的创办，以笔者对其频道整体定位的概括，即"科学品质、教育品格、文化品位"，其实就是对教育最本质人文理念的表述。这都鲜明地体现教育对于现代传媒的渗透与影响。

三、传媒教育以及传媒的教育功能

课题组：那么，什么是传媒教育呢？传媒的教育功能又如何发挥呢？

胡智锋：尽管事实上传媒与教育之间存在着如上所述的密切关系，但对于传媒的教育功能，人们似乎并没有给予足够的关注。或许当传媒本身变成了社会生活中司空见惯、习以为常的内容与方式时，人们反而会忽略传媒教育对社会不可替代的价值与意义。

传媒教育可以从两个向度来观察：一是专业性的，二是社会性的。

从专业性向度来看，传媒教育的实施主要是面对传媒业本身，为传媒业培养和提供具有较高职业素养的专业人才，如为广播、电视、电影等行业领域培养编辑、记者、导演、播音员、主持人、化妆师、灯光师、录音师等专门人才。这些专业人才的培养面对传媒自身的需求，一方面通过专业院校来向传媒业输送，另一方面也可以通过对传媒从业者进行继续教育来提高他们的专业水准。

从社会性的向度来看，传媒教育意味着在全社会培养造就熟悉和适应传媒基本规则和原理以及常识的人，或者说，传媒教育的目标在这个层面上，主要体现为对公众进行基本的传媒素养的培育，使公众可以获取运用传媒进而提高自身生存与发展的能力和本事。由于今天的社会已经远不是小国寡民的时代，而是传媒极其丰富并起着重要作用的社会，今天的教育也远不是较为原始的那种实用的、口耳相传式的教育，而是被传媒包围和浸染着的教育，因此，今天的传媒教育对整个社会来说，有着不同寻常的意义。如果说专业性的传媒教育应当着眼于传媒的前沿，培养出引领传媒潮流的专业人士——这一点人们在认识上已经达成共识，那么，社会性的传媒教育则并不那么乐观，因为很多人还远远没有认识到它的意义与价值。

我们对于发达国家和文明社会的理解，常常侧重于经济指标、政治指标、文化指标，却不容易看到其社会性的传媒教育指标。事实上，我们公认的那些发达国家和文明社会，其社会性的传媒教育指标同样是非常高的。也就是说，在这些国家和社会当中，人们掌握传媒的能力与水平普遍是很高的，比如在寻常百姓手中，往往掌握着为数不少的数码摄像机，一些重要的突发性事件，常常并不是由专业的电视记者捕捉的，而是要靠普通百姓手中的DV去记录，"9·11"事件中震撼世界的一幕幕景象，不少便是这些普通百姓及时抓拍的，而这些内容成了今天十分珍贵的影像文献。再比如，若干年来，电视演讲和辩论都是美国总统选举中关键性的环节，这样的角逐在某种意义上也可以视为候选人之间传媒素养的较量。通过电视演讲和辩论，既可以用最简捷的方式为最多数的人所接受和选择，又可以充分展示候选人的才能、智慧及风采。

课题组：传媒的教育功能又如何发挥呢？

胡智锋：在世界舞台上，一个国家、民族的形象经常可以通过传媒得以直观地展现出来，比如不少西方人士就通过张艺谋、陈凯歌的电影来认识和判断中国，不管是正面的还是负面的，传媒在这当中起的作用有目共睹。如今，通过电视传媒所表现出来的国家和民族形象更是不可替代，不论是政治领导人、外交家、企业家还是文体明星，他们通过电视所表现出来的智慧才能、情感思想以及风度气质往往是一览无余、直观透彻的。我们常常会为邓小平机智果敢、从容不迫的气度而骄傲，为江泽民灵活潇洒、多才多艺的形象所折服，我们也常常会为中国女排团结拼搏的精神风貌、为王军霞身披国旗在世界大赛上流露出的爱国之情、为孔令辉把手置于胸前虔诚地高唱国歌的感人场面、为李宁面对国旗流下的热泪、为姚明东方巨人的风采而感动和欢呼。这其中除去他们作为中国人内心的真诚的积淀，也与他们善于驾驭和运用电视传媒的能力和素养密切相关。

课题组：您的意思是否指传媒的主要教育功能之一在于可以塑造人的形象、国家形象和民族形象呢？

胡智锋：可以这么说。曾几何时，中国人在西方传媒中尽是衣衫褴褛、东亚病夫式的形象，除了时代性的原因，也与人们的传媒素养有关。今天，中国已经步入世界大国的行列，综合国力与日俱增，但相比较而言，人们的传媒素养与我们的大国形象还是有相当大的差距的，一方面表现为我们驾驭现代传媒的基本能力比较缺乏，另一方面表现为自觉地、创造性地运用传媒的能力较为薄弱，尤其是后者表现得更为突出。不少人并不缺乏对电视、网络这些传媒的基本知识，但在自觉和创造性运用方面却常常表现得过于窘迫。

几年前，前中央电视台台长杨伟光先生组织一批专家学者写作了《领导者的形象塑造》一书，这本书的写作目的在于为政界、商界、学界等领域的领导者提供关于传媒素养的基本知识。我们并不否认传媒教育并非领导者形象塑造的根本，那当然在于领导者自身的综合素质，尤其是其人格水平，恰如鲁迅先生所说，从血管里流出来的是血，从水管里流出来的是水。没有崇高的人格，而在现代传媒中做"崇高科"，显然是一种名不副实的"作秀"。但是仅仅练内功也是远远不够的。美好的心灵，同样需要美好的形象去装饰，不然其影响力、感染力、号召力将大打折扣。许多人念念不忘朱镕基同志在国际舞台上的出色表现。从他的演讲中我们不仅可以获得令人信服的哲理，还为他语言的风趣幽默、表述的抑扬顿挫、事例的生动活泼而大受感染。朱镕基的风采，既是坚实的内功修炼，同样也是对现代传媒熟练驾驭的结果。他在现代传媒中的表现，为国家和民族增了光添了彩。

课题组：传媒素养是传媒的教育功能赖以发挥的基础吗？

胡智锋：是的。但是，同时传媒素养的获得和提高离不开传媒教育，从这个意义上来看今天中国的传媒教育任重而道远。传媒教育的从业者不仅要着眼于专业性的传媒教育，为中国传媒的效率提高与品格提升做出贡献，而且还要着眼于社会性的传媒教育，担负起提升公众传媒素养的职责与使命。当然从根本上说，传媒教育目标的实现有赖于综合国力的提高、民族自尊心和自信心的增强、先进文化的滋养等作为前提和条件，但我们应当看到并相信，具有较高水准传媒素养、受到较好传媒教育的中国人将会焕发出更具活力、更具魅力的风采。这必然会对国家与民族形象的塑造，对人们想象力和创造力的激发，对未来美好生活的创建产生不可低估的影响。

如果说，教育着眼于美丽的心灵，传媒制作出美丽的衣裳，那么传媒教育将通过增强传媒素养，塑造出你更加美好的形象。

【刊发信息】《传媒教育：塑造你美好的形象》（受访），《传媒教育》，北京广播学院出版社，2003年版。

我们需要什么样的引进类节目？
——《电视批判》第13次论坛

2002年9月25日，央视国际网络《电视批判》论坛请来中央电视台国际部张子扬主任、北京广播学院胡智锋教授，就"我们需要什么样的引进类节目？"展开了热烈交流。对于中国进入WTO后国际部的应对与走向、引进类节目的形态、引进节目对中国电视文化产生的影响，网友们表示了密切的关注，同时他们希望中央电视台能开辟专门的频道作为集中展示引进节目的窗口，以确保中国电视文化在跨文化传播中保持纯洁、健康的发展。

开场白

【主持人】各位新老网友，大家晚上好，我是丝路，欢迎你们准时相聚《电视批判》论坛，希望我们共同度过一个美好的夜晚。今天我们讨论的话题是"我们需要什么样的引进类节目"，今晚的两位嘉宾中央电视台国际部张子扬主任、北京广播学院胡智锋教授已经来到了我们的网络演播室。先请他们分别来个主题发言吧。

【胡智锋】我想央视国际部对我来说是一个全新的空间，今天我很荣幸被邀请来做嘉宾，第一次跟张主任一起和诸位同仁在网上交流。之所以选择这样的题目，是基于一个事实，这便是：中国电视的节目系统是由三个子系统构成的——本土节目系统、对外节目系统、引进节目系统，而在这三大节目系统中，引进节目不论是生产、创作还是运行都是极具特色的。今天，中国电视节目面临着全新的生存环境，尤其是引进节目系统面临着全新的挑战和机遇。我们到底需要什么样的引进节目？这不仅是一个电视本身的问题，而且还是一个重大的文化问题，甚至是政治问题、社会问题。因此，探讨引进节目的过去、现在与未来对我们今天的观众或许是很有意义的一件事情。

【张子扬】很高兴第一次到央视国际网络在线，也很高兴和我们中央电视台国际部的顾问一级的好朋友胡智锋教授一块和网友们交流。因为中央电视台国际部负责中央电视台大部分引进节目，如何把世界上优秀的文化成果介绍给中国的电视观众或者让我们的电视同行能够在其中得到借鉴，让中国的观众更好地了解我们外边的世界，这是我们民族处在时代前沿的一个重要的展望，是其他民族优秀文化和先进文明的一个窗口，所以很想就这个问题和网友们沟通，探讨我们电视观众喜欢什么样的电视节目，需要什么样类型的优秀文化信息，在观赏这些引进节目的过程中，我们的内心世界，我们的精神追求，应该用什么样的一个尺度来接受？这是我和我的同事们一同关注和研究的课题。

关注国际部

【主持人】中央电视台国际部是我国引进节目的重要窗口，有人称国际部是新时代中西方文化交流的丝绸之路，胡老师，您对国际部的地位与作用有何评价？

【胡智锋】我想，中央电视台国际部在中国电视节目的生产与传播进程中扮演着独特而重要的角色。如果说中国电视节目由本土系统、引进系统和对外系统三个系统构成，那么，在相当长一个时期，央视国际部承担着引进系统的全部工作。某种意义上说，央视国际部在相当长一个时期内，代表国家从世界上引入了最重要的精神产品，包括电影、电视剧、动画片、纪录片以及其他各类节目。由于央视国际部承担着这样的功能，扮演着这样的角色，也就是说代表国家从世界各国引进优秀的影视产品，经过加工、提炼、改造，在中国的大地上广为传播，所以，把央视国际部称为新时代中西方文化交流的丝绸之路，从这个意义上看是不为过的。从大量优秀的译制片、译制剧、动画片以及其他各类节目当中，中国人不出国门便了解了整个世界，央视国际部为此所做的贡献，所建立的业绩是值得我们永远尊敬和高度评价的。

【主持人】随着我国进入WTO，国际间各方面的交流越来越频繁。作为中央电视台国际部主任，您在把握文化的全球化与本土化这一关系上，有哪些坚守的原则？

【张子扬】我和我的同事们在实践过程中整理出一个概念，就是"文化版图的拓展和固守"。因为在我们进行跨国际、跨语际的文化产品的实践转换过程中，我们感觉到受众最多、传播最快、又最具形象的电视节目，使我们的时空观念发生了变化，最著名的概念，便是"地球村"之说。电视通过卫星的传送使我们传统意义上的"版图""领土"变得模糊了，许多世界上的重大事件，如重要的体育赛事，特殊的灾难性报道等，都可以在"第一时间"或"零距离"的面对与感受，这种时空概念上的模糊，往往让观众不知不觉中就会对异国文化、价值观念有各种层次的接受与认同。因为任何一种文化都有它的优秀之处，也有它的糟粕。如果在电视节目的引进上没有选择，没有本土文化的固守意识，也许我们本民族的优秀文化精神会因此而被淡化，所以，文化版图的拓展与固守是我们在实践当中总结出的一个概念，也应该算是一个原则吧！

关注引进类节目

【主持人】胡老师，是不是什么样的节目都可不加限制地引进？您认为我们需要的是什么样的引进类节目？

【胡智锋】当然不是，我始终认为引进节目不仅仅是一个节目本身的问题，也不简单是一个节目交易问题，或者节目市场的问题，它后面隐藏着更深层的内涵在于它涉及一个国家的尊严，一个民族的尊严，一种文化的尊严。也就是说如果我们不加限制地引进所有的节目，那就可能带来一种危险，一些并不代表各民族优秀文化水准的劣制品或者说一些带有明显文化侵略意味的产品就将大批涌入。它的直接后果是影响一个健康的有自己独立文化传统的民族、国家的较为稳定的价值体系和优秀传统，同时，可能会带来由于自己本民族文化被侵蚀，影响本民族优秀文化的传承的后果。所以，从这个意义上看，不加限制地引进所有节目是不理智的，也是缺乏眼光的。事实上，任何一个有民族尊严、国家尊严和文化尊严的国家都不可能不加限制地引进世界上所有的节目。只有加以限制才可能保障一个国家的文化安全，进而保障一个国家的社会稳定。这样做不仅对一个国家是有意义的，对于全世界的政治、经济和文化的平衡同样是有意义的。

我认为目前我们需要引进的应该是代表了当今世界优秀文化成果的那些影视节目。同时，这些优秀文化成果应该尽可能地与我们本民族的主流价值体系保持吻合，至少不是相悖或者严重对立。此外，应该考虑到引进的国家地区兼顾发达国家和发展中国家以及地区。应该考虑到引进的品种除了影片、电视剧等以外，也应该包括大量的纪录片、专题节目等等。总之，以主流价值观念为标准，来要求引进节目的总体价值取向，在引进的地域、类型、品种等方面保持总量的均衡，这是我对于这个问题的一些基本观点。

【黑雪39】胡老师，引进节目和引进电视剧是不是不同？它们有什么区别？

【胡智锋】广义地说，引进节目包括引进的电视剧，电视剧只是引进节目当中的一类。当然，狭义的引进节目有时也专指那些除完整的电影、电视剧之外的类型节目。如综艺节目、少儿节目等等。

【黑雪39】胡老师，国外的电视剧其实内容不见得比我们好，但它们的画面确实比我们好，以后我们的电视剧是不是也有这方面的考虑？

【胡智锋】你说得有一定的道理，其实国外电视剧不少优秀的作品之所以好看，不仅仅是画面比我们好，还包括了它们在叙事模式、生产方式以及传播方式等方面拥有比我们更为丰富的经验，特别是如何击中市场，抓取观众的经验。这方面值得我们的电视剧学习、借鉴。

【一月树影】请问胡教授，您平时是看国产片还是看引进片多，您是看原版的还是看翻译的，您能推荐几部您最喜欢的影片吗？

【胡智锋】优秀的国产片和优秀的引进片我都看，好看的原版片和译制片我也都看。至于推荐，我想萝卜、白菜各有所爱，还是您自己按照自己的口味去选择为好。

【阿拉伯神灯12】引进的节目越多，说明我国的电视发展越快，形式越多样化。请问是这样吗？

【胡智锋】这个说法是一种描述，实际上表达一个意思，这就是随着中国改革开放的不断深入，中国电视引进节目的来源和渠道日益丰富，在引进节目这个领域展开的中外交流日益频繁。这从一个侧面也可以说明中国电视整体发展越来越快，形式、品种日益多样化。因为引进节目本身就是中国电视的一个重要构成部分，它的发展自然也印证了中国电视整体的发展。

【liuyibei】我认为对电视节目的引进应该从以下几方面考虑：第一要符合中国的国情；第二要知己知彼，通过引进，学习人家的好东西（拍摄的手法，技巧，理念等）和了解人家的风土人情等等；第三是对于过于色情、暴力及有损我国的片子不要引进。这是我的一点看法！

【胡智锋】您说得很到位，您的看法也代表了目前中国电视引进节目的一些基本的思路和原则，更多地考虑了对于中国民族文化整体进步的一种关注，很有见地。

【主持人】近年来，国际间的节目交易有了很大程度的增加，有的引进节目被不加筛选地全部播出，特别是一些动画片，您认为这会带来什么样的负面影响？

【胡智锋】这的确是一个严重的问题，我记得党和国家领导人在不同的场合也多次提到过这个问题。许多专家学者在研究中也密切关注着这个问题。有人说，80年代成长起来的一代人是看电视长大的一代，而在看电视过程中对他们的成长影响相当大的位于首位的是动画片，所以国内外许多人士就动画片与少年儿童的成长做过不少研究，那么这些研究反复印证了一个结论，就是看电视、看动画片将对少年儿童的身心健康，对他们的价值取向，对他们的人生观、情感观以及未来的生活与事业选择产生深远影响。因此，引进节目，特别是引进动画片绝不能简单地照搬进来，在西方很多动画片当中，当然主流是好的，但是应该看到，诸如种族歧视等不好的价值观，对少年儿童潜移默化地进行着塑造。如果我们不加以改造，将产生的负面影响是不言而喻的。

【高正奎】在引进节目的过程中要不要思考这节目对青少年及社会的影响？

【胡智锋】其实刚才在谈动画片的时候已经涉及了这个问题，毫无疑问，当然要思考引进节目对于青少年及社会的影响。如果说我们在近二十年的引进节目的进程中有过什么失误的话，那么相当多的问题可能都与你所说的这个问题有关系。也就是说，有些引进节目如果出现导向及其他一些问题的话，它的直接后果就是对青少年及社会的一种不好的影响。当然，这种情况既不是主流，也不是很多，但的确值得注意。这里包括对一些常识性的问题的处理，如人物、国度、民族、宗教等的翻译和理解以及表述等。

【hulunbeir】节目引进多了，会不会影响到国内的电视发展？比如动画片，和国外的比较起来，国内的似乎已经没多少市场了。

【胡智锋】节目引进毕竟主动权掌握在我们自己的手里，引进多少节目，引进什么样的节目最终还是由我们自己来决定。因此，你所说的这一问题我想不应该是一个令人忧虑的问题。引进节目总体上看对于本土节目的发展是有推动和推进意义的，可以给本土节目在生产、创作和传播等各个方面带来启发和启迪。我想，总体上看，引进节目的适度发展不仅不会对本土电视带来负面的效应，而且会对本土节目的发展带来积极的影响。

【草儿不私语】请问嘉宾我们节目现在引进和输出是呈现"顺差"还是"逆差"？

【胡智锋】从面上来看似乎是逆差，这是一个值得正视的问题。我想，这与我们国家的文化传统以及我们自己的节目生产传播的方式、规模和经验等都有关系。不可否认的事实是，一些发达国家借助政治、经济、文化上的优势，在全球非常顺利地推广着他们的各类节目。他们的节目被广泛引进是可以理解的，因为这是强势对弱势的作用的结果。但是我们同时也看到，许多在政治、经济、文化等方面并不占有优势的国家或地区，在节目输出上却取得了引人注目的顺差的结果。我们应该学习他们的经验，我相信随着中国对外开放的进一步推进，在节目引进和输出方面我们应该逐渐地缩小逆差，而呈现顺差的良好格局。

【开往春天的地铁82】 你们看过沈冰主持的"智者为王"的节目吗，这个就应该是模仿"荒岛生存"的。

【胡智锋】 沈冰这个节目我没看到过，但是我知道最近两三年来出现了一种新的情形，就是大量地模仿国外、境外比较时尚的节目类型。我个人认为学习这样一些节目的生产、创作技术是必要的，一些吸引观众的方式也是值得借鉴的。但是我个人反对盲目地模仿甚至照搬国外或是境外的节目形式，因为所有的节目形式都应该与特定的节目内容相吻合，同时都需要与中国的国情相吻合，说到底，不论用什么样的节目形式，中国电视节目要想真正的有出息，最终还是要中国的老百姓来买账。

【一月树影】 请问胡教授，您怎么看待地方台引进节目的现状，主要的问题是什么，应该怎么解决？

【胡智锋】 我对地方台引进节目略知一二，但知之不详，不好做全面的评述。就我有限的见闻，我认为，地方台引进节目同样也是中国电视引进节目不可分割的组成部分。当引进节目在电视节目构成中还是稀缺资源的时候，中国电视观众对于几乎所有的引进节目都感觉很新鲜，很有意思。此时，不论是中央台还是地方台，不论是引进什么样的节目，都会有不俗的收视效果。但，随着中国对外开放的进一步拓展，引进节目的来源和渠道日益丰富，观众观看引进节目的渠道也日益增多的时候，或者说引进节目已经不再成为稀缺资源的时候，不论是中央台还是地方台都面临着同样的压力。如果说以前不需考虑观众的口味，也不需考虑媒体的特点和地位，只要能引进就能带来较好的收视效果，那么今天情况就不一样了。地方台在此种格局中并不占有明显优势，因此，引进节目就不能不考虑自己的媒体特点，不能不考虑自己的观众群。我认为，地方台引进节目应该回避与中央台的直接冲突，选择有特色，特别是符合自身媒体特点的那些节目品种和类型进行引入，不能搞大而全，而应该搞专而特。

关注老朋友间的关注

【主持人】关于引进类节目，两位嘉宾一位是身体力行者，一位是密切关注这方面的教授，同时他们也是好朋友，让我们关注一下两位老朋友之间的谈话。看他们就今天的话题有什么交流的。

【胡智锋】央视国际部是公认的从事高文化品位电视节目生产和创作的一个团队，对于这样一个团队，您用什么方式去进行管理？因为据我所知，这个团队所涉及的工种完全不同于本土节目的生产的工种。您是怎样将这些复杂的工种统一到一个团队中来的？

【张子扬】引进世界上优秀的电视节目是央视国际部的业务实践，我能置身于这样一个团体可以说是一种幸运。这的确是一个特殊的团队，有着很优秀的文化传统和广阔的见识。我的同事们有的从事引进节目的经历，几乎与国际部同龄，更有一些至今还作为我们部门顾问的前辈，他们的资历与中央电视台同龄，这体现了一种文化的传承与工作经验的积累。对于我个人来说，与其说是一个管理者不如说是一个学生——国际部有许多专业人才，学历不低！更有一些同事是在海外学成归来，更重要的是，因为中央电视台引进节目的开拓现实使我们的创作实践由原来简单的选、译到现在的自派摄制组"环球旅行"，使得我的同事们有理性的准备和感性的行动，这种实践也在不断地开阔大家的眼界，再加上所有的人对理论的重视，所以我们在自己的实践基础上还出版了《电视节目论集》《电视人手记》等多卷论文集、散文集，这些都说明了这个团队的基本素质所在，也为我们的实践提供了理性的支持。再有，我的同事们都有着"再学习""继续受教育"的愿望，许多在职的有学历的人员还在利用业余时间继续攻读新的学历，以利于新的提高，同时，每年根据中央电视台的计划，我们也安排优秀的同事去国外进行长期或短期的进修。比如：

前不久，与网友们进行远距离在线交流的王雪纯。

此外，我们也重视不断地提高我们的审美水平与能力，观摩世界上优秀的艺术家和团体的演出，阅读经典的和具有前瞻观念的书刊也是这个团体的必修课程。只有从业人员的视野开阔、眼光锐利、思维活跃、理论基础扎实，才可能在我们的引进节目的选择与再创造上做到与时共进，永不落伍！

因为胡老师也是我们国际部的节目评奖的评委，他应该说了解我们国际部现有的栏目和节目的定位。请问胡老师，从研究的角度看，国际部节目未来的发展在栏目的构成、节目的类型和在不同频道的分布上还有哪些前瞻性的建议和高见？

【胡智锋】非常荣幸，我作为央视国际部经常参与其节目评奖的评委，有机会欣赏到他们制作的大量优秀引进节目。目前，央视国际部的栏目构成、节目的类型品种以及在不同频道上的分布是历史形成的，有些是跟国外的媒体或公司合作的，有些是通过各种渠道引入的。在央视的节目、栏目以及频道的改革中，引进节目相对影响不大，保持了较大的稳定性。如老牌的《正大综艺》《环球》《人与自然》以及各类译制片等，不论是栏目本身的内容、形式，还是播出的时段和频率，都相当的稳定，同时也拥有相对稳定的观众群。这是国际部稳步发展的优势，我始终认为，改革既要积极，又要稳妥，对于引进节目这一类涉及复杂的政治、文化问题的节目类型，应该有较为稳定的传播方式和载体样式。频繁地改版不利于此类节目的稳步发展。但是，我们也要看到，随着本土节目和对外节目的日益丰富和进步，引进节目原有的许多优势，如异域特色、新鲜感和对本土节目的这种启发、引导等功能在逐渐减弱。面对这样一种形势，在稳步发展的基础上，做相对应的改革也是必要的。我个人认为，名牌栏目在品牌的塑造和推广上应进一步加大力度，特别是在媒体活动的组织上，与观众的联系上，应该更加活跃，这是一点。第二点，除优秀的故事片、电视剧等引进节目外，应该加大优秀纪录片的引进力度，特别是中国观众所关心的重大历史事件、人物等纪录片。当然，一些代表当今世界先进水平的优秀的其他各类节目，也应该在我们的引进视野中。至于频道分布，以央视一套为主体，央视八套为辅同时穿插在其他各个频道当中，这样一种格局还是不错的。只是具体的节目、栏目的播出时段和频率应该考虑观众的观赏习惯，按照观众的需求做进一步的调整。

【张子扬】我想问一下胡老师：我们在实践当中一直在坚持引进节目的质量应该是高品位的，因为电视是一个大众传播的媒体，如何理解电视的大众化和引进节目的高品位之间的关系？

【胡智锋】张主任提的这个问题非常重要，也是中国电视引进节目未来发展所应该关注的具有普遍意义的大问题。表面上看，电视是一个大众传媒，而且始终与通俗联系在一起，但央视国际部的引进节目却始终坚持高品位的文化追求，似乎这两者之间是一对矛盾，因为一般地说来，大众化、通俗化和雅文化、高品位是对立的、冲突的。但是，对于引进节目而言，情况似乎有所不同，因为引进节目不论是从内容还是形式都具有异域特色，这种异域特色本身对于大众来说就具有新鲜感，容易使大众产生好奇和观赏欲望。因此，我们没有必要放弃高品位的异域节目的引进，对引进节目而言，也许高品位和庸俗化的产品都具有异域特色，既然如此，我们为什么不去选择高品位的节目呢？这不论对于社会还是对于观众个人，既有观赏的价值又有积极的意义。所以，这两者在引进节目中是可以协调一致的，这与本土节目的生产和传播有所不同。

【胡智锋】我注意到近几年您多次表达过一种观点，这就是关于"文化版图"的思考。您这个"文化版图"的提出是出于什么动机？对于今天中国电视的发展，尤其是电视引进节目的建构，乃至对于整个民族文化的建构，有怎样的意义和价值？

【张子扬】这是在中央电视台国际部实践过程中的一个思考，由于业务的特性使得自己在选择域外节目，参加国际影视交易，与境外、国外的同行切磋、交流、合作的过程中开阔了视野，增长了能力，进而也又有了另一层次的感悟：世界各国的电视节目作为艺术作品跨越时空的相互交流，使我们在荧屏上建筑了一个多彩的电子"文化广场"，同时，这个"广场"又是个"商场"，电视节目以它特有的商品品位，以各种可能，为其争取着最大的利润。每每在谈判桌上与外方合作者就某类、某部节目的文化标准、具体价格锱铢不让，斤斤计较时，便有感叹："文化份额"的占有便是"市场份额"的占有，反之亦然。随之便更感悟到：这"广场""商场"也是个看不见硝烟的"战场"——来自不同国家、民族的节目，集中了不同的政治、历史、宗教、经济等诸多文化因素，犹如一个个不露兵器的军团，通过卫星的传送，飘然进入荧屏，占据了电视观众的精神领域……在"跨文化交流"的过程中，如何捍卫本土文化的优秀传统？如何弘扬本民族健康的精神气质？——于是，便有了"文化版图"的概念思考。

关注电视文化与跨文化传播

【主持人】请问胡教授和张主任，引进优秀的电视节目就是在引进文明的生活方式，文明共存是融合各种文明不同的特质，扬弃不适宜文明，形成多样化的新的文明体系，文明共存中必然有文明的冲突，怎样处理好这个问题？

【胡智锋】这同样是个很大的问题，事实上世界各国、各民族的交往必然带来不同生活方式，乃至不同文明的冲突。但是，在冲突中也有相互吸取、相互借鉴、共存共荣的一面。正如你所说，文明的评价尺度是不断发展着的，很难说哪种文明比哪种文明更优越、更先进，只能说不同文明之间各具特色，各有其精华，也各有其局限。引进优秀电视节目在精神产品的交往层面进行文明的对话，可以形象、生动地沟通各种文明，形成文明与文明的对话。至于不同文明之间的冲突，我想，任何有眼光、有智慧的民族和国家都会根据不同的情况作不同的处理。这不是哪个个人可以随意决定的选择，而是一个民族、一个国家在特定时代和特定情形中的一种选择。

【主持人】请问胡教授，央视引进文化含量很高的精品节目，文化为什么重要？

【胡智锋】你这个题目太大了，不知道我能否准确回答，我只能说央视引进文化含量很高的精品节目是央视的地位和功能决定的。因为央视是国家电视台，它引进的节目某种意义上可以说是某种国家行为或政府行为。因此，选择这样的节目引进对于国家的文化安全以及国家的政治形象、民族形象和文化形象等都具有重要意义。如果不是这样，可能就会引起各种价值观的混乱，这势必导致民族国家文化传统的被侵略，以及世界文化格局的不平衡。

【主持人】文化思想是人类智慧的结晶，进步的阶梯，文明的象征，一方面我们需要从各民族的传统文化中吸取精华，还要从多类文化的宝库中汲取思想文化的营养，请两位回答引进节目对于中国电视文化会产生什么样的影响？

【胡智锋】我反复说过，中国电视节目构成有三大系统：本土系统、对外系统和引进系统。这三个系统是相辅相成，相互推进的关系，它们共同构成了中国电视的文化景观，这三个系统各具特色，都有不可替代的功能和价值，就引进节目而言，事实上这二十多年中国的本土节目系统之所以获得长足的进步，应该看到其中有引进节目的功劳。如引进的名著改编电影，以及大量的电视剧、动画片、纪录片还有许多综艺节目和少儿节目等，对本土节目的生产创作观念和传播观念产生着直接和间接的影响。因此，引进节目既是电视文化整体构成的一个不可或缺的部分，同时在电视文化，特别是电视节目构成中引进节目对本土节目产生的影响是不可忽略的。从中国电视文化的未来发展趋向来看，引进节目的规模、品种和类型只能是日益丰富和多样。这对于中国电视文化的建设是有积极意义的。

【一月树影】请问胡教授和张主任，怎样理解"文化帝国主义"？

【胡智锋】"文化帝国主义"是近年来颇受关注的一个话题，实际上，首先是美国借助它强大的经济文化优势，在世界各国、各地区大规模地倾销其文化产品，尤其是影视产品，并进而推销其价值观，这在客观上极大地影响着许多民族国家传统文化的生存和发展，引起了各国各地区的普遍警觉，甚至排斥。在欧洲，比如法国，由政府提出抵御美国文化产品大量入侵本国的一系列战略与策略，这被视为对美国"文化帝国主义"的对抗。目前，许多国家和地区也如法国一样关注和正在制定相关的抵抗"文化帝国主义"侵略，保持民族传统文化的战略与策略。相信"文化帝国主义"的扩张并不会轻易地毁灭那些优秀的民族文化传统。相反，随着"文化帝国主义"的入侵，各个国家和地区的保护本民族文化传统的措施和行为也会得到加强。

结束语

【主持人】两位老师今天第一次做客我们的论坛，可以谈谈对我们论坛的意见吗？

【胡智锋】不是客气话，这个论坛对我们像是一次考试，更是一次学习。它促使我们在短暂的时间里调集自己已有的一些积累，快速反应，这种方式对我个人来说是比较新鲜的。尽管不可能圆满地回答各位网友的精彩问题，但是，各位网友给我们的启发却是我们进一步深思的很好的一个新起点。感谢论坛给我们提供这次机会，尤其是能够跟各位网友在网上做不见面的交流，非常有趣。我想，如果有下一次，可能我们的交流会更有意思。

【张子扬】论坛改变了我对网络的理解，第一次面对一群思想丰富的网友。我没有想到，就引进节目的话题网友们有着许多高深的理解和个性的表达，有很多建议和思考很值得我和我的同事们借鉴。如此之多的网友的参与，也让我们在今后做节目时更感压力之大，自然，也是动力之大。面对着有着如此新锐和高深见解的提问，我只能说"山外有山，天外有天"——无论是实践还是思考我愿意把今天的在线当作一个新的起点，由衷地感谢！

【胡智锋】已经有几个小时了，也许各位网友早已被我们过于理性的表述搞得非常疲惫，不好意思。但是，今天的交流给了我许许多多的启发，尤其是网友们的许多问题，既生动，又深刻，令人难忘。非常感谢你们的参与！希望我们有更多的机会借助央视国际进行沟通和交流！很晚了，祝各位晚安！下次再见！谢谢！

【张子扬】我还要继续努力做各种各样的准备，来等待下一次和网友们的交流，我会想念今天来到央视国际体验"虚拟空间"和网友们的交流，我更知道我们彼此的思考和信任是真实的！再说一句谢谢！

【**主持人**】谢谢两位老师，谢谢各位网友，我们下周三同一时间再见！

【刊发信息】胡智锋、张子扬等：《我们需要什么样的引进类节目？——〈电视批判〉第13次论坛》，央视国际电视批判栏目，2002年12月29日。

"转型期"中国影视的阵痛与出路

WTO 的挑战与机遇

记者：前不久在北京结束的"首届中国影视高层论坛"集结了国内影视学界近二十位知名学者，就影视十大热点问题做了有价值的探讨，中央电视台、凤凰卫视中文台等海内外多家媒体对此给予了关注和报道。作为本次论坛的主要组织者，请您介绍一下举办此次活动的动因及相关情况。

胡智锋：为了举办这次"论坛"，我们进行了半年以上的准备。主要是因为：第一，中国影视业在近几年已经开始了转型期的阵痛。如何保持中国电视业的良性发展也是电视研究者和从业者非常关心的现实命题。第二，目前发达国家的影视业包括对它的研究是非常活跃和繁荣的。相比较而言，我国影视业状况不容乐观。我们需要用各种建设性的方式来推动影视艺术和影视文化命题的研究，以缩小与发达国家的差距。第三，中国即将加入WTO，世界性的经济文化全球化趋势迫使我们不仅在枝节问题上进行研究探索，而且还要从宏观全局上观察审视。这就需要用不是一般学术研讨，而是全局性"高层论坛"的方式，集结影视研究方面的一流学者进行对话。

记者：您能否对20世纪中国影视艺术做一个总体评价？

胡智锋：中国的影视艺术或者说影视文化在中国社会生活中扮演着非常重要的角色。因为，自从影视作为一种传播样式和艺术样式进入中国以来，就和中国的社会生活，社会进步，特别是和中国人的生活需要、心理需要紧紧结合在一起。在某种意义上，它是最形象的一部中国社会历史变迁的纪录。具体说来，中国电影诞生于1905年，当时的一部戏曲片《定军山》，把中国传统文化的精粹——京剧搬上银幕，以这种方式开启了中国电影的百年历程。而中国的电视诞生于1958年，以记录中国人生活的电视剧和电视专题、电视新闻为起始，走过了40多年的路程。

百年历程　百年亮丽

记者：请您回顾一下中国电影的百年历程，特别是中国电影与中国社会生活的关系如何？

胡智锋：中国的电影艺术经历了许多曲折。标志其辉煌的有这么几个阶段：三四十年代、五六十年代、八十年代、九十年代。这四个时代正好是中国社会历史、社会生活发生巨大变化的时代，我们今天如果想了解三四十年代中国人是什么样子，最好去看看当时的电影，那个时代最有血有肉的生活内容都在电影中得到体现。五六十年代，中国电影自觉地走了一条人民电影的道路。中国人民经过漫长煎熬获得新生后的兴奋、喜悦、感动以及对过去岁月的思考都成为当时电影的主打内容。直到今天，很多人都无法忘却其中的光辉形象，甚至一些著名的口号像"为了胜利向我开炮"等，成为经历过那个时代人们的永生记忆。它改变了很多人的人生观和价值观。当时，电影在中国的每个角落都深受欢迎，那种盛况真正体现了电影的人民性。七八十年代中国电影开始与国际接轨。电影开始在观念形态及生产创作上发生变化，但它和时代的关系仍然十分清晰地反映在银幕上。从这个时期的电影中，我们可以看到"文革"过后人们对心灵伤痛的抚摸和企求革新、腾飞、摆脱困境的努力。人们对电影少了些迷惘、多了些理性。人们在投入的观赏中得到了感官愉悦；在反思中，又得到精神升华。八十年代电影丰富多彩，很难用一种主调概括，它开辟了中国电影的多元化时代，也是改革开放以来，中国社会生活走向丰富多彩的印证。而九十年代，电影进入了转型期，它的突出标志是影院遭遇冷落，虽然个别导演如张艺谋、冯小刚有很好的票房，但总体来看中国电影非常冷清。人们更关注电视和其他媒体。电影在世纪之交出现了困难局面，这让我们感到时代拥有了更多元化的选择和更个性化的生存空间。人们更愿主动而非被动地对待电影。尽管看电影很少，但人们还是通过光盘、VCD等手段来获取电影的认识，与电影有关的事件仍然是生活中亮丽的风景和热点话题。

个人化世界与个性体验

记者： 目前，社会上对中国电影"代"的概念有了广泛的认同，请您就中国的"六代电影"作一简单描述和分析。

胡智锋："六代电影"，每一代都有自己鲜明的特征。第一代其实脱胎于中国现代戏剧，是由一些从事文明戏和现代话剧的先驱者们努力形成的。这决定了他们导演的影片有一种"戏人电影"的特点，如郑正秋、张石川推出的《孤儿救祖记》《姊妹花》等。第二代是在三四十年代，代表人物是沈西苓、郑君里、蔡楚生、费穆等，他们的作品如《渔光曲》《十字街头》《马路天使》《八千里路云和月》《一江春水向东流》《小城之春》等体现了"文人电影"特点。这比"戏人电影"在思想性和艺术性上都大有提高。中国电影在当时的世界影坛上也占有相当重要的地位。第三代是五六十年代的导演。他们在前两代的基础上，把戏人与文人的特点结合起来，形成了新中国新的影戏传统和特点。比较有代表性的导演有王苹、谢铁骊、水华、谢晋、成荫、汤晓丹等。他们的作品如《柳堡的故事》《白毛女》《革命家庭》《红色娘子军》《烈火中永生》《青春之歌》《祝福》《林则徐》等，都有革命英雄主义与革命浪漫主义相结合的特点。第四代是经过"文革"磨难崛起的一代，像吴贻弓、丁荫楠、胡炳榴、谢飞、郑洞天、吴天明等人，作品主要有《城南旧事》《乡音》《周恩来》《人到中年》《黑骏马》《邻居》《老井》《人生》等，这些人以散文性和纪实性相结合的手法，用现实主义的视角，留下了人们对那个时代的诗意反思。

80年代中国崛起的第五代开辟了中国电影的新时代。以张艺谋、陈凯歌、吴子牛、田壮壮、何群等为代表的一批导演，带有深厚的生活积累和对电影的扎实艺术训练，用更具世界性的电影语言在银幕上塑造了更具冲击力的中国形象。《黄土地》《红高粱》《秋菊打官司》《摇滚青年》《南京大屠杀》《凤凰琴》给我们展现了生动的银幕景观。而随后的第六代正在以鲜明的个性进行艰难探索。像张扬、张元、路学长等人以及像《洗澡》《北京杂种》《网络时代的爱情》等作品。这些探索更具个人化特点，视角对准普通人的个人化世界，寻找一些独特的个人性体验。

记者：相对于电影，中国电视业的发展是短暂而迅速的，请您也从整体上描述一下。

胡智锋：在四十多年的建设道路上，中国电视经历了初创、发展、繁荣、转型四个阶段。总体上说，初创与发展为前二十年，繁荣与转型是后二十年。前二十年完成了中国电视在人才、技术、覆盖上的准备。而最有价值的是最近二十年。我曾经对80年代和90年代的中国电视做过概括。认为80年代是以节目为核心的制作人时代，那时最重要的节目样式是电视剧、电视专题和电视综艺。电视剧、电视专题、电视综艺在这个阶段繁荣发展的原因主要是：第一，中国老百姓喜欢听故事、看故事。电视剧特别是连续剧满足了这种需要。第二，各行各业各个领域都在改革开放中充满了表达自己，展现自己的强烈愿望，而专题节目提供了这样的渠道。另外，通过观看专题节目，还可以获取大量信息和知识。第三，人们的生活方式如交往、居住环境等有了很大改观，很多人有了独立居室和独立的生活空间，而综艺节目的轻松愉快、琳琅满目的精彩表演，满足了人们填充生活中闲暇时间、空余空间的需要。90年代我把它称为以栏目为核心的制片人时代。标志是大量优秀栏目、名牌栏目的诞生。谈话式的、互动式的、直播式的等各种节目类型成为名牌栏目的重要元素。栏目正点播出培养了稳定的观众群和人们定时看电视的"约会意识"。为中国老百姓所喜闻乐见的《新闻联播》《东方时空》《焦点访谈》《综艺大观》《新闻调查》等从各方面各角落满足了人们对社会对世界的了解和理解的需要。

目前中国电视正在进入以频道建设为核心的阶段，即全面步入了转型期。一个个具有鲜明特色的专业频道建立起来，像新闻频道、体育频道、电影频道、电视剧频道、经济生活频道等。它们都有广泛的群众基础，每个频道都有相对稳定的观众群。

民族的本土的才是中国的

记者： 您在我们的谈话开始时就讲到了中国影视业的生存困境，我们应该怎么认识这种现状？中国影视在21世纪何去何从？

胡智锋： 世纪之交的中国影视面临的生存境遇，事实上是挑战与机遇并存的境遇。挑战指什么呢？第一，中国即将加入WTO，这意味着境外媒体可能会大踏步进入中国市场、冲击中国民族的影视业。它们在市场、资金、人才、技术各方面的优势都将对我们形成压力。第二，经济全球化带来市场全球化。这种情况下，全球化意味着本土影视业在管理上、生产上面临着被挤压的困境。第三，新媒体的崛起及新的娱乐方式、生活方式将把大量观众引向新型文化消费，改变他们的生活内容，使许多人离开传统的影视文化消费方式。第四，经历了长期发展繁荣的中国影视，自身也需要在观念、机制、生产制作上进行调整和整合。这样的话，可能会使当前的影视业出现相对滞缓状态。第五，人才方面的困难。无论电影还是电视，都处于新老交替阶段，功成名就的影视界人士逐渐淡出，新生力量还正在成长。这势必影响事业的发展，还需要相当长的时间来解决。

但是机遇也同样存在，这样说是基于一个前提，不管加入WTO后我们面临多大困难，要相信中国人最终还是喜欢具有本民族口味的影视产品，这就是我们提出的影视文化民族化的基础。具有民族风情、民族特色、民族风格的影视产品，会符合本民族需要，特别是能适应本民族文化心理需要，将最终战胜"洋产品"。另外一种机遇，是所谓本土化。中国影视业要有所作为，必须走本土化道路。回顾百年影视历史，发现我们经常模仿与借鉴外国先进的生产方式，但最终还是找出了本土化的生产制作道路，这是别人不能替代的。中国有特殊的国情和现实社会生活。我们最了解自己的国家情况和自己的生活需要。我们的影视产品只有真正有特色，真正关注当代中国的现实生活，才能立得住脚，扎得下根，并开花结果。我想这是最重要的一点。

中国影视独特的表达方式，中国人的语言及审美习惯、审美趣味是境外不熟悉和不了解的。应该坚信我们可以探索出一条当代中国人所喜闻乐见的影视创作道路，创作出无愧于时代的影视产品。我们正在探索中，转型期中国影视的阵痛还未消退，而且还将持续相当长的时间，但我们只要经历了这种阵痛，抵抗住各种压力和冲击，中国影视终将会在21世纪再创辉煌。

【刊发信息】《"转型期"中国影视的阵痛与出路》（受访），《经济新报》，2001年3月20日。

构建民族化的影视艺术理论
试论关于"转型期"中国影视文化的"四个浪潮"
——胡智锋访谈录

编者按：胡智锋同志是北京广播学院副教授、该校学报主编，现在北京师范大学攻读博士学位。最近，他发表了不少有关影视文化与影视美学方面的文章，以下是对他的访谈录。

谭芳： 在您眼中，这10年的中国电影和电视最显著的特点是什么？

胡智锋： 10年来中国影视最显著的特点可以用两个字来概括，就是转型。为什么叫转型呢？首先要明确一点，影视文化的发展跟中国的经济、政治背景是分不开的。新中国成立后的影视生产和影视创作基本上是在计划经济体制下进行的。它的功能主要体现为喉舌功能，或者说主流功能。影视是作为主流意识形态的重要构成部分而存在的。创作主体在艺术个性上的体现受到很多限制。就电影来说，这种情况随着第五代导演的崛起而有所改变，精英层的、个性化的电影开始生产和创作，逐渐开始大规模的涌动。在此之前，导演的个人风格大多局限于主流范畴内，尽管在部分影片中有所体现，但客观地讲，个人化并不突出，总是受很多宏大叙事、宏大主题的局限。80年代第五代导演崛起之后，电影的个性化、个人化的创作风格，日益凸显。一批具有探索性色彩的电影，产生了相当大的影响。与此同时，电视创作也出现了探索性的、先锋的、个人化的趋势。比如当时的一些纪录片，包括一些专题节目。但是总体而言，电视的这种变化不明显，不作为主流出现。这种状况是影视作品作为计划经济时代产物的总体概述。这个时期，我认为是一个过渡，从计划到市场的过渡。它正好跟中国的政治、经济改革相匹配，相吻合。

其次应该说中国经济政治制度的巨大变革和剧烈震荡，是体现在90年代的。特别是1992年邓小平南方谈话之后，中国的政治经济领域出现了新的趋势。从政治格局来讲，对法制和民主的重视，得到进一步加强；经济领域里的活跃更是人们有目共睹的。改革触及了中国社会很多本质性的东西，很多根深蒂固的传统文化、价值观念，甚至于整个社会的价值观念、思维方式和人们的心态，在这样一个从计划到市场的转型期中，都发生了重大变化。中国社会开始告别计划体制下的那种僵化、单一、缺乏内在活力的运行机制，向着更民主、更法治的轨道迈进。在这种背景下，文化的建设也进入了转型状态。从这个意义上讲，90年代中国的影视文化，最大的特点就是转型。

谭芳：那么这种转型具体体现在哪些方面？

胡智锋：具体来说，可以用四个浪潮概括整个影视文化在90年代的变革。第一个特点就是娱乐因素的加强，我把这称为"娱乐化"浪潮。它对应的是什么？是宣传，是说教式的宣传教化。影视作品向娱乐化方向的转变，显示出从业者开始更多地从受众的方面去考虑。受众代表什么？代表了市场。媒体必须根据市场的喜好调整自身的步伐。这种做法也弥补了过去的缺憾。我们过去的宣传教育是做得很好，但是娱乐的东西做得不够。娱乐是媒体的一个重要功能，它的缺失状态必须结束。这方面电影起步比较早。中国影视探索娱乐的第一个高峰，出现在80年代末90年代初，以王朔的娱乐片为代表。但在当时的社会条件下，一方面，人们主观上还不太能够接受那种调侃的电影语言。另一方面，王朔的电影也并不成熟。他采取的是一种"贱己贱人"的策略：既不尊重自己，也不尊重观众；否定一切、怀疑一切、打倒一切。用这样一种价值虚无的趋向，来取代过去那种价值唯一的选择，无异于从一个极端走向另一个极端。这个策略之所以最后失败，不仅仅是因为外部的因素，即老百姓不接受、不认同，也有它本身的原因，它的娱乐还不成熟。第二次娱乐片的探索是在90年代中期，代表性作品是一批室内电视剧和情景喜剧，包括《编辑部的故事》《我爱我家》《临时家庭》等等；同时也涌现出了一些电视娱乐节目，比如北京台的《黄金娱乐城》《午夜乐园》等。这批作品的风格有所变化，采取了"贱己不贱人"的策略。媒体人员把自己降低，以自嘲的方式调侃主创人员，调侃剧中的、节目中的角色。这种策略，在一定程度上尊重了观众，也赢得了一部分观众。但是它对生活的把握仍然欠缺，不够深入。它毕竟只是探索过程中的一个阶段。第三个阶段则采取了"尊己尊人"的策略。这是一个走向成熟的时代。电影方面以一批贺岁片为代表作，像冯小刚的《不见不散》《甲方乙方》，还有冯巩主演的《没事偷着乐》等等。这些影片采用喜剧性的包装，内在也有一定的深度，包含着创作主体对社会生活的认识，是智慧的娱乐，是严肃的、含泪的笑。电视方面则出现了湖南卫视的《快乐大本营》。在众多的电视娱乐节目中，《快乐大本营》是最成功的一个。它真正做到了娱乐的智慧化，从而做成了一个漂亮的品牌。它在尊己尊人的策略前提下，最大限度地把智慧因素带入了娱乐节目，这是它成功的关键。这个策略应该要保持下去。

娱乐是人最基本的需求，影视是娱乐最基本的方式。中国的影视媒体，有责任满足社会和观众对它的这种要求。当然我们也应该吸取以往这些探索的教训，既不能采取"贱己贱人"的策略，也不能采取"贱己不贱人"的策略，这些都是有局限的。最佳的策略是"尊己尊人"，并在这一前提下最大限度地融入智慧化因素，这样才会有真正的娱乐。这个趋向正在继续延伸下去。最近的电视节目、电影作品，在这方面做了大量有益的尝试。但是还不够，还要继续努力。中国民间其实充满了喜剧和娱乐的素材，很多笔记小说、民间笑话，包括当代社会民间的各种段子，都是些很有智慧的产品。这应该是中国影视娱乐产品的重要智慧来源。应该从丰富的民间智慧中汲取营养，获取和充实我们影视娱乐的素材。

谭芳：这的确是我们当前的影视创作应该借鉴的一种观点。

胡智锋：事实上这也是传统文人比较容易忽略的一点，影视界人士往往对民间的东西不太尊重，不太在意。有些文人也不太习惯在正式场合对这种民间文化表示重视。其实真正属于中国的影视娱乐，不能纯粹模仿西方化的娱乐方式。西方化的娱乐方式有它的文化土壤，中国的娱乐也有自己的文化土壤。我们的民族习惯、语言习惯、思维习惯，以及我们的生活内容，都不同于西方。对不同的民族来说，令人开怀的东西固然有共同之处，但也存在相当大的文化差异。我们不能强行把西方的东西嫁接过来，更不能丢掉独特的民族文化。这样才能保证中国的影视娱乐的资源、素材源源不断，才能真正做到所谓民族化，真正能为中国百姓所喜闻乐见。

中国影视文化在10年转型期的第二个特点，我把它称为"新英雄主义"。它对应的自然是旧英雄主义。旧英雄主义指过去时代的英雄主义思路。那时的英雄形象是"高、大、全"。这种思路起源于革命战争年代，延续到五六十年代，直到70年代。五六十年代的英雄形象，也就是"文革"之前的英雄形象，还是有相当多的生活基础的。只是由于那个时代宣传的需要，难免要清除一些杂质，使它更纯化。比如雷锋、董存瑞等英雄形象，经过人为拔高，个性化、生活化的东西少了很多，更多的是一些适应当时宣传需要的、比较纯粹的共产主义精神、集体主义精神、爱国主义精神等。这些精神是很可贵的，而且这些人物当然也比一般人要高尚得多，但是当你出于宣传需要来推出他们的时候，往往就失掉了生活本身的魅力，使我们的英雄虽然高大，却不够亲近。而90年代影视生产中最大的一个变化，就是出现了"新英雄主义"的两个特征：英雄的世俗化，世俗的英雄化。这是两个很重要的趋向。所谓"英雄的世俗化"，主要针对那些已经有定论的杰出人物，包括历史人物和生活中的现实人物。这些人物，都具有英雄的品质。比如说一些领袖人物，像孙中山、毛泽东、周恩来、邓小平等，他们身上具有超凡脱俗的品质。但是我们这个时期的创作，更多地关注他们贴近生活、亲近百姓的这样一种生活化的特质。比如毛泽东的儿女情长，孙中山的个性品质，周恩来的忧虑和忧患，邓小平的幽默和风趣。这使我们的英雄主义增加了很多贴近生活、贴近百姓、贴近大众的品质和内涵。另外一方面就是所谓"世俗的英雄化"。我们会把世俗当中、平民百姓当中、芸芸众生当中所拥有的英雄品质提高、提升。他们本身非常平凡，但同时又具有常人所不具备的一种英雄的感觉，一种超凡脱俗的品质。比如秋菊，她打官司那种坚韧不拔的品格，又比如《烈火金刚》中的一些普通人、《凤凰琴》中的乡村教师、《离开雷锋的日子》中的乔安山等等，都是这种人物。这两个趋向，造就了转型期影视文化发展的"新英雄主义"特征。

第三个特征是所谓"纪实主义"。纪实主义在中国影视的转型期中的地位非常重要。它首先在电影界产生了巨大影响。80年代电影"纪实主义"的理论来源是巴赞和克拉考尔的纪实主义思想。这种理论重视现实物质世界的复原，包括在技术形态上强调同期声、长镜头的运用，电影中的非职业表演，电视中对生活原生态的还原……这都应该说是纪实主义的要素。这种尝试给电影界带来了《沙鸥》《城南旧事》等一些第四代导演的作品，也多少出现了一些纪实性的东西。不过纪实主义真正大放异彩和异军突起，是在90年代的电视生产当中，特别是以电视纪录片为代表的纪实主义作品的繁荣，更带来了荧屏形象的巨大变化。电视的形态，由传统的专题方式，走向了现代的纪实方式。整个电视语言、电视思维和电视形态，都在纪实主义的影响下发生了很大变化。其中代表性的作品是《望长城》。关于《望长城》，有人说它是语言上的突破，有人说它是思维上的突破。不管是语言还是思维，总之它体现了纪实主义的一些特征。概括来说，我认为纪实主义有四个特点：第一，由主题先行变为主题后行。传统的专题节目，基本上是主题先行，先作解说词，再根据解说词来填充画面。这种做法很容易造成对生活本质的背离，生活原生态的自然质感、自然魅力难以体现。第二，由摆布拍摄走向了跟踪拍摄。摆布拍摄就是人们常说的"摆拍"。它的特点是根据创作者的需要、主题的需要，来安排生活的场景和人物，从而索取、设计，甚至粉饰生活的素材。这就大大降低了真实感。与之相反，跟踪拍摄完全不干预生活，任由生活自然而然地发生发展，摄像机的任务只是完成原始的跟踪记录。第三，纪实主义要求记录具有相对的完整性，要记录相对完整的一段生活的段落，或者生活的流程。为什么要这样做呢？因为只有这样才可以保持生活原生态的完整性。纪实主义不等于支离破碎。严格的纪实主义，不仅要求生活的细节真实，也要求生活的过程真实，总体真实。第四，要在记录过程中抓取一些有价值的细节。从电视作为艺术作品的角度讲，从电视美学的角度讲，我们希望这种细节具有内在的戏剧性，具有内在的张力。比如说，具有悬念感，具有不可预测性，这样才更具有可视性，才能唤起观众的期待。要及时抓拍那些突发性的、出乎意料的细节。这些不可预测的生动细节，会把生活真实的、未经设计的一面表现出来。设想某个被采访对象在采访过程中忽然哭了，而你抓住了这个真情流露的细节，这段自然的细节必然会有很强的感染力。又如忽然间的沉默，沉默是金，沉默也是一种力量。为什么在滔滔不绝中忽然沉默？他有难言之隐。诸如这样的细节，都具有非常强的美学价值。电视节目或者电影，如果能够抓住这样一些东西，就能加强自己的美学品格。纪实主义的盛行带动了一大批电视纪录片，山东、浙江、上海、四川等地都出现了一批有代表性的纪录片创作者。他们以自己出色的作品，给纪实主义做了很好的诠释。

第四个特征就是平民化特征。所谓平民化，可以借用北京电视台的一句节目定位语：贴近、贴近、再贴近。提出这样一个口号，是要最大限度地贴近百姓的需要，加强与观众的交流，让观众有更多的介入和参与。这个转化过程中有几个代表性的事件。比如《红天鹅》，在剧本写到一半时，让观众提出修改意见。且不论这一作品最后成功与否，这种做法本身就表明了影视创作者对观众参与的重视。电视在这方面的尝试就更多了。观众参与电视的创作和生产有几种情况：被动介入，局部介入，积极介入或者是主动介入。被动介入完全是传统式的，影视生产者按照自己的需要，安排观众介入节目的内容。这个过程完全是按照媒体的需要来设计的，甚至是媒体教的，来作为节目的证据证明。至于观众是不是这么想这么理解，无关紧要。局部截取完全是媒介的权利，创作者要根据自己的需要局部地截取。所以双方都是一种局部介入。主动介入或者积极介入，以《实话实说》这样的节目为典型。这种节目可以说把全部的赌注都押在观众身上，它的出彩处就在于观众现场暴发的即兴的积极参与上。观众积极参与的程度将决定节目的成败。

平民化的探索对于90年代的电影来说，表现在它的多种类型上，包括贺岁片、娱乐片等。电视对大众的接近，也就是平民化，除了表现在娱乐节目以外，还表现在其他各种类型的节目当中，包括一些时政性的节目。有一个播音员的问候语就可以显示出这种变化的沿革。最开始电视播音员和观众交流时用的是"同志们"，后来变成了"观众同志们"，再后来是"观众们"，然后是"观众朋友们"。称谓的这种变化，也让我们看到平民化的逐渐深入。媒体在逐渐降低自己的高度，从而增加了与观众之间的亲和力和贴近感。以上四个特征是对转型期中国影视的一个基本概括。

谭芳： 在您看来，中国影视经过这10年的摸索，是否已经找到了适合自己发展的方向？

胡智锋： 这个问题很复杂。我认为这其实是一个格局调整的问题。目前中国影视的生产和创作格局中，大致有四种形态：主流形态、精英形态、大众形态以及所谓边缘形态。主流形态即所谓"主旋律"作品。精英形态的作品有深度、有个性，带有非常鲜明的个人创作色彩。一部分影视艺术家通过这种形式来体现自己的观点，或者栏目的追求。大众形态的涉及面非常广，像刚才所说的情景喜剧、娱乐节目等等大量的影视节目，都属于大众形态。边缘形态指那些另类文化，包括那些地下的影视生产、独立制作。这些作品不进入主流，属于自娱自乐，或者说是探索性的、先锋性的文化产物。

在今后的发展中，主流作品应该加强个性化，避免以往那种纯粹说教的面孔，更加平易近人，丰富多彩。精英作品则应进一步扩充内在的张力，更深入地观察社会、表现生活。对大众作品来说，正如前面所讲到的，要增加其中的智慧感。边缘作品是一个特殊的部落，它应该得到一定的宽容度，更好地生存发展。总之，中国影视的发展应该走一条以主流形态为主导、以精英形态为补充、以大众形态为主体、同时对边缘形态有一定保护措施的综合道路。

【刊发信息】胡智锋、谭芳：《试论关于"转型期"中国影视文化的"四个浪潮"——胡智锋访谈录》，《当代电视》，2000年第S4期。

电视策划人时代的到来
——传播学者胡智锋访谈录

世纪更替之际，中国电视面临巨大竞争、困惑与挑战，如何看待电视界的激变，如何解决好电视事业未来发展的问题，本报特约撰稿人对北京广播学院副教授胡智锋作了专访。他认为中国电视传播自20世纪80年代以来，经历了制作人时代——制片人时代——策划人时代的演变，而最近十年，电视节目的创作主要经历了五种新观念的沿革，即电视纪实观念、栏目化观念、电视谈话类节目观念、直播观念和电视游戏娱乐观念。他预测，真正到位的生活服务类节目将会崛起。

记者：作为研究传播文化的专家，您看进入20世纪90年代以来电视界有哪些特点？

胡智锋：90年代，随着电视媒体自身产业化水平的提高和中外电视交流的频繁，大家越来越不再把电视仅仅看成是一种艺术，而更把它看成是一种传播媒介。电视作为一种传播媒介它竞争的是什么呢？如果说投资上百万，花费几年拍出一个大片，来证明您这个台的实力是80年代的骄傲和标志的话，那么，到了90年代就发现这种做法是得不偿失的，就算你台里边养了几个有水平的编导，你依然可能会在竞争中失败。因为你这个媒体生存和发展的水平，不仅仅取决于某一个或者某一些编导、制作人的水平，还要看你的名牌栏目的运作水平。如果你有一档或者几档名牌栏目，那么，就可能带来巨大的广告收入。将这些收入投资到你想投资的作品上，你就有可能在竞争中取胜。所以如果说80年代是制作人的时代，是单个的节目编导和制作人竞争的时代，那么90年代则是制片人的时代，更需要一个制作群体，这个制作群体的统帅就是栏目的制片人。如果你这个台里有几个出色的制片人，包括电视剧的制片人、电视片的制片人和电视栏目的制片人，这些制片人不仅仅有艺术头脑，更有经济头脑，运作头脑，他们就能抓住时机，能够同时带来社会效益和经济效益。只有产生这种效果，这个媒体才能立得住。由于90年代媒体竞争主要体现在制片人的竞争，于是我们可以称之为电视的制片人时代。

各家电视媒体都缺乏智慧头脑

记者： 90年代之后，您认为什么样的人应当成为电视传播的主导力量？

胡智锋： 我个人认为，下面可能会进入电视策划人的时代。为什么呢？现在大家有一个非常明显的感觉，我们的节目千篇一律的情况非常多，频道资源浪费得很厉害。一档名牌栏目出来后，马上有一堆跟上"克隆"。这个情况说明了什么，说明我们的电视策划资源匮乏，没有新的创意，没有让人耳目一新的感受。这个问题出在哪儿呢？制片人解决不了，光会运作和有一定的艺术头脑还不行，还需要一个智慧的头脑，而智慧的头脑需要综合的能力，能够根据社会的政治、经济和文化的运转情况及时地做出判断，提出可操作性方案。那么，这种人叫什么？就叫"策划人"。所以说，90年代末期大家感觉到各个媒体，各个频道都缺乏策划人。我可以预测未来的时代是策划人的时代。每个媒体如能抓住几个智慧头脑，抓住几个具有综合能力的策划人，既熟悉社会运转情况，又熟悉电视业务，那么，它的媒体竞争力就可以大大提高。

记者： 随着近几年电视业的飞速发展，电视节目样式也丰富起来，在您上述谈到的电视发展阶段中，又有哪些相应的主要电视节目样式为其各自的特征？

胡智锋： 具体说，80年代到90年代这个段落之间，基本上是电视专题节目及综艺、电视剧节目的年代。由于社会生活发生了很大的变化，改革开放以来，各行各业都有很多事情要表达，那么，这种表达就需要很多电视节目去反映它，而且基本上就是靠电视专题片的形式来体现。所以这种有确定的主题、完整的构思和针对性导向的专题片，可以说是电视屏幕上的主体部分。

从1983年以来电视文艺出现了综艺晚会，比如春节晚会这种形式，于是，晚会也成了80年代到90年代之间人们电视审美消费的主要热点、主要焦点，所以，倪萍就成了80年代到90年代之间电视的一个缩影。90年代中后期为什么倪萍不再火爆了呢？不再火爆不仅仅是她个人的事，更是作为她代表的这种节目样式的衰落，人们的兴趣点发生了转移。整个80年代到90年代之间，对她的需要，是大家对这种节目样式的需要，当时整个社会处于往上走的趋势，人们更需要一种赏心悦目的，既体现传统的一种文化品格，又体现当代人审美取向的这么一种东西。所以，晚会形式比较符合80年代到90年代之间人们的审美需要。客观上人们开始住单元房，不再住大杂院，人与人见面的机会越来越少，大家看电视的机会越来越多；再加上其他诸如城市不准放鞭炮，没有庙会等原因，在这种情况下，春节晚会或者综艺晚会，在某种意义上补充了人们这种仪式化的需要。因为人是有群体生存需求的，有大杂院，大家聊天啊，串门啊，就觉得很自然的，可能看晚会的时间就要少一些。一旦这种方式取消了，或者因为大家的生活方式发生变化了，独门独户的时候，这种心理需要怎么去满足？看晚会！晚会人多，各种各样的人一起闹。于是，综艺晚会专题片就成了80年代最炙手的，人们最欢迎的电视传播样式和电视艺术样式。

当然在80年代，我们不可小瞧电视剧的发展。由于电影的生产力在下降，同时电视剧的低成本使大规模生产有了可能性，电视剧取代了电影的地位，尽管不免粗糙，但毕竟还是出了很多好的东西，慢慢地电视剧也找到了自己一些独立的特征。

进入90年代以来，大家发现电视突然风头一转，最大的改革力度出现在电视新闻上。为什么呢？80年代改革开放的初期，可以说是一个上升期，而90年代是一个发展期，或者从某种意义上讲，是一个社会的转型期。面对现实，计划体制要慢慢向市场体制转型，可以说这种转型到今天还在进行着。在这种格局下，人们更多拥有的是在适应计划到市场转型期的一种阵痛。这种阵痛的力度是很大的，好多人不习惯。比如下岗，一个人突然发现没着没落了，这是很痛苦的事，怎么办？在这种情况下，恐怕娱乐不起来，高兴不起来，也欢快不起来。所以，如果说80年代人们最需要的是，用现在的理论讲，叫作"解闷"；90年代更多的则是"解气"和"解惑"。

于是电视大量地需要新闻节目，尤其是深度报道，一直到《焦点访谈》的出现达到了一个高潮。《焦点访谈》的前身是"观察与思考"。它从80年代初期开始创办，三起三落。当时这个节目还是有一些影响，但是一会儿被毙掉，一会儿又起来，结果一直就没有生存得很好。《焦点访谈》找到了一条路子，就是人们概括的所谓的"领导重视，群众关心，社会普遍存在"。这是中国特色的，这几句话来之不易，是经历了种种痛苦得来的。这是一种宣传艺术，很高超的宣传艺术。这里头有很多智慧，包括时机、尺度、分寸。电视新闻的改革带来了电视的一些新的需要，大家对电视的时效性、电视的直观性和电视的务实性等等，都提出了非常高的要求。可以说，电视在90年代的成长速度超过了以往的30年。

电视应该满足人的多种需要和欲望

记者： 通过对我国电视传播发展脉络的一番梳理，越发让人感觉到近十年来我国电视传播在观念上的转变之快、之大。那么您能否具体谈一谈90年代电视观念的转变和沿革情况？

胡智锋： 我认为，90年代电视主要经历了五种新观念的沿革。

第一种新观念是电视纪实观念。

什么是电视纪实呢？我认为电视纪实有这样几个特征，一是从主题先行变成了主题后行。在记录拍摄生活状态的过程中，不带有任何框框和有色眼镜预先设置主题，而是在跟踪生活过程当中，自然而然地得出主题，而且也不要去点明主题，要让大家去感受这种主题，这是第一个特点。电视纪实的第二个特征就是跟踪拍摄，所谓跟踪拍摄就是跟摆拍相对应的。以往的电视专题片的思路就是摆拍，我想好了，摆布好了，让你再走一遍。于是我们发现千篇一律都是主人公从后景走到了前景，从田地的那头走到这头，走到你跟前。业内人一看就知道这是摆拍，电影可以，但是电视用这种方式就是非纪实。真正的电视纪实只能跟在人的后头走。你不能改造他、摆布他，而是依据他、遵循他，遵循生活自然而然的这种生活流程和规律，而不是主观地去改造生活本身，去摆布生活，这就是对生活的最大的尊重，也是电视纪实的第二个特征。电视纪实的第三个特征是抓取不可预测，甚至是带有一些悬念的生活细节。所谓的不可预测，也不是完全不可预测。尽管我们说纪实是完全跟踪生活，不能改变生活自然的流程，但也不是说就不能去想象。应该根据编导、节目创作者的生活经验，大概预测会出现什么结果，要设定可能会出现几种情况。当然有些情况确实想不到，就要赶紧得抓住它，而往往这些细节是电视纪实当中最珍贵的段落和镜头。如果一部纪录片里头出现了这种丰富的、不可预测的、稍纵即逝的细节，这些又往往是自然生活过程中最真实、最有感染力的一些东西，你抓住了并把它们记录下来，你就成功了。之所以要这样做，是为了唤起观众的一种期待，达到一种非常好的收视效果。电视纪实的第四个特征是要有一段相对完整的生活段落，或者生活流程，不能任意地裁剪。在一部完整的纪录片里，起码要有一两段完整的、不间断的生活流程。传统的电影蒙太奇的思路就是"啪啪啪"地剪，而纪实电视更倾向于长镜头的应用。

电视纪实在90年代初的代表作是《望长城》。《望长城》的成功拍摄标志了中国电视纪实进入一个新的阶段，电视纪实作为一种观念开始进入电视人的头脑中，很快影响全国，有人把它称作"纪实主义"。

电视的纪实观念意义重大，其突出的功绩是造就了一大批电视纪录片的成长。中国电视纪录片从90年代开始进入国际，开始获得国际大奖。

第二种新观念是电视栏目化观念。

所谓栏目，就是应该有统一的标志，统一的时段，统一的编排方式，统一的串联、统一的风格，这样一种相对稳定的规范。在栏目化之前，中国电视的传播方式或者播出方式和生产方式经常是由个人意志所决定的，就是我说的制作人时代的特点。比如说我自己有这个兴趣，或者上级交给我一个任务，所以我要来做这个节目。而栏目化意味着什么？不管上面怎么要求，也不管个人有什么兴趣，就设定一个固定的时间段，在这个时间段里，栏目的结构、风格、编排方式、制作方式和栏目音乐等就是完全统一的。比如到了早七点我就看《东方时空》，第一个版块肯定是"东方之子"，第二个版块肯定是"生活空间"，或者是"音乐电视"，第三个版块肯定是"时空报道"，是非常固定的。这种相对稳定的生产和播出的样式，至少产生了两个效应：第一个效应造就了一批有较高知名度的名记者、名编导、名主持人和名制片人。在此之前，我们可能会问，今天播什么？但是到了栏目化阶段，星期几播什么，是基本稳定的，不会轻易变动。特别是日播节目，像"东方时空"一天滚动好几次在几个频道上播出，白岩松天天出来，用相声里的话讲就是混了一个脸熟，大家天天见你，就熟了，你的出镜率甚至比领导人都要高。带来什么效果？你就成了名人，而一个媒体拥有了自己的名人队伍就意味着它的效益。由于天天看这些名字，天天看这些脸，你就知道了《东方时空》的制片人、编导、主持人、记者。对于一个媒体来讲，这种明星效应，名人效应带来的是巨大的社会效益和经济效益。第二个效应，培养了相对稳定的观众群。就像我们七点钟要看《新闻联播》一样，到了几点要看什么，变成了一种收视习惯，相对稳定的观众群就是收视率的保障，而收视率带来的同样是社会效益和经济效益。实际上栏目化是现代电视传播所需要的一种方式，各个媒体要想竞争成功，战略之一就是要推出自己的名牌栏目。

第三种新观念是电视谈话类节目的观念。

以1996年3月16号开播的《实话实说》为标志，电视谈话类节目迅速崛起，成为各电视媒体竞相模仿的一种生产和传播方式。事实上电视谈话类节目是西方电视的主体样式，在整个西方电视节目中可以占到60%—70%。电视谈话类节目体现了媒体的真正价值，真正可以实现观众的参与和交流。谈话类节目实际上就是人际交流在媒体中的延伸，由媒体根据观众的兴趣设置话题，或者预测观众的一种需要，来邀请观众和观众的代言人出场，展开谈话。如果说，纪实和栏目化只是实现了阶段性的一种开放，那么，谈话类节目要比纪实和栏目更开放。因为在纪实和栏目中老百姓的参与也是受限制的，而谈话类节目可以是相对不受限制的，当然我们只是相比较其他的节目样式而言，甚至像香港凤凰卫视《锵锵三人行》的节目，它几乎是有开头，没有结尾，结尾是没法预测的，充分地体现了谈话的开放性。这样，观众的参与就达到了相当自由的程度。生活中人与人的谈话可能是有很多琐碎的东西，电视的谈话则既是高度浓缩的，又是充分展开的。正是这种相当规模，相当深入的观众参与，展现了谈话类节目的魅力。我们有的教授甚至指出，21世纪是对话的世纪，也就是说，谈话类节目将成为电视节目的主宰，而不是其他样式。

第四种新观念是电视直播观念。

这一点的突破是在1997年，代表性的直播是中央电视台的几次大的电视直播活动。直播包括谈话类节目，它的开放性和第一时间的报道实际上是最具电视魅力的，也是最体现电视特征的。声音、图像和文字同步记录，卫星传送和微波传送同时使用，几乎调动了电视全部的技术手段。电视直播的作用，是其他媒体和艺术样式所无法替代的作用，其意义不可低估。

第五种新观念是电视的游戏娱乐观念。

1998年岁末、1999年初以湖南卫视"快乐大本营"等为标志，一大批电视游戏娱乐节目走红全国。湖南卫视，从一个地方台杀出来，带动全国电视的一种走向，这也是一个奇迹。一个"快乐大本营"一年几千万的收入，影响力和媒介魅力达到了相当高的水准。以"大本营""快乐""欢乐""总动员"诸如此类字眼出现的大量的游戏娱乐节目，成为各家媒体竞相出台的新的主打节目和主打栏目。

这个现象的深层原因是什么呢？我认为，电视的每一个本体建设阶段其实都是对于以往某种观念的开发不足或开发不到位的一种补偿。电视游戏娱乐节目的崛起和火爆说明了我们以往的电视过于重视说教，而比较少地顾及它的游戏娱乐功能。游戏娱乐是人的一种本能，它是无时无刻不通过其他样式来表达的，游戏娱乐节目的走红实际上是人们把游戏娱乐的本能愿望通过电视来宣泄来表达。但是所有的补偿都是阶段性补偿，一个浪潮的兴起是对过去开发不足的补偿，但是一旦补偿到位，它的历史使命就完成了，它就变成了一种常规的观念和常规的样式，所以大家不要对这种突然火爆的观念或样式感觉有什么不得了。电视是一个多棱镜，是各种各样的功能和样式汇集的一个媒体。人有多少欲望和需要，电视就应该满足和实现多少需要和欲望，所以这种开发是没有止境的过程。

记者：您对90年代或者说近10年来中国电视业的变化，做了五种新观念的整体描述，那么您对中国电视节目的未来发展可否做一个预测？

胡智锋：我预测是生活服务类节目的崛起。大家需要更方便，更便捷，更直接的生活服务，更到位的生活服务，而电视在这方面的开发远远不够，我说的是真正到位的策划和真正到位的生活服务类节目。这种观念的崛起可能是电视所急需的一种样式，所急需的一种观念，当然这只是我个人的一种预测。

既是喉舌、工具，又有产业属性

记者：您去年到美国做了考察和访问，您对美国电视的印象如何？您认为中美电视的观念有何不同？

胡智锋：美国的电视发展基本是商业化的路线，因为整个国家是在一些法律规范下，按照市场规则去组建媒体、运作媒体的。它的这种运作方式基本上是公司化、集团化的方式：一个媒介集团，在不同的城市和社区建立它的分站。每个社区的分站的信息源是统一的，是互相联网的，同时也根据本地的情况错综复杂适当调整，适当分工，但是它的主打频道是一致的。我觉得美国的电视传播基本上是遵循了这么几个观念：一是市场化的观念，二是集团化路线，三是按照市场需要。为了市场需要，它可以改造一些东西，比如它可以"真实再现"，用演员扮演像克林顿这样的政治人物来获得收视率。它的一切的目标是要赢利的，这就必须要造就屏幕英雄，所以它的主持人是浮在水面上的第一人。特色频道靠特色主持人来主打，一个主持人身后有一个庞大的以主持人为核心的班子，一个主打主持人一天的工作量达6个小时以上，即出镜率就要达6小时以上。

所以大腕主持人在美国最富裕的人里可以排到前十位。美国富豪的前十位就有几种人：体育明星、电影明星、歌星和主持人，都是明星。明星体制就是商业体制，它有市场号召力，可以操纵和影响社会娱乐，引导大众消费和娱乐消费。

我们开始只是把电视看作一种喉舌，看作一种工具，后来发现它的产业属性，自从广告进入电视以后，大家发现电视可以赚钱，每一个时段让出去都可以赚取巨大的利润，这样，人们发现了它的产业功能和产业属性。所以说，既要发扬我们中国特色的电视媒体的特点，即首先要完成宣传任务，在这个前提下，也要达到它的市场效应。为什么成功的栏目和节目可以取得社会效益和经济效益双丰收？就在于它既完成了党的宣传任务——领导重视；同时，也满足社会需要——群众关心；还具有巨大的吸引力——社会普遍存在。这是中国传播艺术的特点。

【刊发信息】胡智锋、韩运荣：《电视策划人时代的到来——传播学者胡智锋访谈录》，《文汇电影时报》，1999年10月15日。

中国电视生产与传播的新理念
——访中国传媒大学教授、博导胡智锋

记者： 中国电视 20 年来的发展、变革十分丰富也十分复杂，经过这 20 年的变化，应该有这样的感觉，感觉跟不上，每天你要听到一点东西，就发现电视里又冒出许多新词、新概念。这么多的概念汇到一起，我们的脑子基本上处于极度膨胀和挤压的状态，让我们高度紧张，无所适从；还有一种感觉是盲目，反而找不到方向。两种感觉是同时并起的，所以急需要做一些梳理，那么你能否给我们介绍一下到底这些概念的核心东西在哪里？

胡智锋： 这里有三重背景要给大家作一个解释，"中国电视生产与传播的新理念"有几个关键词，一是"中国电视"，二是"生产与传播"，三是"新理念"。从整体上看，我认为中国电视正在进入第三个时代，也就是生产与传播的时代。中国电视的第一个时代是宣教时代，就是宣传和教育的时代。进入 80 年代之后，中国的电视人开始把电视当成一个职业，当成一个事业，当成一种可以为之付出奋斗的创作的这样一个对象，进入了"创作时代"。现在我们正在进入的是"生产与传播时代"，创作的概念变成了制作的概念，变成了生产的概念，原来宣传教育的概念变成了传播的概念。这个时代看起来是个转移，但实际上发生了质的飞跃和变化。所谓宣教时代，它的特点是被动的，它是被别的媒体或内容渗透的，是被主流的意识形态控制的，它的任务是把别人的思想、别人的内容拿过来，通过窗口去发布，那个时候没有个性，也没有主动的样子，基本上是居高临下的，这不是它本身所带来的，是它所传播的内容带来的，比如领导人的讲话，中

央的指令，各级政府的指令，等等，所以我们把它叫作"宣传教育"，连最大众化的文艺也成了"文艺宣传"。第二是创作的时代，电视开始出现了个人的东西，比如出现了职业化的编辑、编剧、导演、记者、播音员、主持人、制作人员……这样一种高度的职业化使电视成了一种作品，我们会在一段时间把自己做的文艺节目、专题节目等看作是"我的作品"。这样一个创作的时代，个人化、职业化、专业化的意识，追求技术技艺的精湛和精良。现在我们正在进入第三个时代"生产与传播的时代"。这里有一个很大的问题是中国的社会环境发生了巨变，逐渐从传统计划经济向市场经济转移。在这个过程中，电视本身宣传的功能，创作的功能和市场的功能交集在一起，在这个交集当中出现了很多变局，也出现了电视竞争。原来计划经济经费来源就是财政，后来加了一些广告和赞助，现在媒体在更大的平台上互相竞争，老百姓可以看到的节目越来越多的时候，我们的媒体就不是那么简单地通过宣教、创作去拉赞助、广告赚钱了，需要凭别的本事、综合的本领，这个时候电视的行为不是一个人，一个小班子创作的问题，更不是一个媒体整体宣教的问题，而是怎样做一个独立的媒体，在市场竞争中来获得资源取胜的问题，同时还要兼具宣传的使命，兼具它的基本特点，所以这样一个电视时代，实在是电视处境既自由又很困难的时期。现在中国电视就不是一个简单的创作问题，不是简单的宣传教育问题，而是综合的生产与传播的问题。

记者：你说中国电视现在是生产与传播的时代，那么我们该怎么认识中国电视这个传媒本体呢？

胡智锋：对于传媒本体理念我个人认为应该从四个关系上进行辨析，第一个关系是传媒与宣传的关系，第二个关系是传媒与艺术的关系，第三是传媒与市场的关系，第四是传媒主体与传媒客体的关系。当代中国电视是中国传媒体系中的半壁江山，所以某种意义上大家说的传媒往往说的是中国电视，当然还有报业、网络不能忽略。今年年初我和凤凰卫视的副台长刘春做了一个对话，叫《会诊中国电视》，其中谈到传媒本体，我就说到中国电视很令人瞩目的景象，就是作为传媒的自觉意识在觉醒，认识到自己是传媒，而不是一个简单的工具，不是一个简单的艺术样式，认识到自己的强大的市场功能，不是一个简单的商品，认识到自己和受众非常微妙的关系，但不是简单的谁控制谁的关系。传媒本身的规律就在这四种关系辩证的理解之中。

第一个关系是传媒与宣传的关系。传媒与宣传的关系中，有几点是我要必须讲的。第一，中国特色的传媒必须把宣传放在首位，这是中国共产党领导的国家主流意识形态的根本意识和特征。全世界可能任何一个地方宣传都是第一位的，而且在全世界这种对主流意识形态的控制可能是任何一个国家都不会放弃的。第二不能做简单的宣传灌输，一说宣传大家就觉得很枯燥，很反感，乃至《焦点访谈》节目的标题，如《延安精神永放光芒》，这一听就是宣传了，应该把所有的正面宣传做得深入人心，感人肺腑，让大家热血沸腾，让别人看不出宣传来，我们就要考虑怎么戴着镣铐跳好舞。所以在传媒与宣传的理解上，必须澄清两种错误认识，第一是应付宣传，不考虑传媒自身的特质和规律；第二是否定宣传，只强调传媒特质和规律。这两个极端的认识都是错误的。正确的理解是要依靠传媒的改革来拉动和推进宣传、改进宣传；第三，关键在于提高传媒的艺术水平。你能把正面报道正面宣传的东西做出水准来，做得让人热泪盈眶、感人肺腑、激动人心、过目不忘。宣传中国共产党建立80周年，《北京青年报》给了我们一个启示，它把中国共产党历史上的杰出人物排了一个榜，最后遴选出80个最具代表性的人物，这些人物当中有公认的领袖，有英雄模范人物，也有叛徒。毛泽东、张国焘、刘胡兰、邱少云、黄继光、江姐等这些人物并不是完全按官位排的，这些都是共产党历史上具有标志性意义的人，照片大家都是看过的，只是做了一个打包整理，总标题是"中国共产党：80年80人"。天天日报滚动80天。这个报纸一出来，比往常的报纸提高了许多万份的发行量。同样宣传中国共产党80周年，这是他们老老实实认认真真下功夫琢磨出来的，这就是很出色的宣传艺术。

第二个关系是传媒与艺术的关系。过去我们有两个错误的认识，第一是极端地认为传媒就是艺术，所以在创作的时代我们把电视看作是"拍片子""搞创作"。第二，我们又不能绝对地认为传媒不是艺术，它只有信息报道，这个也不完整。我个人认为，第一，传媒中有艺术。这是两个方面的意思，一方面传媒中有相对独立的艺术，比如电视剧和独立的综艺节目，像电视散文、电视艺术片等，这些东西没有特定的时间和空间的限制，它是独立生产创作的，只是放在电视媒体中去播出，这样的东西我看可以称为艺术。还有一类是电视传媒中有艺术，是电视生产的环节中充满了艺术性和艺术性的处理。比如说从宣传到策划到具体的制作到编排播出，甚至包括营销推广，这里面处处充满着个体的艺术性的创造，这也是一种艺术，我称它为"传播艺术"。这是很高级的一个领域，把生产与传播的各个环节能够发现的艺术性元素提炼成传播艺术。第二，传媒又不等于艺术。意味着传媒应该有自己的特点和特质，最重要的特点和特质就在于传媒的时效性上，传媒是有相当强的时间规定性，甚至包括相对独立的电视剧。电视剧应该说是传媒里面最艺术的一块了，但是现在电视剧的生产和传播也已经脱离了早期的创作时代的意识，现在非常鲜明地有了传媒本体意识。传媒和艺术最大的差别就是时效性，特别在播出时机上，不是一个简单的问题，是一个艺术的传媒的问题。所以传媒是艺术吗？是艺术，但又不仅仅是艺术，它更是传媒，就体现在时效性上。

第三个关系是传媒与市场的关系。传媒的两种属性可能有一定的矛盾，但也有一定的补充，这就是它的政治和意识形态属性，与它的市场商业属性之间的对立统一问题。这个问题要辩证地理解，第一，传媒有它的市场属性、产业属性、商业属性，它需要市场、市场化。第二，传媒这种市场化产业化的属性是一种精神产品的特殊的一种市场和属性，所以传媒的市场建构要与大的社会环境相协调，与包括政治的、经济的、文化的、整体的社会环境相协调。

第四个关系是传媒主体与客体的关系。谁是传媒的主体？谁是传媒的客体？在过去，主体就是传媒的把关人和负责人，也就是它的各级领导，这就是传媒的主体。而客体就是观众。传媒的各级领导者就是传媒的主宰，他是主体，他居高临下，他宣传，灌输，作为客体的观众是被动的。这样一个关系实际上就把我们计划经济时代宣教时代的传媒特点很清楚地表达出来了：我做你看，我做你听，观众没有选择的权利。这种情况到了20世纪90年代开始有了市场化以后，特别是90年代中后期电视竞争崛起以后，发生了很大的变化，曾经有一个阶段甚至走向了另一个极端，也就是观众成了我们的上帝。观众想听什么，想看什么，我就想办法满足他什么，甚至到了有些媒体不择手段地向观众"献媚"，格调低下，这样的做法与我们社会主义的主旨是相背离的。但仔细一想，这也是我们电视传媒发展的一个段落，它可能会从一个极端走向另一个极端，这里面是有规律的。

记者：中国电视的发展非常迅速，观众的选择余地也很大，早期的电视就那么几个频道，而现在仅上星的频道就有几十个，电视内容也都大同小异，你怎么看待这种现象？

胡智锋：是的，中国电视的发展的确非常快。但对于电视内容而言，早期的电视内容就是片子；20世纪90年代，内容包括单个节目、整体栏目、频道。那么，什么样的内容才能为王？

一是要具有相关性。什么样的东西要让观众关注？就是第一要让观众看清楚，第二跟他有关系，是他关心的，尽管是南半球的一只蝴蝶在飞，他可能觉得很快他这里的气温要上升了。全中国最受欢迎的类型节目是什么，大家知道吗？是天气预报。而且收视率上升得越来越明显，占的篇幅也越来越大，反而现在的很多主流节目要靠天气预报去拉动它，就这样不起眼的节目，它成了最受观众关注的节目，为什么？因为现在中国人经济生活的丰富，使得每个人对自己生产生活所面临的时间的气象越来越关注，因为跟每个人都有密切的关系。这种相关性就是我们选择内容和处理内容的一个标杆。

第二是要有悬念性。老百姓关注了，看下去了，紧接着怎么吸引他持续地看下去？相关性是解决接触问题，悬念性是保证看下去，不仅要看，而且吸引他往下看。

记者：现在多数人都在谈"全球化"，那么你对中国电视本土化又是怎么看的呢？

胡智锋：对于本土化本地化的理念。这里面也有一个阶段，第一个阶段是大一统的阶段。所谓"大一统"，就是封闭式的宣传，上下都一个样子，基本按照"人民体"或"新华体"制作的。第二个我们进入了"相互克隆"的阶段，国家级的媒体克隆国外，而地方的媒体往往又习惯于模仿中央，中央台出了《焦点访谈》，然后我们就来个《关注》《视点》；中央台有了《东方时空》，我们也开始搞杂志性的栏目。这种相互克隆是电视传播中不可逾越的过程。近几年，大家在逐步发现，应该寻求一种本土化和本地化的路子。所谓本土化，就是对国家台而言，要寻求具有中国民族特征的节目类型，不要简单克隆国外的东西，比如"真人秀"炒了很长的时间，但至今在中国没有一档是成功的。为什么？中国的老百姓目前主流的生活方式决定了电视"真人秀"不符合中国国情，本土化就要符合中国国情，符合中国百姓的口味。所谓本地化，就是符合本地的口味和需求的，最近几年做得最地道的就是江苏台的《南京零距离》，在去年一年里，它的创收就从400万猛增到1个亿，创造了中国电视栏目之最。为什么这么火？关键是它找准了本土化和本地化的路子，它打动了江苏市民的观赏趣味和喜好。本土化和本地化对中国电视的整体具有战略性的意义。

记者：你曾提出过"素材增殖"的理念，能否给我们介绍一下？

胡智锋："殖"是"繁殖"的殖，在繁殖中增加它的价值。它既是繁殖的意思，又是价值的意思。我觉得凤凰卫视这几年相当大的成功就是素材处理，素材增殖的成功。比如凤凰卫视坚决杜绝一个节目组只拍一条新闻，第一，如果它要出手，一群人出去了，它一定要做出多条的信息，不然不会让你随便轻易出去的。第二，同样一个素材，拿回来，不是仅做一次性播出的处理，而是要做多次繁殖的处理。比如说，我到朝鲜采集信息，这可能只有十几秒钟的消息，我这个消息既在新闻节目中播出10次以上，我又在各种专栏节目中播出了五六次，七八次，还可以在谈话节目中用。总之，同一素材一定要多次使用，把它的价值充分发挥出来，我想这就等于说在增殖。对于地方台来说，如何将有限的素材做多次的开发，这真是个问题，如果我们数字化改造能够跟得上的话，我认为从素材上入手，至少常规的专题和常规的专栏性节目大胆开发已有的素材，也是一个路子，当然这做起来是有点困难的。目前，素材的开发又有了一种新的方式，把口述历史加了进来。比如说《百年中国》，其实它都是些已有的素材，本来这些素材做专题片只够做3—5集，但是它做了300多集。所以这个很关键，但这个片子怎么做？难了，没有任何素材，就采取大家看到的，完全口述，靠口语表达。这个口述有多种类型，一种是人物自述，还有一种，是当事人的相关人物的采访，这是一种相关人的口述。第三种是更远一层的研究者和这个方面的专业人士的口述，加上当时那个时代相关的影像资料，相关的文化艺术时政的报纸杂志，以及相关的图画、器物，用这些相关的，当事人的学校、家庭环境的再现，能够替代地让大家想象出当时的真实情况，所以这种还原真实也是一种真实再现的方式，应该说是口述和真实再现的结合，他把这种有限的素材作了深度的开发，所以这种开发，直观的材料是有限的，相关的材料是无限的，用这种直观的有限和相关的无限结合，口述和真实再现的结合，把这个有限的素材激活。这个是我们现在做素材增殖的一个有意思的做法，当然现在为了强化它的现场感和真实性，用了摄制组主体介入的方式，就是摄制组的编导以及所有人员走一路看一路体验一路，设身处地地去体验当时的场景，感受当时的氛围，这个也是一种很重要的参与。

记者：近些年来，在电视台出现了把一些社会上举办的活动作为电视内容播出的现象，你对此怎么看？

胡智锋：这就是我要说的活动及内容的理念。传媒不仅仅要做节目，更要做活动。素材不够，想办法做活动，用活动的方式替代内容，活动本身就构成内容，这是现在普遍的方式。当然从电视化最简单的最原始的方式是特定内容的直播，比如说哪里开业、哪里开张、哪里开发布会。现在你看国新办的发布会越来越频繁，为什么？我想相当大的一个原因，我们的传媒，比如中央电视台，有大量的新闻时段的空当儿，它急需直播新闻内容，这样就互相推动，它期待新闻发布会越来越多，而倒过来，新闻发布会又借助这种直播，把自己的活动传达给社会，扩大了它的效果。独立的媒体活动，它的内容是比较局限的，而活动及内容应该是互动式的新理念，就是活动直接产生内容，内容倒过来又激发活动。这个包括现在我们做的歌手大奖赛、主持人大赛，包括媒体利用自己的地位设计的一些特色活动，比如像"年度经济人物"，所以说现在设计活动和内容不仅是不矛盾的，而且要变成互动的，一体的，合二为一的东西。我们传媒要搞一次活动，尽可能就演化为内容，而我们的内容经常需要活动去激发，这是相互推动的。

记者： 现在各大电视台都比较重视电视品牌，你对此怎么看？

胡智锋： "品牌"这个名词最近说了很长的时间，媒体说要打造品牌，频道说要打造品牌，主持人要打造品牌，记者要打造品牌，栏目节目也要打造品牌。可是，"品牌"到底在什么地方？什么样的东西才具有品牌价值？我认为真正具有品牌的价值应该具有四种内在的品质：就是稀缺性、优质性、独特性和极致性。这四个内涵品质是不可缺的。一个优质的品牌在同类电视节目中应该是比较稀缺的，比如我们说倪萍就是一个品牌，为什么？因为在中国的一大类节目主持人当中，没几个人能跟她比，她是顶尖的之一，她就成了一个品牌，光稀缺不行，你得优秀啊，咱们搞一个黄色频道，但你这个质量太低下，所以不光得稀缺，还要优质。光优质也不行，还要独特。优秀的很多，要有你独特的一些东西。我们说崔永元的《实话实说》，它的模式很好，但大家忽略了一个重要因素，就是崔永元这个人本身的独特语言风格和特征已经和他的节目融为一体。最后就是极致性，不光独特，你要把这个独特做到家，比如崔永元"三句半"的说话方式，有些人也在模仿，但模仿得不到位，都没能做到那个程度，这是因为崔永元说话本来就那样，你硬要"东施效颦"，感觉肯定就变了。这四点简单地说起来，稀缺性意味着"人无我有"，别人没有我有；优质性意味着"人有我优"，他也有，我也有，但我比他做得好，做得优质；独特性意味着"人优我特"，大家都不错，也都很优秀，但我比你有特色，我有点"怪味"，我这"怪味"你学不来；极致性，"人特我绝"，我有一点绝招，你没有办法取代，换了它就完全不是那么回事了。我想这就是建设和衡量一个品牌很重要的尺度。

建立富有生机活力的中国电视学科体系

记者： 胡老师，听说您最近正在撰写关于"建立中国电视学科体系"方面的论文，您为什么要提出这样一个命题，它有什么意义？

胡智锋： 任何事情要取得成功，一方面需要依据历史的积淀和对历史经验的总结，另一方面需要在历史经验的基础上进行系统的完整的梳理，提炼出新的理论。也就是说，一个事情的发展总是从摸着石头过河开始，先从实践干起，在实践中不断总结。这些总结应该说是一些经验，经验的东西要想变成理论还有相当长的一段距离，而一个成熟的事业，它必须要有一套成熟的理论去支撑，这是中外各个事业领域都印证了的事情。虽然旧的理论总要被新的实践所冲击，被从新的实践当中提炼出的经验瓦解，但是没有理论的提升，实践永远处于盲目状态，即使有一些鲜活的东西，也会随着实践的进展变成过去时态的东西。如果不及时抓住、总结、提升为理论，那么就会永远留下一个遗憾，这项事业也不可能沿着一个成熟的方向健康的进步。

中国电视的历史只有40年，跟其他事业一样，它也需要从基本建设开始，从电视实践方面一步步地总结经验、提炼理论。

中国电视事业由两个大的部分组成。一个部分是理论，一个部分是实践，首先是实践，然后是理论。电视业的实践可以说以惊人的速度在最近十年间成为中国社会发展最快的事业之一，与此相对应，我们看到理论研究就显得薄弱得多，跟实践的发展不相匹配。这种理论的不相匹配给实践的下一步腾飞带来了很大的困难，一个缺乏理论支持的实践会经常出现盲目或混乱，事实上我们已经感觉到理论的匮乏带来事业的停滞局面。如果说中国的电视事业需要整体规划的话，一方面要考虑实践的规划，包括生产和管理的规划；另一方面也要有理论的规划，缺乏理论的战略规划是一个不完整的战略规划。在理论建设中，对中国电视的学科规范又是最重要的。这是我提出"建立中国电视学科体系"的理论依据。

记者：中国电视学科体系的建立有什么特殊的背景呢？

胡智锋：中国电视的生存环境是比较独特的，有它特殊的政治背景、社会背景和历史文化背景，这与世界上许多发达国家、发展中国家的电视背景都不太一样。

从政治背景上讲，我们是以社会主义意识形态为主导的，即电视要以宣传为主要的任务和功能，要以服务于大局为己任。在这种情况下，电视不可能完全按照电视媒体的自然属性去运作、经营，不可能完全按照传播规律、市场规律去操作。

从社会背景上讲，我们是世界上人口最多的国家，电视机拥有量是世界第一位的，这就意味着电视在我国有强大的社会功能。人口多，人口的素质又参差不齐，就需要用一种比较简单、易于接受的媒体，而文字媒体要求接受者的素质相对较高，所以电视这种媒体对于中国社会来讲可能是最便利的一种，它成了几乎所有阶层人们共同的娱乐媒介和充分享受闲暇时间的手段，这个社会背景非常重要。由于有这样一个社会背景，使我们的节目构成产生了跟其他国家很不一样的地方。电视剧、电视综艺和文艺节目的比例要比其他国家更大。这就决定了中国电视承担的功能、承载的角色和节目形态，也影响了中国电视研究的倾向。

从历史文化背景讲，中国电视的历史文化背景也非常独特，中国是一个历史悠久的、文化积淀丰厚的、多民族的国家，地区差异、历史文化传统差异都很大。这样就使得中国电视文化的总体构成当中出现了许多亚文化。它决定了中国电视文化的形态是丰富多彩的、千差万别的，也决定了中国电视研究不可能用一种统一的模式。

当然还有一个现实背景，就是电视事业发展的可能性。这是一个综合性的因素，更多取决于经济因素，也就是经济发展的水平高低，综合实力。行业的、地区的、部门的发展差异使得中国电视朝着多元化的方向发展，这也给理论研究带来难度。

记者：您能不能具体讲一讲"富有生机活力的中国电视学科体系"的任务和内容？

胡智锋：这里有几个概念，首先一个就是"中国电视的学科体系"。它有两层意思：一层就是说它要体现电视传播的规律和电视艺术发展的规律，它应该是对电视传播和电视艺术创作科学的表述和概括；另一层就是依据中国电视的特殊背景和特殊的环境所做的富于针对性的理论概括，在它的指导思想、观念、学术研究范畴以及研究方法上都应该是具有中国特色的。

"富有生机活力的"是指它与其他传统的学科理论研究相比，最大的特点就是它要给新兴的事业领域留下一个巨大的弹性空间，允许不同派别、风格、样式的研究模式、研究方法的存在。为什么这么讲？其一，电视本身是一个新生的事业领域，而中国电视又有其特色，所以我们如果现在用一种传统的理论模式去规范它，就有可能限制它本身的丰富性、复杂性，所以我们的研究内容与方式要留有余地；其二，电视本身是充满生机和活力的，所以我们围绕电视所做的学科体系的建设也应该是充满活力的，应该是富有弹性的、开放的体系。它要有规范，但是这个规范不应该是一种束缚，而是开放。它的观念、研究模式、研究方法都应该不是僵化的，这样有利于事业发展。

从这个意义上讲，"建立富有生机活力的中国电视学科体系"的任务一方面是要对中国电视已有的经验进行高度的理论概括；另一方面要面对未来，从世界电视传播发展规律、中国经济社会发展整体格局角度寻找电视的位置，同时做出对中国电视传播发展的规律性的、前瞻性的表述，对中国电视发展方面出现的现实问题予以及时的反映、表达和概括。

从内容上看，它主要包括基础理论研究、应用研究、决策研究三个部分。

一、基础理论研究。这是最基本的部分，它是探求电视事业和电视实践本源和普遍规律的各分支学科的总和，是电视学科体系中的学理部分和原理部分，包括本质研究、内部关系研究和外部关系研究。

本质研究包括电视事业，电视传播的性质、属性、功能、任务的研究。在世界电视和中国电视的总体发展历史当中，确定中国电视的特殊的属性、功能和任务是它的最重要的任务。

外部关系研究所探究的就是电视和它所生存和发展的外部环境、外部条件以及外部存在因素的关系。基本上有两个方面，一是电视的生存、发展所受的外部因素的影响和制约；另一方面就是电视对它们的反作用，也就是它们的相互作用、相互推动、相互渗透的关系。在这一点上我们的研究还比较薄弱，往往以偏概全，只看到一面而看不到另一面。

内部关系研究是电视本体研究中比较重要的一部分，这里面最重要的有五大学科：1. 电视传播学：电视传播作为大众传播的一种，它传播的内容、方式、特征、机构组织运行、传者受者的关系以及跟其他传播媒介的共性和个性等等都属于电视传播学的内容。2. 电视艺术学：它是指如何利用电视这种手段来进行艺术创造，包括电视艺术作品、电视艺术作品的创造过程、类型特征、电视艺术创造者、电视艺术的批评和鉴赏等等。3. 电视美学：它是沟通电视传播和电视艺术两大部类的中介学科。我为什么选择电视美学作为中介呢？确实是因为我看到了电视传播和电视艺术之间存在的巨大鸿沟，搞电视传播的人忽略电视艺术或者缺乏电视艺术的概念，搞电视艺术的人忽略电视传播，这二者间需要一个桥梁就是电视美学，因为不管电视传播还是电视艺术它都有一个再创造的问题，都有一个采集、选择、沉淀到最后加工成品的过程，不管是艺术创作还是非艺术创作都遵循了电视传播的规律，同时也暗含了艺术创造的一些规律，而这两部分都有一个共同的问题就是要提高品位，有效地进行传播，这就需要电视美学来打通两个部类，所以电视美学研究的是电视和现实的审美关系，也就是电视如何从对各种非艺术信息和艺术信息的组织编排中升华创造出电视美，以及电视美的创造过程、电视美的个性、电视美的本质特征等。4. 电视语言学：不管是电视传播还是电视艺术都要用电视这种独特的语言来表达自己，所以，对电视语言的构成和构成要素的研究，比如，视听、时空这样一些独特的语言方式的研究，就属于电视语言学的研究范畴。5. 电视心理学：它包括创作心理和接受心理，对电视传播和受众的特殊的心理结构、心理规律进行研究。

二、应用理论研究。它面对电视实践，对电视运行和电视实践具体环节进行可操作性、有针对性的研究。它分为：技术部分、创作部分、环节和电视构成要素部分。

技术部分包括制作技术和传输技术。

创作部分是主体部分，是电视理论研究中比例最大的部分。这里主要分两大类：电视栏目研究和电视节目研究。栏目研究包括：栏目的宗旨、定位、策划、选题、版块设计、主持人、编排、运作方式、风格样式。节目研究包括：信息报道类型、纪录片、综艺文艺、专题、广告、电视剧等。

环节研究主要是指不同职能的工种从业者的研究，就是传播者的研究。包括：记者、主持人、导演、化妆师、摄像、编辑、策划人、制片人的研究等等。

电视构成要素研究是从客观角度来看的，包括电视创作过程的主要构成因素：声音、色彩、画面、光的研究等等。

三、决策研究。它是对电视事业发展的宏观决策的研究，它具有宏观性、全局性和战略性的特点，对事业管理具有直接的、不可替代的作用。它分三大块。

1. 电视战略规则研究，或者叫宏观决策研究。包括：宣传重点、宣传方向、节目构成、教育、技术、队伍、事业基本建设的研究等。

2. 电视政策法规研究，或者叫中观决策研究。包括：电视法的研究和制定、电视从业者的法规、电视生产的法规和电视行业管理的法规的研究等。

3. 电视管理制度研究，或者叫微观决策研究。它涉及具体的某一项的管理政策、管理制度的研究等。

作为学科体系总的来说大概就这么多，它涉及电视事业发展的可以说全部的问题，而所有这些都需要一个科学的态度和现实的依据。

记者：您觉得在建立这样一个学科体系过程中，有哪些东西是需要特别强调的？

胡智锋：首先要注意三个结合。即：理论和实践相结合，因为它不是为研究而研究，而是为了解决实际问题。普遍性和特殊性相结合，把一般的科学理念和中国电视特殊的实际情况结合起来。民族性和世界性相结合，既要考虑我们的民族特色、现实情况，又要考虑世界共有的传播规律。

其次要提高全行业对理论学科体系的高度认识、高度重视，提高对研究的较大的投入。把已有的三种理论研究派别即：学院派、管理派和实践派相互融合起来，使它们互相借鉴、互相提高。

第三是要制定健全有关中国电视学科体系建设的基本制度，保障其顺利、健康地运行，如重大课题的确立、拔尖人才的培养、成果的多渠道奖励等。

【刊发信息】《建立富有生机活力的中国电视学科体系》（采访），载龙耘、朱学东主编：《走向21世纪的中国电视——台长、专家访谈录》，北京广播学院出版社，1998年版。

名家访谈

检阅新成就，开启新起点
——访第28届世界遗产委员会主席章新胜

　　第28届世界遗产委员会会议7月7日在苏州落下帷幕，这次会议是世界遗产委员会会议史上会期时间最长、规模最大、议题最多、人数最多的大会。10天的会议引发了传媒广泛的关注，世界遗产也成为普通百姓关注的话题。这次会议取得了怎样的成果？世界遗产有着怎样的内涵？对今后我国的遗产保护及经济社会发展将产生怎样的影响？带着这些问题，记者专访了我国教育部副部长、中国联合国教科文组织全委会主任、第28届世界遗产委员会会议主席章新胜。

　　记者：章部长您好，第28届世界遗产委员会会议刚刚落幕，作为大会主席，您认为这次大会取得了哪些成果？

　　章新胜：第一，是圆满、成功地举办了这次会议。会议通过了200多项决定，包括审议通过了34项世界遗产，使遗产总数增至788项，有5个国家即朝鲜、多哥、圣路西亚、安道尔、冰岛取得了零的突破，成为拥有世界遗产的国家。此外，35项濒危遗产被重新审议，其中有三项从濒危名录中删除。

　　第二，对"凯恩斯决定"做了新的修订，形成了世界遗产保护的"苏州决定"。"凯恩斯决定"是本次会议难度最大、争议也最大的议题。经过多方磋商和艰苦工作，会议取得了突破。由一国一项调整为一国两项。这些成果的取得是来之不易的。特别是"凯恩斯决定"，会前各国代表普遍认为不可能达成共识，然而短短几天内奇迹般地得到了解决。作为主席，当我一锤敲下时，全场掌声热烈，与会代表都舒了一口气。联合国教科文组织执行局主席雷德先生说，今后如果我们遇到难题，最好的办法就是来中国，来苏州开会。

第三，保护世界遗产的全球战略更加得到响应，《保护世界文化与自然遗产公约》的精神得到了进一步的贯彻，尤其对世界遗产"杰出的全球性的普遍价值"的认识在激烈的辩论中得到了深化，达到了一个新的高度。尤其是对众多发展中国家的遗产保护，开启了新的思路。由这种共识进而形成了一个新的决定，2004年12月在巴黎再次举行一个专家会议，专门研究在新的条件下如何对公约精神做新的理解。

第四，中国作为本次会议的承办国，自身也取得了可喜的成果。除成功地举办此次会议以外，我们申报的高句丽王城、王陵和贵族墓葬顺利通过。明清皇宫皇陵的两个拓展项目也顺利通过。此外，由中国提出的建立"世界遗产研究培训中心"的提议，以及关于加强青少年世界遗产教育的《苏州宣言》，也被会议审议通过，并得到了与会代表的高度评价，认为中国在世界遗产领域已经有了相当高的认识和长远的眼光。

本次会议之所以取得这样的成功，一是由于党中央、国务院的高度重视和领导。胡锦涛主席作为国家元首亲自为大会发来贺词，多位中央和国务院的领导同志为本次会议的筹备和召开做了重要指示。二是中央相关各部委的通力合作和密切配合。三是江苏、上海、吉林、辽宁等省市积极投入，东道主苏州市委市政府和全市人民为本次会议的举行提供了一流的设施、一流的服务和一流的保障。总之，与会各国代表在会上、会下及各个场合都对本次会议给予了高度评价，有的代表认为本次会议是世界遗产委员会"有史以来办得最好的会议"，"具有里程碑意义"。

记者：我国近年来"申遗"成绩令人兴奋，世界遗产得到了越来越多的关注，人们对世界遗产也有了相当充分的认识。从这几天苏州世遗会上得到的信息，我们感到世界遗产似乎有着更为丰富的内涵。

章新胜：对任何事物的认识都有一个不断深化的过程，世界遗产也不例外。到底什么是世界遗产，仅仅停留在一般的文物和自然景观这个层面还是远远不够的，应当从全球的高度、文化多样性的高度和人类可持续性发展的高度来理解和认识世界遗产问题。

所谓全球的高度，就是具有人类"杰出的全球性的普遍价值"，遗产不仅仅是一国一洲，而且属于全世界全人类。意味着人类只有一个地球，每个区域的遗产都是这个地球独特的、不可多得的、不可替代的财富。所谓文化多样性的高度，正像胡锦涛主席在给本次会议的贺词所说的"多样性是世界文明的一个基本特征。人类发展的过程就是各种文明不断交流、融合创新的过程"。在全球化日益加剧的今天，不同文明之间的交流与多样性文化的共生显得格外重要，中国有句古话："和实生物，同则不继"说的就是这个道理。所谓可持续性发展的高度，指的是遗产的申报与保护应着眼于人类可持续性发展的需求。尤其是在工业化、全球化的进程当中，遗产特别是自然遗产的脆弱性非常显著。所以不论是文化多样性还是生物多样性，都应视为人类赖以生存繁衍的最根本的精神和物质基础，是各种文化与文明、创造与创新的动力和源泉。

记者： 本次会议的成功举办，您认为会对我国的经济社会发展带来怎样的影响？

章新胜： 本次会议在中国成功举办，我想对我国经济社会发展的很多方面都将产生积极的影响。

第一，有利于我国在世界上知名度的进一步提高，有利于展现我们的综合国力。与会100多个国家的500多位代表有许多是第一次到中国来，百闻不如一见，这几天，很多代表纷纷表示他们感谢中国给予他们在中国出席这次会议的机会，让他们见识了很多，学习了很多。我相信，他们目睹了改革开放以来中国发展进步的成就，感受了中国的活力，体验了我们古老又现代的文明的魅力。这些都对提高中国的知名度和展现我们的综合国力大有裨益。

第二，对于中国世界遗产事业将是一个极大的推动，使中国在联合国教科文世界遗产组织178个缔约国中的地位、作用和影响力得以大大提高。毕竟这是我们第一次承办世界遗产大会。借这次会议的东风，中国的世界遗产事业无论是宏观的遗产发展战略还是具体的法律法规、管理体制和监管措施、教育培训和队伍建设等都会得到更高的重视，更多的投入，更积极的推动。

第三，将为配合国家大的发展战略，做出自己独特的贡献。如高句丽项目的申报成功填补了东北地区的世界遗产空白，这对于配合东北老工业基地的振兴战略也是一个独特的贡献。再如世界遗产的意识在西部大开发和西部扶贫中也会产生积极的效应和效益。西部地区在经济发展、第二产业等方面，目前相对薄弱，但在遗产方面却有独特的优势，其稀有的生物多样性的生态系统及多民族共同创造的多样文化是不可多得的宝贵财富。通过遗产事业的发展，可以引导和带动西部比较优势的发展，进而推进西部经济社会的发展，而西部经济社会的发展又会反过来进一步推进和繁荣西部的遗产保护事业。

第四，对各遗产地的工作将产生直接的影响。在这次会议上，有很多世界遗产所在地的代表都参加了会议。我相信会议的精神，特别是各国遗产保护的一些好的做法一定会对各遗产地的工作带来启发，包括正在积极申报世界遗产的遗产地。

第五，对于旅游业也会是一次积极的拉动。这么多国家的代表前来中国，这对于拉动中国的旅游业，对于旅游和遗产的良性互动也是一次很好的推动，对于经贸事业和相关社会事业的发展也是积极的推动。

记者：您认为应当怎样加强我国今后的世界遗产保护工作？

章新胜：加强我国的遗产保护工作，需要认识到我国遗产拥有的独特资源优势。中国是拥有5000年不间断历史的文明古国，众多民族在漫长的岁月中创造了灿烂辉煌、多样的文化。这是我们文化遗产的资源优势。中国又是地理地貌极其丰富多样的国家，从南部的热带、亚热带到北部的北温带、寒带；从海拔最高的世界屋脊喜马拉雅山到海拔最低的吐鲁番盆地。这些都是我们自然遗产的资源优势。

如何保护这些不可多得、不可再生的遗产资源，并把它们转化为推动国家经济社会发展的强大物质基础和精神动力，这次会议给我们提出了更高的责任和要求。我个人认为，今后的遗产保护工作有六个方面需要得到加强。第一，要对世界遗产进行更加科学和完善的总体战略规划。第二，建立更加完备的遗产保护的法律、法规体系。第三，建立更加健全的遗产保护的管理体制和管理机制，靠有效的制度提高管理的效率和效益。第四，广泛动员社会力量，加大对遗产地的投入力度。第五，进一步开展遗产保护的能力建设，包括加强对遗产的科学研究，加强对世界遗产工作的专业人才和综合性人才的培养，包括加强对旅游者保护意识的教育。第六，加强国际合作和交流，可以借鉴世界各国遗产保护的经验，如对遗产地实行严格的监控计划和行动计划，建立各区域、各遗产地的定期报告制度等等。同时，我们也应积极地参与世界遗产国际组织的活动，在其中扮演更为主动积极、更为重要的角色。

记者：最后，您可否用一句话来评价这次会议。

章新胜：第28届世界遗产委员会会议对于中国的世界遗产事业来说，既是一次成就的检阅，同时又意味着开启了一个新的起点。

【刊发信息】胡智锋、曾祥敏：《检阅新成就，开启新起点——访第28届世界遗产委员会主席章新胜》，《光明日报》，2004年7月8日。

提高传播艺术水平　开创电视外宣新境界

在中央电视台国际频道开播10周年之际，我们就10年来国际频道的基本经验、现状，正在进行的全新改版及未来展望等问题对中央电视台主管外宣的张长明副台长进行了专访。本专访由三个部分组成：一、对10年来国际频道的评价；二、电视外宣的三种境界与全新改版的16字方针；三、提高传播艺术水平，展望电视外宣前景。专访依托20世纪中国进一步改革开放的国际国内背景，着眼于提高电视外宣的传播艺术水平，展望未来中国电视外宣的新局面。从理论和实践的结合上，提出了不少具有很强现实指导意义的新命题。

对10年来国际频道的评价

胡智锋：从1992年10月到现在，中央电视台国际频道即第四套节目已经走过了10年的路程，这10年实际上也是中国国家电视台对外宣传全面启动和全面展开的10年。作为国家电视台对外电视宣传的主要负责人，回顾这10年，您个人感受最深的是什么？

张长明："国运兴，外宣兴"，这是我从事外宣工作10年感受最深的。我感觉到今天我们的对外宣传之所以能够有这样的影响，是和我们国家的发展进步分不开的。没有一个强大国家的发展、壮大，和不断地开放、进步，我们的电视外宣也不会有今天这样的影响。

今天我们的外宣到底有多大影响？我们在海外到底有多少受众？虽然我们没有做过详尽的收视率调查，但是，最近有一件事让我感觉到在海外还是有很大影响。今年我们做出了一个决定，就是要把覆盖北美的模拟信号转换成数字信号，从今年4月份我们在电视上发布这个消息以后，海外观众马上有了强烈的反应，纷纷询问怎么更换接收器，仅一个多月的时间，光是在美国征订机顶盒的就有一万多。一个机顶盒就是一台电视机，一台电视机好几个人看，到底有多少观众呢？加拿大方面也传来了很多信息，希望告诉他们怎么样购买机顶盒，怎么样安装，怎么样收看，有很多海外观众确实是把收看国际频道的节目作为他们生活的一个重要组成部分。通过这个事情，我确实感觉到国际频道在海外已产生了很大的影响。

此外，从事电视外宣给我们带来了极大的成就感，我们能够感觉到有更多的关心中国发展，关心中国改革开放，想了解中国社会进步的海外华人、华侨，包括台湾同胞、港澳同胞，可以及时地通过我们创作传播的节目，给他们传去中国改革开放、经济发展、社会进步的信息，让世界了解中国，我觉得这就是我们工作的成就感。

胡智锋：您能不能用几句话来概括这10年来中央电视台国际频道对于国家，对于海外华人，以及对于电视媒体和整个电视事业，最主要的成就和贡献体现在什么地方？

张长明：能不能这样说呢，它向世界打开了一扇让世界了解中国的窗口，也就是让世界了解中国，让中国走向世界。我们国际频道所做的工作可以用这样的话来概括，通过我们所创作和传播的节目，让那些关心中国发展的人能够了解中国政治、经济、文化、科技等等各个方面发生的变化。

胡智锋：作为负责中国国家电视台对外宣传的副台长，您肯定是有很多机会到海外、国外去考察，您在国外、海外接触的各方面人士当中，他们到底对我们的国际频道有什么样的评价，有什么样的期待？

张长明：每次出国都不放掉这样的机会，能够去找一些华人、华侨，也包括使领馆的同志，了解他们在国外收看我们这套节目的感受，当然是正反两方面的意见我们都要听。当然从好的方面来讲，通过电视能够了解国内的一些情况，但是也给我们的节目提出了一些意见和建议。

意见比较大的还是在新闻上，因为他们非常渴求了解新闻，但是我们的新闻报道，有时候可能时效性不够强，有时候和国际上发生的一些大事不同步，这样就引起了我们有些观众的不满。

在国内、国际发生重大事件的时候，能不能通过我们电视屏幕上最迅速及时地把它反映出来？不少观众会这样发问，都知道国内上演了什么热播的电视剧，我们怎么看不到？还有世界杯足球赛，中国队出线了，我们怎么看不到现场直播？实际上这里还有很多版权方面的问题。但是也反映出来我们的观众对于我们国内的一些大的事件是非常关心的。对于我们的文艺节目，他们认为质量还是比较上乘，但也不希望天天看这种歌舞升平，老是这些人在台上唱歌、跳舞，看多了也是腻烦。

此外，对少儿节目也有很多期待，还有一些观众提出是不是多教孩子们说一些普通话，因为常年在海外生活，有的第二代、第三代孩子普通话都不会说了，因此希望在电视里边多一些教普通话的节目。还有的要求非常具体，要求屏幕上最好能够加字幕，为什么？说的普通话他们听不懂。我们认为我们说的是很标准的普通话，但是在海外生活了那么多年，有一些老华侨、老华人听不懂。希望能够给予辅助字幕，而且特别希望辅助的是繁体字字幕，这都是很具体的。有的意见说，你们少播点京剧，有的就说你们多播一点京剧，众口难调，还有提出的意见是由于时差的关系，又是北美，又是西欧，又是东南亚，播出时间这方面也需要改进。

胡智锋： 与其他传媒如广播、报纸平面媒体相比，国际频道作为电视对外报道的一个重要平台，它对于中国的国家形象，或者是对海外华人的影响，它的不可替代的价值体现在什么地方？

张长明： 是形象直观。电视比起广播，比起平面媒体，比起网络，它最大的优势就是形象化。声形并茂就是电视的特点，不用更多的语言来修饰。这是电视报道和广播报道、文字报道的区别。电视报道很少有描写，很少有现场描述，主要用镜头画面表述。例如，有位海外观众给我出了一个主意，建议在节假日时，请我们的记者乘车沿北京长安街现场拍摄，不用做很多修饰，就开着车，把镜头对准长安街，从东开到西，给我们海外华人看就足够了，那种感觉，那种冲击力是非常强的。这就是电视的特点，镜头本身就是一种语言。

胡智锋：10年来国际频道是不是已经很好地完成了这样的使命，即形象、直观地塑造国家形象？您认为在这个过程中应该注意哪些问题？

张长明：应该说我们是朝着这种目标去努力的，但是与海外观众的要求相比，应该说还有一定距离。这体现在哪儿？体现在我们从事对外报道，向海外的观众用电视画面来介绍中国的情况方面还存在着一些问题。我们的节目还不够活，比较死板、生硬，表现方式比较单调，包括语言的枯燥，这种情况还是比较多。对外报道是一门艺术。首先得研究了解观众想知道什么，他的需求是什么，在这一点上，如果不深入地研究我们的报道对象，我们就很难做好。完全是按照对内报道、对国内观众服务的角度来做对外报道，这恐怕不行。

去年我写了一篇文章，提出做好对外宣传的五个要素。我过去一直认为节目质量，是打开通向世界之门的一把钥匙，但是后来通过实践，我改变了自己的观点。五个要素排第一位的应该是需求，对象的需求是第一位的。我举个例子，家里来个客人，从海外来的，你请他吃饭，上鲍鱼，上鱼翅什么的，花了很多钱，但客人没有吃出兴趣味道。而如果你领着他到一个小店里面，喝一碗北京的豆汁，他可能觉得好得不得了，这就是需求。不在于你的这种东西到底有多好有多贵，而在于他有没有这种需求。这一点我们恰恰是把握不准，不知道他想要什么。第二要素才是质量。光有需求不行，还要有高质量，粗制滥造不行。第三还要懂包装。我们有很好的节目，但是包装很粗糙也不可以。第四要会推销，得会吆喝。我们现在做了大量的节目，如果只管把节目送上天，在怎么落地上抓得不够，没有自己专门的节目营销推广队伍也是不到位的。最后第五点，要视网结合，电视和互联网要接轨。因为互联网是最迅速的能够连接世界的一种手段。把电视和网络结合起来，它的外宣效果会更好。这是我思考的电视外宣进一步发展的五个要素，是在新形势下的思考。

这五个要素里边涉及方方面面的问题，有研究掌握受众需求的问题，有如何利用高科技的问题，有海外市场开发的问题，也有我们对外宣传报道技巧的问题。

胡智锋：也就是说在电视对外报道方面，如何充分地体现电视的优势，还有很大的空间。那您是不是认为中国电视10年对外报道的探索，对电视整体的宣传报道意识或者是传播艺术的提高，都有很大的推动？

张长明：我认为是这样，实际上不管是海外的观众，还是国内的观众，他们还是需要真实的、有细节、生动的、鲜活的、有情节的东西。

10年来我们有过一些海外从业人员的业务交流，我们也看过一些国外机构的运作。像有的西方记者，他们在报道手法上很有技巧，往往是直入主题，而我们则往往把最重要的东西放在最后面。你用这种方式去做对外报道，对方在接受上可能就有问题了。

我曾经说过这样的话，西方记者常常能够把假的拍成真的，让你信，而我们的记者往往是把真实的东西拍出来像假的，让人感觉不相信，这里就存在着一个报道手法的问题。有一个怎么才能让我们的受众对象认同的问题。

胡智锋：这的确是一个非常复杂的问题，在西方电视的传播观念作为主导观念的情况下，中国电视以何种方式、方法打入，是不是用我们自己习惯的方式就能解决问题呢？这就需要改变我们自己习惯的那套办法。

张长明：我们一直在探索。我们不是说要把假的非拍成真的，我们的事实本身确实是真的，但怎么能够拍出来让它具有"公信力"，使我们的新闻报道能够产生公信，从这一点来看，不仅仅要求我们事实的真实，还要改进我们报道的艺术和技巧，最后达到效果的真实。不然你做的很多工作是无效的。这种无效是因为什么呢？就是由于我们对于选题的处理和表现方式，有时让人家产生假的感觉。所以说，这是一个非常值得研究的课题。如果我们的记者没有这种思想意识，不能够站在我们受众对象的角度去制作节目，就可能事倍功半。

胡智锋：您提出了一个很新鲜的概念叫"公信力"，您是否就"公信力"的内涵做进一步的阐释？

张长明： 公信力就是要让人相信。不能让人家感觉到你是在灌输、说教，你是在"宣传"，所以我们在这个方面应该下力气来研究。过去我说过，我们记者的报道在某种程度上，还不是完全从我们的受众对象的角度去考虑，在这方面还很欠缺。对于受众的需求是不了解的，对于他的习惯不了解，对于他的需求不了解，你这样制作出来的节目就带有很大的盲目性，想要达到入耳、入心的效果比较困难。这个题目是很值得我们，特别是从事对外报道的人去研究，不然的话我们的报道就会出现很大的盲目性。

电视外宣的三种境界与全新改版的16字方针

胡智锋： 江泽民总书记最近对我国的对外宣传工作做了一些重要的指示，这肯定是对外宣传整体工作的一个非常重要的背景。您怎么理解总书记的指示精神，您认为这对于中国电视对外宣传有哪些重要的指导意义？

张长明： 应该说党和国家领导人对于外宣工作是非常重视的。我的理解，就像我在一篇论文里边所写的——"国家地位与电视传媒"，实际上我们的领导人，把外宣和国家的地位是放在一起表述的。1999年，江泽民总书记在全国外宣工作会议上讲过这样的话，要站在更高的视角上，发展同我们国家地位和在国际上的影响相适应的舆论力量。我感觉到，我们目前的对外报道，同我们国家在国际上的影响和我们在国际上的地位，有不相称的地方。因此，党和国家领导人提出这样的要求，做出这样的指示，包括关于对内让党和政府的声音传遍千家万户，对外让中国的声音传遍世界各地等指示精神，都是要把中国同世界联系在一起。

我们国家改革开放以来，特别是最近这十几年，发展是非常迅速的。政治上，是联合国安理会常任理事国，香港回归、澳门回归，在重大的国际事务上，中国说话是有分量的；经济上，从改革开放到现在差不多连续20年了，我们的国民生产总值都是以百分之十以上的速度增长；文化方面，几千年的中华文化有深厚的底蕴。应该说在方方面面我国都是有很高的国际地位的，但是我们的对外报道方面还有所欠缺。因此我觉得，党和国家领导人这么关心和重视外宣，就是要让电视外宣同我们的国家地位和国际影响相适应。

江总书记讲过这样的话，对外宣传要讲究艺术。要了解我们对象的生活习惯、宗教信仰、价值取向等等，然后让我们的报道能够符合他们的文化心理和接受习惯，而我们现在说得太直白，太生硬，这样不行。报道一定要讲究点艺术，这归根结底还是又回到我们前面的话题了，如果你写了半天，做了半天，拍回来的报道，受众不接受，那就是无用功。

我理解江总书记的话，第一点还是让我们的受众能够接受，接受是第一步。我们做对外报道，做电视宣传的，要把接受作为第一条。看了以后我不排斥它。如果说看了以后排斥它，就换频道，那你就达不到效果了。先是接受，第二步才能使他受到感染，当然我们希望观众能够受到感染，能够融进来。第三是引起共鸣。这样我觉得就达到了我们对外报道的最高境界。从步骤上来讲应该是接受、感染、共鸣。

从领导人的讲话里边我也感觉到，希望我们既讲政治、又讲艺术。对外报道需要讲政治，但不是那种张扬政治，喊政治口号，贴标签，这样是达不到传播效果的，而是要把政治怎么能融入我们的报道艺术之中。

具体到电视外宣来说，一切围绕有效来做，针对性也好，时效性也好，要有效。我们搞外宣的人经常挂在嘴上说的是针对性，但是现在又多了一个词叫"有效性"。说到底是要有效果，没有效果都是白做。

胡智锋： 接受、感染、共鸣，您描绘了电视对外宣传艺术的三种境界，令人回味，这实际上强调了电视外宣的针对性和有效性。我听说您把针对性和有效性作为一个指针，要求国际频道在10周年的时候，即今年9月进行全新改版。这10年当中，国际频道进行了多次不同程度的改版，据说相比较而言，这一次是力度最大、难度也最大，您个人认为，这次改版的力度大在什么地方，难度大在什么地方？

张长明： 这次改版的难度最大、力度最大，改版成功的话影响也会最大，这是我在我们的干部会上说的。我觉得它的力度最大表现在，它实现了24小时播出，每天24次新闻，做到"整点有新闻，次次有更新"。我觉得这应该说是力度最大的一次。这次我们改版的要点，我给它概括为16个字，叫"突出新闻、加强对台、弘扬文化、荟萃精华"。

为什么说要把"突出新闻"放在第一位，这是根据我们海外受众的需求来设计的。新闻是第一位的，从我们现在的海外观众调查来看，最想看的是新闻。因为通过新闻能够了解中国发生的一些大事，包括在一些国际问题上，我们的态度和观点。因此我觉得，这个力度是非常大的。难度恰恰也是在新闻上。新闻怎么样能够做到更迅速、准确地传达给我们的受众，这就要求我们的新闻从业人员要有非常强的新闻敏感，而且要按照新闻规律制作新闻。对于国际国内发生的重大事件，要在第一时间，迅速地传递给世界，这是有一定难度的。

胡智锋：我在别的报纸杂志上见过类似的报道，说您是赴台进行采访的第一个中国内地电视记者，是不是由于有这样的经历，使您对台宣传非常重视？

张长明：1992年中央电视台创办了以对台宣传为主的第四套节目。正是由于我参与了对台节目的组织创建工作，才有机会和景春寒作为首批大陆记者到台湾访问。

要说踏上宝岛上的第一步，还不是我，应该是景春寒，因为他当时作为摄影师，他摄影要走到别人的前边，所以说等于这个第一步是他走出的。我和景春寒两个人在我们建台40多年的历史上，有幸做了第一。而且我们是第一个实现了从台北用卫星把新闻传回到北京，实现了"台北—北京"第一通，"三通未通，电视先通"，10年前说出来这个话，非常有意义。

作为中国人，从内心来讲，就有一种实现祖国统一的愿望，中国应该是完整的，就像一个家庭一样。当时采访的时候，有一幕我特别有感触，我到一所小学里去采访的时候，小学生非常热情地欢迎我们。然后，合唱队就给我们唱了一首歌《龙的传人》，特别有冲击力，那些小学生当时是10来岁，我说我女儿也是10来岁，和他们一样的年纪，他们什么时候能走到一起！就觉得近在咫尺，却远在天涯，从内心来讲是有一种非常不舒服的感觉。更不用说有的失散多年的亲人都不能相见。作为同一个民族，同一个血统，同一个祖宗，同根同祖，血脉相连的一个民族却这样分开了，我觉得从内心来讲有非常不舒服的一种感觉。

另外，到那儿去了以后，在接触当中也确实感受到，有很多台湾同胞对祖国大陆不了解，甚至是误解，这样就感觉到我们更有责任，通过我们的报道能够让台湾同胞对祖国大陆，能够有一种真正、真实的了解，这也是我从事对台报道工作的一个动力。

胡智锋：在国际频道当中，对台的节目很多，像《天涯共此时》《台湾百科》等等，这种情况下还继续提出要加强对台电视宣传，具体的一些措施和想法是什么？

张长明：我觉得加强对台报道要结合在新形势下两岸关系发展的现状来进行。因为从两岸打开了可以相互交流的大门之后，相互在交流过程当中都有了很大的发展，在改革开放的新形势下，像最初的探亲，发展到旅游，然后到投资经商，到现在的求学，一步一步地更加深化，就等于两岸的这种关系，实质性内容增大了。在这种情况下，必须要加强对台宣传，特别是在服务这方面要加强，怎么到大陆来投资，怎么到这里来定居，到上海买房子到底多少钱，旅游都有哪些地方，包括求学，每到高考的时候，台湾同胞是非常想了解，像北大、清华这些高等院校有什么样的要求。

祖国大陆和台湾密切的经济上、文化上、科技上、新闻上的交流越来越多。我们电视在这方面必须要加强力度，特别是对台的服务方面要加强力度。过去我们也有，这次改版专门设立了对台服务性栏目，《天涯共此时》这是一个传统栏目，过去就有了，现在改版了，把它扩版成50分钟，增加台湾观众与我们祖国大陆观众的互动，用卫星连线的方式，更采用了现在科技发展过程的一些新的技术，两岸连线搞一些直播、采访，可以增加亲近感。

播出时间上也有了比较大的加强。现在每天播出的对台栏目，差不多将近一个小时的量。但你说其他的节目是否不是对台呢？像《中国报道》《走遍中国》，像《中华医药》，台湾观众其实也有很多，这些栏目不是直接对台讲，但是实际上都是台湾观众所需要的东西。

胡智锋：是不是可以这么理解，"加强对台"一类指专门对台湾进行服务和沟通的对象性服务节目，还有一类是整个国际频道的节目，可能很多都适合台湾观众来收看，或者说在把握上应该特别注意台湾观众的需求，也就是在我们的节目栏目设置当中，要突出新闻，加强对台，包括所有节目都要体现加强对台这个意思。那么您能否继续谈谈在这次改版当中，"弘扬文化"有哪些具体的体现？

张长明：首先说弘扬文化的出处，江泽民总书记在他的"江八点"里面其中有一条，就是五千年的中华文化，是连接海内外中华儿女的精神纽带。

我认为在我们对外宣传过程当中，应该把传播中华文化作为一项重要内容。因此，提出"弘扬文化"。中华文化非常宽泛，中华文化包含着强烈的人文精神。中华文化是尚群的文化，崇尚群体利益。中华文化又是自强不息而又开放兼容的文化。中华文化博大精深。我们怎么把中华文化，通过我们的节目把它弘扬出去，这是非常重要的。弘扬文化要把我们几千年的中华民族文化的闪光点提炼出来。在传播中华文化的时候也需要提取精华，去除糟粕。像《千年史话》《东方家园》《中国风》这些栏目，这次我们把它整合了，搭建了一个城市平台，名字叫《走遍中国》，这就更大了，因为这个节目是每天一期的，是日播的节目，我们的主持人能够系统地去给你介绍一些地方。首播节目是介绍北京，北京的长城、故宫、百姓的四合院，可以谈北京的历史、文化等等，这个节目应当会引起海外观众、台湾观众的关注。

胡智锋：我理解这次改版当中弘扬文化的意识，除了集中体现在像《走遍中国》展示现代中国，也展现文化中国外，是不是整个频道的文化含量、文化韵味和文化的意识，应该普遍的有所增强？

张长明：是这样的，因为它要体现出来的文化内涵，不仅仅是一个《走遍中国》这个栏目所能包容的，像《中国文艺》，也应该多从中国文化的角度，而且更从中国传统文化的角度来做节目，因为这更能打动我们的海外观众。我到泰国访问，一个老华侨80多岁了，拉着我的手说，我们这些常年在海外生活的人，一听到京胡的声儿，就勾起了我们思乡之情，这就是中华文化，这就是纽带。京胡就是两根弦，拉出来的旋律，马上勾出思乡旋律，这是什么连接的？是中华文化。像这样的例子很多了。在频道包装的时候，我就提出来以中华文化为切入点。比如说，可能就是京剧舞台上的一阵锣鼓，然后舞台上一个武生或者是花旦的一个亮相，或者说一曲"二泉映月"，或者一曲"良宵"的旋律，我们拍出来的是江南杭州西湖的一个画面，然后告诉他这是西湖，或者这是杭州。我们就是要把这些中华文化韵味非常浓的东西，把它切割成30秒、1分钟，用画面和音响来贯穿于我们整个频道，让人们去感受独特的东方韵味和中华民族文化。

胡智锋：那么在16字方针中，"荟萃精华"您又是怎么理解的？

张长明：中央电视台海外中心现在是800人，承载着两个频道的任务，一个是四频道，一个是九频道。光靠我们自己去拍摄、编辑、制作、播出，应该说难度是很大的。现在中央电视台已经有了12套节目，将近300个栏目，有些栏目应该说是深受广大观众朋友的欢迎，我们想要把各个频道里的适合于对外的，能够把它荟萃过来，然后进行包装，这样做就能够丰富我们对外频道的整体内容，提高收视率。我们每周拿到收视率调查表，排行榜的前30名栏目都是非常精彩的，我们都可以把它拿过来，吸收进来传播出去。

胡智锋："荟萃精华"是否包括有可能跟地方台和其他华语电视机构进行合作？是不是在将来有可能与国外的公司进行合作？

张长明："荟萃精华"里边包含了我们兄弟电视台优秀的节目。因为我们的很多栏目都有这种吸纳地方台优秀节目的窗口。像《走遍中国》，它实际上就是一个平台，比如涉及某一省的时候，可能就是某一省台在制作，把地方精彩的东西吸收进来。关于跟海外合作，关键还是能够吸收他们的表现方式，和他们的编辑技巧，怎么样能够适合海外观众的收视习惯和收视口味，在这方面多吸纳一点。因为在这一套节目里面，重点还是向国际社会，向世界来介绍中国，是要以中国的节目内容为主体。

提高传播艺术水平 展望电视外宣前景

胡智锋：我看了您的很多文章，我特别注意您关于宣传报道艺术的观点，这其中一个就是"正面报道"和"负面报道"的关系问题。一个是"我方说"和"外方说"的关系问题。还有一个是"大处着眼"与"小处落笔"的关系问题。这些观点在今天的新形势下，是否依然会有生命力，这三对关系怎么能够在今后的实践中继续发展？

张长明：这几个关系的提出，实际上是在工作当中的一种提炼，归根结底还是落到对外报道的真实性上，介绍一个客观的真实的中国，能够让人家相信，前面这几个观点最终是围绕这个。"我方说"要达到的目的是这个，"我方说"与"外方说"，只是一种技巧和一种手段，但是它的核心意思是为了让我们的对象能够相信，而且是用事实来表现。"我方说"与"外方说"相结合。一件事让我们自己说好，我觉得不一定好，接受者参与进来，他说好才行。

比如说外国的一些人到中国来考察中国儿童福利院，他到了儿童福利院，用他的亲身感受，用他的所见所闻，用他的嘴来说比我们客观一些。在第四届世界妇女代表大会期间，我提出，多采访那些世界妇女代表，让她们讲述亲眼所见和对中国的感受，这就有公信，不是我们中国人自己说的。没有到过中国的人可能还带有一种偏见，说中国贫穷、落后，实地看过之后很惊讶，他自己就会讲出来，他说就比我们自己说好，就强多了，这就有公信，真实。

还有正面和负面的关系。负面的东西是不是真实的？是真实的，但是它只是局部的真实，不能代表全部的真实。就像一个面包一样，有一个小霉点，我把镜头对准霉点的时候，给人的感觉这个面包是发霉的，可能没有人不相信，但是我把镜头一拉开，整个面包还是好的，把这一块掰掉还是可以吃。我们的对外报道是抓住这一点，还是报道我们的全局？我们应该是向海外总体报道中国的发展，进一步的改革开放，这是客观的。

在某种程度上来讲，你说我们现在是不是不存在问题？存在一些问题。但是我们在报道这些问题的时候，更侧重我们是怎么样去解决这些问题，而且这也是真实的。如果没有把问题放在中国的整个全局上考虑，而只是看到局部，报道就有偏颇。我们报道国外也用这种观点去报道，也不真实。

另外，从大处着眼，小处切入，就是让观众更能够直观地去感受，不要去泛泛地谈。像我们搞《香港沧桑》那一集"勿忘国耻"，到底从哪儿切入？香港的水坑口街，这个地方是什么地方？记者在那儿采访了很多人，拍了3个多小时，很多人都说不太知道，最后一个80多岁的老师傅过来说，"这个地方我们知道，当年英国来占领香港的时候，就是从这儿登陆的"，很多人忘记了，但是这确实是不能够忘记的一段历史，这就是从水坑口街的一个小街牌切入的。这只是举了一个例子，找出一个小切入点，实际上背后是一个大的历史背景，而且有情节。往往是有情节的东西，容易给人留下比较深刻的印象。越具体、越生动，越有细节展示，效果越好。后来按照这种手法，6集《香港沧桑》，每一集都有一个非常好的切入点。

胡智锋： 今年是一个很好的时机，国际频道开播10周年，最近又在筹备改版，您能否对未来中央电视台的电视外宣，或者是我们这个频道整体的发展前景、格局，作一个前瞻性的描述？

张长明： 我是有一个愿望，因为我从事外宣工作也有10年了，从感情上来讲和从实际工作需要来讲，我的愿望是无论走到世界各地，只要有电视的地方就能够看到中国的电视节目。现在来看经过这十几年的努力，在海外已经有了一些成果，但是要往长远上看，距离真正能够实现让世界了解中国，让中国走向世界这样的一个目标，那还是很远。

在未来的发展当中，我们的对象还是两个，一个是华人、华侨，一个是外国人。从华人、华侨方面来讲，单一的一个综合性的新闻为主的频道是不够的，这样我就想在不久的将来，中央电视台能够搭建一个中文的卫星电视平台，这个平台里边既包括新闻的频道，也包括电影频道，也包括电视剧频道，也包括综艺频道，甚至能够多那么几个频道，都是中文的，而且我觉得我们也有这个力量。对外国人，现在我们开办了英语频道，但是英语频道只能是满足讲英语、懂英语这样的观众。对于不讲英语、不懂英语的这些观众怎么办呢？因此，又提出来我们能够搭建一个外语节目的平台，这个外语平台里面包括英语、法语、俄语、西班牙语、阿拉伯语这几大语种，都是中国的节目，但是语种不一样，再把它送到卫星上，能够传到世界各地，让世界上讲不同语言的国家的观众，也能够用他们熟悉的语言来看到中国的电视节目。但是我觉得要实现这个目标，确实要花费很多的努力，这不仅仅是一个财力的问题，关键还有一个人才的问题，我们的队伍的问题。要培养出来一支真正适应于这个发展战略的人才队伍才行。起码从语言上来讲，我们现在的记者如果你不懂英语，你将来就很难到外面去。包括在国内的采访，我们要采访一个外国人，你不能讲英语不行。

在不久的将来，能够搭建起来这两个平台，我觉得起码中央电视台也能够和美国的 CNN，英国的 BBC 这样的大台真正地一比高下。现在 CNN 世界各地很多地方都能看到。BBC 世界上很多地方能看到，但是能看到 CCTV 的地方，还并不是太多。所以，在未来的发展目标中，我们瞄准 CNN，瞄准 BBC，要和他们一争高低。这就又回到那句话上，"无论走到世界各地，凡是有电视的地方，都能够看到中国的电视节目"，那时，我们的理想就实现了。

【刊发信息】胡智锋、张长明：《提高传播艺术水平 开创电视外宣新境界》，《现代传播》，2002 年第 4 期。

艺道·艺法·艺术家
——访音乐家、书法家曹建国

胡智锋：曹老师，去年8月在意大利威尼斯举办了首届世界艺术会议，您在这次大会上被推选为世界艺术论坛理事，您是获得这一殊荣的唯一一位中国大陆代表。据说您在大会上发表了一个引起热烈反响的演讲，您能谈谈这方面的一些情况吗？

曹建国：这次会议是继世界经济论坛后举办的，是世界艺术家最高档次的聚会，与会代表共二百多名。我能够作为唯一一个中国大陆艺术工作者亲临此会并发表演讲，我以为这不仅是我个人的荣誉，更应是我们祖国的荣誉，是历久弥新的中国艺术的光荣！本次会议的中心议题为"艺术与世界""艺术与人类社会"。由于种种复杂的社会历史原因，古老的东方艺术对于世界的影响，尤其是西方人对于东方艺术的了解，是微乎其微的。作为一个东方艺术的使者，作为一个中国人，我有责任、有义务为弘扬古老的中国艺术，促进东西方文化交流而积极呼吁。

我在发言中指出，各民族、各国的艺术犹如各民族、各国的菜肴一样，法国菜、意大利菜、中国菜，各有各的风味，都是好菜，很难说谁好谁差，谁高谁低。而处于世界东方的中国艺术，在漫长的历史发展过程中形成了自己独具风韵的体系。如果说西方艺术如交响乐，像花园里盛开的花一样绚丽多姿、五彩缤纷、辉煌、丰富，那么中国的艺术如中国音乐、书法，则十分简单、朴素，它像一片空地上突兀而出的幽兰一样，清香、淡雅、自然、空灵。

当今世界人类得到了前所未有的物质享受，这非但没有遏制反而更强烈地刺激了人们的占有欲望，人类的精神生活日益紧张而空虚，交通的发达缩短了人们的距离，但却使人们精神交往的鸿沟日益加深，如何使人类友好相处，生活和谐，环境净化，心态安详，这里东方艺术的独立追求有着不可小视的功效，所以我主张加强东、西方的文化艺术交流，尤其应该让世界其他民族的人们更多地了解我们古老的东方艺术，这不仅是一个民族自尊的问题，更是因为我们古老的艺术传统中有许多现代社会所需要的东西，在今天依然有它继续存在的价值。

胡智锋：艺术之所以还存在，自然有它存在的理由，只是不同的人对这理由有不同的认识，您在世界艺术论坛上的发言谈到了东方艺术存在的价值，您能否对东方艺术的本质性内涵做更进一步的阐述？

曹建国：我认为艺术最重要的存在是它的"道"，也就是最根本的道理，而"艺道"又是"核"与"体"构成的，"核"是看不见摸不着的，但是它是"道"的核心，"体"是它的外化。我认为东方艺术恰恰是最讲究"正悟"的，它需要艺术家和受众共同去"悟"，去悟"艺道"之"核"，当然，没有道"体"，也就谈不上悟。如果把中国音乐、书法等艺术的"核"看为"0"——至真、质朴、简约自然到极处的"0"，那么乐谱、写在纸上的书法作品等就是"体"，我主张这"体"要尽量简约、简朴、简单，我把它说成为"1"，也就是最接近"0"的存在，中国艺术的追求，在我看来就是从"1"到"0"的过程。这与西方艺术追求的道路完全不同，西方艺术是做加法，尽量丰富，而中国艺术则做着从"1"到"0"的减法，尽量简单，明了了这个道理，就抓住了中国"艺道"的"核"。

胡智锋：您把中国艺术之道，把中国艺道之"核"描绘成"0"的境界，这太新鲜了！我想请您继续描摹您的"0"的艺境。

曹建国："0"是"空"，是"无"。如果把艺术比作婴儿（相当于"1"吧），那么"0"就是没有出生；"0"是没有止境，可以无穷大也可以无穷小；"0"是一种"气"，一种"精"，一种"神韵"，而不是具体物象，如果把艺术说成是"花"和"月"，那就是谬误，应该是"水中之花""镜中之月"，但真正的"0"是贯注于"水中花""镜中月"其间的"精""气""神"。不少人只从器物、技艺、技术层面理解艺术，这是一种错误，是只见道"体"不悟其"核"的错误，是对艺术最大的曲解。有人写字，不去悟道，却想着如何哗众取宠，如用巨笔来写，用脚来写，我不是说这不可以，只是说重要的不在于此，中国艺术之本在平淡、静、少、天真、微弱，由平常中见奇绝。寻求怪、异，卖弄技巧，铺排华丽，都是远离"0"境界的，那不是艺术，而是闯荡江湖所出卖的技艺。

西方艺术源于"数"，如交响乐从动机—旋律—段落—各种肢体，都组织得像数字一样严密、精确；中国艺术源于"心"，如中国音乐、书法，只是技巧熟练，还不能说入道，只有传达出某种"精""气""神"，才算够得上艺术。

古人云："游于艺，志于道"，是颇有见地的，艺术的本质不应只是技艺，更应是一种"道"，师旷是大音乐家，因为他通乐道，而许多江湖艺人我只能说他们是艺匠，而不是艺术家，因为他们不通艺道。

我用"0"来概括艺道之核，概括中国艺术的境界追求，并非说只有完全达到"0"的境界才算艺术，完全达到几乎是不可能，我只是说要去追求这种境界，"1"并不完美，但它离"0"最近，所以我们中国艺术应该努力在从"1"到"0"的阶段上滑行，努力逼近"0"的至境。

胡智锋： 您对中国艺术之"道"作了非常精辟的论断和描摹，您以为这些东西对于当今世界的人们到底应该发挥怎样的作用呢？

曹建国： 当今世界人们追求物质的丰裕与发达，这从社会发展的眼光来看没有错误，它使人类见多识广，得到了很多，这很好，但另一方面它却使人丧失了很多——土地、空气、海洋，尤其是人性的丧失——任何善良、慈爱、友好的东西，都只是成了艺术品的装饰，生活中无以为信，这就是所谓"天道失平"。为了维系人类心理的平衡，抚慰千万颗纷乱、骚动、不安的灵魂，有必要在社会普遍"做加法"（发展、增长、繁荣）的同时"做减法"（简单、朴素、宁静），而中国艺术恰恰是以从"1"到"0"的减法作为自己达到至境的方式的。所以我想中国艺术完全应该而且可能给当今世界的人们一种心理的和生活的平衡，使人们相互感到一种和谐、安详、宁静。

胡智锋：曹老师，中国艺术之"道"看起来颇带几分玄妙、神秘色彩，您认为如何具体去把握它，或者说要把握它需要怎样的方法，怎样的途径？

曹建国：追求艺道之法并无定法，不过大概都有些共通的东西，我把追求"艺道"过程中的循序渐进，称之为"阶段"，关于"阶段"的一些经验总结我称之为"阶段论"。梨园行以"会、好、精、绝、化"作为表演艺术的五个阶段的标准，我认为这五个字也概括了中国民族艺术的五个阶段性的标准。"会"，指入门得法；"好"，指功力深厚；"精"，指研究细微；"绝"，指独具匠心；"化"，指融会贯通。我曾对学生说，要不断磨砺，更上一层楼，"学于师者愚，学于书者贤，学于天地者圣，学于自心者禅"，意思是一个从艺者一辈子没有超出老师所教会的，是愚者；能够离开老师，自学书本，是贤者；能够摆脱书本，游弋于大千世界的，是圣者；能够随心所欲，那就进入禅的至境了，这同样说的是求艺的几个阶段。人非生而知之，求艺求学也是如此，应该一个阶段一个阶段地循序发展。

学艺开始不可不匠、无法，先得从扎扎实实的基本功做起。如我学书，就从正楷一笔一画写起；练乐，也一个音符一个音符地去吹。先拜一家为师，老老实实地学，规规矩矩地做，不可偷懒，然后才有可能达到熟练，积累到一定程度就慢慢地找到了自己的一些感觉，"法极无法，不匠不工"，只有"入法"到一定时候才会逐渐"出法"，才会豁然开朗。不学法度就想成就，那是不可能的。

任何艺术创造都不可能脱离对传统"法度"的继承，或者说任何艺术创造都是建立在对传统法度继承的基础之上的。就中国书法来说，唐代有欧体、柳体，法度森严，宋代苏轼等在沿承欧、柳基础上增添了一种高洁、浪漫的情愫。到清代大兴文字狱，复古倾向十分严重，即使走得较远的扬州八怪也没有完全脱离先秦以及历代"法度"的影响。而今人奢谈创新，却法度全失，不想将历代法度揣摩明白，就想出奇，出个性，那是不可以的。

胡智锋：请谈谈您自己的习书过程好吗？

曹建国：我练习书法与家庭熏陶有关，祖父和父亲都以其字闻名乡里。十几岁全家从河北农村迁至北京后，练字、习乐已成为我生活中两件无法舍弃的乐事，后来中学毕业做了木工，依然矢志不渝。1972年考入中国电影乐团，成了职业民族音乐工作者，但二十年来习书未曾中断。每年几乎都重复着同样的过程，先写一寸大小的小正书，然后放大一寸，然后放大三寸，然后放大一尺，从小楷到中楷到大楷，篆字半年，隶字半年，近几年才练行书。正书来回蹚过无数遍，正书的所有法度都烂熟于心，提笔就有了感觉，再练其他样式的书法就水到渠成了。即使练到今天，二十多年过去了，我也不能说已经成了，只能说是从"1"到"0"的境界追求过程中找到了某种感觉，而且这种感觉也是时好时坏，时有时无。在赴意大利开会之前一段时间里，杂事颇多，心不太静，写出来的东西就很不令人满意，而且越写要求就越高，人常说艺术是遗憾的艺术，这话不假，我不相信艺术家不经过千锤百炼，就可以自由挥洒出好的艺术。

胡智锋：曹老师，您一面操乐，一面写字，这二者有没有相互干扰？在您看来，音乐与书法的法度之间有没有一些内在的联系？

曹建国：应该说，操乐和练字对于我不仅没有相互干扰，反而是相互长进，相得益彰。我在一篇文章里写道"书之精微甚于乐，乐之激情优于书，而二技同发乎心，道一也。书不晓乐则律动不齐，乐不通书则难入精微"，就是讲的这个道理。琵琶大师刘德海先生在我的《曹节书法选》序言里这样说："……尤其可贵处在用音乐节奏运于书法，又以书法之精微妙神影响其乐，线条中有律动，音振中有韵味，书乐其技异而道一也。"历史上书、乐相互成就的也不乏其例，像唐代大书法家张旭不就是在观剑舞时生发灵感，而成就了他的"狂草"吗？尽管在表现技法上，书法与音乐所采用的材料和方式有很大差异，一个是以笔墨线条变成字，一个是以管弦节奏变成乐，但作为中国艺术，它们所要达到的境界，在道理上都是一样的。

胡智锋："艺道"追求艺术的朴实无华，而"艺法"又强调艺术法度的不可偏废，您怎样看待"艺道"与"艺法"之间的关系？

曹建国：我很欣赏孔老夫子的一句话："文质彬彬，然后君子。"

"文质彬彬"应该是我们努力的目标。"文"是装饰，相当于"法度"；"质"是实实在在的本质内涵，相当于"道"。君子不仅应该"质美"，也应该"文美"，这就是"文质彬彬"。光讲质美，猪就质美；光讲文美，秦桧就文美，这能行吗？艺术也是这样，一味地讲"道"，却无法度，那"道"怎么才能得以体现？一味地讲"法度"，而不求"道"，那就成了没心没肺的江湖艺匠了，这都不是真正的艺术家所做的事。

胡智锋：您能否谈谈心目中真正的艺术家应该是一个怎样的人？

曹建国：曾经有一个记者采访我，他说"艺术家的人格和艺格可以不吻合"，我马上打发他走了。一个真正的艺术家，他的人格和艺格怎么可以不吻合呢！如果他一面在骗人，一面在媚人，取悦于人，怎么可以算得上是一个真正的艺术家呢！书以写心，乐以写心，不用心去做，就不是艺术，用心去做的人，才可能成为艺术家。毕加索作画，有一个商人亲自看他作完，并取走，几年之后二人见面，毕加索对那个商人说，那幅画是假的，不是他作的，商人很惊诧，觉得不可思议。其实毕加索是一个真正的艺术家，他认为如果自己没有用心去作，那作出来的就不是真正的艺术品！

把学艺与道、把学艺与人格修养相联系，这是中国艺术所讲究的，人格完善、艺品臻上。这是中国人对艺术家的要求。

胡智锋：当今艺术界很多人追名逐利，事实上也名利双收，您怎么看待这个问题？

曹建国：艺术家靠自己的辛勤劳动，创造的艺术品受到人们欢迎，因此而得名得利是很自然的，也无可厚非，但把艺术的目的定在"名利"上，那就太危险了。从根本上说，艺术之路是寂寞之路，耐不住寂寞成不了气候。因此学艺非有恒心韧劲不可。当然，"名"和"利"可以给艺术工作者以鼓励和鞭策，但过于看重名、利就会葬送艺术，葬送艺术家。单就"名"与"利"二者来看，"名"与真正的艺术无关，只与"利"有关，因为往往"名"便意味着可以带来"利"。

我主张"善守"，一个真正的艺术家应该竭尽平生之气力守住艺术这块圣洁之地，不能让庸俗无聊的东西充斥进来，应该给这个世界上的人们一线亮光，一线光明，让人们珍重生命，和谐生活。我常以"为而不争"自勉，全身心地投入艺术，而不要去争名夺利，所以我还有一句话，叫作"玩来的艺术，闲来的名声"，意思是艺术家的艺术成就和名望是在不带功利目的的条件下得来的，而不是争来的。先贤指出"知足知不足，有为有弗为"，在学问上有为知不足，在生活上知足有弗为是可取的。如果倒过来，把知足来对待学问，那等于是猪；把不知足来对待财富，那等于是狼。这说得夸张了一些，但这是我对艺术和艺术家的看法。

胡智锋：您认为对于艺术家艺术水准的衡量，应采用怎样的标准？

曹建国：衡量一个艺术家的艺术水准，要看两个方面：一是艺术技法，二是艺术功力。比如画猫，一要看画家画猫技法的娴熟、精到的程度，二要看画家所画出的猫的气质、气度如何。从某意义上可以说，猫即人，猫的气质、气度表现了画猫人的气质、气度，这就是功力问题了。中国人讲"外师造化""中得心源"，意思就是，艺术家一方面需要有准确娴熟地描摹自然的本领，一方面需要有真切恰当地表现自我内心世界的功夫。

好的艺术作品，不是"倒"出来、"挤"出来、"做"出来的，而应是"溢"出来的，就像盛满了水的水杯，水是自然溢出来的，所以我主张艺术的"非演主义"，不要去硬努、硬演，好的艺术家从容不迫，却能"溢"出佳品，所谓"高手松弛，大家平和"就是这个意思。

好的艺术作品，又是以少胜多，以一当十的。学艺跟其他学问一样，总是经历一个"少—多—少"的过程，起步知之甚少，后来知识积累丰富，再到后来就是"厚积薄发"了，到了郑板桥所说"删繁就简三秋树，领异标新二月花"的境界，那就进入到艺术的高境界了。

胡智锋：曹老师，作为一个卓有成就的艺术家，您能否谈谈您对年轻一代艺术从业者的一些期望和要求。

曹建国：我想以我的求学学艺的经历，送给我年轻的朋友们几个字："自知""尊师""兼学"。

人贵有自知之明。艺术界最容易出现"捧杀"和"骂杀"现象，要说你好，恨不能把你捧上天，要说你不好，恨不能把你骂得一钱不值，我学艺过程中经常被人"捧"或被人"骂"，起初也是愿听被"捧"的话，一挨"骂"就丧失信心，后来冷静下来想一想，其实我未必有"捧"得那么高，也未必有"骂"得那么惨，坚定不移地走自己的路，嘴长在别人身上，由人说去，只要你对自己有了一个准确清醒的把握和认识，你就不会大起大落，栽大跟头。

一定要尊重给过你本领和教诲的老师们。罗丹曾经说过："生在你们以前的大师，你们要虔诚地爱他们。在菲狄亚斯和米开朗琪罗的面前，你们要躬身致敬，对于高贵的人，崇仰是一种醇酒。"是老师们给予了我们智慧、信念与力量，忘掉他们是一种不能饶恕的行为。我至今依然时常念起我艺术道路上遇到的老师们，他们既有真才实学，又有金子一样的心，他们以正直无私的品格和精神，热情地帮助和栽培我这个一无所有的穷学生，我成长的每一步都渗透着他们的心血。我希望年轻的朋友们永远记住帮助过你们的老师，同时希望每一个有德行有本领的人都能像我的老师们那样扶持年轻的一代。

学无止境，艺无止境。起初学艺的人往往容易骄傲、轻狂，不愿虚心求教于人，学到一点就觉得了不起，这是不对的。我以为不可坐井观天，妄称"家""派"，学一家还不够，应兼学百家，方知天地之开阔。不仅要向经验丰富的老先生学，也应放下架子向同辈甚至学生学。记得有人对别人讲，"曹建国向我学过笙"别人以为他夸口，当面问我，我说是学过。"知之为知之，不知为不知"，谁也不可能样样精通。只要有长处，就值得我去学。所谓"三人行，必有吾师"，所谓"学然后知不足"，所谓"学三年遍知天下，再学三年寸步难行"都是讲的这个道理。故步自封者不进则退，博采众长者才可能永远立于不败之地。

【刊发信息】胡智锋、曹建国：《艺道·艺法·艺术家——访音乐家、书法家曹建国》，《北京广播学院学报》，1992年第6期。

构建民族化的影视艺术理论
——访影视艺术学者黄会林教授

胡智锋：大家知道您曾经长期在北京师范大学中文系从事现代文学的教学、研究，是什么原因促使您后来转入到影视美学研究领域呢？

黄会林：进入影视美学研究主要有两个渊源。一是因为创作。我的老伴绍武对创作情有独钟。1972年陈毅元帅去世，"四人帮"捏造了许多不实之词诬蔑陈总，作为老兵的我们决心写点东西给后代留些真实的记录。我们选择陈总在赣南开展游击战那段历史。从1972年到1976年，在我的恩师唐弢先生指导下悄悄进行。这部剧本直到1976年10月粉碎"四人帮"以后才见了天日。唐弢先生把它推荐给夏衍。《梅岭星火》最后由夏公定稿，后来被珠江电影制片厂拍摄成故事片，这可算是我们和电影的首次结缘。进入影视研究的第二个渊源是1978年拜识夏公以后，我经常去帮他整理一些信件、文字，1979年夏公住院，我又参与了医院值班。当时我和绍武商量，趁这个宝贵的机会做夏公研究。遍观国内所有的出版物，当时没有一本是专门研究夏公的。这样，从夏衍研究开始，我进入了电影理论的研究。

胡智锋：在您主持艺术系以后，北京师范大学影视艺术学科得到很大发展。并在1995年争取到全国高校第一个影视学博士点。您能谈谈这方面的情况吗？

黄会林：北师大艺术系立足于不事张扬，埋头苦干；立足于方向明确，脚踏实地。我始终相信一分耕耘，一分收获。我们背靠北师大历史悠久、根基扎实的综合学科背景，有人文、理工学科的强大支持。我们这个研究群体的同志受过十几年或几十年的文学、美学、文化熏陶，有坚实的理论功底、创作经验，所有这些，可以使我们较快地进入角度更高、视野更开阔、思考更深入的影视文化研究。另外，由北师大艺术系联合兄弟单位创办，已连续搞了七届的大学生电影节，为我们的研究提供了第一手数据资料。这些都使我们更有信心从事这一课题的学术研究。

胡智锋：目前有哪些主要的成果？

黄会林：近几年已经获得四个由我主持并正式批准的项目：一、国家"九五"社科基金项目《当代中国百年文化研究》；二、国家"九五"规划"全国艺术科学规划研究课题"项目《中国影视和中国文化传统研究》；三、北京市"九五"规划"哲学社会科学研究课题"重点项目《中国影视美学研究》；四、国家教育部人文社会科学研究"九五"规划项目《中国影视民族化研究》，现已推出成果200余项。我们课题组将成果总体命名为《中国影视美学丛书》。从1997年以来，我们先后完成并向出版社交稿的有：第一辑"借鉴与思考"5部书稿；第二辑"梳理与开掘"3部书稿；最近一部36万字左右的《中国影视美学民族化特质辨析》则作为第三辑"探索与攀登"的总体性成果。

胡智锋：您对国内影视领域的研究现状如何评价？

黄会林：我以为中国影视的现状是：实践先行，理论滞后。现有理论许多是西方理论的翻版，有翻译，有介绍，但更多的是把西方理论拿来套用，不管中国文化的特点怎样，不管民族传统的继承如何，只要是流行的就是可用的，只要是存在的就是合理的，由此而造成影视理论和评论脱离社会和观众的需要，反复地炒冷饭，也使影视这个最富影响力的大众传媒渐渐不再具有中国传统文化的内涵。

胡智锋：是否可以这样说，在这样的背景下，您的课题研究在学术界更自觉地举起影视民族化研究的旗帜。

黄会林：我常说，国有国格，人有人格，影视艺术也有自己的品格。回眸中国影视艺术的成长过程，我以为，它的最高品格便展现在"民族化"之中。中国影视并不是欧美影视的翻译版，它具有鲜明的中国文化特色。因为，影视不仅仅是科技工业，也是美学与艺术。科技手段没有民族和国家的界限，然而美学和艺术却有鲜明的民族性格。换句话说，尽管影视使用的语言是国际性的，但影视使用的语法，却必定是民族性的。影视艺术输入中国的历史，也是它逐步本土化的过程。我认为，中国影视能否在世界上拥有它应当具有的地位，关键在于中国影视是否生成了具有民族性的艺术风格。

胡智锋： 作为国家广电总局电影审查委员会的委员，您参与了大量电视评奖、创作、监审工作。面对加入WTO将要带给中国影视界的挑战，您有什么看法？

黄会林： 加入WTO以后，每年将有更多好莱坞和外国影片进入中国，这不可避免地会给国产电影带来巨大的冲击。美国某电影公司首脑，曾经发出过"铁盒大使"的狂言，他说："带有正式国书的美国大使，并不比千千万万铁制的拷贝盒更有办法。这些铁盒里装有卷得很紧的一部部影片，印着美国电影制作者的思想、想象和创造才能走遍世界。"这种冲击，不仅是商业问题，也是涉及国家文化之根的问题。因此，在影视文化领域制定民族文化的应对策略，已是一项刻不容缓的任务。如今，越来越多的人认识到，应当以中国美学的独特视点去研究中国影视艺术现象，既吸收世界影视艺术的精华，又坚持中国文化的民族性。只有这样，我们才能创造出具有现代意识与民族风格的影视作品，建立影视艺术的"中国学派"。

华语片近期在国际上的频频得奖便是一个信号。所以，我认为影视艺术民族化的追求，是中国影视的必由之路，也是我们应对好莱坞影片冲击的法宝。"行到水穷处，坐看云起时"，我想对这些问题认识清楚了，在实践中去摸索、创造，中国影视必然会有一个光明的未来。

【刊发信息】胡智锋：《构建民族化的影视艺术理论——访影视艺术学者黄会林教授》，《中国文化报》，2001年3月10日。

电视纪录片的走向和问题
——访上海电视节国际评委王纪言

胡智锋： 王老师，作为本届上海电视节"白玉兰"奖评奖委员会的评委，请您就本届上海电视节的一些情况与特色向我们介绍一下。

王纪言： 上海电视节是在我国举办的最有影响的国际电视节之一，它与四川电视节一样，是国家授权主办的电视节。本届上海电视节将进行"白玉兰"奖国际电视节目评选、国际电视学术交流、国际电视节目交易会等各项活动。"白玉兰"奖国际电视节目评选又是其中最主要的一项，这个评选活动的对象是电视剧与电视纪录片，而电视纪录片的评奖又格外令人瞩目。如果说到此次"白玉兰"奖的特色，那我可以说，这个特色主要体现在电视纪录片的评奖上。因为电视剧的大奖在我国有影响很广泛的"飞天"和"金鹰"奖，上海电视节历届评选出的得奖电视剧，影响至今也不是很大。而电视纪录片情况有所不同，在一些全国性的电视纪录片评奖活动中——如全国新闻专题中的纪录片评奖、电视"星光"奖中的纪录片评奖、全国社教专题节目评奖、全国外宣节目评奖、人民子弟兵栏目中的纪录片评奖等等，这些评奖都与电视纪录片有关，但由于受电视栏目局限，评选比较分散，在创作界和观众那里影响力有限，至今未形成纪录片大奖性质的影响力。正因此，上海电视节，包括四川电视节上的电视纪录片评奖格外引人注目。从历届上海和四川电视节评奖结果来看，不论是国外的《五平太流传》《巴卡丛林的故事》，还是中国的《老年婚姻介绍所见闻》《藏北人家》，都堪称世界电视纪录片中的一流作品。

胡智锋： 本届上海电视节参评范围有多大？在设奖方面有什么新

的动向？

王纪言：参与评选的，既有当今欧美发达国家的主要电视创作机构，也有发展中国家的一些电视创作机构。前者如美国、英国、法国、德国、瑞士、瑞典、日本等，后者如巴基斯坦、印度、朝鲜民主主义人民共和国等。这次印度的作品也被列入提名奖名单之中。这次电视节还第一次为纪录短片、纪录片摄影专门设奖。设立30分钟长度以内的纪录短片奖，一是为了提倡纪录短片，要求电视工作者能够在更短的时间里，用精到、鲜明、快捷的表现完成对生活有特色的捕捉与处理。二是为了使评奖在长度判定上更公正和好操作。因为30分钟以内的纪录短片在表现生活的广度、深度与高度等方面常常不及纪录长片，但它有自己的独特表现范围与方式，如不为它单独设奖，则短片难免受到纪录长片的冲击。三是考虑到中国国情，我们国家的电视制作受电视编排管理方式的影响。纪录长片不易制作和播出，纪录短片比较发达。设立纪录片摄影奖的目的与意义在于：我们应该再一次重申摄影、造型等因素在纪录片创作中的重要地位，因为对于纪录片来说，视听语言方式，尤其是摄影、造型等视觉语言方式，是为人类所共同拥有，可以迅速达成人类相互理解的重要语言方式。我们不否认文学、编辑、音响等其他因素的作用，但单设此奖，可以更有力地激发与促进电视工作者对于纪录片摄影的探索与追求，更有力地发展各国电视界之间的交流。作为北京广播学院电视纪录片的一个教学者，我为此次电视节增设这两项奖感到高兴和欣慰。

胡智锋：王老师，此次参评的各国纪录片，在表现对象和对于表现对象的内涵发掘，或者说在内容和主题方面，有些什么新的创作走向？

王纪言：从上海电视节历届参评电视节目来看，在创作走向上的脉络基本是一致的。如果概括本届参评节目，可以说，内容更加丰富、广泛，主题更加宏阔、深邃。从内容上来看，传记片、科教片、旅游片、社会片、风情片多姿多彩；从主题上来看，体现为三种大的趋向与潮流。

第一，人与自然的主题。人类发展面对自然所遇到的课题，是各国电视纪录片所关注的共同课题。前几届获奖作品中，如日本的《小鸭的故事》，借小鸭的申述，提出了人与自然共存共荣的问题。四川电视节上得奖作品如《飞翔吧，挑战者号》，是美国匹兹堡电视台从20世纪70年代起，花费十余年拍出的一部电视纪录片杰作，它所提出的课题基于人对宇宙的探索历程。此次上海电视节上的参评作品，如英国的《汽车的联想》《香烟大战》《这里还有恐龙》，加拿大的《大地的负担》，美国的《最后的牛仔》《被遗忘的鲸鱼》《直到最后一条鱼》等，同样表达了这种主题，只是这次电视节作品中的感觉更加沉重、深沉、严峻，与以前的《小鸭的故事》那种风格的作品相比，更多地流露出一种人类的困惑和无可奈何的情调。

第二，人与社会的主题。前几届国际电视节得奖作品《五平太流传》《巴卡丛林的故事》及中国的《老年婚姻介绍所见闻》等均属此类。本届参评作品如美国的《抹去七代人的眼泪》《强奸》，日本的《一个自愿去遥远乡村的医生》等片也是这样。《抹去七代人的眼泪》展示了印第安人的苦难命运与生生不息的传统精神；《强奸》通过七个案例的剖析，介绍、讲述了关于美国对强奸犯罪的研究成果，施暴、被施暴者的心理认识等社会问题。

第三，人与社会的课题中"人与人"的主题。在这方面，一些传记片、情感片取得了很高成就。如美国WETA电视台选送的《玛丽安·安德森》，记述了世界上最伟大的女低音歌唱家玛丽安·安德森的生活、事业以及她留给后世的音乐作品，像她站在林肯纪念堂前，争得了作为黑人歌唱家的首次演唱权利等细节都非常生动感人，令人信服地展现了女主人公崇高、丰富的心灵世界。瑞士电视台的《路易希蒂的不平常命运》，表现了画家路易希蒂幼年、童年的生活遭际和坎坷命运。日本九州朝日放送的《父亲从战场上来的信》，把一个重大的战争题材，交成了"人与人"的主题。在日裔美国军人从"二战"战场上捡回的"明信片"中，寄托着人间最真挚、深切的骨肉亲情。上届日本九州朝日送来的参评节目《大地之心》，同样是体现"人与人"主题的情感片（写日本入侵者与朝鲜劳工，展现那种背景下人与人之间的情感纠葛），但比较起来，《父亲从战场上来的信》比《大地之心》

更加细腻而情节化。像"明信片"这样的细节，发现和构思以及表现上比不少优秀的电视剧还精到。在"人与人"主题的作品中，对于情感细节的精彩捕捉，是本届电视节参评纪录片的一个很值得注意的现象，它体现着电视纪录片创作中的一个新的趋向与潮流。

胡智锋：王老师，您能否就本届上海电视节各国参评纪录片在风格样式与叙述方式等方面的情况，谈谈您的意见。

王纪言：本届参评的国外的纪录片保留了其以往的两个脉络：一是极其主动的纪实风格，另一个是在对世界的表述方式上，高科技手段与电视纪录的紧密结合。

纪实风格主要体现在社会片（多是人与社会、人与人的主体内涵）中，摄影机像悬在空中的眼睛一样，无时、无处不在参与、发现着人们的生活底蕴，展示震撼人心的生活原生态。像英国的《董·麦克库林》是英国摄影师在埃塞俄比亚交战区实地拍摄的，美国的《致命的欺骗》是在原子污染区拍摄的，它的纪实风格给观众带来的心灵的震颤，是巨大而深刻的。

对世界的表述方式方面，将高科技手段与电视纪录结合起来，也是电视纪录片创作中，尤其是近十年来电视纪录片创作一以贯之的做法。美国的《生物模球》拍摄了一个生物实验室、一个新的地球母亲的模拟器官；日本NHK与瑞典合作的《内部宇宙》展现了生命起源的过程——这些纪录片用鲜为人知的手段——微观摄影、特技摄影等高科技手段，向我们呈现了令人震惊的世界原貌与生命原貌，让我们感受到：世界是如此奥妙无穷，人的生命是如此美丽无比，它甚至可以使许多文学家的描绘或绘画大师的杰作相形见绌。

除了上述各方面的传承之外，本届参评纪录片也有不少新表述方式的探索——如前苏联的《手》描摹的是一个雕塑家和他的雕塑作品，但全片自始至终没有出现雕塑家本人的形象，只有他的一双手在操作着，片末推出的则是雕塑家本人的自塑雕像。再如《汽车的联想》中的主持人，一反传统纪录片中客观自然的纪录方法，而借用主持人——一个著名美国演员富于表情魅力的脸，借用莎士比亚的辉煌华丽的诗句，用极具主观色彩的布道、表演方式阐发他对人与自然、人与社会的哲理思考。这些采用扮演、特技模拟等方法的纪录片，开阔了纪录片创作的新的视野，体现了电视纪录片创作方法、表述方式上的多样化。

总之，从国外很多电视纪录片的创作上，我感到若要获得电视纪录片的魅力，对于人与自然、人与社会、人与人主题的深刻发掘与发现，对于视听语言——表述方式的大胆探索与追求，都是非常必要的，只有这样，才能使电视纪录片产生令人震惊和令人愉悦的效果。

胡智锋： 以上您基本上对世界各国电视纪录片的总体潮流与趋向作了一番描述，请问中国此次参评纪录片有多少？您对中国电视纪录片有什么看法？

王纪言： 此次中国有几十家电视台推荐了二十多部电视纪录片。与我们的电视纪录片创作实力相比，我感到参评不够活跃，类别、样式也不够多，代表性也不很强。为什么会出现这种情况呢？一种原因，许多台自信心不足，可能看到"白玉兰"奖终评委七个人里，有五位是外国专家，只有两位中国专家，怕得不了奖；再一种原因是没有下气力拍摄符合参赛标准的片子，在时间、规模等许多方面一定程度受到电视栏目的局限与束缚。作为一个中国评委，我对此感到不无遗憾——因为参与评奖，本身就是了解世界和让世界了解中国的好途径，不应轻易放弃这种机会。

代表中国参评的节目中，上海电视台的片子，如《德兴坊》《十五岁的初中生》《谢晋和他的孩子们》等，水准较高，代表了中国电视纪录片的当今创作走向。这种创作走向的特点是：更自觉地面对中国现实生活，更热情、更投入地贴近当今中国人，用电视纪录性节目准确的手法来表述和表现生活，并加入创作者独特的理解与思考，使收视者能够从中看到当今中国人的生活风貌和情感，并产生共鸣。

胡智锋： 您刚才提到了上海电视台的几部片子，您认为这些片子对于电视纪录片的创作，提供了哪些新的经验？

王纪言： 我认为这几部纪录片，在创作方法上对于中国的电视纪录片创作，有着特殊重要的意义。目前在中国电视界普遍存在着这么一种有待改变的倾向：感到身边、周围无主题，没有什么可以作为拍摄对象，对自己所接触的生活"无陌生感"，浮躁、浅尝辄止，不愿潜心刻苦地体验生活，有创作畏难情绪。一句话：处于一种被动的创作无为状态。另一种情况是有些创作者离开现实生活到那些深山老林、荒蛮之地、鲜为人知的场所，去捕捉一些神奇的"秘境"。当然我们并不一味地反对这样做，但更重要的是：如何在人们"熟视无睹"、平凡、普通的当今生活脉搏中挖掘出新鲜的、不平凡的、独特的主题内涵。

上海电视台的这几部纪录片，向我们证明了纪录片开掘平常生活的巨大潜力。这几部片子选择了在中国几乎任何城市、地区都可能遇到的问题——住房、交通、教育、名人与家庭等，但由于创作者的孜孜不倦与刻意探求，使片子达到了相当高的思想艺术水准。《德兴坊》的创作者们长期追踪"德兴坊"（上海的一个弄堂）里人们的生活，反映了他们紧张窘迫的生存环境（住房严重困难）以及在这种生存环境中人们的不同心态。《十五岁的初中生》描述了上海几所中学的初中学生在学校、家庭、社会生活中的种种引人深思的境况与观念。这些题材看来非常平凡、普遍，但可贵之处恰恰在于创作者们能在人们"熟视无睹"中以"陌生化"的手段将其表现得新鲜别致，这绝非走马观花可以捕捉和传达出来的。这样的工作作风与创作方法是值得大力提倡的。

胡智锋：王老师，您对上海电视节"白玉兰"奖评奖本身有什么看法呢？

王纪言：我始终认为，评奖这种形式不在于结果是否得奖，重要的是"参与"，这如同奥林匹克的精神主张。是否得奖，因素是多方面的。比如这一次推荐电视纪录片"大奖"提名时，我们推荐了《德兴坊》。《德兴坊》与《十五岁的初中生》其实各有千秋，水平相当，二者得票也相同，但考虑到文化上、心理上的背景差异，考虑到外国评委理解上的方便，我们还是最后确定了《德兴坊》。但这并不说明《十五岁的初中生》不如《德兴坊》。

从上海电视台参评的五部作品看，五位导演在许多方面有着相似的追求，已逐渐形成了一个创作群体，创作集团。这标志着我们电视纪录片创作队伍的迅疾成长。显示了我们电视纪录片的雄厚创作实力。

拿大奖的毕竟是少数，因此，我再一次强调：重要的是"参与"。应该淡化评奖意识，因为评奖的目的并不仅仅在于那个结果。我前面谈的只是对参加初评的电视纪录片的种种想法。我期待着大奖的产生，因为它必将促使中国电视工作者更积极、更有力地参与电视纪录片的创作，促进中外电视界更大规模的交流与合作。

【刊发信息】胡智锋、王纪言：《电视纪录片的走向和问题——访上海电视节国际评委王纪言》，《北京广播学院学报》，1992年第5期。

对未来一代艺术从业者的希望
——俄罗斯电影大师罗斯托茨基演讲录

【笔者注】俄罗斯电影导演大师斯坦尼斯拉夫·罗斯托茨基（电影《这里的黎明静悄悄》《白比姆黑耳朵》的导演）是享誉世界的电影艺术家，五届莫斯科国际电影节评委会主席，也是中国人民的老朋友。1992年4月17日至22日，罗斯托茨基先生应邀前来北京广播学院，先后与部分教师和学生进行学术交流，并发表了精彩的、热情洋溢的演讲。本人有幸参与其间，并与大师切磋良久，大师丰富的阅历、睿智的思考以及关于艺术理想、人生理想、影视艺术的许多精彩见解，给我留下深刻印象，于是我将大师两次演讲作了整理，发表在1992年第3期《北京广播学院学报》上。巧合的是4月21日为大师的生日，来广播学院演讲恰逢他70大寿之时。5年后的4月份，我又一次想起远在莫斯科的大师，很想将我整理的这篇文稿，译成俄文传达到他手中，算是一个中国晚辈对他75岁生日的祝福，但由于种种原因，没能如愿。我在想：不知大师80大寿之时，有无可能了却这个心愿。也许我们之间真有一种缘分，就在这一年（1997年）深秋第三届上海国际电影节期间，一个戏剧性的场面发生了：当我与中央电视台《银屏歌声》的记者们讨论节目拍摄计划时，发现一对外国夫妇步入报告大厅，正东张西望寻找报到之处，我定睛一看，来者竟然就是我经常念起的罗斯托茨基大师和其夫人！我兴奋地走上前去向他大喊一声，他也认出了我，兴奋地喊着："胡！胡！"我们的双手热烈地握在了一起。安顿下来后，我们相约畅谈了足足四个小时。遗憾的是，我不懂俄文，他不懂中文，我们只能分别用中式英语和俄式英语进行交流，尽管我们也请了俄语翻译，但毕竟隔了一层，加上日程安排紧张，这一次畅谈没来得及认真整理。

之所以将这篇文稿收到本书之中，一是大师演讲本身之精彩；二是从中可以理解苏联电影独具特色的精神气质的根蒂；三是可以当作一种教材，教育初涉影视业的年轻学子。在我的课堂上，至少有十数次提到过这篇演讲，凡是听过大师这些言论的年轻学子，都会留下深刻印象。当然，对我自己来说还是一个珍贵的纪念。大师的言论、作品，大师的人格精神，将永远成为我探索前进的榜样和力量，而且我也愿更多的人从中获得熏陶、感染与启迪。

同学们，今天能够在这里见到你们，与你们谈话，我感到很幸福，很骄傲，我羡慕你们——你们有很好的老师，非常善良的老师，而且将来你们会在一个非常重要的领域——电视和广播领域工作。我是一个电影工作者，自然是极力维护电影的价值，但我也清楚地看到，电影与电视、广播是姊妹艺术，没有广播，电影的声音就不会出现，没有电影，电视不会兴旺，没有电视，也不会有电影的更大规模，特别是信息的传达。我每天都在住所按动电视的按钮，期待着从屏幕上看到好节目。诸位将要掌握这样一种有力的传播媒介，现在正在为了将来制作出好节目而学习、工作。

在我小的时候，没有电视，连广播也还刚刚出现。我有一个亲戚，在离莫斯科一百公里的地方，拿出一个小方盒，拉开铜线，从盒里听到了莫斯科的声音，当时感觉很新奇，后来有了小屏幕电视机，前面还安放了一个放大镜，从上面看到了很遥远的地方的人和事，感觉更为新奇，而这些现在已经极其自然、极其平常了。

我只是想让你们感觉到：你们将要从事的工作多么有趣，多么有意思，多少人期待着看到、听到你们制作的好节目，所以你们要珍惜它、爱惜它。

我小的时候因为没有电视、广播，所以主要是看电影。

当我从银幕上看到一个头戴礼帽、手拄文明棍的流浪汉走来走去的时候，暗想：如果将来我有幸能从事这样的工作该有多好。没有想到有一天我会如愿以偿，而且有机会能一睹那个流浪汉——卓别林的风采，甚至可以很亲切地抚摸他。

我家里无人从事艺术。在我13岁的时候非常走运，被爱森斯坦（苏联早期电影大师）的助手在大马路上发现，选去做儿童演员。当我被带到爱森斯坦面前的时候，他紧紧地盯着我，我笑了，他问我为什么笑，我说你为什么像相马似的这样看着我。他听了我的回答很高兴，几天后送了我一样礼物，是为我拍的一张照片，上面题了字：你笑得很可爱！然后我就随他拍片了。在16岁的时候，我又动手写了一部电影剧本，当时感觉很轻松，很容易——事情往往是这样，不懂的时候总觉很容易，懂得越多反而觉得越来越难。看了我的剧本，爱森斯坦和普多夫金（另一位苏联早期电影大师）都夸我写得不错。我越发自信，下定决心这辈子绝不离开电影厂了。在爱森斯坦家里，我进一步问他：我能否成为一个电影导演？爱森斯坦没有回答我，直到他去世前也没有回答这个问题。他只是教我读书，让我去看画展，听音乐会，看大艺术家的传记……爱森斯坦虽然没有答复我的问题，但他真正地教了我——他让我明白了走电影导演这条道路并不轻松。

在我中学毕业后，发生了战争，于是我就当了兵。我后来曾有很多头衔：人民演员、列宁奖金获得者，我还是五次莫斯科国际电影节评委会主席，但我最看重的是：第18近卫军13团3连骑兵战士这个荣誉，我最喜欢"战士"这个称号。1944年2月11日，坦克从我身上轧了过去，肋骨、胳膊、腿和内脏都受了重伤，三天过去了，同志们赶来救了我，后来生命保住了，就是一条腿失掉了，安了假肢。在重伤之下熬过三天，竟然活了下来，简直是奇迹！由此我感到：世上最有耐力的就是人！

我的理想依然是电影，于是1944年8月我考入苏联电影学院，到郭金采夫导演工作室学习，在他的影片里演过几个角色。1952年到高尔基电影制片厂工作。

　　从那时起，我陆续拍了13部影片。我以为对于一个艺术家来说，除了天赋才华和后天学习之外，很重要的一点是生活阅历。因为我经历了战争，所以拍了三部战争片；因为我在农村中长大，非常喜欢农民，知道他们生产粮食给我们吃，很勤劳，是很好的人，所以拍了三部农民片；我特别喜欢年轻人，我以为年轻人永远是对的，他们对生活很敏感，于是又拍了一部青年片《活到星期一》；另外还拍过两部历史片。

　　我所拍的影片，都是我自己想拍的，而且对于国家、人民都是重要的、有益的。若要用一句话来概括，那就是：说真话！想尽一切办法去说真话。一个人的认识有时会有错误，那是他自己负责的事情，但任何人不能逼着我去说假话，谁也休想制止我说我想要说的真话。这是很难的。我的朋友瓦西里·舒克申导演喜欢说这样一句话：道德的是真实的，不真实的谎话永远是不道德的。每个人一定要说真话，非常情况下可以不说话，但不要说谎话，尤其是年轻人。我的老师是这样教育我的。我想，影片就是导演的生活，从中可以清楚地了解、看出导演是一个什么样的人——是为了赚钱，为了让人喜欢，还是为了表达一种善良的愿望……都能够看得出来，骗不了观众，观众会发现他们的为人，发现他们是否说了真话。

　　我毕生在思索的、探求的，是这样一些问题：艺术是什么？艺术家是什么？艺术的目的是什么？艺术家应该成为怎样的人？

　　我以为艺术绝不意味着职业性的技术，作为一种职业，如操作机器、在麦克风前讲话、写台词……都是可以很快教会的，但重要的是，应该让从业者明白——这不是一种单纯、纯粹的职业性技术，而是一门艺术，掌握在诸位手中的，就是这样一门艺术。

在电视发展初期，我去过一次美国，在那里，参观电子大地和电子公司，美国朋友为我展示了神奇的电子技术，然后问我感觉如何，我这样回答他们：这一切都非常好，但问题在于：在俄罗斯有一个诗人普希金，他在世时，没有打字机，也没有电脑，只有鹅毛笔和墨水，但他的诗篇跨越了时空，世代流传，谁也无法否认他是一个不朽的、伟大的诗人，这症结何在——关键是谁来操纵、掌握机器，不论是电脑、打字机、电视还是鹅毛笔，最终还是人！使用机器的是人，问题不在机器，而在于人！诸位就是掌握机器的人，如果诸位是有才华的、有文化的、聪明的、热爱祖国、热爱人民，而且有此愿望——让全人类都生活得很好，让这个世界充满善良、美好的东西，而且为此能勤劳地工作、劳动，这样你就可能取得应有的成绩。现在你们所做的节目，百年后人们还会去看，他们会感叹：百年前的人们就做出了这样好的东西！

艺术是人们所有活动中的一项内容，这些活动内容可以直接影响人的灵魂。因此艺术家应该成为有道德、有教养的人，有责任感、使命感的人，应该关注人类的命运，而不应该成为金钱或某种权力的奴隶，应该通过你的艺术作品使人们成为好人、善良的人、美的人。

好多艺术大师因贫穷而死，在他们生前得不到人们理解，那是因为他们的见解超越了他们的时代。我们怎样来评价艺术？绝不能运用金钱来衡量，而要看艺术对人的灵魂、内心影响有多深。众所周知的事实，大家都可以看得到、听得到并讲述出来，但谁讲得更好？讲得更新鲜、更深刻，更带有自己独特的意识，更令人惊奇？是艺术家。真正的艺术家不应该为了赚钱，他应该通过自己的艺术作品让人们更深刻地认识和领悟众所周知的事实。

许多人称《这里的黎明静悄悄》是艺术，有人说关于战争的影片以前从未见过这种样式的作品。我为什么要拍这样一部影片呢？诸位都知道，苏联卫国战争期间牺牲了两三千万人，他们都是俄罗斯民族的优秀儿女，假如他们还活着，会给这个民族，会给人类做多少事情呢！可是两三千万这么大的数字一下子让人无法理解，而在电影中展现五个姑娘的生活历程、她们的理想和死，就可以让人真切地感受这数千万人的生命历程，他们的理想和他们光荣的牺牲。如果看完这部片子，你会深深地同情这几个女孩子，同情她们的国家、民族和人民，同情那一段历史悲剧，开始厌战，不希望战争再发生一次，而且开始这样想：万一发生战争，我该怎么办？想到以这五个姑娘作为自己的榜样，如果这样的话，这部影片的目的就达到了。

　　《这里的黎明静悄悄》全片长达3小时13分钟，其中有30秒钟的女人洗澡镜头，在电视上最初播放时被剪掉了，我敢说：主张剪掉这场戏的都没有明白这场戏的价值！真正懂得人生、懂得爱的人是不会剪掉这场戏的！这部影片写的是女战士，但不要忘记：这些女战士首先是女人！要让人们知道：这些女孩子有多么美！她们有人还没尝试过爱情，就永远地去了！这么美的生命就这样消亡了，这是多么令人惋惜、遗憾的事情啊！这30秒的镜头是美的升华，我绝不相信人们看了这些镜头就会变坏，它只能让人产生怜悯之情，从而净化人的灵魂，如果认为这场戏是黄色的，那应该将大卫的雕像扔掉。

　　应该带着深深的爱去投入艺术创作，因为爱使人提高，为了爱会做出许多好事、勇敢的事。如果我想起用一个演员，那我一定要爱她，我想通过银幕向人证明——这个女孩子多么可爱、多么聪明、多么美丽！《这里的黎明静悄悄》里扮演热里娅的演员，当时是电影学院一个18岁的女大学生，我很喜欢她，当时我已经50岁了。拍片的时候我问她：

"如果我说我喜欢你，你怎么想？"她回答我："你为什么会不喜欢我呢？"我又问："假如我说我爱你，你怎么想？"她答道："可以爱，像爸爸爱女儿一样！"瞧，这是一个多么可爱、聪明、美丽的女孩子！

扮演热里娅的这个女孩子是一个非常好的演员。《这里的黎明静悄悄》里有一场戏：热里娅在坑道里奔跑，向德国鬼子冲去，一边用德、俄两种语言唱着《国际歌》，一边奔跑，我向她提出三个要求：一要表现出对入侵者的蔑视和仇恨；二要表现出初上战场的女孩子不可避免的恐惧和胆怯；三要表现出她的视死如归的美。这是很难的，然而她做到了，以至于让从不轻易流泪的老服装师激动得恸哭不已！

我为什么要拍《白比姆黑耳朵》呢？我以为在人类中间，也有很多像白比姆黑耳朵一样的人，如果看过此片后人们更加热爱生活，热爱大自然，让人们想到人类目前所做的很多事情都正在破坏着大自然——水被污染，植物被污染，生态平衡遭受破坏……到最后恐怕连呼吸的空气都没有了，如果一个人看过影片后有此想法，就不会去欺侮弱者，不会随意去打死一只鸟，或折断一条树枝……那么这部影片的目的就达到了。

我相信人民的智慧绝不会把大自然毁灭，如果人民不能保护、保卫这大自然，那么这个民族就要面临着被毁掉的危险。

人生下来就应该生活得好，那些为了人类的美好生活而奋斗的人们，是我的战友，而这需要劳动。光靠开会、呼口号是无济于事的。我希望我们生活得更平静一些。当然，美好不是一蹴而就的，美好是一天天逐渐提升的。假若今天虽然不好，可明天变得更糟，那到哪一天才会好呢？那就使人很累、很疲倦，见不到希望和光明。

同学们，你们是很幸福的，你们的国家是一个伟大的国家，你们的民族是一个伟大的民族。我已经来中国三次啦，

70年代第一次访问贵国，许多人问我印象如何，我说印象很深也很美好。我归纳了三点，这就是因为你们的人民走在拥挤的大街上也不会相互冲撞；因为你们的古老的长城保留至今；因为你们的兵马俑情态各异，至少展现了上千个人不同的生命历程、上千种不同的命运，而我的影片里才不过展现了五个姑娘的生命历程和五种不同的命运，所以我说：中国是伟大的！

说到电视，我认为中国的电视屏幕展现的情形像天堂一样，姑娘们穿着像巴黎时装一样华丽的服装，吃着最美味的宴席，住着最豪华的宾馆，出门都坐小车，不知道每个普通的中国人是不是天天过着这样的日子？与中国的电视情况背道而驰，我们的电视屏幕上每天看到的都是不好的东西。有一个新闻节目"六百秒钟"，每天都报道着令人沮丧和不快的东西，让人看不到希望，看不到光明，不知道明天会是什么样子。我想电视还应该说真话，生活中有好的一面，也有不好的一面，不要一味地说好，或一味地说不好。

我总在强调，人应该有一个很高的生活目标，如果生活目标很高，即使达到这个目标很困难，你也有可能成为一个伟大的人。我希望诸位都能成为未来一代伟大的电视工作者、伟大的解说员、伟大的艺术家。

一定要有思想、有信仰，并为此而献身。不应该只为金钱而想，而生活，应该有高层次的生活追求和艺术追求。现在的俄罗斯非常困难，很多人当年的信仰已完全破碎。但是青年人现在已经开始重新组织起来，寻求新的道路，相信他们会寻找到的，他们会使未来的生活更美好、更美好！

【刊发信息】《对未来一代艺术从业者的希望——俄罗斯电影大师罗斯托茨基演讲录》，载胡智锋：《影视文化论稿》，第285页。

访著名电影导演吴贻弓

胡智锋：吴先生，您的电影影响很大，能否请您将您的创作历程简单给我们谈一谈。

吴贻弓：我是1956年考入北京电影学院导演系的。1960年毕业后，进海燕电影制片厂做助理导演，跟随沈浮、郑君里等名家拍片。"文革"后一段时间与鲁韧、吴永刚等老艺术家合作。41岁才开始独立拍片，我的第一部独立执导的影片是《我们的小花猫》等四部短片（1978年），1979—1980年间拍了《巴山夜雨》，1981—1982年间拍了《城南旧事》，1983年是《姐姐》，1984年为《流亡大学》，1987年拍了《少爷的磨难》，1990—1991年间拍了《月随人归》，1991—1992年刚刚完成《阙里人家》，还拍过一部电视剧《十八岁的男子汉》（1989年）。

胡智锋：关于您的电影已有很多评论。我在给学生开设"影视剧文化"课时，曾从电影文化发展史的角度，把您的电影看作是80年代中国"诗化风格"的代表，与以谢晋为代表的"入世精神"电影共同构成当代中国电影的两种潮流，我以为这两大潮流分别是中国电影文化发展史，乃至中国艺术文化发展史上两种潮流在当代的自然沿传。

吴贻弓：我没有在理论上对这个问题做过专门探讨，你可以说我的电影是"诗化电影"，而我在拍摄这些影片时与其说是为了追求一种风格，还不如说是自我心灵的自然颤动及对它的表现，其实并没有刻意去为了追求什么或刻意地为了表现什么。

胡智锋：您认为理论界、评论界对您的电影的评说是不是令人满意?

吴贻弓：理论界、评论界自有他们的标准，他们有他们的自由。不过有些影片在理论、评论界没得到应有的重视，而却为我自己所偏爱，如《姐姐》一片，外面反响一般，不论是从社会效益，还是在经济效益上都失败了，但我却始终对它格外偏爱。

胡智锋：吴先生，很遗憾我没能看到这部影片，您能简单讲讲它的拍摄背景吗?

吴贻弓：这部影片写的是西路军妇女独立团在临泽县（甘肃河西走廊）为掩护西路军西撤全军覆没后的一个故事。这段历史八一厂的《祁连山的回声》作了正面描写，而我的这部片子则没有什么故事情节，只有三个人物——"姐姐"（一个红军女战士）、小号兵、裕固族小姑娘。这三个人穿得破破烂烂，像叫花子一样在戈壁滩上走来走去。"姐姐"是负重伤昏迷过去的女战士，在寻找队伍的路上偶遇小号兵、裕固族小姑娘，他们遭遇敌人，姐姐和小号兵先后死了，只有那个小姑娘，从姐姐身上拿出姐姐视若生命的女兵连花名册，继续在戈壁滩上前行，淹没在风沙中。

胡智锋：您是如何想到表现这样的题材的?

吴贻弓：本来我约叶楠（著名电影剧作家）一起到河西走廊，想搞一部农村片，结果到了河西走廊古长城脚下，到处可以看到刻在长城砖墙上的五角星，以及象征工农红军的"犁"字，听当地人给我们讲了很多关于西路军战士充满传奇色彩的故事，于是就改变了主意，写了这样一个东西。

胡智锋：您说您偏爱这部影片，是指它的故事，它的人物，抑或是其他方面?

吴贻弓：我想主要是在艺术方面。我在这部影片中尝试着用新的电影语言来表达我的某种意念或情感、情绪。这就是将"声音"与"画面"进行交错、对立，如部队的嬉笑声，行军、上操、打仗的声音与其画面相交错、对立，按照声音与画面各自的思路双线展开。可是后来许多同志说看不懂，非要把行军、上操、打仗声音的画面补出来，打破了原来的构想，非常可惜。有些地方，如姐姐在刻着"犁"

字的古长城墙下死去时，出现打仗的声音，这里"声音"与"画面"的交错、对立用得就很好。

《姐姐》里最使我满意的是那一场戏：三个人静静地望着太阳落山。不写日出，而写日落，我以为日落在某种意义上比日出更为壮观，更富一种苍凉、悲怆的意味。尤其是戈壁滩上的日落，可以清晰地看到太阳如何降至地平线的全过程，带着七色光彩，让你感受到一种强烈的生命力的挣扎与强悍。音乐写得也极棒，交响乐气势磅礴。这场戏没有对话，三个人被这壮丽的日落所震撼，最后只姐姐说了一句话："明天还会升起来的。"

胡智锋：可以想见，您的日落的境界太迷人了！我想，一个艺术家为什么要选择日落，而不是日出，是不是饱含了她对生命中美好的、有价值的东西的消亡所产生的一种留恋、惋惜的情感？恰如鲁迅先生所说的，将有价值的毁灭给人看，便构成了悲剧，而悲剧往往最能够震撼人的心灵。

吴贻弓：是的。我的片子中好像从来没有出现过坏人，我总喜欢表现人性中那些善良的东西。《巴山夜雨》是对"文革"进行反思的影片，是当时"伤痕文艺"的一个组成部分。它就在呼唤人们结束一种相互残害的不正常局面，赞美那些人们心灵深处闪光的、美好的东西。即使像《少爷的磨难》这样的喜剧片，也同样体现着同一种情调。正因此，有人说我是一个"理想主义者"，片子里到处洋溢着理想色彩。

胡智锋：吴先生，我总觉得，艺术是不能没有理想的，即使在强调"写实"的同时，也不能丢弃理想，理想往往可以唤发起人们一种信念、力量和美感。

吴贻弓：我拍《流亡大学》就是想表现这么一种信念。《流亡大学》写的是浙江大学在抗战期间，在校长竺可桢先生带领下，冒着日本侵略者的炮火，依然艰苦办学的故事。我是杭州人，对这段历史有一种亲近感，我要让人们看到：这些人是中华文化火炬的传递者，正是由于他们，才使我们的中华文化之光没有泯灭，他们是可歌可泣的，他们昭示后人：中华文化的火炬不能灭，在任何时候都要传下去。

胡智锋：我觉得您的电影从总体上是写过去的、逝去的东西，而且越写离今天越遥远，从反思"文革"的《巴山夜雨》，到二三十年代的《城南旧事》《姐姐》《流亡大学》，到现在刚刚拍完的《阙里人家》。《阙里人家》片从孔子75代孙写到77代孙，跨度更大了，跟许多拍"入世电影"的艺术家不同，您的视角不是"向前看"，而是"向后看"，您为什么对"过去"的题材有这么浓厚的兴趣呢？

吴贻弓：我觉得这个问题很难回答，有些也许是我的兴之所至，自觉为之的。而更多似乎有些偶然性，当然也不能排除我个人潜在的一些审美取向和心理态势。《城南旧事》当时是北京电影制片厂的伊明同志写了原剧本，陈荒煤同志推荐给上影，石方禹同志直接给我推荐这个本子，后来伊明同志还寄来了林海音《城南旧事》小说原作的复印件，我当时就被这极为平淡又极为别致的作品吸住了。我父亲是丰子恺（著名散文家、画家）的同学、李叔同的弟子。我对我父亲提起这本子的事，他一下子给我背诵了许多首李叔同填的歌词。这更引起了我浓厚的兴趣，于是我根据原著，重新写了导演台本，把原剧本的某些部分删掉，抓住"离别"，一段一段地搞，这个台本在上影厂通过了。

每个人都有自己神圣的、亲切的、温馨的、模糊又具体的童年，它是那样遥远，又是如此清晰，在对永远逝去的童年的回顾中，人们可以唤起很多记忆，并从中去体味生命，体味人生，这是一种难以名状的情感。

胡智锋：您对《城南旧事》最满意的是什么？

吴贻弓：是演员。小演员沈洁有一双非常贴合那个时代孩童的、会说话的眼睛，她演得太棒了！当时吴天忍做副导演。上影厂老厂长徐桑楚同志是个令人尊敬、有很高艺术鉴赏眼光的长者。他很有魄力，说这个本子很好，赔钱也要干。在演员的选择上，桑楚同志也起了关键性的作用。原来本想请郑振瑶演英子妈，后来演宋妈的演员没找到合适人选，桑楚建议，让郑振瑶出演宋妈，说这个角色非常重要，应该让最好的演员来演。演员选择得当，片子就成功了一多半。

胡智锋：您对《城南旧事》拍摄中印象最深的是什么？

吴贻弓：一个是拍卢沟桥，一个是搭井窝子。卢沟桥上"卢沟晓月"几个字是非常有特色和纪念性的，不拍不行，但这几个字是朝着保定方向的，很不好拍，拍出来也不漂亮，于是美工师就用泡沫板做了一个反方向的"卢沟晓月"，把摄影机架在桥下公厕里，大家憋在里面拍，从这个角度拍出来的效果是最美的，这里玩了点儿花招，但看完片子谁也没有提出异议。

井窝子是在上海江湾军用机场上搭起来的。树是做出来的，假的，拍摄前提前两个月把假树栽在机场草地里，两个月后"树"周围长满了蒿草，可以乱真了。

胡智锋：童年是个很有意思的话题，对于永远逝去的存在的追忆，每个人都有不同的体验，但又有着非常相似的感受，对于个人是这样，对于人类来讲，永远逝去的某段历史、某种文化传统是否也是这样呢？

吴贻弓：我想道理是一致的，只是现实与历史的反差情况更复杂一些。在《城南旧事》之前，白桦写了一个本子，叫《芳草萋萋》，写的是一个老革命年岁很大时重回革命老区，看望曾救过他的一家人。这家人当年为救他牺牲了三个年轻的生命，可至今依然过着那样贫困的生活，但他们毫无怨言。老革命看了很不是滋味，而他的外孙女则不以为意。剧本是要写这位老革命的感喟：革命的成功不只靠大树，更靠铺盖着大地的芳草。而革命成功后人们只记住了大树，却忘记了芳草。这个本子写得很美，也有它的积极意义，很可惜由于种种原因，不能拍出来。

胡智锋：看来您很喜欢《芳草萋萋》这样的本子，我感觉这里面的一些思考与您《姐姐》《城南旧事》里的一些意念极为接近，都体现了对于一种无法追回的逝去的东西——美好的、善良的、真诚的……所产生的叹息、留恋、感慨，像《姐姐》里的日落、《城南旧事》里不断重复的"骊歌"等，就很典型。

吴贻弓：是的。在《阙里人家》中，我尝试着做进一步的思考。《阙里人家》意在表现道德责任与历史责任之间的永恒冲突——历史常常会发生惊人相似的一幕。在近代史上，有过一次华工大迁徙，从沿海各省如广东、福建流落到异国他乡；现代史上，又发生过一次出国大潮，以至今日。从大的历史范畴看，人类的每次大迁徙，都会带来不同国家、民族与文化的交流，从而推动历史前进。但从小的历史范畴来看，华人的每次迁徙，都要付出背弃道德责任的代价——别离故土，抛妻弃子，为了生存，甚至不得不出卖自己。这样的出走、迁徙，是不断进行着的，由此我深切感受到：历史责任与道德责任在人文天平上是永远无法平衡的，不可能保持平衡。很难说今天的人们是不是会接受前人教训，将这二者的关系处理得更好。

胡智锋：吴先生，您对历史责任与道德责任永恒冲突的思考是发人深省的。您在《阙里人家》片中是怎样表现这一冲突的？

吴贻弓：《阙里人家》的第一主角是孔令谭，他是孔子第76代孙，像很多老革命一样，他年轻的时候只知往前走，义无反顾地投入了革命，军号一响就往前冲，正是靠着这股劲头儿，这种精神，他为新中国的建立立下了功劳。可是为了完成历史赋予他的这个使命，他不得不抛妻弃子，因此，当他上了年纪，他内心深处道德责任浮上心头，他为自己的行为感到歉意和内疚，不只别人在谴责他，他自己也会做深刻的道德谴责的。我们不能因为孔令谭没有承担起应该承担的道德责任而简单地批判他，因为为完成历史责任他不得不放弃道德责任。

我对孔令谭往坟上上雪那场戏很满意。当孔令谭年事已高，重返故里，在严寒的冬日往坟上挖一把雪时，这里的意味是深远的：一般应该往坟上堆土，但因为是冬日，只能堆雪；而且雪是白的、纯洁的，象征了主人公心灵深处的真诚与善良，有道德自我完善的意思；同时雪又是虚幻的——太阳一出来就会化掉……这一切都意在表现：逝去的永远逝去，无法追回了，历史责任与道德责任的不平衡也是永恒的，无法弥补、补偿的。

胡智锋：《阙里人家》还没有公映，能不能请吴先生将该片的一些拍摄情况介绍一下？

吴贻弓：总的说来，《阙里人家》拍得还算顺利，去年冬天里拍的，影片里需要的雪景，在我们开到孔子故里不久就自然出现了，而且大雪一下几天，据说很多年没下这么大的雪了。

本片的演员阵容相当好。朱旭、赵尔康两位名演员的表演令人拍案叫绝。

我想应该有一首体现本片主题意蕴的主题歌，后来我们几个人凑了几次，写了八句话，都是极为实在的大白话，用质朴、带着土味的山东小调谱成，像"我爹的爹是我爷，我儿的儿是我孙"这样的词，体现的是一种历史的轮回感——历史责任与道德责任的永恒冲突，会一代一代地重现。

影片中需要一块巨大的无字碑，孔子故里那边的无字碑原来是残破的，但很有历史感，很遗憾，一经修复，加上水泥，坚固倒是坚固了，可惜历史感全没有了。我们只好请美工再重做一块。这种情况就像前些年我去嘉峪关的感觉一样，嘉峪关古城原来极为破旧，但从残墙破砖、杂草丛生的古城墙，可以自然地发出思古之幽情，充满了深沉、苍茫的历史感，但后来再去看修复的嘉峪关，就感觉嘉峪关已经没有了。

【刊发信息】胡智锋、吴贻弓：《访著名电影导演吴贻弓》，《北京广播学院学报》，1992年第4期。

广播优势访谈录

——访首届"范长江新闻奖"获得者中央人民广播电台高级编辑曹仁义

胡智锋：曹老师，首先祝贺您荣获我国首届"范长江新闻奖"。今天我来这里，主要想请您就广播界内外普遍关心的一些问题谈一谈您的看法。

近几年，在广播受到电视严重冲击的形势下，您主持的几个大型系列节目播出，令广播界及听众耳目一新，感到振奋，看到了广播尚待发掘的许多潜力，您能否结合创作实践谈谈广播的优势问题。

曹仁义：好的。的确，在电视逐步普及的今天，广播如何发挥自己的优势是个值得探讨的问题。我以为重要的是广播界从业者要有勇气和能力适应新的形势，适应时代发展和人民生活的需求，创作出无愧于时代的广播产品。1989年我台领导委任我主持《重唱创业歌》大型系列广播节目的采编制作，此后台领导又在1990年和1991年让我主持《民族正气歌》和《煤海之魂》两个大型系列广播节目的工作。这"两歌一魂"在广播界内外引起了很大的反响，我认为它们是中央台集体智慧的成果，我个人只起了一部分作用。关于这种广播样式，我们主要在两个方面做了尝试：

首先，在借助声音，充分挖掘声音的潜力方面，比传统的"录音报道"形式有所突破。

传统的"录音报道"，声音的分量并不重，只作为辅助手段，甚至连与文字等同的位置也没达到。严格来说，"录音报道"声音应该是大量的、主要的。"两歌一魂"把声音提高到与文字同等重要的位置，并且没有简单地将它们作为文字的陪衬。声音在这几个节目中起到了两个重要作用：一是描述对象、表现对象，二是象征。

"两歌一魂"在用声音来描述、表现大环境、大景物时，没有拘泥于一时一地。如大雨滂沱、万里长江浪花翻涌等声音就未必一定是采写当时的声音，只要是雨声、是长江水流声即可。在泛写景物时，完全可以打破特定时空的限制。既然允许报刊用文字来淋漓尽致地描述、表现对象，那就应该允许广播用声音来完成同样的任务。

声音的象征作用也是显而易见的。电视报道中可用海浪的景象来表现改革大潮；广播同样可以用声音来象征某个事物。

其次，"两歌一魂"在配乐、配歌上做了一些探索。与声音一样，我们把音乐也当作一种重要的表现手段。

我认为新闻广播在新闻现场之外，如写景、抒情之处，使用音乐、歌曲是完全可以的。如记者在采访沿途的火车上所见所感等非新闻现场场合就可以播放音乐、歌曲。

《民族正气歌》中金庆民独自在南极考察时，借助他自己哼唱《地质队员之歌》的尾声，插入一段合唱队合唱的《地质队员之歌》，将主人公崇高的献身精神很好地表现了出来。《民族正气歌》第一集里江姐在牢房里与姐妹们绣红旗庆贺新中国诞生这一段，插入了歌剧《江姐》中《绣红旗》一段，气氛也相当好。

很显然，在这两段中，音乐、歌曲都是一种手段，意在更好地表现一种心境、意境、情绪、情感，绝不会使人误以为金庆民真的把合唱队带到了南极，绝不会使人误以为江姐真的在那里唱《绣红旗》。

当然，"两歌一魂"对声音及音响音乐手段的运用和新的尝试，也是相当慎重的，我曾对此作了三点界定：其一，使用声响上与广播剧划清界限，绝不可像广播剧那样去虚拟音响；其二，借助文学艺术影视手法只是手法，绝不可以随心所欲地夸张；其三，典型环境中的特定音响必须真实。如葛洲坝合龙时的音响必须是当时的，不能随意加音乐歌曲，否则会使人误以为是现场的音乐歌曲。

最近我写了篇文章，呼吁广播界重视声音。广播作为一种文化，要在文化的汪洋大海中立住脚，就必须要有自己的个性，这个性就是充分发挥声音的作用，充分挖掘声音的潜力，影视的优势在于画面，报纸靠文字，广播呢？靠的应该是声音。

我曾多次提出，广播工作者应该建立自己的"声音资料库"，如同报纸记者做卡片一样，广播工作者应经常地积累盒式声带，随时随地搜集各种声音报道。不管你写不写稿，搞不搞录音报道，遇到有价值的声音，都应及时录下来，然后分门别类地加以整理、存档，久而久之，这些声音越来越宝贵。特别是一些重要转折时期的历史声音资料，重大事件的声音资料。我们在《重唱创业歌》中用了孙中山、毛泽东、邓小平三位伟人的声音资料，在《民族正气歌》中用了葛洲坝合龙的声音资料，这些资料都是极其珍贵的，对于广播工作者是极有价值的。

毫无疑问，广播的优势在于声音，广播文化的个性也主要出自声音。必须提到这个高度来认识，未来的广播事业才可以大有作为。

胡智锋：曹老师，您觉得广播界对声音的认识怎样？

曹仁义：我觉得很多同志对声音的重要性认识还不够。不少同志习惯了老的作文样式。从整个新闻事业的发展来看，先有报纸，后有广播。中央人民广播电台原是新华社的"口播部"，多数同志是从报纸、通讯社转到电台来的，习惯于文字表现、传达，并把这种方式一代代传下去，这当然也是正常的。但从当前时代要求来看，这就不够了。国外广播界经常使用一种"广播特写"的节目样式，又可称为"音画式广播报道"，主要以声音来支撑。亚广联每年都举办一次"广播特写"评比，这种以声音为主要表现手段的节目在广播中应占很大比重。从这点来看，"两歌一魂"虽有突破，但突破还不能算大，因为文字还是占了相当大的篇幅，我们只不过是比较认真地把自然界的声响、人的声响以及劳动、工作的声音，拿来与文字一样来表现对象、表现主题罢了。

我始终认为，广播应该多拥有一些自己独有的作品，从文艺节目来讲，广播剧是广播所特有的；从新闻节目来讲，录音报道和其他各种类型的以声音为主的报道方式，是广播所特有的。而现状是：一般社会通行的作品居多——文艺类里的小说、戏曲、音乐等常常，而广播工作者自己创作的、最富有广播自身特色的广播剧却不够兴旺；新闻类里的录音报道和以声音为主的报道样式也不普及——应该多出一些报纸无法登、电视不能播，只有通过广播才能实现的广播作品。如果把别的文化样式拿来播一下，就算广播文化，那这种"广播文化"层次就低了，要想建立有一定水平的广播文化，就必须提倡和发展广播自己独立的样式。

大家都说广播影响大，实际是说它的政治影响大，当然正确的政治方向是首要的，但作为广播文化还应有文化影响。政治影响和文化影响二者应是相辅相成的，文化层次提高了，宣传更讲究艺术了，政治效果会更好。

胡智锋：曹老师，您主持的"两歌一魂"及中央人民广播电台其他同志近几年搞的一些大型广播节目，都明显地突破了传统广播文体的局限，完全可以说是新的广播文体，应如何界定它们呢？

曹仁义：诚如你所说，人民广播事业诞生50多年来，由于脱胎于报纸，受报纸文体的影响和支配，发展起来的独立的广播文体样式并不鲜明，并不多，我们的这些努力的确是为了尝试着探索一些新的广播文体。但是如何界定它，的确是一桩不容易的事。

任何事物的发展往往是实践在前、理论在后。我们在从事广播文体实践时，并没有先确定其称谓。如《重唱创业歌》播出时，把它叫作"长篇录音报道"；《民族正气歌》播出时称之为"广播特写"；到《煤海之魂》播出时含糊了一下，叫作"系列报道"。对于"两歌一魂"这种广播文体，社会上有两种说法，一种称之为"广播报告文学"，一种称之为"广播深度报道"，但这两种说法似乎也不够理想。

胡智锋：曹老师，我想了一段时间，觉得是否可以用"广播报告"这个名称来概括，如"两歌一魂"这样的广播文体样式？

曹仁义："广播报告"不妨也算一个，但是需要对它做进一步的规定。

胡智锋：我觉得用"广播报告"而不用"广播报告文学"，是因为这种节目样式总体上是属于新闻性的，而非文学性的，尽管许多报告文学也可以纳入新闻范畴，但加上"文学"二字，总容易使人们按照以文字为主体的文学的眼光来看待这类节目；而"报告"则强调以对真实事实的报道为基础，而非文学类作品。用"广播报告"不用"广播深度报道"，则是因为"报道"容易使人们用传统的"专题报道"或"录音报道"等样式的规则来干扰创作者的思路。

我认为一种称谓的界定，应该考虑到两方面的情况：一方面看它是否符合节目的本质；一方面看它能不能使节目创作者展开思维的翅膀，为节目的创作留下较大的余地。如果一种名称的界定过于狭窄拘泥，那就可能给人们的认识和创作实践戴上镣铐。

曹仁义：你的意见可以考虑。给一种新的事物、新的文体进行界定，是相当困难的。不管叫什么名字，这种文体的一些基本属性还是可以进行概括的，也就是：借助文学艺术手法，运用丰富多彩的声音，报告和描写真实的事物，立体地感染听众，简言之，它应是一种以立体的声音艺术去实现的广播报道方式。至于叫它什么名字，"广播报告文学"也好，"广播深度报道"也好，"广播报告"也好，都不妨作为一家之言而存在，哪种叫法更合适，还是留待未来的广播实践和理论研究的进一步展开吧。

谈到如何界定新的广播文体问题，我认为有必要对借鉴文学艺术影视等领域的方法手段的问题再做进一步的呼吁和强调。事实上，作为一种现代传播媒介，广播完全可以而且应该充分借助文学、艺术、影视等领域乃至人类所创造的所有文化中的各种手法、手段、方式。"他山之石，可以攻玉"，不要把自己局限到一个狭窄的圈子里。像我们在创作"两歌一魂"时，许多写景、写人、抒情、刻画人的心理之处，都灵活多样地采用了文学艺术影视等领域的诸多手段、手法、方式，如《重唱创业歌》中王铁人充满英雄气概的声音在节目中反复出现、使用，这类似电影的"回忆""闪回"，好像一个过世多年的人不断地叮咛着今天的人，感觉非常亲切，由于反复重叠，给人留下了深刻的印象。

胡智锋：曹老师，请谈谈您对广播未来发展前景的意见。

曹仁义：广播未来的发展，取决于时代的发展，取决于广播自身队伍的建设。

我们的社会在改革开放中进步速度越来越快，人民生活越来越丰富多彩。在这样的背景下，广播也必须适应社会发展和人民生活变化的需要，以丰富多彩的内容和多样化的表现形式来描绘、表现时代，描绘、表现日新月异的生活。

从我们目前这支广播队伍来看，五六十年代参加工作的同志依然是各部门的中坚力量，他们的优势在于能够坚持正确的政治方向，有良好的工作作风，业务比较熟练，但包括我在内，普遍的情况是现代文化知识吸收不够。现在一批年轻的同志逐渐成长起来了，他们尽管还有一些尚待成熟的地方，但思维活跃，敢想敢干，现代文化思想意识比较强烈，在新领域的探索和发现方面有优势，这两代人如能配合默契，共同推进广播的改革，未来的广播事业应该说是前景广阔的。

这里我想谈谈广播从业者的素质要求问题。目前我们广播队伍中有这么两类同志，一类是一般文化修养尚可，但干广播所需的一些基本知识还不具备；一类是对广播所需基本知识和业务很熟，但一般文化修养欠缺。这自然有深远的历史原因，但以这样的素质来开拓未来的广播事业，都会有不适应之处。不通广播的基本知识固然不合格，只懂广播操作规程的人同样也不能说是真懂广播。建设高层次的广播文化，需要从业者高层次的文化素养作保证。古往今来，许多成就大事者，综合文化素养都比较高，达·芬奇的画永垂不朽，但他的名字在西方医学上也永放光彩；歌德以诗闻名，但他在植物学方面也有著作；爱因斯坦是大物理学家，却也酷爱音乐；白求恩大夫同时又是一位出色的画家。

就我个人而言，从事广播将近三十年了。我觉得干得还比较顺手，很大程度上取决于我的理论业务研究和业余学习。我曾对朋友们讲过，我几十年来有三件事从未中断：广播实践、广播理论业务研究、业余读书写作。每次搞比较大的节目，我都要求自己产生两样成果：一是实践本身的产品，一是理论研究的产品。理论研究对于我总结经验、开拓思路起了很大作用。我爱好文学，尤其喜欢搞一些科普散文的创作，出过一本《绿叶集》，业余创作使我保持了流畅自如的文思和手笔。

我在有些文章里曾呼吁过，新闻工作者应像邓拓同志所说的那样，成为"杂家"——这里"杂家"就指的是综合文化素养、综合知识指标。从另一方面来看，应该破除一种观念，那就不能说人家在本职工作完成之余搞点业余写作就是不务正业，甚至搞广播实践的连搞点广播业务研究都被认为不务正业，那就更为不妥。应该提倡干什么研究什么；另外还要提倡兼读、多读其他。

综合文化素养这种东西，暂时看可能不起作用，实际上一旦搞一些大部头节目，就感觉非常有用了。有些同志写东西，例如搞一个"深度报道"，这种样式需要有背景材料、有纵深度、有思辨等，可他们一落笔就不到位、不准确，何故？理论功底不够；看到一个场面，非常激动，可怎么激动都无法描述出来，何故？文学功底不够。

总之，我主张广播界的同志破除狭隘的"广播论"，除广播自身的实践、研究外，还要更多地学习一些广播以外的学问，像哲学、美学、社会学、心理学、文学、艺术学等，包括现在流行的各种新学科的知识。思想要开阔一些，只有不断地提高广播从业者的综合文化素养、综合文化指标，才可能不断提高广播文化的层次。

【刊发信息】胡智锋、曹仁义：《广播优势访谈录——访首届"范长江新闻奖"获得者中央人民广播电台高级编辑曹仁义》，《北京广播学院学报》，1992年第3期。

媒体采写

最关注学校整体学风与氛围

"我是胡智锋，我在中国传媒大学学报《现代传播》做主编，1988年7月来学校任教，到现在有二十七年半了。"当记者问起胡智锋老师在学校的经历，他淡淡一语带过。

但是作为传媒学子，一定听说过"胡智锋"，因为这个名字经常出现在传媒领域的杂志、著作、学术论文上。不仅如此，胡智锋还是传媒领域第一位教育部"长江学者"特聘教授，是中国广播电视艺术学学科创始人之一，中国电视美学研究主要奠基人，中国电视传播艺术研究创建人，中国著名电视节目策划人。

从1988年到1997年，胡智锋先后在文艺系和电视学院担任教师、教研室主任、副系主任、学院的党总支副书记等职务，2000年被评为教授。1997年，胡智锋开始主持学报《现代传播》工作，并于2004年成为学报主编，在2006年又担任了首任的文科科研处处长兼学报总编。

提到《现代传播》，胡老师动情地说："从1997年到现在，我在学报这个岗位上已经工作了十八年了，我亲眼看着学报从一个内部期刊变成了公刊、邮发的期刊，从小开本到大开本，从不到一百页到现在将近两百页，从学校小范围的影响，变成了在传媒学界乃至全国甚至国际上，有影响的品牌学术期刊。"据了解，《现代传播》目前已成为教育部"名刊工程"入选期刊、国家社科基金重点资助期刊、"全国中文核心期刊"和"中国新闻传播核心期刊"。

关于《现代传播》的未来，胡智锋认为还有很大的发展空间，他提出了"四化"：国际化、本土化、人文化和专业化。"国际化，就是说我们要有更大的国际影响力，将来慢慢地要创建英文期刊；本土化就是要扎根中国现实，为中国传媒和中国社会发展做更好的服务；人文化就是要更有情怀、更有高度、更有个性；专业化就是要在专业领域里引领学术发展的方向，也形成专业规范。"

对于本次党代会，胡智锋教授最关注的是学校整体的学风、氛围与精神状态问题。"这涉及各级领导忠诚党的教育事业守土有责的责任心，广大教师教书育人爱岗敬业的事业心，广大职工爱校如家热情服务的奉献精神，广大同学勤奋刻苦阳光向上的进取精神。"他也提出了自己的期待："希望党代会能够给全体教职员工指明方向，为学校发展描绘出未来的蓝图，并给大家更大的鼓励。我们学报也一定会按照党代会指明的方向努力奋进。"

【刊发信息】陈媛媛：《胡智锋：最关注学校整体学风与氛围》，《中国传媒大学校报》，第445期，第4版，2015年10月13日。

知识分子要有担当

他是中国传媒学术领域第一位教育部"长江学者"特聘教授，也是中国电视传播艺术研究的创建者。知道胡智锋这个名字，大约是在上大学时。当时我复习"全国广播电视编辑资格考试"，其间买了一些专业书，里面不少地方都提到了"胡智锋"这三个字。

没多久，我就顺利地考入中国传媒大学攻读硕士学位，"胡智锋"这三个字不再是纸上的符号，而是自己身边的一位传道授业解惑的老师。曾多次在课堂、讲座与学术会议上领略到胡老师的风采。思维敏锐、厚重朴实、观点独到、视野犀利。一如其名：智锋。

后来，有幸与胡智锋老师相识，谦逊、博学、健谈、宽厚的他，使我有"与君一席谈，胜读十年书"的切身之感。因此，我决定写下这篇稿件，以纪念与胡老师的相识。

"童年对我的影响极其深刻"

1965年2月，胡智锋出生于山东省莱州市的一个干部家庭。

莱州地处莱州湾，隶属于海疆重镇烟台。是古代齐鲁两国的交界处，自古人杰地灵、英才辈出。在胡智锋看来，他出生的地域决定了他的思维方式与个体性格："我既受到以包容的、以海洋文化为主的齐文化的熏陶，也受到传统的、以儒家文化为主的鲁文化的影响，因此在我的身上，兼有这两方面的复合特征。"

但是，在1965年这个"山雨欲来风满楼"的年份里，刚出生的胡智锋没有选择，只有听从时代的决定。

"我幼年时的启蒙读物就是毛主席诗词、毛主席语录与大字报"。胡智锋笑谈自己当年的"启蒙"过程，"三四岁时就能背诵不少毛主席诗词与语录，小学时就会模仿毛主席诗词进行填词了。当然那时也不懂韵律平仄，顺口就行。"

特殊时代的文化背景造就了胡智锋幼年时的学习经历，这让胡智锋铭记至今。在读小学三年级时，胡智锋遇到了一个影响他一生的机遇：被选入山东莱州"小红班"，又称"毛泽东思想宣传队"。

这支有专业特长与艺术天赋的优秀少年儿童所组成的机构，有点类似于"少儿文工团"。成员都是从当地小学生中遴选的品学兼优的文艺骨干。他们被组织起来以"半工半学"的形式在省内"巡回演出"。上山下乡，走军营，访工厂，甚至还能获得一定收入。十岁的胡智锋，成了这个组织的负责人。他不但一个人负责管理全班的道具、材料与服装，而且还得亲自上台演出。《智取威虎山》的李勇奇是胡智锋饰演次数最多的角色。

"童年对我的影响极其深刻，而这段经历尤其让我记忆犹新。"胡智锋如是对笔者说，"首先，十来岁的我作为一个团队的负责人，这培养了我的责任感、担当意识与隐忍，我必须学会包容他人以及怎样处理、平衡好人与人之间的关系，还有就是，过早地登上舞台，让我对于舞台的观演关系、戏剧美学有了最早的认识，使得我今后在关注这个领域时，不再觉得有陌生感。"

"最怀念的依然是80年代"

小学毕业后的胡智锋，考入了当时山东省最负盛名的百年名校之一——莱州一中。

就在胡智锋就读莱州一中的那几年，他又非常幸运地遇到了几位影响自己一生的好老师，这些良师为胡智锋打开了一扇别有意味的窗户。

"当时有一位老师，每天在球场上画油画，后来才知道，他是老舍当年留学的同学。"胡智锋情不自禁地感叹，"还有一位老先生，经常在院子里拉小提琴，你和他攀谈，他会很热心地给你讲一些往事，原来他和钱锺书、沈从文都是好朋友。和他们交流，你会收获很多以前从未知道的信息。"

这些原本应该是中国现代文化史上有一定地位的名家名流，在那个颠倒黑白的年代，却被发配到了一所中学里担任普通教员。就像欧阳子隽先生启蒙青年运输工人张隆溪、吴进指导青年骨胶厂工人许江一样，这些老师成为少年胡智锋的文化引路人。

恢复高考后五年，胡智锋怀揣着浓厚的"五四"文化情结，考入了山东大学。

"我最怀念的依然是80年代。"时至今日，胡智锋感慨自己在那个激情燃烧的年代所受到的文化熏陶，"我们这一届学生在山东大学还能遇到一些从'五四'走来的名家，他们都继承了'五四'那一代知识分子的衣钵。譬如孙昌熙先生就是闻一多的弟子，而孟广来先生则是高亨先生的高足，至于高兰先生更曾师从于郑振铎先生。"

在山大的几年里，胡智锋更多感受到的是一种"身教"，这对于年轻的胡智锋来讲，深深地受到了一种精神上的教育。"萧涤非先生每次给我们上课时，都穿西服打领带，穿着非常严肃的正装，可见他对学生、课堂的重视程度。而高兰老师则有许多双皮鞋，在不同的场合穿。他们对于日常生活的严格要求，一如对于学问的严谨。"

本科毕业那年，胡智锋报考了孙昌熙先生的硕士，准备专攻鲁迅研究。但那年孙先生由于身体健康原因，并考虑到胡智锋本人的学术兴趣，将胡智锋推荐给了中国话剧史研究开拓者之一的孟广来先生。

从启蒙思想兴盛的"五四"到群情激昂的80年代，胡智锋在山东大学诸位前辈的指导下，逐渐成长为一位眼光独到，视野开阔的青年学人。多年来，胡智锋一直铭记着自己这段难以忘怀的青春经历。"我最怀念的依然是80年代，因为我遇到了好的时代与好的老师。在那个年代里，培养了我知识分子的精英意识。使我今后每做一件事情时，不只考虑这件事情是否会实现自己的理想，而是是否符合国家、民族与社会的需要。知识分子的使命感对于我来说，是一件责无旁贷的事情。"

"我很推崇民国范儿"

1988年，胡智锋获得山东大学硕士学位后，分配到北京广播学院（今中国传媒大学）从事教学科研工作。

刚刚来到广院时，胡智锋开始在教学科研中将先前所学到的专业知识进行发挥，以案头为阵地。短短两三年时间里，他在《文史哲》《外国文学评论》与《现代传播》等权威、核心期刊发表了一批高水平的文学、哲学研究论文，其中《昆德拉的世界》一文是当下学界第一篇关于昆德拉的专门研究论稿，可见胡智锋卓越的洞察力早已超越同龄人多矣。

但他很快发现，广播学院是一所以传媒业为研究、服务对象的学校，他的这些努力并不能与自己所处的平台很好地结合起来，因此对于传媒业的发展也没有什么帮助。

20世纪90年代初，正是电视、电脑等新媒体作为传媒业的代表在国内产生巨大影响的历史节点。文学、文化与文本等案头之物开始与新媒体融合，形成了荧幕上蔚为壮观的传媒景观。胡智锋敏锐地捕捉到了这一现象。于是，他开始将研究重心转移到影视传媒。

1992年，胡智锋参与撰写了《中国应用电视学》一书。此后，围绕"电视美学"这一学科的创建，他先后撰写了《电视美学大纲》等著述。进入20世纪之后，他又打通了传播学、艺术学与影视美学等诸多学科之间的壁垒，成为"电视传播艺术学"这一新兴分支学科的创始人。2002年，他凭借博士论文《中国电视传播艺术研究》获得北京师范大学博士学位——这篇16万字的论稿竟是他用了23天的时间完成的。2004年，该论文修订为学术专著《电视传播艺术学》，经由北京大学出版社出版，成为国内该学科的奠基性著述之一。2007年，胡智锋受聘教育部"长江学者"特聘教授，也是新闻传播学科第一位"长江学者"，他成了名副其实的业内权威专家。

近年来，胡智锋除了从事学术著述之外，还身体力行，参与电视节目策划。譬如中央电视台十频道就是胡智锋一手参与策划的，《香港沧桑》《再说长江》等在国内产生较大反响的大型纪录片，背后都有着胡智锋所付出的心血。值得一提的是，今日的胡智锋还兼任着业内权威期刊《现代传播》的主编。这份刊物因其保持学术的独立性而在国内外学界获得了崇高声誉。

"我很推崇民国范儿，那时的知识分子有担当、有品位、有兼济天下的气魄。"在采访中，胡智锋毫不掩饰自己的"民国情结"，这反映了他严谨、优雅、宽容的精神追求。其实在他看来，无论是治学、策划还是办刊，都是知识分子以知识报国使命感的体现，而这一选择，与当下这个"全媒体"的全球化时代有关，与20世纪80年代的山东大学有关，无疑与当年莱州一中那个求知若渴的少年，也有关。

【刊发信息】《胡智锋：知识分子要有担当》，《中华儿女》，2014年6月4日。

齐鲁风骨　智者思考

——访"长江学者"、中国传媒大学教授胡智锋

在竖立着巨大孔子雕像的中国传媒大学标志性景观——核桃林西侧，有一栋年代久远、爬满蔓藤的三层小楼。胡智锋的办公室位于一层西端。这里同时也是蜚声广播电视界的品牌杂志《现代传播》的办公地点。

实际上，了解胡智锋的学术观点并不是一件很难的事，作为为数不多的跨越广播电视"学界"和"业界"的专家，本学科唯一在职的"长江学者"特聘教授，他有关广播电视的论著在大多数图书馆的书架上皆占有一席之地；他的论文论述深刻，产量丰富；网络媒体也会在第一时间将他在诸多研讨会上的发言刊发出来。并且，胡智锋教授勤勉的工作作风，也使得传媒大学的学生经常有机会聆听他的报告。

进入21世纪，中国电影电视风起云涌，与之密切相关的影视艺术教育同样高歌猛进。胡智锋以其深厚渊博的专业积累和敏锐独到的观察力，始终保持着对这些文化现象的清醒认识。

盛夏时节的一天下午，记者见到胡智锋并开始采访的时候，他已经买好了3个小时后飞往上海的机票，去参加一个纪念中国广播电视30周年的研讨会。而这样的研讨会，只是胡智锋每年参加的近百个研讨会其中之一。

不同寻常学术路

1965年出生于山东的胡智锋，在"文革"中度过童年，其间的4

年戏剧表演经历，成为胡智锋对艺术最为懵懂的记忆。"文革"结束后，胡智锋在山东大学中文系连续攻读本科和硕士，在那个齐鲁文化的汇聚之地，胡智锋遇到了几位影响自己一生的学术和精神导师。

胡智锋坦言，在最初的学术道路上，对他影响最大的有两位老师。第一位导师是孙昌熙教授，他曾是闻一多先生的学生和助手，是我国著名的鲁迅研究专家。孙昌熙认为，一位有责任的学者，要兼具民族主义和爱国主义情怀，要永远跟国家和民族联结在一起。任何学术都是当代的学术，你一定要关注现实，如果一门学问不能够体现时代感，不能够回答时代提出的重大命题，那么这个学问是做不好的。"孙先生对我的学术选择影响很大，直接导致了我选择日后研究电视这门学术。"

第二位导师是孟广来教授，他是《二十四史》总点校高亨的助手，做戏剧史研究，孟广来对胡智锋最大的影响是：无一字无来历，严谨的学术态度，任何一个文字都要追问是从哪里来的。

在以上两位老师的悉心指导下，再加上和谐美学的创始人周来祥教授在思维方式上的耳濡目染，以及老文学院院长孔范今教授鼓励他要培养质疑权威的勇气。让胡智锋在7年的学习经历中，形成了比较系统的学术结构，这种学术结构，既容纳了齐鲁文化的厚重和内敛，又散发着孔孟之道的辩证和自省，以至于他发表的论文以及提出的观点不断被学界所认可。反映在两个方面：

第一是学术方面的。在对当时流行的曹禺话剧《雷雨》的人物性格进行深入分析研究之后，胡智锋得出了一个如今已经是"主流"，但在当时是"非主流"的观点：周朴园并非一个彻底的反动人物，从他三十年如一日通过关窗户的方式来纪念他的前妻这件事情上可以看出，周朴园并非完全是封建主义和资产阶级的结合体。而是一个试图掩盖自己复杂内心的虚伪的人物。进而得出话剧《雷雨》的本质要表达的是人性的主题。这个观点先后得到了新版《雷雨》导演王晓鹰以及曹禺本人的认可。

第二是工作方面的。时任中国艺术研究院话剧研究所所长的田本相通过论文认识了这位才华横溢的年轻人，便邀请胡智锋加入他的团队，到中国艺术研究院共同进行戏剧文学研究。但后来因为种种原因没有成行，田本相便推荐他到北京广播学院工作。

胡智锋表示："虽然没能和田教授共同开展学术研究，但田教授的学术精神却影响了我，他使我明白做学术一定要有创新，不能因循守旧，而且要有理论的突破，不要简单地满足于写几篇文章。要拿出真正的有创新精神的学术成果，有里程碑价值、有理论建树的成果。"

进入广播学院至今，胡智锋先后完成了学术道路的三次重要转折。第一是从戏剧研究转向电视研究；第二是从虚构性的电视研究（电视剧）转向实体性的电视研究（电视专题、电视新闻等），从理论化的美学研究到实务化的节目策划等领域；第三是从电视研究转向以电视引发出的公共文化的大艺术大传媒的研究。

"我要感谢我的博士生导师黄会林教授，因为黄老师指导我在学术研究上要坚持民族化本土化的道路选择。在任何情况下都要坚持中国立场和中国民族的核心价值，在价值观上对我影响较大，另外在方法论上就是学术资源的整合，要善于调动已有的学术资源，开创新的领域。"胡智锋说。

独辟蹊径论艺术

在胡智锋所从事多年的广播电视艺术学研究领域，迄今为止，仍然有两种相互对立的观点存在：一种观点认为，广播电视艺术学是新闻传播学下的二级学科，电视从本质上是一种传播媒介；另一种观点认为，广播电视艺术学是艺术学下的二级学科，电视从本质上是一种艺术。两种观点背后都有大量的论文和著作支撑，看似相持不下。

胡智锋以睿智的思考给出了另外一种结论——电视传播艺术学。这种观点正是胡智锋2002年在仅仅23天的时间里完成的16万字的优秀博士论文《中国电视传播艺术研究》的主要内容，同时也是2004年由北京大学出版社出版的《电视传播艺术学》的主题。在这本书中，胡智锋从一个司空见惯、习以为常的客观存在出发，发现了一个潜在的学术交叉地带。这个长期存在而又久被忽略的"客观存在"就是："非虚构"内容（新闻）和"虚构"内容（艺术）并存于电视的传播内容之中，对于这两类有着清晰界限的内容的研究，也并存于电视的理论研究之中。胡智锋敏感地意识到，这两个"不同"，由于同处在一个"媒介现实"里，二者必然存在交叉、共融的领地，应该给予这一中间地带应有的学理研究。循着这个线索，作者凭借长期的深入研究和深厚的学术功底将"传播"与"艺术"打通，对于二者共同遵循着的规则、思路、方式与方法进行了抽象、概括和表述，为我们开拓了一个全新的电视研究领域——电视传播艺术学。

"广播电视艺术学是我们中国人自己的发明，在媒介融合的状态下，电视作为独立的媒体，未必见得是可以独立生存的，我希望的是媒介的升级，从广播电视艺术的媒介过渡到更大的媒介，从相对偏艺术的研究转向艺术和传播的结合的研究，所以我提出了传播艺术的概念，再从传播艺术的概念向全媒体、大文化发送，这样就呈现了传媒艺术与文化的概念，我是在努力建构传媒艺术与文化的融合，我现在的研究方向大抵如此。"胡智锋坦言。

这种独辟蹊径的研究一方面建立在胡智锋丰富的知识储备之上，另一方面则是他学术研究创新性的体现。这两者的有机结合使胡智锋在面对一些重大学术命题和挑战时，往往能够转换思维、开拓创新。也正是秉持着这种精神特质，2001年，胡智锋作为答辩人，为中国传媒大学斩获首批广播电视艺术学3个国家重点学科之一，这是新中国成立以来第一次在艺术学领域设立国家重点学科。2005年，胡智锋再次作为答辩人参加国家第一批艺术学博士点申报，再次成功。20多部著作、近300篇论文见证了胡智锋在学术领域的辛勤耕耘。同时，从1995年开始，胡智锋便相继担任中国高校影视学会秘书长、会长，为中国一级学会的建设发展，推动中国影视学术的繁荣进步做出了重要贡献。

除了在学术领域屡创佳绩，胡智锋还不断探索将丰富的理论知识应用于广播电视实务，由他参与的电视策划活动从节目（如大型纪录片《再说长江》）、到栏目（《新闻调查》《焦点访谈》《东方时空》《艺术人生》《对话》《经济半小时》《中华医药》等）、再到频道（央视科教）等，均取得了较好的效果。胡智锋强大的学术实力与在业界的声望和地位，使他在2007年成为"长江学者"强有力的竞争者之一，在800多位候选人中以前30名的排名成功入选，成为广播电视艺术学学科领域内第一个也是迄今为止唯一一个"长江学者"特聘教授。

文化慧眼辨热点

从2007年开始，胡智锋的研究视角开始转向以传媒艺术为辐射的大文化领域研究。之所以出现这种学术转向，源于在2007年前后的三个研究课题：一个是北京市广播电影电视局的特别委托项目《广播电视公共服务》，为了完成这个专门委托给自己的课题，胡智锋投入了大量心血，组织了一个庞大的团队，包括政策专家、技术专家、一线人员。一个是北京市政府委托的《"十二五"公共文化规划研究》。一个是在新中国成立六十周年之际文化部委托的，包括"美术馆、图书馆、博物馆三馆免费开放后配套政策的制定"在内的《"十二五"期间国家公共文化服务规划的设计》。

这种跨学科研究的历练，使胡智锋的学术研究突破了以往以电视为中心的封闭空间，开始走向以电视为基础的大文化领域。学术空间的拓展客观上带来理念的更新和应用性的增强，同时也将胡智锋的学术思维推向一个更高、更远、更实际、针对性更强的层面。

对于当前文化领域内的一些热点问题，如"艺考热""就业难""文化发展"等，胡智锋有自己独到的见解。

1. 关于"艺考热"

和有些学者一味地将"艺考热"的原因归咎于扩招的观点不同，胡智锋更多地注意到"艺考热"传递出的三个层面的信息。第一，从国家政策层面来看，确实需要创新型人才，而艺术对人的情感和想象力的培养有很大的推动作用。艺术创新连带着科技创新和文化创新，总结其他国家的经验，科技创新和社会文化体制的创新前提是艺术领域的创新。国家重视艺术，投入艺术是必要的，我们过去太多地考虑用于促进建设发展的理工科的发展，这在建设初期是没错的，可是如果从可持续发展的角度来看，科技创新和社会创新如果没有艺术创新的支撑是有问题的，艺术创新本身也是一个目标，为社会带来丰富的文化艺术创造，满足人们日益增长的精神需求，给社会带来抚慰，带来精神的凝聚。第二，部分艺术院校以追求经济利益为出发点，认为艺术招生收费高。但艺术教育的水准和质量没有得到根本性的提升，教育质量、学科建设、人才培养的能力、师资队伍等还没有真正达标。第三，"艺考热"客观上给中介机构带来了很大的商机，中介机构起到了推波助澜的作用。

2. 关于在艺术中"坚持传承中国传统文化"与"引进国外先进创作理念"之间的合理关系

"中国传统古文化本身就是一个开放的系统，不是封闭的，是活性体、流动的，这在中国历史上表现得很明显，中华民族文化本身是在与外来文化的碰撞中不断发展的。"胡智锋说，"坚持弘扬优秀的传统文化，优秀不优秀要看时代的需要，能够振奋民族精神的我们认为是优秀的。对于引进国外先进创作理念，不能把国外的都看作是先进的，先进不先进也是根据我们的需要，比如我们认为非洲可能不那么先进，我们认为欧洲是先进的，但欧洲也有不先进的，传承是在创造中的传承，引进恰恰是在鉴别中的引进。"

3. 关于电视节目的克隆和抄袭

"也不能完全怪中国电视人不作为、没有创新力。我觉得是电视文化过度商业化的结果，我们缺乏在电视媒体快速产业化过程中对知识产权的保护。比如说花了巨资进行策划的东西，一出台就让人给抄袭了，涉及省级卫视、地市级电视台，或者是中央电视台，这时候，即使是明确了抄袭的责任方，你让谁给谁付款，政府和政府、媒体和媒体，都是官方背景，没办法。"胡智锋说，"这样下去大家就会觉得创新是有巨大风险的，如果不是你的创作实力傲视群雄，没人敢轻言创新，更别说因为创新导致收视率下降，那么创新的成本就完全浪费了。假如说我创新成功了，马上会带来一堆克隆，谁来为我的付出买单，很多抄袭克隆的人是零成本，中间还有挖墙脚把主创挖走这样的事情发生，这里面还有电视台人事制度的问题存在。正式编制的人员和临时人员共生共存，而临时编制人员的流动是非常频繁的，而这一批人却是创新创作的主体。

"相比之下，购买国外的版权反而是一种比较安全的途径，我怎么改造是我自己的事情，但是如果发现有抄袭，我就可以告你，因循的原则是国外多年积累的版权保护和版权交易的相关法律法规，因此，很多人宁可花钱买国外的版权，这种情况下的综合成本是最低的。"

对胡智锋的采访过程，使同样从事艺术研究的记者经历了一次头脑风暴。其丰富的信息量、新颖的观点以及凝练的表述使我们不断打开新的思维窗口：他用"水能载舟"的比喻来对比当前艺术教育领域重点高校与普通高校的关系，认为只有艺术教育的规模扩大了，才使得接下来的竞争加快，优胜劣汰的自然规律才能真正起作用。他用"大艺术和小艺术"的称谓来区分艺术理论与艺术实践在学理上的殊途同归，进而引申出在新形势下艺术教育的理念和方法问题。他用"鉴赏力、价值观、方法论"3个精准的词语来为新形势下的艺术教育师者画像。

即便如此，胡智锋还坚持认为："我之前出版的所有的书我都不认为是最好的。我不认为哪一项是我最满意的。我只能说我对自己以往做的所有东西文责自负，所有的创新都是我原创的，都是我真诚的创作。"这种源于齐鲁文化的淡泊和谦虚让胡智锋的人格魅力和学术魅力相得益彰，使他在纷繁芜杂的世事变迁中始终保持一种"智者"的姿态。

【刊发信息】郭晓、赵正阳：《齐鲁风骨 智者思考——访"长江学者"、中国传媒大学教授胡智锋》，《艺术教育》，2012年第8期。

校友访谈:"长江学者"胡智锋

2010年7月8日上午,胡智锋教授从徐显明校长手中接过聘书,正式受聘为山东大学讲座教授。在胡教授母校之行来去匆匆的间隙,我们还是见缝插针地对其进行了访谈。

永远都是山大人

胡智锋教授深情地回忆起在山大读书时的美好时光,他1981年16岁时来到山大,七年之后获得硕士学位后分配到北京广播学院也就是现在的中国传媒大学工作。他认为今天取得的成就主要就是得益于山大时打下的良好基础,他说自己永远都是山大人。

胡教授衷心感谢母校对他的聘任,他说这不仅是一种崇高的荣誉,更代表着一种神圣的使命,他一定会为学校的发展尽心尽力。在谈到学科建设和发展规划时,他敏锐地指出新闻传播专业的学术研究一定要着眼于当下的政策环境、产业环境和技术环境,充分整合社会资源,解决好具有时代性、社会性和专业性的命题。他说山东大学新闻传播学科的发展,一定要利用好文学院已有的良好声誉和扎实基础,并努力培育出具有山大特色和优势的新的生长点,进而实现学科建设的有力跨越,他说自己会尽全力贡献一份力量。

传媒研究要讲究方法

胡智锋多年来致力于影视理论的研究，尤以电视美学、影视文化、电视传播艺术研究见长，在这些领域的一系列学术成果在国内居于领先地位。他的许多著作中，不论是整体的理论构架，还是具体的观点，乃至话语表达方式，经常给人以耳目一新之感，或者说充满了鲜明的创新品质。他认为最大的动力来自充满活力的、动态的中国电视实践进程中出现的各种各样的问题。对于一个学者来说，有没有问题意识，能否发现问题、提出问题，并尽可能找到解决问题的独特路径，是衡量其学术理论价值和贡献的非常重要的尺度。这不仅对于实践性很强的新闻学、传播学、广播电视艺术学是重要的，对于其他学科的理论研究同样是重要的。

胡智锋的传媒研究取得了很高的学术理论成就，他认为理论研究最常用的方法有三种，这就是理论与实践相结合、历史与逻辑相结合、宏观与微观相结合。这三种方法看起来是老生常谈，但在实际的研究过程中却是常用常新的。从理论与实践的结合来看，电视研究既不能是简单的实践描述，也不能是玄学式的纯理论概念。当前中国电视理论研究的格局，大概可以分为基础理论研究、应用理论研究两大类，基础理论研究和应用理论研究之间的冲突和对峙是显而易见的。他认为，两方各有其功能和价值，不能简单地用一方标准去要求、规范另一方，应当体现出学理性概括与实践性应用之间的高度结合。从历史与逻辑的结合来看，电视研究既不能对历史作简单的材料堆砌，也不能脱离历史作抽象的逻辑概括。从宏观和微观的结合来看，电视研究既不能发简单的宏大叙事式的空论，也不能经验主义地就事论事。他赞赏从微观的"点"切入，延伸到宏观的"面"，或从宏观的"面"入手，牵连到微观的"点"，"点"与"面"的有机结合会使电视研究充满张力。

这三种方法的道理并不艰深，但是如何落实到特定的研究对象，恐怕离不开特定思维方式的支撑，胡教授分析认为，正是辩证思维和中介思维这两种思维的娴熟灵活地运用，使他的研究常常另辟蹊径。辩证思维和中介思维这两种方式是并行不悖的，辩证思维强调的是对一个问题正反两个方面的思考与分析，而中介思维强调的是在一个问题正反两个方面的矛盾中去寻找、探求兼容并包、切实可行的中间路线或现实路径。辩证思维、中介思维是理论创新的重要方法和武器。

做"现在进行时"的学者

为了使自己的研究更全面、更前沿，各种类型的节目，胡智锋都亲自参与策划。新闻类的，专题类的，电视剧类的，纪录片类的，综艺类的，甚至青少类节目，胡教授都涉及过。这些工作当时大多是无偿的，而且还要付出大量时间、精力和一部分经费。为了保持研究的"前沿状态"，胡教授不计个人得失，终于取得了丰硕的学术成果。他先后参与了近百个电视频道、栏目、大型节目的策划和主创工作，是目前国内著名的电视策划人之一。

在学术研究和为人处世上，胡智锋追求的是"效率和品格"。他总是提前一周列出时间表，并且每天都要根据实际情况进行调整。这样虽然事务繁忙，他的生活还是充实而井井有条。他为自己规定了"不追风，不逐热，不赶时尚，不争论，不偏执，不浮躁"的原则，要求自己拒绝诱惑，耐住寂寞，远离风口浪尖，踏踏实实搞好学术研究。

【刊发信息】孔令顺：《校友访谈："长江学者"胡智锋》，山东大学文学院网站，2010年9月10日。

精研学术成绩斐然，重任在肩数责并举
——记"长江学者"胡智锋教授

胡智锋教授温文儒雅、谦和有礼，刚刚跨入不惑之年却已在教书育人、学术研究、电视实践等诸多领域取得了卓著成就。今年，他荣获教育部"长江学者"特聘教授荣誉称号，是中国传媒大学和全国广播电视艺术学科有史以来获得这个称号的第一人。这位在学界、业界均享有盛誉的年轻学者身兼数职，却凭借超乎常人的勤勉和满腔激情将每一种身份和角色都做到最好。

一、教书育人"三位一体"

胡教授自1988年来到中国传媒大学任教，已经整整20年。学生走了一批又一批，唯一未改变的是他教书育人的宗旨。严谨细致、一丝不苟的教学风格，生动有趣、灵活多变的授课方式，使他成为学生眼中的"明星教师"。

他常说，导师的作用是什么？就是要教会学生"做人、做事、做学问"，既要做学生思想的引导者，还要做学生习惯的培育者和学习的训练者。"做人"是"做事"和"做学问"的基础，要培养学生对人类世界的关怀之心、对现实社会的关注之意、对日常生活的关切之情；"做事"则要教会学生分清大事小事、轻重缓急、内外之别的关系，要有始有终、有来有往、有点有面，这些好习惯会为学生将来跨入社会打好基础；在"做学问"上，胡教授提出要围绕"一个目标：成才，两个抓手：感性训练、理性训练，三个层次：是什么、为什么、怎么样，四个维度：现实、历史、理论、实践，五个关系：意与言、言与书、听与说、说与做、学与思"展开。他认为，大学教师的职责绝不仅仅是要教好书，而是要培养出既有专业素养，又有人格魅力，还要有社会责任感和适应能力的人才。因此他注重学生的内外兼修，从高尚人格到外表仪态无一忽视。

这些系统的教育理论和教育方法的提出是胡教授在教学实践中总结出来的。他是教学层次最为丰富的老师之一，从本科生、硕士生、博士生，直到进修教师、港澳台进修生。

20年的教师生涯中值得书写的故事实在太多。他第一次当班主任是带89级文艺编导班。这个班的同学在思想、学风等方面差异很大，班风比较沉闷。他在逐一谈话和摸底之后，采取了一系列措施：组织学习报告会，邀请校内外有关老师、专家列席，要求每位同学准备一个题目登台当众演说，以锻炼他们的表达能力和增强他们的自信心；开设电视剧专题课，采用老师和学生相互主讲，同学讨论和辩论、师生对话等多种方式教授学习，以活跃气氛，增进学习热情；此外，他还带领学生到延庆龙庆峡植树一周、到什刹海作历史文化巡游。无论走到哪里，他都与学生同吃同住，打成一片……丰富多彩的学习、实践方式让每个同学的个性都得到充分张扬，沉闷的班风被团结进取、活跃创新所替代。在他的积极调动下，30多个学生里有6个是校学生会干部，近20人获得奖学金，不少学生成为社团领头人。毕业后，该班学生人才辈出：中央电视台《艺术人生》制片人王峥、中国国际广播电台国际部副主任常海宽……

二、学术渊源"三流合一"

胡教授在学术研究上有自己的特色，既治学严谨又不拘泥于细节，善于从整个学科甚至跨学科的高度俯视问题；既注重历史传承又紧追时代前进的步伐，善于从社会发展的角度深入探究问题。这种综合性思维的形成与他的学习成长环境密不可分。

1965年胡教授出生于山东省莱州市，从小就品学兼优，1981年以优异的成绩考入山东大学中文系，1985年顺利考取本校现代文学专业现代戏剧史方向的研究生，师从孙昌熙、孟广来两位著名的教授。孙昌熙教授曾是闻一多先生的学生和助手，是我国著名的鲁迅研究专家，孟广来教授则是国学大师高亨先生的高徒，是戏剧研究方面的专家。孙教授在比较文学方面的造诣和孟教授打通古今中外的治学思想给了他很深的影响。山东大学7年的学习生活，使他养成了在学术研究中注重追根溯源，讲究"言之有据""无一字无来历"的严谨治学态度。

但当他1988年研究生毕业分配到中国传媒大学任教时，却发现作为广播电视系统的专业院校，这里的学风与山东大学完全不同，重实践、重操作、重应用、紧跟时代潮流。如果说山东大学是向"后"看的代表，这里则是向"前"看的典型。他一方面保留了山东大学踏实严谨的治学态度，一方面又积极吸取传媒大学紧跟实践、不断创新的优势。两种完全不同的思维方式的融合交汇，为他在学术研究上打开了更广阔的天地。

为了在中国传媒大学这个专业院校的主流学科中有所作为，胡教授在圆满完成教学任务的前提下，利用业余时间学习专业知识，终于在广播电视艺术学方面取得显著成绩，并于1999年考取北京师范大学影视学博士。三年学习深造过程中，他密切关注中国电视急剧发展变化的现状与趋势，并不断寻找新的视野和角度，试图找到学术层面上的富于概括力的表述。随着思考的深入，他逐渐明晰了思路，即将有中国特色的本土化电视传媒的经验、思想和智慧做一个整体性的学术理论概括。2002年毕业前一段时间，当大家都在积极准备博士论文时，他却因父亲心脏病住院、妻子怀孕待产，不得不每天奔波于医院和家里。直到4月下旬，胡教授一直以来的积累和思考厚积薄发，在仅仅23天的时间里完成了16万字的优秀博士论文《中国电视传播艺术研究》，并于2004年由北京大学出版社出版，题为《电视传播艺术学》。这件事成为学界不断被人提起的传奇佳话。

三所著名高校、三种不同的学术风格，胡教授融会贯通、博采众长，终于培育出自己的学术奇葩。

三、学术研究"三跨四维"

作为一名学者，胡教授真正做到了学有专攻、术有所长：至今已发表个人学术专著10余部、主编或参与编著学术著作20余部、在权威专业杂志刊物发表论文200多篇、承担和参与了10余项国家级和北京市重大科研课题、获得20多项各种学术奖励和荣誉称号。

他的广播电视艺术理论研究以"本土化"为切入点，实现了从电视美学到影视文化再到传播艺术学的三次学术跨越，每个部分都自成体系，开拓了学科新领域，成为广播电视艺术学科的奠基石。

如此年轻有为，难怪有人感慨他是"天降奇才"，有人羡慕他"天赋异禀"……胡教授淡然一笑，不无幽默地说："哪里有天才，我是把别人喝咖啡的时间都用在工作上了。"

那么就让我们看看胡教授的作息时间表吧：早上8点起床，早饭后工作到中午，午饭后休息5分钟，然后工作至晚饭，晚饭后工作至凌晨两三点，每天工作时间在十六七个小时以上。这个时间表从他1985年读研究生开始实行到今天。遇到科研攻关的关键时刻，彻夜不眠就成了家常便饭。没有周末，更没有节假日，每天胡教授都要在办公室学习、工作至凌晨才回家。因为他总是最后一个离开，所以不论办公室搬到哪里，他都和保安很熟悉。他常说："做学问是一辈子的事，绝非一朝一夕之功，不可能一蹴而就。"

1992年，胡教授为《中国应用电视学》一书承担"电视美学"专章的写作任务。当时中国的电视理论研究相当薄弱，电视美学方面的研究更是一片空白，但他仍然毫不犹豫地"受命于危难之间"，收集了所有能找到的相关资料，在狭窄简易的筒子楼宿舍里开始了创建新学科的旅程。8月酷暑，每天几十盆冷水是对抗炎热的唯一武器，为了按时交稿，胡教授连续数夜通宵达旦。交稿后的第二天，半个多月的煎熬把他的身体累垮了，持续高烧不断。

他那超乎常人的勤奋确实令人感佩，而除此之外，正确的学术研究方法则是促使他成功的又一因素。虽然已经出版了诸多学术著作，但从未有意为之，这些都是他独创的"四维"方法论的结晶。"四维"方法论，具体说，就是点、线、面、体的互动与结合。胡教授既有厚重的理论积淀，又有丰富的实践经验，在这二者结合的过程中，他善于寻找适合自己的突破点和切入点，把"点"放置于现实或历史中勾勒出"线"，再将其放入某一领域中形成"面"，"点""线""面"结合形成一个"整体"。他对电视美学的研究就是这样搭建理论框架的。

勤奋努力与正确的研究方法，就是胡教授打开学术宝库的两把密钥。

四、开疆拓域"一新一重"

广播电视艺术学是一门崭新的学科，但随着学科建设的飞速发展，近些年取得了显著成绩。其中，以胡教授的三次学术跨越为主的理论研究，为广播电视艺术学的发展做出了巨大贡献，胡教授也因此成为该学科的领军人物。尤其是他在电视实践的基础上，创造性地将"传播学"和"艺术学"打通，创立了"电视传播艺术学"这一新的广播电视艺术学的分支学科，既对电视传播和艺术实践进行高屋建瓴的理论指导，又开拓了传播学和艺术学的理论疆域。

2001年，中国传媒大学为广播电视艺术学申报了国家重点学科。因胡教授在该学科领域中做出的杰出贡献，毫无疑义地承担起答辩人的关键角色。为了不辜负学校的重托，他全力以赴：整理自己的学术研究成果，大量翻阅、熟悉国内外相关领域的进展，一遍遍修改申报材料、集中模拟彩排，甚至为此放弃了计划中的博士论文写作。最终，顺利为学校赢回广播电视艺术学国家重点学科的荣誉，也为该学科的进一步拓展提供了条件。

2005年，胡教授再次担任答辩人，使学校的艺术学一级学科获得博士点授予权，使学校成为国家第一批艺术学博士点授予单位。

由于巨大的学术成就，他经常被邀请到国外讲学，进行学术交流活动。胡教授在与国外业界和学界的交流中，不仅展现了中国在广播电视艺术学科取得的显著成绩，而且也吸收借鉴国外先进的学术成果和思想，为学科发展增添了新鲜血液。

五、国家名刊"十年一剑"

《现代传播》作为中国传媒大学的学报，不仅是学校展示学术成果的品牌窗口，也是国内外学界和业界沟通与交流的著名学术平台，在传媒学术发展和学科建设方面起了积极的推动作用。

然而，看到现在刊物蒸蒸日上的发展局面，很难会有人想到，当1997年胡教授刚刚调任副主编时，面对的却是"一穷二白""家徒四壁"的惨淡局面。当时，学校对刊物的投入不足，全部家当只有两间办公室、一部内线电话，没有经费，缺乏足够的专业人员，最令人头痛的是缺乏名家高水准的稿源，在学术界的地位无足轻重。尽管很多人都不看好这份刊物的发展前景，但胡教授与编辑部同仁们一起努力寻找问题，重新思考和确定刊物的宗旨、定位、栏目设计、作者联络以及内外运行等各个环节。他提出"有为才有位"的发展口号，重新将刊物定位为"沟通学界和业界的桥梁"。在众多业界杂志中，《现代传播》以鲜明的"学院派"立足，在纯粹的学术杂志中，《现代传播》又打"广播电视传播实践"牌。胡教授又吸引大批名家投稿，建立了良好的运行机制，使刊物走上健康、快速的发展道路。

经过10年努力，《现代传播》已形成既严谨、规范，又中和、包容、多元化的成熟的办刊风格，先后获得"全国中文核心期刊""中国新闻传播核心期刊""中国人文社科学报核心期刊""国家信息与知识传播核心期刊"等多种荣誉称号。2006年，刊物又成为第二届教育部"名刊工程"入选期刊，全国1200多个高校文科学报中，只有19家入选，《现代传播》是唯一一份新闻传播与广播电视类学术期刊。这些接连不断的耀眼光环，笼罩着的是胡教授倾尽的一腔心血。

六、学术交流"一人两会"

中国高等院校影视学会是国家一级学会，由老一代电影事业的领导者夏衍先生倡议创建，自成立以来推出了许多有影响的影视学术成果和人才，有力地促进了中国影视教育、学术及事业的发展。胡教授担任该学会副会长兼秘书长多年，为学会的发展做出了重要贡献。

2004年11月，中国高等院校影视学会的第十届年会、第三届中国影视高层论坛在中国传媒大学召开。这次年会的召开具有非同寻常的意义。在此之前，年会曾一度中断，有些会员质疑：这种名存实亡的学会还有什么意义？在一片质疑声中，胡教授开始埋头组织重新恢复年会的工作。会议方案、论坛设计，甚至各主讲人的发言题目，胡教授无不亲力亲为。会议上，中外六十余位知名专家、学者分别就影视教育前沿、影视学术新视域、全球化视野与本土化理论等专题进行了演讲和发言，并为做出杰出贡献的学者颁发了"学会奖"。这一届以"和而不同：全球化视野中的影视新格局"为主题的年会成为前所未有的学界盛事，大大提升了学会的知名度，也成为对中国影视教育成果的一次集中展示。这次年会后，学会一改以往的惨淡，形成了各高校争相举办年会的局面。

会后，西南大学虞吉教授评价这次年会时，说："一个会拯救了一个学会"。胡教授功不可没。

其实，早在20世纪90年代，他就在中国传媒大学发起、创建了当时颇具影响的广播电视学术沙龙："青年电视学会"。在他的影响下，一批热衷于学术研究的青年学子经常会齐聚到他的宿舍里，围绕当时的热门学术话题展开辩论，如名著改编历史剧《三国演义》、春节联欢晚会等等。然后将碰撞出的思想火花付诸文字，发表在《北京广播学院学报》等学术刊物上。从当年这个"青年电视学会"里走出了凤凰卫视执行台长刘春、《艺术人生》制片人王峥、央视经济频道总监助理许文广、《对话》制片人罗振宇等一大批广电行业的精英。

七、电视策划"一纲百目"

在20年的学术生涯中，胡教授的研究工作一直紧跟中国电视的实践前沿，从没有脱离对电视实践的探索。如果说在学界是一位卓有成就的学者，那么在业界他则以电视策划人的身份著称。

多年来，胡教授在教学、学术研究之余，参与了大量电视策划工作，涉及电视节目、栏目、频道、媒体各个层面。深受观众喜爱的中央电视台科教频道（CCTV-10）就是胡教授一手策划的。他提出了"教育品格、科学品质、文化品位"的频道定位，着力打造其本土特色、民族特色和人文气质。2002年，科教频道获得凡尔诺奖，这是联合国对于世界范围内做出突出贡献的从事科学普及工作的媒体工作者的最高奖项。胡教授的努力和理念得到了应有的回报和证明。

作为许多名牌栏目的策划人，他的"金点子"往往能"化腐朽为神奇"。1994年，《东方时空》开播一年后，《东方之子》遇到了选题上的困难，单体节目的高制作水准和相对的低收视率之间形成很大矛盾。胡教授针对这种情况，提出了六字方针"有主题、成系列"，并提出著名学者访谈系列、名牌大学校长访谈系列两种选题。播出后效果非常好，此后，"有主题、成系列"就成了栏目重要的选题标准。

他还参与主创了多部文化含量很高的大型纪录片，如《香港沧桑》气势恢宏、史料翔实，在香港回归时曾引发收视热潮，获得中宣部第六届"五个一工程"大奖、"中国彩虹奖"和中国电视"金鹰奖"。2006年，他担纲策划的另一部大型纪录片《再说长江》，不但第一次提供了真正由中国人拍摄的长江最完整、最清晰、最准确的影像，而且对节目制作的方式做了许多新鲜的探索和尝试，播出后产生热烈反响，荣获"中国06年度双十大经典纪录片"和中国影视学院奖视觉艺术大奖。

胡教授在电视策划上的成功，与其学术研究互动结合，理论具有实践的色彩，而实践中又渗透着理论的火花。他独具特色的电视传播艺术理论以"中国电视本土化的道路选择"贯穿始终，在这种思想的指导下，他志存高远、脚踏实地，注重对国家、民族和时代的责任感，坚持策划了大量适合中国国情、贴近中国观众的电视节目。"态度决定一切、细节影响成败、诗意提升现实、智慧改变世界"，这是胡教授给业界的劝诫，也是他自己实践的总结。

八 、淡泊名利 坚守未来

不论在学界还是业界，胡教授都取得了令人瞩目的成就，但他多年来却一直保持"不争"的心态，讲求"淡泊明志、宁静致远"。

这次入选"长江学者"也是如此。胡教授虽然曾听说过这个称号，却从未想过与自己有怎样的缘分。直到去年4月份，学校有关领导和人事部门找到他，因其杰出的学术成就和对学界、业界的巨大贡献具有较强竞争力，希望他能报名参评"长江学者"，为学校赢得这份从未有过的殊荣。考虑到目前"长江学者"已经成为高校排行的标志性指标之一，而且也会为学科建设起到促进作用，胡教授这才开始积极着手准备。按照程序申报完毕后，他便又投入到繁忙的教学工作和学术研究中去。直到2008年3月初，港澳台及国内学界朋友祝贺他入选"长江学者"特聘教授时，他这才从教育部的网站上确认了这一事实。

据悉，2007年全国所有学科参评"长江学者"的学者多达800余人，但只有109人入选，其中文科所占比例更是不足10%，而胡教授在800多位候选人中竟能位居前30名。从中也可见他的学术实力和在学界的声望和地位。

虽然对名利毫不计较，但对于中国电视的未来，胡教授却充满激情，为之付出了自己所有的时间和精力。不论是为广电行业培育高素质的专业人才，还是坚持电视理论研究、电视策划实践，或是承担

《现代传播》和高校影视学会的负责工作，胡教授都秉持"党需要做什么就做什么，电视需要做什么就做什么"的理念。他所有的坚持和努力，都只为一个目标：做出中国人自己的民族电视。

正如他在一次访谈中说的那样："电视在哪里，家就在哪里。"

【刊发信息】王锟：《精研学术成绩斐然，重任在肩数责并举——记"长江学者"胡智锋教授》，《传媒人》，总第 2 期，2008 年。

心系电视　教书育人
——专访"北京市教育创新标兵"胡智锋教授

胡智锋教授是中国传媒大学文科科研处处长、学报总编、《现代传播》主编、博士生导师。作为学界专家，他常年活跃在业界，为中央电视台等媒体出谋划策；作为国内著名策划人，他又致力于电视美学、影视文化和传播艺术的研究，在学术界享有很高声誉。在《现代传播》主编办公室里，记者采访了这位在学界、业界均有建树的教授。

一门新课程　三位一体培育人才

胡智锋教授1988年到我校任教，至今已经近20年。20年中，他致力于本科、硕士、博士各个层次的教学与培养，为广电系统培养了大量优秀人才。1989年，面对当时学校课程设置过于狭窄、内容单一的问题，为了更好地培养复合型人才，胡教授大胆地把戏剧、电影、电视几个艺术门类打通，开设了影视剧文化课程。当时国内还没有类似的研究和课程，胡教授出于一种文化敏感性，做了有益的尝试。前无经验可借鉴，在课程设置和教材编写方面，胡教授克服了种种困难，创新性地提出三个教学观点。第一是案例教学，生动地教给学生实用信息；第二是"求同存异"，胡教授系统研究了电影学、电视学和戏剧学的理论框架，抽出它们三者的共同点，总结、演绎，并对它们的差异进行分析；第三是开放式教学，胡教授拟定一些开放型课题，由学生做互动性练习。胡教授说："'影视剧文化'有生动的案例、共同的理论框架、差异性的理论阐释、互动的教学方式，课程比较丰富和鲜活。"

在本科教学中，胡教授对课程内容进行了创新，在硕士和博士培养过程中，胡教授也总结出自己一套新鲜做法和典型经验。他首先要求学生"做人、做事、做学问"三位一体。即在"做学问"过程中，悟到"做人和做事"的道理，在"做人和做事"过程中"做学问"。在谈到教学方法时，胡教授说："一是'讨论式教学'，我设定一个选题，围绕这个选题，学生们互相批判和质疑，在讨论过程中互相启发、共同提升。二是'课题式教学'，我让所有的博士生和硕士生都完整参与课题工作，通过资料准备、大纲设计、访谈以及论文写作一系列过程，学生整体素质得到提高。三是'团队式教学'，人文学科的研究通常是个体化的，但是当今我们需要大规模项目，所以我着力培养学生的团队意识。"我想，这就是胡教授培养出一批优秀的博士生、硕士生的原因吧。

一个切入点，五种新观点

20世纪90年代初，电视逐渐受到社会关注，成为主流媒体。当时北京广播学院因为电视事业的飞速发展获得了更大的影响力。很多老师做出了自己的选择：有的专心教学科研，不涉足业界，有的进入业界工作，放弃了学术研究。作为专业教师，胡教授为了获得一线的体验，同时兼顾理论研究，选择了一条"中间路线"。胡教授说："我发现自己的长处在于给媒体一个判断，给他们提出建设性的意见，让他们得到跨越式发展。而在这个过程中，我自己的教学科研获得了一线鲜活的素材。要兼顾理论和实践，我找到了最好的切入点——电视节目策划。我从一线的做法中提炼理论，又把理论研究成果付诸实践，来推进实践。"

为了使自己的研究更全面，各种类型的节目胡教授都亲自参与策划。新闻类的，专题类的，电视剧类的，纪录片类的，综艺类的，甚至青少类节目，胡教授都涉及过。这些工作当时大多是无偿的，而且还要付出大量时间、精力和一部分经费。为了保持研究的"前沿状态"，胡教授不计个人得失，终于取得了丰硕的学术成果，如《论电视纪录美学》荣获第四届全国广播电视优秀学术论著一等奖、首届广播电影电视部高校科研成果一等奖；《影视文化三论》荣获第七届全国广播电视优秀论文一等奖（2001年）；《中国电视节目生产"本土化"战略与对策》荣获第八届全国广播电视优秀学术论文一等奖（2003年）；专著《电视传播艺术学》获得北京市第九届哲学社会科学优秀成果二等奖、第四届"中国高校人文社科研究优秀成果奖"三等奖（2006年）等。

胡教授善于把理论条分缕析，如他早年提出过"中国电视的一二三四五理论"，即"一个目标——本土化，两个维度——效率和品格，三个系统——本土节目、引进节目和对外节目，四个层面——节目、栏目、频道、媒体，五种新观念——电视纪实、栏目化、谈话、直播、游戏娱乐"。"一二三四五理论"把电视发展的新阶段框架得非常清楚，这些极具学术创新意义的观点，被业界和学界广泛认同，并产生了很大影响。胡教授说："它的突出特点是理论和实践的快速互动。这些观点的提出有一定的背景，比如入世后中国影视的变局、转型期中国影视生态变动等等。这些暴露出的问题需要一个战略性的回答。我找的是业界和学界共同关注的问题。"胡教授并不是"纸上谈兵"，而是用这些理论作指导，参与了近百个电视频道、栏目、大型节目的策划和主创工作。他参与主创的大型电视纪录片《香港沧桑》获得中宣部第六届"五个一工程"大奖及"中国彩虹奖"、中国电视"金鹰奖"，担任《再说长江》能策划，播出后产生巨大影响，还有CCTV-10（中央电视台科教频道）的总体策划、《东方时空》《艺术人生》节目的策划等等。

一本国家名刊　十年磨一剑

胡智锋教授深情地说："《现代传播》是我倾尽心血的一本学术期刊，在这里主持工作的十年，她从一本名不见经传的普通学报，成长为国家级名刊，她经历了多次定位，我见证了这整个过程。"

提到这本刊物成功的原因，胡主编说："我国新闻传播学科的快速发展给了她快速发展的机会：新闻传播学成为一级学科、广播电视艺术学成为二级学科，在我们学校，新闻学和广播电视艺术学又都是国家级重点学科，这是她成长的土壤。中国的广播电视学和新闻传播学在探索'本土化'过程中，需要一个平台呈现这些成果，恰好《现代传播》扮演了搭建平台的角色。学校的发展也极大促进了这份刊物的发展。权威学术杂志是一个学校学术水平的重要标志，学校对《现代传播》有很高期待，《现代传播》也为学校贡献了一个品牌。"

　　虽然有这么多外因的促进，但《现代传播》的发展和以胡智锋教授为代表的编辑们的自身努力是分不开的。回忆起当初的《现代传播》，胡教授百感交集："开始时，《现代传播》仅仅是一个内部刊物。她的定位、内容、发行等方面都存在很多问题。我刚接手时，'家徒四壁'，办公室仅有一部内线电话，除此之外没有任何像样的设备，更重要的是，没有资源。这些导致了我们这本杂志在学术界没有地位。在这种情况下，我们咬紧牙关，我提出'有为才有位'，只有靠自己的作为争取地位。"就这样，胡教授首先把这本刊物定位为"沟通学界和业界的桥梁"。在众多业界杂志中，《现代传播》以鲜明的"学院派"立足；在纯粹的学报和老牌的学术杂志中，《现代传播》又打"广播电视传播的实践"牌。有了这样的定位，胡教授又吸引了一批名家大家的关注、投稿，建立了良好的运行机制保障效益，寻找到了准确的读者市场。为了保证这份刊物的学术品质，胡教授拒绝了一些人"降价、加速出刊频率"等建议，拒绝了一些企业的高额赞助，胡教授坚定自己的选择。就这样，《现代传播》不断发展壮大，先后被评为"全国中文核心期刊""中国新闻传播核心期刊""中国人文社科学报核心期刊""国家信息与知识传播核心期刊""中国社科引文索引来源期刊""中国广播电视优秀学术期刊"，并获得北京高教学会社科学报一等奖、全国百强社科学报等奖励。2006年，《现代传播》光荣地成为第二届教育部"名刊工程"入选期刊。在全国1200多个高校文科学报中，只有19

家入选,《现代传播》成为其中唯一一本新闻传播与广播电视类的学术期刊。一个个奖项背后,凝结着胡教授太多的奔波和操劳。(校园网记者 付饶)

【刊发信息】付饶:《心系电视 教书育人——专访"北京市教育创新标兵"胡智锋教授》,中国传媒大学新闻网,2007年5月24日。

探索中国广播电视艺术理论
——记胡智锋教授

　　作为一门新鲜、年轻、富有活力的学科，广播电视艺术学的酝酿、积累与准备，一直与中国广播电视传媒与艺术的事业同步，几代学界前辈为之付出了艰辛的劳动。但是，广播电视艺术学作为一门独立学科，乃至成为一个国家重点学科，并逐渐引起业界学界的广泛关注，充分显现其活力与潜力，一批新生代学科建设者的努力功不可没。胡智锋教授，正是这批新生代学科建设者的领军人物，他亲身参与了这门学科建设的每一个关键阶段，用自己的学术成果滋养这一新兴学科，在构建"本土化"广播电视艺术理论的学术研究中，胡智锋实现了三次学术跨越，从一个侧面折射和见证了中国广播电视艺术学科发展的脉络和轨迹。

　　胡智锋的第一次学术跨越是对电视美学的开创性研究。鉴于电视美的生产、电视审美接受的特殊性与复杂性，传统美学已无法对它进行充分阐释，建构符合电视艺术本体特征的电视美学成为当务之急。1990年，胡智锋主持了国内第一个《广播电视艺术辞典》中"广播电视艺术美学"部分的编写。在1993年出版的大型著作《中国应用电视学》中，胡智锋又撰写了"电视美学"的专章，第一次初步建构了中国电视美学的理论框架。1998年出版的《电视美的探寻》、2003年出版的《电视美学大纲》都是他电视美学研究的代表性著作。在探寻"电视美"的过程中，胡智锋形成了自己独特的学术研究方法，即点、线、面、体的互动与结合，他把"点"的选择、"线"的描述、"面"的展开和"体"的综合，贯穿协调于理论研究之中。例如，胡智锋以"电视真实"作为逻辑起点,以"多重假定的真实"为前提,以"生活真实感"为旨归,解析电视美的本质,见解独到而深刻。他的电视美学研究,不仅初步建立了广播电视艺术理论体系中的基础性分支学科,而且为一般美学的研究提供了新的素材,使传统美学研究获得了现代性阐释。

第二次学术跨越是对影视文化开拓性的研究。他对影视文化的探索,最早可以追溯到20世纪80年代末。1988年,胡智锋从山东大学中文系硕士毕业进入北京广播学院后,即开设"影视剧文化"课程,尝试着从文化的视角切入,将广播电视艺术的生产与传播纳入更为宏大的文化背景,经过几年的教学积累,研究思路日渐明晰,并发表了多篇学术论文,2001年整理出版为专著《影视文化论稿》。此后,他不断紧追影视文化的步伐,给予日渐丰富和深刻的思考,先后出版了《影视文化前沿(上、下)》《电视审美文化论》《全球化与中国影视的命运》《和而不同——全球化视野中的影视新格局》等著作。在这些著作中,胡智锋将广播电视艺术和影视文化的建设、发展紧紧结合在一起,使有中国特色的广播电视艺术的生产与传播,获得了更为深刻和宏大的文化阐释,同时也为文化研究提供了新素材,开拓了新思路。

第三次学术跨越是对电视传播艺术学这一新的分支学科的创立。作为国内著名电视策划人之一,胡智锋参与了国内上百个电视频道、栏目、大型节目的策划与设计,积累了丰富的电视传媒与艺术的实践经验,这些经验使他的研究充满鲜活的前沿性、时代性、实践性品格。在此基础上,他创造性地将"传播学"与"艺术学"打通,创立了"电视传播艺术学"这一新的广播电视艺术学的分支学科,其代表作是《电视传播艺术学》(北京大学出版社,2004年7月出版),与此相关的重要成果还有从实务领域切入的《中国电视策划与设计》,从专题研究角度切入的《电视法制节目:特质、创作与开发》,从生产理念角度切入的《中国电视观念论》,从问题与现象角度切入的《会诊中国电视》等。"电视传播艺术学"既是对电视传播和艺术实践的理论提升,又可以对电视传播与艺术实践予以高屋建瓴的理论指导，既开拓了传播学视域，又开拓了艺术学的视域，更为重要的是，它为建构"本土化"中国广播电视艺术理论又迈出了扎实而富于活力的一步。

三次学术跨越，勾勒出一个学者和一门年轻学科的紧密联系，也清晰地呈现出胡智锋的学术理想：从中国广播电视艺术的生产与传播的实际出发，以本土化的实践、案例为依据，结合中外的成熟理论，努力整合出具有本土化特质的、可以指导媒介实践的一门新兴学科。胡智锋说，广播电视艺术理论的研究之所以极具挑战性，就在于它时刻处于变动之中，准确把握"现在进行时"的中国广播电视，尤其需要"与时俱进"的精神，因此，面对业界学界提出的各种新问题、新情况，研究者应当及时作出自己的判断，这也就要求自己不断地学习、研究和自我超越。

【刊发信息】胡智锋、顾亚奇：《探索中国广播电视艺术理论——记胡智锋教授》，《文艺报》，2005年11月24日。

电视知识分子——胡智锋

他，开创了电视艺术学领域的一个新的分支学科"电视美学"；

他，主编了中国新闻传播学界最具影响力的学术期刊《现代传播》；

他，策划了中国最高品位的电视频道中央电视台科学教育频道；

……

他，就是中国传媒大学最年轻的博导之一，今年刚满40岁的胡智锋教授。

40年与四个人

1965年出生的胡智锋今年整整40岁。古人云："三十而立，四十不惑，五十而知天命。"进入不惑之年的胡智锋对于生命、对于人生自然是有着诸多的感慨。回首40年的时光，多少人和事浮现在脑海，每一个在自己前半生出现的人都会令他动容。面对记者，胡智锋深情地讲述了四个影响自己一生的人，其中有历史伟人，更有他身边多年的师长。

"在我生命中第一个给我最大影响的人应该是雷锋，我名字中的这个'锋'字正好和他的同字，"胡智锋感慨，"雷锋教给我的人生第一课就是要做一个好人。"这样，"做一个好人"也成为胡智锋一生坚守的第一信条。他在与记者谈到自己的40年人生感悟时说："现在的我，忙得最多的事都是别人的事，为别人的学术操心，为别人的工作操心，也为别人的家庭操心，有的人甚至只是为了排遣心中的苦闷，也常常来找我。这样的事每天都有，不管认识的或是不认识的，我都会尽自己的能力去给予帮助。我觉得人只有贡献了自己，对他人有意义，自己的生命才是有价值、有意义的。"的确，35岁被评为教授，38岁当上博导，胡智锋的个人学术事业可以说已经到达巅峰，如何能将个人的生命价值最大化，为年轻人规划人生、辉煌事业、成就家庭无疑是一种更高的做人境界。

"做一个好人"对一个普通人来说已经是一种难能可贵的人生状态了，但对一个学者来说，却还远远不够。"为往圣继绝学"的强烈历史使命感和责任感，是中国历代士大夫知识分子心中永存的精神。进入少年时代的胡智锋自然也开始受到中国古代先贤、历史巨人的影响。鲁迅、闻一多、朱自清、毛泽东、孙中山、宋庆龄，他们身上那种敢于成为中国的脊梁的勇气和历史使命感令胡智锋心潮澎湃。在这一大批的历史人物中，给他最大影响的却是冰心。"冰心使我感动的不仅是她敢为天下先的责任感，更是她身上所表现的一种'骨气'，一种知识分子特有的傲骨，一种文化人最宝贵的独立精神。冰心一生洒脱，不为名利所累。我的人生目标也是要像她一样做一个有尊严的人，会独立思考的人，能摆脱世俗的人。"说到冰心，胡智锋还告诉记者，为了表达自己对先生的崇敬之情，他特意为自己的独女取单名一个"冰"字，也是想让自己的女儿将来能做冰心一样的人。

中国的文人学者，都是首先做人，然后做学问。在做人方面，这样的境界不可谓不高，而做学问，第一重要的却是严谨。"我的母校是校园古朴、学风严谨的山东大学，在那里我受到了严格的'言之有据'的学术训练，耳濡目染了许多学术大家和前辈的治学，其中对我影响最大、也最直接的是我的导师孙昌熙先生。孙先生早年曾是闻一多先生的助手，也是中国鲁迅研究第一人。孙先生具有刚直不阿、不为五斗米折腰的人格魅力，说实话、说真话，敢于与自己学术意见不同的学者进行论争是孙先生的特点。对我而言，孙老师给我的最大影响还是他的治学：'无一字无来历。'我论文中的每一个观点、每一处引文，孙老师都会很仔细地加以考证，甚至是文章中的一处标点错误他都会提起我的注意。这样一来，我的每一篇论文、每一页书稿都不敢怠慢。现在，虽然孙先生已经不在我身边，我对学术的态度却坚持了下来。对自己的学生，我也经常提起孙先生对我的教导，我要让老师的学术精神一代代地传承下去。

　　"学者治学，光有严谨自然还是不够，与时俱进是任何学科甚至是任何一个民族都不可或缺的精神品格。"讲到这里，胡智锋讲起了第四个对他影响最大的人，也是他读博士时的导师、北京师范大学的黄会林教授。"黄老师给我最大的影响是她作为一个学者的开放、包容和与时俱进。黄老师在她六十岁时，在北师大创办艺术学系，建立中国高校的第一个电影学博士点，带头举办中国第一个大学生电影节。一个女学者，在自己六十岁的时候开始了自己事业和学术的又一个高峰，让人不得不敬佩三分。不过黄老师最让我受益的是她治学时勇立潮头，永远站在学术最前沿的先锋精神。黄老师的学术生涯也是一个学者对与时俱进的最好诠释。她从中国传统的文学史研究起步，然后转到电影的研究，又从电影的研究转向电视研究，最近，听说黄老师又开始了对新媒体的研究。一个学者永远站在学术研究的最前沿，不容易啊！"讲到这里，胡智锋感慨万千。的确，做学问与做人本有许多的共同之处。两位学者师长的治学之道也是做人之道啊！

学者的多重身份

　　翻开胡智锋的简历，我们至少可以看到这样的四重身份——学者：中国传媒大学（原北京广播学院）教授，博士生导师；编辑：中国传媒大学学报总编辑兼《现代传播》主编；电视策划人：中央电视台科学教育频道总体策划，参与策划节目上百个；学术活动家：中国高等院校影视学会副会长兼秘书长，中宣部"五个一工程"奖评委。这样的多重身份对一个学者来说究竟意味着什么，胡智锋是这样说的："研究电视的学者与传统学者有许多不同之处，就像传统的文学研究者要研究文学就必须深入到文学的创作实践中去一样，电视研究者要想进入电视的内核，也必须要参与电视创作的各个环节。像我这样既参与电视传媒的实践活动，又推进电视学术研究，还推动电视学术交流的知识分子，在西方有一个专门的称谓，叫'电视知识分子'。"

当然，不论怎样，一个知识分子首要的任务还是学术研究，这也是胡智锋在电视界有今日之成就的根本。其实在1999年去北京师范大学读影视学博士之前，胡智锋一天电视也没学过。1985年从山东大学本科毕业，他学的是中文系汉语言文学专业；1988年获山东大学现代文学专业（现代戏剧史方向）硕士学位，也不是电视方面的专业。可以说在这以后的十几年中，胡智锋是以一个门外汉的身份一步步走到电视理论界权威的位置上的。而奠定他的学界地位的则是他所创立的一门新的电视艺术学科——电视美学。从门外到入门，从入门到精通，再从精通到独创，十年的时间里，他所经历的发展是跨越式的，而跨越的艰难也许只有他本人才最最清楚。

"大学和硕士期间，我学的都是文学，这是一门非常传统的学科，传统的学科自然有许多传统的研究方法和思维方式。当我感觉自己在戏剧研究领域小有所得时，我来到了广院。进入了电视研究的最高学府，我却突然发现我进入的仿佛是一个完全陌生的地方，一切的理念、思维和习惯都是那么的不同，有一段时间我感到自己是那样的笨拙、落后。幸好我及时意识到了转型的必需，这个过程尽管艰难，但结果总算还是成功的。"进入了电视研究的大门，胡智锋的步伐并没有停止，面对当时与传统学科相比还略显薄弱的电视艺术理论研究，他首先想到的就是要创新，要突破。胡智锋所开辟的独特领域就是电视美学，一门在当时几乎不存在的边缘、交叉学科。在广播学院50年校庆出版的《学者的声音——学问之道》中，胡智锋向我们讲述了自己开创电视美学这门新学科的艰难历程："1992年，当时的电视系准备推出一部大型电视研究综合著作——《中国应用电视学》，有人推荐我加盟写作班子，承担'电视美学'专章的写作任务。当时国内还没有像样的电视美学的理论架构，而我本人在电视研究和美学研究方面的积累恰恰是相当薄弱的，如果放弃这次机会，那就意味着我与创建一门新学科的难得机遇擦肩而过，如果迎接挑战，则意味着必须在较短时间内从根本上改变我的思维方式，在这种忐忑不安的状态中，我下定决心接受这个任务。在接下来半年多时间里，我把能够搜集到的影视和美学方面的著述文字找来进行了一番'恶补'，在那暑期八月酷热的天气中，在两人合居的筒子楼里，我进入了夜以继日的'狂写'状态，靠着每天水房中几十盆冷水的浇泼，终于在要求的期限内完成了写作任务。交稿的第二天半个多月的煎熬把我累垮了，连续高烧不止，疲惫得连杯子都端不起来了。"正是这部分写在《中国应用电视学》上的"电视美学"专章，成为胡智锋电视美学的发端之作，也成为中国电视美学学术史上具有开创性意义的一章。这一专章，与胡智锋后来出版的两本专著《电视美的探寻》和《电视美学大纲》，共同构架了中国电视美学的第一个理论框架，这几部作品至今还是中国电视美学领域的权威性著作。

当我惊叹于这些著作的耀眼光辉和巨大影响时，胡智锋却不停地说着这几本专著不成熟之处。这其中当然有他的谦虚之词，但当我说到他所认为自己最得意的成就时，他却没有提及自己的这些著作，他的回答是"主编《现代传播》"。的确，一个人的智慧和精力都是有限的，再聪明的人一生也只能深入研究一个领域，发表数量有限的论文。而如果能将别人的智慧都汇集在自己编的杂志中，为他们提供一个学术研究和交流的平台，这样的成就是写几十本专著也比不上的。今天，《现代传播》已被誉为中国新闻传播期刊的一面旗帜，多少最新的学术思想在这里萌芽，多少智慧的火花在这里碰撞，多少青年才俊在这里成长。"国家知识与信息传播核心期刊""中国新闻传播核心期刊""中国人文社科核心期刊""全国百强社科学报"，这么多的荣誉足以说明这份杂志在中国学术杂志界的分量。

谈到主编《现代传播》对自己的影响时，胡智锋说道："主编学术杂志对我来说，更多是视野的拓展和境界的提升。在工作中，我全面接触了新闻传播、广播电视相关领域富于前瞻性、时代性和学理性的文章和著述，从中获得了大量的教学和研究的新信息、新感受和新理解，从而进一步拓展了我的理论视野，提升了我的学术境界，可以说也是实现我的学术跨越的必由之路。"

如果说主编杂志还是从同一个面上来提升学术的话，那么为电视台作策划、参与组织和推动学术交流活动则是从实践的角度为中国的电视做出贡献。十几年来，胡智锋策划和参与改版了上百个电视节目和电视栏目，其中有很多我们耳熟能详的名字：《东方时空》《焦点访谈》《新闻调查》《艺术人生》……胡智锋说，他最近的一次大型策划是中央电视台科学教育频道的整体策划，这样一个高品位电视节目的诞生对当前整体浮躁的中国电视界来说无疑是一针镇静剂，他提出的"科学品质、教育品格、文化品位"指导思想无疑成为该频道的灵魂。

电视知识分子说电视

电视是胡智锋一切工作的中心，对于自己与电视的关系，胡智锋将自己定位为"中国电视事业、中国传媒学术发展的见证者、思考者和推动者"。可以说，胡智锋进入中国电视领域的17年，正是中国电视事业获得质的提升，实现历史性跨越的17年。对于中国电视的这段辉煌发展史，胡智锋既是亲自参与历史的创造者：参与策划近百个电视栏目，主创具有里程碑意义的电视片；他又是对这段历史的思考者：以一个电视学者独立的学术品格和深入的研究视角，探寻中国电视事业发展中的种种问题及其解决之道；他也是这段历史的推动者：他以"五个一工程"奖、中国电视金鹰奖等大奖评委的身份，推动中国电视传媒事业向更高的水准、更清晰的方向、更强大的竞争力上发展。只有这样的电视人，才是真正能读懂中国电视现实与未来的"电视知识分子"。就中国电视的现实与未来问题，胡智锋向记者谈到了自己的一些观念和看法。

关于中国电视面临的媒体环境，胡智锋说："我们的现实就是：网络传播正在迅速'蚕食'电视的观众市场，'全球化'正在强有力地'挤压'本土文化的生存空间，传统的电视艺术形态、创作状态正在被大规模地瓦解和颠覆，总体上看，各种媒体相互之间的对峙、分离、独立的状态正在被打破，大兼并和大融合已成为行业的大趋势。有人将这来势凶猛的融通所有传统传播媒介样式的容量巨大、包罗万象的媒体称为新媒体、全媒体，但不管怎样称谓，一个崭新的媒体环境事实上已经出现在我们面前，在全球迈向'信息时代'的今天，谁也不能无视新媒体对人类社会生活的重大影响。"的确，今天的我们已经无法想象离开媒体我们将如何生存，或者说离开媒体我们还能否生存，正如一个电视栏目广告所说"知讯者生存"，资讯无疑是现代传媒的传播重点之一。

面对"新媒体"崛起，中国电视如何生存，这无疑是胡智锋这样的"电视知识分子"所必须严肃、冷静思考的一个问题。遭遇挑战，就必须提出对策，胡智锋提出的对策是"应当在技术、制度、观念几个层面对电视做较大力度的整合。从技术上看，设备设施的数字化、制作标准的国际化、传播方式的网络化、覆盖规模的全球化是发展的大趋势。从制度上看，集团化的组织机构、产业化的经营方式、多样化的融资渠道、制作与播出分离的管理方式应成为'制度创新'的主要内涵。从观念上看，以人为本的观念，包括媒体从业人才为本、受众为本；以质取胜的观念，包括精品战略、收视率的质；以专业化为目标的观念，包括频道专业化、服务对象专业化；以本土化为追求的观念，包括节目内容、文化构成、审美品格、表述方式等的本土化。只有朝着这个方向努力，我们的民族电视才有可能在激烈的全球媒介竞争中立于不败之地"。

将近两个小时的采访中，我与胡智锋或谈心灵的成长之路，或谈学术的发展之路，也谈中国的电视之路。只有在谈到中国电视的时候的胡智锋，才是当下最鲜活的作为"电视知识分子"的胡智锋，"谈笑间，樯橹灰飞烟灭"。对于我们整天置身其中却难以窥其全貌的中国电视，在他的眼中是那么的清晰可辨；对于那些在我们眼中不称之为问题的问题，在他那里都是研究的对象；对于我们觉得难以解决或是难以逾越的障碍，在他那里都早有解决之道。观察问题高屋建瓴，判断问题一针见血，解决问题举重若轻，胡智锋的学问之道如此，生活之道亦是如此。

【刊发信息】韩晗：《电视知识分子》，《中华儿女》，2014年第11期。

探究"本土化"广播电视艺术学的理论构建
——记胡智锋教授

胡智锋教授现为中国传媒大学（原北京广播学院）教授、博士生导师，学报总编辑及《现代传播》主编，并任中国高等院校影视学会副会长兼秘书长。他长期致力于影视理论的研究，尤以电视美学、影视文化、电视传播艺术研究见长，已出版学术专著《电视美的探寻》《中国电视观念论》《影视文化论稿》《电视美学大纲》《电视审美文化论》《中国电视策划与设计》《电视传播艺术学》《电视的观念——胡智锋自选集》《会诊中国电视》等，主编"电视实务丛书"及著作多种，主持或参与多项国家级科研课题，获得各类奖项20多种。

如今，电视研究颇为热闹，几成"显学"，这是胡教授没有想到的。1988年，他从山东大学中文系硕士毕业之时，国内关于电视的研究还处于起步阶段，学术界大多抱着"电视无学"的怀疑态度。10多年过去，胡智锋教授和他的同行，以多年的深入研究和丰硕成果，不仅初步创立了中国的广播电视艺术学学科，而且将中国传媒大学的广播电视艺术学成功地申报成为国家级重点学科，他也因此而成为中国广播电视艺术学最年轻的博士生导师和学科带头人。

作为一门新兴学科，广播电视艺术学研究面临的第一个困难是"过宽"，因为没有现成的成熟理论框架，难免借鉴、参照乃至套用一般传统艺术理论，冠以"广播电视"之名，按照这个套路，就难免因脱离广播电视艺术本体的内在规定性而缺乏现实的针对性、有效性和指导性。胡智锋教授从一开始确立了从美学的视角切入，逐步构建电视艺术理论体系的目标。他赋予电视美学基础性学科的使命，以"电视真实"为自己电视研究的起点。其早年的文章《电视美的本质特征》《电视纪录美学》《电视美的创造》，对电视美的本质及其相关环节展开了一系列重要命题的思考，以"多重假定的真实"为前提，以"生活真实感"为旨归，许多独到而深刻的见解奠定了自己在电视艺术研究领域的地位。随之，胡智锋教授聚焦电视理论的本体，宏观考察中国电视理论，如《中国电视理论建设综览》对中国电视理论建设的意义、历程、现状、问题、特质、任务等进行了全面的探讨。继之，他完成从本体研究到文化研究的视角转移，把深刻影响当代人类精神生活的影视文化，纳入自己学术研究的视野。例如，《影视文化三论》以共识性的视角，系统阐述了影视文化的界定、构成和几个基本关系；《"转型期"中国影视文化建设的四个浪潮》则以历史性的方式，整体概括了"转型期"中国影视文化具有全局性影响的四个浪潮——纪实主义、娱乐化、新英雄主义、平民化的主要特质及表现。

广播电视艺术研究面临的第二个困难是"过窄"，即从具体操作出发，局限于技术和创作层面的细枝末节，展开随机的、零散的，但从学理上看又极不规范的表述。这种研究的优点在于，与广播电视艺术实践直接相关，问题在于很难适应广播电视艺术"稍纵即逝""瞬息万变"的特点，缺乏普适性和生命力，无法沉淀为学术的积累。那么，如何处理理论研究与实践的关系呢？胡智锋教授的理念是将二者结合，以电视观念和电视策划的方式呈现。作为国内著名的电视策划人，他亲身参与了上百个电视频道、栏目、大型节目的策划与主创工作，这些丰富的电视实践是他电视理论和电视观念的来源。他将电视观念体现在电视策划中，并返回到电视实践中去检验，这成为他从事电视研究一以贯之的方式与方法。他所承担的国家广电总局科研课题《中国电视节目生产"本土化"的战略》，在"全球化"的背景和语境中，提出了中国电视节目生产与传播"本土化"的战略目标和一些颇有针对性的对策。他对近年来具有较大影响力和鲜明特色的各种电视类型节目进行专门研究，从属性、特征、价值、形态等方面探究其规律，成为各电视媒介落实"内容为王"理念卓有成效的理论依据。《标准·取向·情境设计——现实题材长篇电视剧三题》《电视法制节目三论》《春节联欢晚会："模式"之思》等，从不同视角和纬度，对几种电视类型节目进行了感性与理性、历史与逻辑、宏观与微观相结合的分析和判断。

近年来，胡智锋教授开始致力于一个新的学术领域——电视传播艺术学的架构与研究。他敏感地注意到，电视荧屏上存在两种性质不同的传播内容——"非虚构的"与"虚构的"，与之相对应，电视研究存在两种不同领域——电视新闻传播学与电视艺术学。胡智锋教授对两者的中间地带与交叉领域进行深入的研究，凭借深厚的学术功底将"传播"与"艺术"打通，对于二者共同遵循的规则、思路、方式与方法进行了抽象、概括和表述，从而开拓了一个全新的电视研究领域：电视传播艺术学。2004年11月26日，在专家云集的第三届中国影视高层论坛上，其新著《电视传播艺术学》引起与会专家学者的极大关注。该书对传播艺术的内涵与外延做出了明晰的界定，整合了电视传播艺术的核心功能：提高"效率"与提升"品格"，初步构建了电视传播艺术研究的理论框架，改变了长期以来电视传播理论研究和电视艺术理论研究自说自话，互不搭界的对峙局面。

在教学和科研的同时，胡智锋教授还担任《现代传播》的主编，这是一本在圈内颇有声望的学术刊物，同时也是国家知识信息传播核心期刊和中国新闻传播核心期刊。这一平台赋予的话语权使他对中国电视的阐释既具一定的权威，又有着引领的责任。置身学术前沿，活跃于业界的"两栖"身份使他能以高度的敏感性，对中国电视的风云变幻做出最为快速的反应，其思考有时甚至是前瞻的。例如，《会诊中国电视——关于中国电视现状及问题的对话》通过与凤凰卫视副台长刘春的对话，从九个方面对影响中国电视发展进步的一些重大问题进行了探讨，该文在业界和学界曾激起很大的反响和讨论，文章内容多次被引用和转载。当下的中国电视，正处于竞争最激烈、情况最复杂、格局最多变的状态之中，因此，把脉"现在进行时"的中国电视，不仅需要学识，更需要严谨的态度、负责的精神和丰富的经验。解决问题的"药方"在哪里？胡智锋教授常常为此深思，他说自己也是"大胆假设、小心求证"，也在不断地学习、研究和积累。

后 记

　　《胡智锋学术小品集》经过多时的酝酿筹备，终于要完工了，回望本套书稿的整理与编纂过程，感慨良多。编入本套书稿最早的文字迄今已有三十五年，翻读这些过往的文字，当年写作的一幕幕场景如在眼前，许多已经淡忘的情景又在此刻浮现，众多相关联的人物和故事不断涌上心头，彼时与当下相互辉映，顿生既沧桑又亲切的百味交集之感。其实从个人来说，职业生涯还远未到需要系统梳理总结的时候，但的确如身边的师长、友人和学生们时常所念叨与敦促的那样，做这套书稿的初衷未必只限于对个人学术生涯的记录，更多也是希望从一个侧面为中国影视文化、影视学术和影视教育的历史发展留下一些"原生态"意义的素材，如能实现这一初衷的哪怕十之一二，也就不枉诸多师长、友人和学生的好意与期待。

　　需要说明的是，收入本书的文稿大多是已经正式在报刊发表或在相关书籍中出版过的文字，对于其他平台，如广播电视媒体的采访及非正式出版物的文字等则没有收录其中；对于已经编入本人其他著作的文字原则上不再收录；对于出版时间较长后来没有再版的书稿中符合学术小品体例要求的部分文字适当收录；涉及个案评论类的，只收录纯个案的评论，对于那些偏整体性、学理性的文字则没有收录；涉及对话访谈类的，原则上只收录个人表达的部分；涉及讲稿类的，只收录那些使用频率较高、延续时间较长的讲稿，有些特殊的讲稿如英文类讲稿考虑出版整体的体例统一，也没有收录。

本套书由中国传媒大学《现代传播》编辑部主任刘俊老师担任总体设计与统筹。刘俊老师是我在中国传媒大学招收的传媒艺术学专业第一位博士生，十多年前开始攻读博士学位期间，这位青年才俊就以他敏锐的眼光、严谨的学风和细腻的心思，尤其是博闻强识、扎实厚重的超强功力，对我那些零碎而散落在各处的诸多文字格外用心地梳理，他也是敦促我编纂这套书稿的"始作俑者"，他作为负责规划、设计和统筹的牵头人，对我而言无疑是不二人选了。两三年前，刘俊老师就已经开始着手这一整理工作，确定出版之后更是带领各位学弟日夜兼程、呕心沥血，没有他的精心组织与运作，这套书的顺利完工是不可想象的。刘俊老师与我确定大的框架之后，邀约了几位我的在读博士生组成了本书的编纂小团队，将书稿分成四大卷、五部集，具体参与每个部集整理编排的同学分工如下——第一卷（序跋、讲稿篇）：寇正、谢霜天；第二卷（随笔、书评、致辞篇）：谢霜天；第三卷（对话、访谈篇）：寇正；第四卷（个案、评论篇）（上、下）：胡雨晨。在过去大半年时间里，这些年轻的博士生为了尽可能做到准确而到位的效果，通过线上线下查询图书馆、资料室，有的甚至跑到国家图书馆查找最原始的版本进行影印，重新录入，可谓辛苦多多。在此，我要向上述参与本套书稿统筹、整理与编撰工作的老师和同学致以最真挚的感谢。

在本套书即将出版之际，我要向中国作协、中国作家出版集团、作家出版社诸位领导、编者表达我深深的谢意。从书稿的立项到编辑，中国作协党组书记张宏森先生，中国作协党组成员、中国作协副主席吴义勤先生，作家出版社有限公司董事长路英勇先生，都给予了特别的关怀、关心与支持、指导。作家出版社副总编辑颜慧及各位编辑高质量、高效率的工作，让这套书以最好的姿态呈现，他们的付出令人感动，在此我要向上述各位领导和编辑老师的辛勤付出致以崇高的敬意和谢意。

由于本套书的文字跨越年代较长，有些还存在多种版本，其中表述难免存在着这样或那样的欠缺、不足和问题，还望得到广大读者朋友的批评指正。

胡智锋

2022年3月3日

于北京

图书在版编目（CIP）数据

胡智锋学术小品集.第三卷／胡智锋著.-- 北京：作家出版社，2022.4

ISBN 978-7-5212-1759-9

Ⅰ.①胡… Ⅱ.①胡… Ⅲ.①名人－访问记－中国－现代 Ⅳ.①K82

中国版本图书馆CIP数据核字（2022）第009754号

胡智锋学术小品集·第三卷

作　　者：胡智锋
责任编辑：丁文梅　朱莲莲
封面设计：意匠文化·丁奔亮
出版发行：作家出版社有限公司
社　　址：北京农展馆南里10号　　邮　　编：100125
电话传真：86-10-65067186（发行中心及邮购部）
　　　　　86-10-65004079（总编室）
E-mail:zuojia@zuojia.net.cn
http://www.zuojiachubanshe.com
印　　刷：唐山嘉德印刷有限公司
成品尺寸：152×230
字　　数：431千
印　　张：29
版　　次：2022年4月第1版
印　　次：2022年4月第1次印刷
ISBN 978-7-5212-1759-9
定　　价：58.00元